养护"言语生命"，成就"立言者"。宏扬、光大中华文化，是汉语母语教育的精髓，是中国语文人的使命。

——潘新和

· 教育家成长丛书 ·

潘新和
与表现——存在论语文学

PANXINHE YU BIAOXIAN CUNZAILUN YUWENXUE

中国教育报刊社·人民教育家研究院 组编

潘新和 著

北京师范大学出版集团
BEIJING NORMAL UNIVERSITY PUBLISHING GROUP
北京师范大学出版社

图书在版编目（CIP）数据

潘新和与表现—存在论语文学/潘新和著；中国教育报刊社人民教育家研究院组编. —北京：北京师范大学出版社，2016.12（2024.8 重印）

（教育家成长丛书）

ISBN 978-7-303-21320-7

Ⅰ.①潘…　Ⅱ.①潘…②中…　Ⅲ.①小学语文课－教学研究　Ⅳ.①G623.202

中国版本图书馆 CIP 数据核字（2016）第 238099 号

图　书　意　见　反　馈	gaozhifk@bnupg.com　010-58805079
营　销　中　心　电　话	010-58802135　010-58802786
北师大出版社教师教育分社微信公众号	京师教师教育

出版发行：北京师范大学出版社　www. bnup. com
　　　　　北京市西城区新街口外大街 12-3 号
　　　　　邮政编码：100088
印　　刷：北京虎彩文化传播有限公司
经　　销：全国新华书店
开　　本：787 mm×1092 mm　1/16
印　　张：22.75
字　　数：384 千字
版　　次：2016 年 12 月第 1 版
印　　次：2024 年 8 月第 4 次印刷
定　　价：75.00 元

策划编辑：伊师孟	责任编辑：齐　琳　刘文丽
美术编辑：焦　丽	装帧设计：焦　丽
责任校对：陈　民	责任印制：马　洁

教育家成长丛书

编委会名单

总　顾　问：柳　斌　顾明远

顾　　　问：叶　澜　田慧生　林崇德　陈玉琨

编委会主任：杨春茂

编　　　委：（按姓氏笔画为序）

于　漪　王瑜琨　方展画　田慧生

成尚荣　任　勇　刘可钦　齐林泉

孙双金　李吉林　杨九俊　杨春茂

吴正宪　汪瑞林　张志勇　张新洲

陈雨亭　郑国民　施久铭　徐启建

唐江澎　陶继新　龚春燕　程红兵

赖配根　鲍东明　窦桂梅　魏书生

主　　　编：张新洲

副　主　编：赖配根　王瑜琨　汪瑞林

总 序

　　教育是国家发展的基石，教师是基石的奠基者。古人云："国将兴，必贵师而重傅。"兴国必先强教，强教必先重师。党中央、国务院高度重视教师队伍建设。2013 年教师节，习近平总书记在给全国广大教师的慰问信中指出："百年大计，教育为本。教师是立教之本、兴教之源，承担着让每个孩子健康成长、办好人民满意教育的重任。"2014 年，在第 30 个教师节前夕，习总书记到北京师范大学视察并发表重要讲话，指出："一个人遇到好老师是人生的幸运，一个学校拥有好老师是学校的光荣，一个民族源源不断涌现出一批又一批好老师则是民族的希望。"《国家中长期教育改革和发展规划纲要（2010—2020 年)》也明确提出，"有好的教师，才有好的教育"，要"努力造就一支师德高尚、业务精湛、结构合理、充满活力的高素质专业化教师队伍"。"倡导教育家办学"，要创造有利条件，鼓励教师和校长在实践中大胆探索，创新教育思想、教育模式和教育方法，形成教学特色和办学风格，造就一批教育家。"两个一百年"奋斗目标的实现、中华民族伟大复兴中国梦的实现，归根结底要靠人才、靠教育，而支撑起教育光荣梦想的，是千百万的教师。

　　时代呼唤好老师。有一流的教师，才有一流的教育；有一流的教育，才有一流的国家。出名师、育英才、成伟业，是时代赋予我们教育战线的神圣使命。"所谓大学者，非谓有大楼之谓也，有大师之谓也。"好学校、好教育的最重要标准，就是要有好老师。一所学校、一个地区，乃至一个国家，如果教师有理想、有爱心、有学识、有高超的教育艺术，那么即使硬件设施有些简陋，家长、学生也会心向往之。教师是中国梦的奠基者。教师的重要使命，就是为每个孩子播种梦想、点燃梦想，并帮助他们实现梦想。每一间平凡的教室，每一节朴实的课，都不仅是知识的传递，而且是人类文明精神的接续、人生梦想的起航。正是有亿万个孩子梦想的放飞、绽放，中国梦才更加光彩夺目。如果说中国梦最坚实的土壤是学校，那么教师就是最伟大的"筑梦师"，他们用默默无闻、孜孜不倦的智慧劳动，让每一颗年轻的心灵都与中国梦激情相拥。

倡导教育家办学，造就一批好老师，首先要尊重、珍惜我们的本土智慧、本土创造。教育家不是凭空产生的，而是扎根于自己的民族文化土壤，同时吸收人类文明成果，从而创造出独特而生动的教育实践、教育智慧和教育文明。五千年源远流长的中华文明，不但形成了有我们民族特色的教育理论体系，而且涌现出了千千万万优秀的教育家，有被推崇为"大成至圣先师""万世师表"的孔子，有"匹夫而为百世师，一言而为天下法"的韩愈，有"捧着一颗心来，不带半根草去"的人民教育家陶行知，等等。改革开放 40 年来，随着教育改革的不断深入，教育战线涌现出了一大批杰出教师。他们痴情于教育事业，坚守理想信念和教育良知，在三尺讲台上默默耕耘、刻苦钻研，同时以敢为天下先的精神大胆创新，不断进取、不断超越，形成了各具特色的教育思想和教学风格。正是他们的成功探索和实践，创造了具有中国风格的教育经验，丰富了具有中国特色的教育理论宝库。原由教育部师范教育司组织编写，现由中国教育报刊社人民教育家研究院组织编写的"教育家成长丛书"，就是要向这些宝贵的本土创造性的教育经验致敬。

当前，教育领域综合改革正在深入推进，考试招生制度改革的大幕已经拉开，立德树人、培育和践行社会主义核心价值观成为大中小学教育的头等任务。可以预见，中国教育将发生深刻的变革，将从"中国制造"向"中国创造"转变。"没有革命的理论，就没有革命的运动。"没有适合中国土壤、具有中国智慧的教育理论，就不可能为未来的中国教育改革提供有效的指导。我们的教育要向"中国创造"飞跃，必然要首先创造属于我们自己的教育理论，而不是"言必称希腊"或者老是贩卖欧美的教育理论。170 多年前，美国思想家、诗人爱默生发表了著名演说《美国学者》，号召美国知识界："我们依赖旁人的日子，我们师从他国的长期学徒期时代即将结束。在我们周围，有成百上千万的青年正在走向生活，他们不能老是依赖外国学识的残余来获得营养。"由此，美国迈入精神立国阶段。

如今，我们也面临与爱默生同样的情形。随着我国 GDP 已从世界第二向第一迈进，我们要自觉养成强烈的"中国意识"，独立的中国文化品格，并由此去环视世界，去改造本土实践，去创造属于我们自己的精神养料——这在教育界显得尤为紧迫。"教育家成长丛书"，旨在把我们本土教育实践中蕴含的中国智慧提炼出来，从而形成具有时代意义的中国特色的教育话语体系，再以此去观照、引领、改造中国的教育实践，为伟大的教育改革提供经验、理论支持，也为未来的教育家提供丰富、可资借鉴的精神养料。

让我们为中国教育的伟大未来一起努力吧！

2018 年 3 月 9 日

前　言

　　见证着中国基础教育半个世纪的春华秋实，代表着中国基础教育教学成果的最高成就——"首届基础教育国家级教学成果奖"，闪耀着李吉林、窦桂梅、吴正宪、张思明、洪宗礼、唐江澎、邱学华、于永正、孙双金、薄俊生、龚春燕等一大批优秀教师的名字。而上述这些教师杰出代表恰恰都是《人民教育》"名师人生"栏目中最受读者喜爱的名师，都是"教育家成长丛书"的作者。

　　"教育家成长丛书"（以下简称"丛书"），是在第 20 个教师节前夕，为了研究、总结、宣传和推广我国众多优秀中小学教师的先进教育思想和鲜活宝贵的教育教学经验，培养造就一大批德才兼备的优秀教师和杰出的教育家，促进教师队伍整体素质的提高，根据教育部党组安排，由师范教育司组织编写的一套凝聚着一大批教育家成长智慧的大型教育丛书。

　　"丛书"自 2006 年问世以来，不但得到国务院和教育部领导同志的高度重视，而且先后印刷多次尚不能满足广大读者的需求。这其中的奥秘何在？

　　当你翻开"丛书"，每一部著作都讲述着一位教育家成长的故事。这些著作主要从"成长历程""思想概述""课堂实录"和"社会反响"等方面全景式反映其教育思想、教育智慧、专业精神和专业人格的形成过程与教学实践过程。这是教育家成长的基本素质所在。

　　当你沿着教育家成长的足迹走近他们的时候，你会融入这些带有"草根色彩"、扎根中华教育实践大地、充满田野芳香的真实感人的教育故事中。

当你从"丛书"中，从这些当年和自己一样的普通教师，成长为今天受人尊敬的教育家的成长过程中受到启迪，当你触摸着自己的心，把学生的成长和祖国的未来紧紧连在一起的时候，你会真切地感受到教育家离我们并不遥远。

当你用整个身心蘸着自己的生活积累去品味"丛书"中的每一部著作的"成长历程"时，在一位位名师不断学习、不断超越自我、不断超越学科教学的求索足迹中，你会读懂"教育是事业，其意义在于奉献"的丰富内涵。

当你研读"丛书"中的每一部著作的"思想概述"，和每一位名师展开心灵对话的时候，都会深深地感受到，一名教师对教育独立的理解与执着的追求有多么重要。从一名普通的教师成长为受人尊敬的教育家的过程中，你会读懂"教育是科学，其价值在于求真"的深刻含义。透过"丛书"，你会看到一代代教师用爱与智慧塑造民族未来的教育理想。

随着我们从"知识核心时代"走向"核心素养时代"，教师教育教学活动的视野已拓展到人的生存与发展的方方面面。教师要结合自己的教学实践去感悟"教育理念是指导教育行为的思想观念和精神追求"，应该把爱化为自己的教育行为，让爱充盈课堂，触摸到一个个灵动的生命，让爱产生智慧，让爱与智慧在学生心中留下岁月抹不去的美好回忆，让教育者和受教育者都感受到教育的幸福。这是"丛书"给我们的启示，也是每位教师应有的胸怀和视野。

时代呼唤教育家。为了进一步把我们本土教育实践中蕴含的中国智慧提炼出来，从而形成具有时代意义的中国特色的教育话语体系，以此去观照、引领、创新中国的教育实践并在更大范围加以推广，"丛书"将由中国教育报刊社人民教育家研究院继续组织编写，希望能够在更广大教师的心田中播种教育家成长的智慧，从而出更多的名师，育更多的英才，成就中华民族复兴的伟业。这是时代赋予广大教育工作者的神圣使命。如果广大教师能在每位教育家成长、探索教育智慧的过程中受到启迪，形成自己的教育智慧，则实现了我们编辑这套"丛书"的初衷。

"教育家成长丛书"
编委会
2018 年 3 月

目 录
CONTENTS

渺渺兮予怀，望美人兮天一方
——我的言语人生路

表现与存在
——语文学的颠覆与重构

历史与现实
——语文学源流与反思

自序与他评
——语文学治学与切磋

渺渺兮予怀，望美人兮天一方
——我的言语人生路

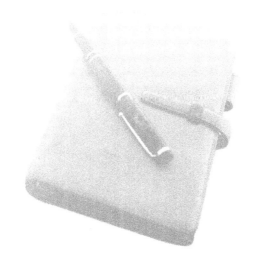

应厦门大学中文系、图书馆邀请，在"厦大文化讲坛"做讲座。厦门大学是我父亲、母亲的母校，其中文系、图书馆是我父亲的言语人生发祥地。在这里，在恩师余謇先生的指导下，他完成了重要著作《中国语原及其文化》。能在父母的母校，在父亲学习过的中文系、工作过的图书馆演讲，替父母报恩，备感荣幸。

一、我的家与我的乡下小学

我出生在福州，祖籍长乐三溪（长乐市现划归福州）。在 200 年前，我的先祖从长乐迁往福州，安家于"三坊七巷"的塔巷，到我是第四代，大约算是地道福州人了。

在厦门大学求学时的我的父亲、母亲

　　我的父母都是教师，父亲潘懋鼎是大学教师，母亲陈云英是中学教师。我是七个姐弟（五个姐姐，一个哥哥。因生活困难，两个姐姐小时送人）中最小的。我1952年12月出生，时值抗美援朝战争，父亲给我取名"新和"，大约有期盼"和平"之意。哥哥1949年9月出生，恰逢福州解放，中华人民共和国诞生，取名"新中"，大约是表达对"新中国"的拥戴与期待。这些父亲没说，是我的臆测。年长之后，我想也许不完全如此，父亲可能另有寓意。我和哥哥的名字合在一起是"中和"。"中和"，即"中庸"，也就是"喜、怒、哀、乐之未发，谓之中；发而皆中节，谓之和。中也者，天下之大本也。和也者，天下之达道也"。（《礼记·中庸》）可能这才是父亲的本意。父亲作为文化语言学家，不会没想到"中和"的文化意蕴。父亲一辈子既积极进取，又与世无争、随遇而安。他待人接物平和得体，不愠不火，不卑不亢，深得中庸之道，"中和"当是他向往的境界，也是他寄望于儿子的人生态度、处世方式。

一个幸福之家，母亲膝前是不到周岁的我

　　我深信名字这个"代码"对人有重大影响与塑造作用。与"和"字形影不离、相依相伴，久之，"中庸"便渗入我的性情。年少时，我自以为较为平和、温和，自然未必知道何谓"和""中和"的本意，更遑论"……发而皆中节"。这是一个可望而不可即的境界，修炼一辈子也未必能做到。实际上我的个性比较冲动，富有激情，到如今也还做出出格、懊悔之事。只不过受到"中庸"的感召、魅惑，能自惭、自省、自新。

小时候，我住在父亲任教的福建师范学院（现福建师范大学。后文简称"师院"）家属区。该家属区有个好听的名字：华香园（后来通俗化为"花香园"）。那是一群二层小楼，有淋浴、抽水马桶等设施，在20世纪50年代算是豪宅了。小区地处城郊接合部，多数孩子上师院附小。师院附小离家较远，上学要走十几分钟，于是我就近上了施程小学。这是一所典型的乡下小学，但我对她有很深的印象与感情，很怀念。现在学校搬迁重建了，名称还在，不过已不见旧模样。

我和哥哥在花香园的童年影像

福州市第十六中学学生证上照片

施程小学最大的好处就是近。听到预备铃响，飞奔去上学还来得及。那时，父母没觉得乡下小学有什么不好，我和可哥也没觉得施程小学与师院附小有多大区别。我们班有五位同学是我们小区的教师子弟。其中有位女同学十分优秀，后来成为生物工程学专家，江南大学副校长，全国人大代表。

班上大多是农民子弟，老师看我来自"书香门第"，且比较听话，总让我当干部，最大的"官"是"大队委"。上了初中，又莫名其妙当了班长。小时候，我有上进心，也有虚荣心，觉得当"干部"光荣。曾因年龄未到没能第一批入队而大哭一场。我小时候爱哭，动不动就哭。长大后多愁善感，情感过剩，属于"性情中人"。这也许对我的言语人生有正面助益。作家写文章不只是需要情感丰富，也需要有激情。说来奇怪，随着时间的推移，我的虚荣心逐渐降温，对"当官"失去了兴趣，没有了丝毫从政的念头，至今不后悔默默无闻治学的选择。或许是随遇而安的天性使然，或许是后来修炼出了好静的心性。

读小学时我并不优秀。我爱玩，喜欢打乒乓球、篮球，踢足球。没什么运动天赋，水平很次，只是喜欢。星期六下午放假，一定在师院打乒乓球。去迟了，占不到乒乓桌，在小石桌上打一下午。师院大学生运动会、篮球赛、足球赛，我是忠实的看客。我童年时是打着赤脚在师院玩大的。

寒暑假时我也总是玩，到不让注册上学时才着急写假期作业，敷衍交差。那时，我宁愿成天东游西逛，用蜘蛛网粘金龟子、蜻蜓、蝴蝶，用泥巴捏枪，玩跳跳棋，看小人书……不过，我感谢父母将我"野放"，没给我学习上任何压力，我没感到教授家孩子要与众不同。

我不聪明，贪玩，学习一般，与学霸边都不沾，语文学得也不好。我不爱学习，不喜欢读书、写作文。语文、数学等各方面都不如我哥。他六年级时一次关于"野营"的作文写了17页，我特佩服他，曾偷偷在同学中显摆。我对作文无所谓，没想写得好或不好，在乡下孩子中还算可以。我比他们多看过几本小人书，还有《小朋友》《儿童文学》《少年文艺》什么的，写起作文词语多点儿。有次老师叫我去参加作文比赛，去的时候有点儿自豪，不料第一轮就被刷下来，很没脸，从此再没参赛。

我数学更不行，成绩中等，80分上下。父母不过问，我也就不在乎。常有些数学题不会做，偶尔作业全对，很高兴。好歹是班干部，学不好没面子。后来，没考上最好的附中，考了16中，二流的，就是让数学害的。若干年后参加高考仍深受其扰，若不是数学拖后腿，考不上北京大学，考个南京大学、复旦大学也许不是奢望。好在有自知之明，没往这些学校报。

我读小学、初中时学校作业不多，晚上做作业从没有超过8点。有时父母不在家，祖母与我们哥俩，一个月用不上一度电。基本上处于日出而作、日落而息的原始生活状态。父母从来不管我们学习。父亲是中文系教授，却从没过问过我语文学得怎样，没看过一次我的作文。现在回想起来，也许他一方面是忙，另一方面是有意这么做。他懂得润物无声、潜移默化、顺其自然、无为而治的道理。父亲是学教

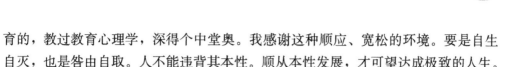

育的，教过教育心理学，深得个中堂奥。我感谢这种顺应、宽松的环境。要是自生自灭，也是咎由自取。人不能违背其本性。顺从本性发展，才可望达成极致的人生。

父亲常出差，在家就是伏案工作，读书、备课、书写。他与我们几乎没有促膝交谈过，聊天都极少。他温文尔雅，和蔼可亲，说话和颜悦色、轻声细语，从没有呵斥过我们，要我们这样那样，更没有打过我们。偶尔奢侈一回，带我们去西湖游玩、划船，其乐融融。父亲是天底下最好的父亲，他以行动给孩子做出表率。

父母的婚姻生活堪称完美，完美到"不真实"的地步。他们是世间罕见的不吵架的夫妻，连大声争论都没有。虽没举案齐眉、相敬如宾，但心有灵犀、琴瑟和鸣。最常看到的景象就是他俩各自静静地备课，时而低声聊工作、家事。我小时候偶尔夜里醒来，常会听到他们的柔声絮语。这是父母给予我们最好的性情滋养，直到如今，我仍羡慕他们的婚姻生活。他们是夫妻，也是一辈子的情人、亲人、知己。他们的相爱，是不幸人生之大幸。对学者来说，和谐的家庭太重要了。写作、研究都极需要安适的环境、平静的心境，聪慧的母亲给予了父亲所需要的一切，她是父亲的精神支柱。

对我的人生影响最大的是满屋的书。我生在高知家庭，家里没什么财富，唯有很多书。我从小生活在书架中，与书抬头不见低头见，难免日久生情。我说过，我并不是从小爱读书、写作的孩子，父母从不逼我读书，但我相信，与书朝夕相伴，在"书城"长大的孩子，耳濡目染，很难不受诱惑。父亲的《中国语原及其文化》这本书，就是我不经意间在书橱中寻获的。当时我看到一本书的书脊上写着父亲的名字，感到惊奇，抽出来看，因为看不懂，所以了无兴趣，然而也许恰是这惊鸿一瞥，父亲的书像一颗蒲公英种子，不知什么时候飘然植入我的心田，注定了我这辈子与书结缘，成就了我读书、教书、写书的言语人生。

二、父亲写的书

父亲主系教育，辅系中文。毕业后，继续在厦门大学（以下简称厦大）中文系深造两年。父亲曾师从国学名家余謇、毛夷庚等。厦大毕业时，因学业优异，校长萨本栋将其留在校图书馆工作，为其提供良好的治学环境，使其得以继续深造，并可

以就近请教恩师余謇先生。在恩师余謇先生的指导下，
他开始了"中国语原学"研究。当时战乱一隅的长汀，是
他的学术乐土。

父亲留校工作不久，长汀县立初中创办，县长向厦
大求助，萨本栋校长亲荐他到该校担任教务主任（教务
主任主持校务工作，实即校长，校长为县长挂名）。第
二年，他正式担任校长，时年 25 岁。他在厦大毕业后
的 3 年多时间里，在繁忙工作、学习之余，刻苦钻研，
完成了一生中最重要的著作——《中国语原及其文化》。
父亲 27 岁时即获得了学术成就，显示出了科研才华。

父亲与那个年代的许多知识分子一样，含辛茹苦，
恪尽天职，然而，在学术研究盛年，生命戛然而止，令
人叹惋。所幸的是，他留下了一部传世之作。

1939 年 1 月父亲在厦门大学
毕业时的学士照

父亲堪称"文化语言学"的开创者之一。代表作便是完成于厦大—长汀时期的专
著《中国语原及其文化》。该书"本论"十篇完成于 1942 年 6 月，1947 年 3 月由致知
书店出版。

该书"前记"说封面书名是我爷爷写的："父亲为我题署封面。""中国语原及其文化"与"润生署检"是爷爷亲笔题署，爷爷不但题写书名，而且审阅该书。爷爷潘公，讳润生（字友闻），是书法大家，国学修养深厚。喜诗词歌赋、琴棋书画，舞文弄墨，谈古论今。他身上有着根深蒂固的传统文化因子。该书凝聚了爷爷和父亲两代人的才智。可以想象，爷爷审阅父亲的书稿并题写封面时的欣慰。这个封面，代表着家族的文化传统与精神寄托。

祖父的诗与墨宝

封面上还有父亲恩师的手书题字。"前记"开篇，父亲对恩师余謇先生与厦大校长萨本栋先生表达了深切的感激："本书写作的动机，是余夫子仲詹（余夫子即指余謇，字仲詹——笔者）先生引起的；写作的机会，则是萨校长亚栋（萨本栋，字亚栋）先生给予的。"父亲提到，研究选题得到了余謇先生的指导；研究得以完成，是因为萨校长让他留在厦大图书馆工作，让他有查阅资料的便利。他还说："本书'本论'十篇于三十一年六月间成稿，当蒙仲詹师详阅一过，出版之日并蒙病中渜（读 lè，书写——笔者）书更予题端。"恩师余謇先生不但为先父启发选题，审阅新著，还抱病题写"潘懋鼎著、余謇校"于封面，其拳拳之心，殷殷之情，可见一斑。该书凝聚了他们的智慧与情谊，也表明了恩师对先父的器重。

该书不论当时还是今世，均获极高评价。时贤陈遵统（毕业于日本早稻田大学，历任福建国学专修学校校长，北京大学、福建学院、福建协和大学教授。时为协和大学中文系主任）说："……潘君懋鼎爱有中国语原学之作。观其折衷众说，剖析深微，于古代文化之推求，良多裨补。兹学尚在萌芽，方兴未艾。潘君其纠合同志，因是而益宏之，筚路蓝缕之功非异人任也。"高时良（父亲厦门大学同窗好友，我国教育史学泰斗，曾任职中央教育科学研究所，福建师范大学教授，后来成为我的岳父）说："搜罗渊博，考据详确，华夏文化探其本源，泂开'语原学之端绪'，有功'小学'之作也。"近半个世纪后，著名语言学家邢福义先生在其主编的《文化语言学》（湖北教育出版社 1990 年版）中说："……如果就专著而言，潘懋鼎《中国语原及其文化》是上承梁启超语原之学，下启文化语言学的第一部论文集。"语言学界公认该书为"语原学""承先启后"之作，是"文化语言学"开山之作，是后来学者绕不过去的经典力著。

我花较多篇幅讲我的父亲与其著述，是因为父亲对我的人生有重要影响，甚至是决定性影响。他温文尔雅，才华出众，在乱世中艰难谋生，终以教学与研究为归宿。做纯粹的知识分子，是父亲给我的精神基因。

三、"插队"：与写作、教师结缘

1969 年 2 月 9 日，我 16 岁零 3 个月 6 天，以初中一年级"学历"，被称为"知识青年"，"上山下乡"（我为自己腹中空空、无知无识而被称为"知识青年"，感到自卑、难为情）。我与哥哥一起，到闽北建西县岚下公社夏墩大队（现归入顺昌县）"插队"落户。

临去插队之前，我与哥哥等一伙同学畅游闽江，作为与福州、闽江的告别式。从福州仓前桥下水，一直游到鼓山下的魁岐村（属马尾区），上岸休息片刻，再游回福州，往返大约 30 里水路。我们在滔滔江水中游到精疲力竭。别过闽江，等于与少年时代的幼稚作别，疯狂不再，要去面对独立生活的艰辛磨难，此后，再没游过。这是一个值得纪念的青春壮举。

当年 2 月 16 日是正月初一，是我们第一次在异乡过年。夏墩的乡亲们给我们送来了许多冬笋、年糕（福州称其为白粿。将粳米蒸熟，捣烂，做成圆条状）、猪肉，知青点的同学们一起包冬笋、猪肉饺子吃，多得吃不完，现在想起来，心里还是暖暖的。正月初二是我们第一次下水田劳动。天寒地冻，水田里结着白茫茫的冰霜，我们脱掉鞋袜，赤脚踩进冰冷刺骨的水田，一边瑟瑟发抖，一边为接受贫下中农"再教育""广阔天地炼红心"而由衷高兴。

我每天跟农民一样干活，完成同样多的工作量，出大力，流大汗，靠挣工分养活自己（一个工分五六分钱，全劳力一天挣七八个工分，最多十个工分）。我几乎学会了所有农活，不输于土生土长的农民，有些活儿甚至比他们干得更出色。插秧，我比他们插得快而直；有点儿难度的是做田埂，我也相当熟练。我们的艰苦、劳累更甚于农民。收工回来，农民换了衣服，洗洗手脚，坐下享用家人做好的热腾腾的饭菜，我们还要自己砍柴，挑水，做饭，种菜，洗衣服……这是现在的孩子难以想象的劳碌、辛苦。

最苦的是盛夏"双抢"：抢收抢种。水稻一年种两季，山区无霜期短，日照少，必须尽快将第一季稻子收起来，将第二季稻子种下去，稻子才来得及成熟。为了赶工期，早上天没亮就起床下地，干到天黑收工。骄阳似火，大汗淋漓，整天衣服没有干过。收工回来，满身泥水，衣服结了一层白白的汗斑，没力气洗，臭烘烘的，晾干第二天再穿。有时晚上还要加班等，回到家恨不得倒头就睡。受过极限劳作的人，才能体会到陶渊明"勤靡余劳，心有常闲"之不易。"登东皋以舒啸，临清流而赋诗"是何等超拔的境界。

"双抢"的收稻子与插秧都是重体力活，经历了才明白什么叫"筋疲力尽"，什么是"脱胎换骨"。

收稻子按照收的谷子重量计算工分，因此，大家都很珍惜，为多得点儿工分玩命干。割稻子，打谷子，挑回去，全力以赴，马不停蹄，以最快速度完成。收完稻子，经过十几天连续高强度劳动已人困体乏，紧接着是"抢种"，大家成天泡在晒得滚烫的田里拔秧，插秧。弯腰拔秧，腰酸痛得直不起来，只好降低高度，干脆跪在水田里拔。插秧又得弯腰，插秧边插边后退，没法跪着，不论腰多酸也只能强撑着。一季下来，累得散架，晒脱了几层皮。

经受泥水、汗水的洗礼，18岁的我

　　这大约可算"苦中苦"了。吃了"苦中苦"未必能成"人上人"，但有这苦垫底，确实什么苦、什么罪都能受。"艰难困苦，玉汝于成。"这是"插队"留给我们的正资产。现在的孩子，居豪宅，乘豪车，锦衣玉食，娇生惯养，要成才也难。

　　在插队知青中，我年龄最小，学历最浅，没人认为我能做什么，包括写文章，我也不认为自己会写。后来，有能耐的知青通过各种途径被招工或上大学，公社开知青代表大会找不到写手，出于无奈，指派我去整理材料：写公社知青工作总结，修改各大队代表的发言。我从没写过这些，却仿佛轻车熟路，上手就会，毫不费事。我突然发现自己比别人能写。不但知青工作总结初稿就通过，面目全非的代表发言经我修改也获得好评。从此我有了点儿小名气，公社、大队有时写点儿什么，没人，便叫我。闲暇时也写点儿诗歌、小说，有的发表在县文化馆刊物上。这是我最早的文字遗存，那时没有"文物"意识，这些珍贵的处女作早已不见踪迹。

　　公社缺民办教师，叫我去，我的教师生涯是在阳墩大队一个叫"罗常"的小山村开始的。教室在一个吊脚楼上，教20多个年龄不一的孩子，独自承担一到四年级全部课程，孩子们走马灯似的轮流上课。一个学期后，返回夏墩大队小学任教。语文、算术、珠算、体育、音乐、美术，所有的课我都上过。课自然是凑合着上。暑假到顺昌一中很奢侈地培训过"体育"，回来后给学生上体育课。从未碰过算盘，一般是课前翻书，现买现卖，把"珠算"课对付下来，这对于从小厌恶数学的我来说是个奇迹。回想起来，这些已是遥远的梦，恍若隔世。"罗常"陡峭的梯田、山路，衣衫褴褛、可爱的孩子，还历历在目。不知他们可好，还记得那个青涩无知的知青老师吗？

　　1974年12月，我母亲从福州八中退休，按政策规定，我"补员"到福州市教育系统。告别生活6年的夏墩——我的第二故乡，朴拙、贫穷的乡村，朝夕相处、甘苦与共的乡亲，鹅卵石村道，贯村而过的清澈的小溪，我青春的血汗浇灌过的田垄，陌生与亲近，艰辛与热爱，舒心与不舍……百味杂陈。

　　回福州后，只在福州师范学校培训了半个月，我就被安排在福州23中学当教师。这颇有点儿不可思议，半个月前我还是一个知青，转眼成了正规的中学教师。但是校领导没觉得有什么不正常，他正常地认为我插队这么多年，一定擅长干农活，于是让我去远郊北峰分校带学生"学农"，我服从了，练过"双抢"还怕劳动？！从分校回来后，先被分配教"农基"（那时将原来的"生物"，改名为"农业基础知识"），一年后，在我的争取下，如愿以偿地改教语文，当上正式的语文教师。从此我与语文结下不解之缘。

2005 年年底，阔别 30 多年，我与哥哥重返夏墩村，看望乡亲。左图是与寝室的房东合影，背景是我们的寝室。右图是与知青点厨房、饭厅的房东一家合影，当年常吃他们家的菜

初一文化程度教初中，我也感到心虚，不靠谱，但还能怎样，只有大着胆子教下来。那时没文化的工人可以领导学校，我这个"农民"教书便没什么不可以。那会儿初中、高中毕业生的出路还是"插队"，教学没人抓，我得以滥竽充数，自我感觉还不错。

现在回想起来，在乡下我能写，比别人写得好；在城里我能教语文，这可能跟"文化大革命"中我读的那些书有关。

"文化大革命"期间学校停课，我们，后来所谓的"老三届"，学业终止于 1966 年 6 月。

此间的我，家庭遭遇了一些变故。以前在学校没多少学习热情，而在那些苦闷的日子里，一下子焕发出了读书热情。在那一两年间，几乎读遍了可以借到的小说。我一摞一摞书往家里搬，读得最多的是译著，托尔斯泰、普希金、屠格涅夫、高尔基、契诃夫、法捷耶夫、莎士比亚、欧·亨利、巴尔扎克、大仲马、小仲马、凡尔纳、笛福、塞万提斯……我对王小波先生给了王道乾等翻译家的赞美深有同感，他们的译笔确实妙不可言，典雅、精确，唯美得令人着迷；我对胡适先生提倡让学生多读小说的观点也十分认同，因为我最初的语感习染就是来自于读小说（也包括诗、散文、戏剧等文学作品），那时主要读翻译的外国小说。在不知不觉间，海量阅读给我打下了文字基础，照亮了我未来的言语人生。

那时读书没有任何功利心，没有丝毫阅读、写作的动机，纯粹是消遣，是对外

面混乱、丑恶世界的逃避——何以解忧，唯有读书。我成天蜷在阳台上，晒着太阳，沉浸在小说的情节中。我看书速度奇快，常常一天看完一部长篇小说。不是因为我有什么超能，可以一目十行，过目不忘，而是囫囵吞枣，过目就忘。读得快，忘得快，我至今不觉得这种读法有什么不好，不觉得非要记住读过的内容不可，也不觉得能复述细节有多么了不起。从心理学的观点看，遗忘与记忆几乎是同时发生的，记得再牢，遗忘也在所难免。后来我之所以对咬文嚼字的阅读感到不可思议，就是因为我以往从没有这么读过（这在研究性写作中才自然而然地成为必须）。但我不反对背诵，尽管我没有刻意背诵过，除了小时候老师布置的背诵作业外。我之所以赞成背诵，是因为背诵恰恰是不咬文嚼字，不求甚解，甚至可以毫不理解。背诵的目的只是抵抗、延迟遗忘，这就够了。读书的目的无非就是悟到一点儿东西、留下一点儿印象，而只要留下一点儿模糊的印象、留存一点儿记忆的痕迹就够了，到要用时便可有迹可循。这往往不是得益于记忆力，而是得益于人的言语本能——文字的消化、转化、创化机能——灵性、悟性。求甚解的、理性的咬文嚼字未必能增强人的语感；相反，不求甚解的浏览，感性、体验的，诸多印象的交织、叠加、互渗，才有利于沉淀、磨砺语感。语感的获得与提高，往往是无意识的，是大量的文字印记积累、涵养、渐悟所致，即所谓"无心插柳柳成荫"。我就是凭一知半解、胡咽海塞的漫不经心的阅读，阴差阳错，歪打正着。

这点儿"书底子"带给我的远不止这些，说它改变了我的人生也不为过。

四、上大学、留校：言语人生幸运始

1977 年年底恢复高考，我根本没考虑考得上与否的问题，也没考虑这么多年教材都没摸过的事实，便毫不犹豫地报了名。常常不自信的我能做出这样大胆的决定，一定是父亲在背后推了我一把。从小在"书堆"中浸泡，在大学生中厮混，师院校园就像自家庭院一样，因此觉得读大学是理所当然的事。我的竞争对手是累积了 12 年的人才，前面是"老三届"高班前辈，后面是"复课"后刚出炉的高中毕业生，而我初一的那点儿文化功底，经过这么多年"修理地球"早就荡然无存了。前狼后虎，稍微冷静想想，就不敢贸然一试。幸亏事后才知道当年录取率不到 5%，要不然恐怕就不敢报考了。

　　也许人有时候不能太理性，不能照常规思维来，在考大学这件事上，便是冲动成全了我。在不到一个月的迎考时间里，我白天照常上班，晚上在完成备课、改作业后，才熬夜温书备考。将陌生的初中、高中教材草草看一遍都来不及，便匆匆上了考场。考试成绩出来了，竟然上了本科线几十分，被福建师范大学中文系录取了。我跨出了关键的一步，没有登上这个台阶，就没有我的言语人生。挑战不可思议之事，人生从此改变。成败往往在一念之间。

　　更不可思议的是上大学之后的"免修"考试，它给了我一辈子的自信。七七级是在1978年春季入学的，这届同学都很优秀，但年龄差距10多岁（我的岁数大约居中偏上，不少同学还比我大四五岁），学力高下悬殊，有的当过多年教师、秘书、新闻工作者，有的发表过一些作品，如诗歌、散文、小说……小有名气。系里推出"免修"教学改革举措，免修考的是写作与现代文选。通过的可以不修这两门课，腾出时间，按自己的兴趣、喜好去读书、研究。

1981年年底在厦门双十中学实习，多年后我曾回到双十中学，给教师和学生各做过一次讲座，备感亲切，有回到母校的感觉

　　论成绩，我因数学拖累，在强手如林的同学中高考分数不算高，也许不如小我一秩的"文化大革命"后毕业的毛孩子；论实践，没法跟那些信心满满、游刃有余的"前辈"比拼。我没有任何傲视群雄的资本，在他们中间，我只能夹着尾巴，闭着嘴巴。然而，这好歹是个学习的机会，我最终还是抱着不妨一试的想法，参加了这两门课的免修考试。结果再次出乎意料，我竟然成为通过这两门考试的 6 位同学之一（或是 5 位同学，记不太清楚了）。这回仍是冲动让我收获到成功与自信。尤其是能通过写作免修考试，我惊愕不已。插队时在公社崭露头角，是山中无老虎猴子称霸王；上了大学，能在中文系 100 多位同学中脱颖而出，确实不可思议。这次免修考试为我奠定了留校任写作教师的基础。之所以我说只是奠定了"基础"，是因为 4 年后我又参加了一次"留校"考试，这才最终决定了我留校，决定了我一生的命运。

实习闲暇与同学们游鼓浪屿

1982 年我毕业留校任教后再次入住华香园，与妻子高士云、女儿潘苇杭在家门前

　　十年"文化大革命"造成人才断层，因此，我们这届学生在毕业分配时特别抢手。当时大家的首选是留校，而不是去党政机关。当时"留校"考试严格，竞争激烈。没被选上，才心不甘情不愿地去党政部门工作，或去中学任教。

　　我留校任教要感谢两位恩师：林可夫先生、孙绍振先生。两位恩师在思维方法上恰为互补，孙先生"务虚"，使我悟到理论研究的方法；林先生"务实"，让我懂得关注写作教学实践的重要性。他们是我的精神"师承"，对我的教学与学术研究影响很大。

作为学者，"师承"极为重要，我国早就有重"师承"的传统。荀子说："言而不称师，谓之畔；教而不称师，谓之倍。"（《荀子·大略》）这就是说，言论不遵循先生的教导是背叛；教育不遵循先生的教导是背离。韩愈说："道之所存，师之所存也。""师道之不传也久矣！欲人之无惑也难矣。"（《韩愈·师说》）之所以要尊师重教，是因为"师"是传道者，从"师"意味着从"道"、无"惑"。这与亚里士多德的"吾爱吾师，吾更爱真理"并不矛盾，虽各有侧重，但注重"师承"都是基本的、共同的。如果没有"爱吾师"，便不知道何谓"道"——真理，更谈何"更爱真理"。诚如孔子所言："三人行，必有我师焉；择其善者而从之，其不善者而改之。"（《论语·述而》）遵循师教，便包含着对师教的敬重、采纳、甄别，也包含着对其缺点的自我反思、修正——对真理的追求。"爱真理"，是"爱吾师"的题内之义。"爱吾师，就是爱真理。"试想：不爱"道之所存"的吾师，能爱真理吗？谈何"更爱真理"？看重从师、师承，是治学的基本态度。

1997年7月与恩师林可夫先生游南京中山陵

2007年12月与恩师孙绍振先生游龙门石窟

古语说："一日为师，终身为父。"这也是对"师承"重要性的褒扬。

教师之为"父"，有别于父亲：教师不是血缘之父，而是学业、精神之父，学问、道德之父。教师之为父与父亲之为父，其内涵有重合，也有差异。有些父亲，既是血缘之父，也是精神之父，我的父亲就是如此。他给我血肉之躯，也给我灵魂。他以学问与文质彬彬的言行举止影响了我。他给我的不是黄金屋，没有留下分文遗产，却给了我比黄金屋更为珍贵的无形资产——自己的著作。有些父亲只是血缘之父，也许他们很富有，应有尽有，家财万贯，但精神上却是荒芜的，一贫如洗。"子不教，父之过。教不严，师之惰。"父亲（父母）与教师对孩子的教育共同负有责任。养而不教之父，是失职；不养、不教之父，借用孟子所言，即"禽兽也"。父亲"养育"子女当属责无旁贷，对于孩子"学业、精神"之教育，却难以担当全责，必得由教师来分担，教师的责任甚至比父亲更重大。因此，对于孩子的成长，"师教"与"师承"不可或缺。"师承"所承传的是学业——学问文章，精神——道德文章；承传的是言语、精神生命。教师给人以第二生命，恩同再造。对此，无论父母或教师，都要意识到。

历来有"经师易得，人师难求"之说。我当了一辈子教师后才真正认识到这一点。"经师"，即"业师"，传授知识、学业，只是教师职责的一个方面，是比较容易的；"人师"，即精神导师，为学生做品德、思想、行为的表率、引领，使之懂得做人的道理与人生的意义，这是比较难的。显然，后者更为重要。

我很幸运，在成长过程中能得到良好的"父承"与"师承"。父亲赋予我的言语、精神基因并未泯灭，我对未来始终怀有期待与热情，在经历了苦难后，得以浴火重生。我一生都庆幸自己逮住了恢复高考的机遇，在荒疏学业 12 年后，拽住命运之神的衣襟，搭上了末班车。同样值得庆幸的是，我遇到了林可夫先生与孙绍振先生。他们犹如赫尔墨斯，预知我的到来，接引我，将我带上智慧、治学之路。29 岁大学毕业，我成为福建师范大学中文系（现为文学院）的写作教师，迎来迈向言语人生的拐点，算是"三十而立"吧。父恩、师恩如山，我终身感念。

前辈负有接引后辈之责，同时，自己也要对自己的人生负责。从黑暗迈向光明往往只有一步之遥，错过一步，就错过一生。

五、感恩师友与科研"第一桶金"

当了30多年汉语言文学专业教师，教了大半辈子写作，回头反思该专业教育，有无尽的感慨。

汉语言文学专业的课程，大多以传授知识为主。文学类课程最多，相对而言最好上，再不济的，介绍作品情节，讲些作家逸事、明星八卦，口味越重，学生越听得津津有味，越觉得这老师好。口才好比学问好的教师好混，学者大多学问好口才不济，口才、学问兼而有之的，便能口吐莲花、倾倒一片。因此，总体上说，文学教师是最讨好的，想不好都难。其次是汉语类课程。这类课程抽象、枯燥些，有的还有实践性。汉语教师写的文章最枯燥乏味，但越催眠，越显得深奥、厚重。该领域大师云集，总让人觉得是天字第一号大学问。学生不得不撑起眼皮听，否则，上对不起大师，下对不起自己：没法做练习、对付考试。其练习有统一要求、标准答案，教师像教数学，上课熟练演示老套例题，几十年不变，倒背如流，滔滔不绝。唯有写作课，既要求理论知识，又要求实践练习，且不能讲故事，作业没有统一要求与标准答案，学生文章一篇一个样，因此，写作课最难上，写作教师最难当。既要学问好，又要口才好，还要反应敏捷。最好的写作课是理论与实践对接得天衣无缝，让学生现场作文，上手瞄一眼就能说得头头是道，令学生叹为观止。林可夫、孙绍振先生已然达到了这个境界，在中文系四大"铁嘴"中，他们当仁不让地占据了二席。但在当时的文学、汉语类教师眼中，写作就是"小儿科"，写作教师的学问没人瞧得起。

其实写作教师本是一个高智慧群体，这不是因为我教写作自卖自夸。高校写作教师大多能说会写，会写就表明有才气，有灵性、悟性，他们中许多人后来被迫转到其他专业，果然都十分出色。在当年的写作学界，福建师范大学中文系写作教研室闻名遐迩，云蒸霞蔚，虎踞龙盘，为各校写作教师所崇敬、向往，来取经的人络绎不绝。林可夫、孙绍振先生声名远播自不待言，早于我留校的颜纯钧、王光明前辈，也是学界精英。颜纯钧先生后来是福建师范大学传播学院首任院长，博士生导师，影视学研究卓有建树。王光明先生调首都师范大学文学院，任中文系主任，是博士生导师，著名诗论、诗评家。还有林茂生、陈恬、范希建、林祁、王世彦……
他们都是风头正健的青年作家。我说这些不是想显摆什么，而是表明置身于优秀群
体对人的发展十分重要。在这个群体中我是学生、晚辈，从恩师林可夫、孙绍振先
生那儿受教颇丰，从颜纯钧、王光明等前辈那儿也受益匪浅。未必有正式的切磋、
交流，耳濡目染就够了，一两句话就能受用终身。王光明的成才，让我看到要占有
资源，读原著，做第一手研究；颜纯钧的开阔、敏锐，使我悟到要超越现象直观与
经验世界，理论背景决定眼光、判断……

写作教研室鼎盛期兵强马壮。孙绍振先生（前排左二），林可夫先生（前排右
二），颜纯钧学长（前排右一），王光明学长（后排右二）

　　写作学科的教师没学问、没地位，被人瞧不起，部分原因还在于他们觉得写作
是实践，靠的是经验，所以写作学没理论、没学问。然而这世界什么没学问，只有
没学问的人，没有没学问的事物，学问本身没有高低之分。倒回来冷静想，他们也
不全错，固然他们学问没大到足以藐视同侪的地步，当时写作学界在学术上确实也
没有多少让人不敢藐视的资本。写作教师要在学科歧视下做学问，其艰难不言而喻。
但无论如何，还是得靠自己拯救自己。像恩师孙先生那样，就拿出了《文学创作论》

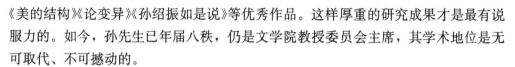

《美的结构》《论变异》《孙绍振如是说》等优秀作品。这样厚重的研究成果才是最有说服力的。如今，孙先生已年届八秩，仍是文学院教授委员会主席，其学术地位是无可取代、不可撼动的。

当时我虽意识到学问的重要性，但对如何做学问还是一头雾水。恩师与侪辈不会告诉你怎样选题，研究的方法、步骤，我只好摸着石头过河，走一步看一步。先是从极有限的知识、经验出发，写了几篇文章，东一篇西一篇地发表，渐渐觉得不对劲。我寻思，这么写论文有意义吗？靠拍脑袋拍出来的观点有价值吗？我开始意识到学问得从根本做起，要知根知底，才有说话的资本、底气。什么是根本？自然是学问的本原、源头，学科学术思想进化、累积。不知道学科的缘起，不了解历代圣贤曾经的思考，没有接触、消化他们的智慧、思想，是很难做研究的。个中道理并不费解、神秘，隔层窗户纸罢了。

后来我常常想，当时写作学界几乎无人关注写作教育史，没人系统研究过前人的认知，也没人给我指示过治学路径。有些人做了一辈子学问，居然不知道"治学"要从"治史"做起，我凭什么无师自通，会想到必须对写作教育史做第一手的梳理，最早开始这一工作？治学先治史，无古不成今；由述而不作，到述中有作，再到以作为主；先要"照着说"，才能"接着说"……诸如此类的研究法则，我先是隐约悟到，后来慢慢明晰，原来这是早已有之的做学问的"铁律"。没人告诉我要从"治史"入手，我何以会自发地这么做，对此我也百思不得其解。也许是来自先父的思维基因？父亲的语言学研究，便是从探究"语原"发轫，关注其起始语境、文化意涵的，这种"源头"意识也流淌在我的血液中？

我从先秦到清代，从清末民初到当代，向各时期写作与写作教育大师请益。读《论语》《孟子》《荀子》《老子》《庄子》《墨子》《韩非子》《论衡》……从原著中了解、感受作者之言语生命，写作与写作教育智慧、思想，一位一位拜读，一篇一篇写作，这花了我十几年时间。期间我发表了20余篇论文，出版了《中国现代写作教育史》（福建人民出版社1997年版）、《中国写作教育思想论纲》（人民教育出版社1998年版），初步将写作教育史贯通，"照着说"告一段落。尽管认知粗糙，表述肤浅，但眼光已迥异，视野已豁然开朗，对本学科发展、沿革的历程有了整体的印象与把握。中国写作学会会长裴显生教授将《中国现代写作教育史》列为写作学界四部必读书之一。后来我进一步拓展到现当代语文教育史研究，对一些重要人物的教育思想进行深度开掘，出版了《语文：回望与沉思——走近大师》(福建人民出版社 2008 年版)、《语文：审视与前瞻——走近名家》(福建人民出版社 2009 年版)，最终整合为《中国语文学史论》(台北万卷楼图书股份有限公司 2015 年精装版)，它成为我最重要的研究成果之一。

当《中国现代写作教育史》出版时，我想父亲要是能看到多好，要是能为我题写书名、审阅书稿多好。儿子不才，44 岁才出第一本书，愧对父亲！不过儿子写的书与父亲写的书一样至今为人赞赏，莫非这是父子间的心灵默契？

《中国现代写作教育史》出版，我长舒了一口气。后来我写了《最不怕死的时候》，其中说到我那时的生命体验。1993 年年初，我正打算写这书，突然感到身体不适，头晕、乏力，体检有肝癌嫌疑。住院复检，幸无大碍，虚惊一场，但是这使我第一次认真思考"死亡"。要是真得了肝癌，生命戛然而止，岂不白活一世？我突然明白，活这辈子就为了写这本书，我得赶紧，得赶在死神敲门之前写好。这是我最怕死的时候。出院后，我不管身体多么虚弱都抓紧写。等我写完，自然，写是写不完的，所谓"写完"，是指最重要的著作写完，死神想什么时候造访请便吧。后来，我写每本书都情不自禁地祷告：苍天仁慈，让我写完！一次又一次开始，总觉得最好的那本是下一本，贪得无厌，像《渔夫与金鱼》里的老太婆。直到《语文：表现与存在》写完，完成了"接着说"的使命，自以为这是我一生最好的书，没法超越自己，写得更好了，从此不再有"最好的是下一本"的想法。我已完成"天命"，大约可以交差了，我已到最不怕死的时候了。

六、初悟古今、内外、中外贯通法

写作、语文教育史研究，是我一切研究的基础。在这个基础上，我的写作学、语文学认知产生了质的飞跃。这是我的科研发展的"第一桶金"。我所有研究业绩都应归功于写作、语文教育史研究，都是这一"源头活水"孳乳的。研究方法十分重要，方法不对，很可能竹篮打水一场空，有些人做了一辈子学问，还不知道从何入手。我从一开始就对研究方法感兴趣。

20世纪80年代，中国写作学会成立，写作教师拥有了一个全国性的学会。以林可夫先生为首的中青年学者打出了"现代写作学"的旗帜，成立了中国写作学会现代写作学专业委员会。四川南充教育学院马正平先生则组织了一批青年学者，成立了"中国青年写作理论家协会"，后为"中国写作学会文化写作学专业委员会"。这是当时写作学界的两个实力派学术团体。我虽在恩师林先生任会长的"现代写作学"麾下，但两边的会都参加，和大家都是好朋友。恩师故去，现代写作学专业委员会由尉天骄先生继任会长，至今我与尉天骄、马正平等仍私交甚笃，保持了几十年的友谊。在中国写作学会和福建省写作学会，我有一批二三十年的老朋友，时有联系、来往，我珍惜这份情谊。

从20世纪80年代中、后期到90年代初，我在学识、学术上还相当懵懂。与比我稍微年长的尉天骄、马正平等同辈比，我的学养基础差距甚远，从他们身上我学到了很多。即便后来稍微懂得要怎样做学问了，但主要还是扎在写作教育史的故纸堆中，无暇他顾。在中国写作学会及其各专业委员会学术年会上，是他们给我敞开了学术之窗，让我感受到八面来风。

20世纪80年代，随着改革开放大潮汹涌，西方学术思想译介进来，大批哲学社会科学类著作进入国人视野，可视为中国现代史第二次"西学东渐"。尉天骄、马正平兄都绝顶聪明，他们以及一批写作学界的青年精英，个个意气风发，领风气之先，在对西学吸收上极为狂热，"老三论""新三论"之类，说出来一套一套的，我自觉望尘莫及。这一时期马正平堪称风云人物，他极勤奋、敏锐，不断地将西方学术概念引入写作学研究中，攻城略地，标新立异，令人目不暇接，眼花缭乱。他的五

2007 年元月与中国写作学会裴显生会长、老朋友洪威雷（左一）、刘海涛
（右一）在武汉。2011 年 7 月 29 日裴显生教授仙逝，留下永久的怀念

卷本《写的智慧》，记录了他与同人的思考。因为我对他们所掌握的资源所知甚少，他们所凭借的许多西方学术著作我尚未涉猎，所以与马正平及其追随者对话，我感到吃力，底气不足，很有压力。压力产生动力，使我在写作教育史巡弋的同时，抽身出来，将目光投向西方哲学社会科学著作，并对此产生了浓厚的兴趣。上海译文出版社出版的"二十世纪西方哲学译丛"，四川人民出版社出版的"走向未来丛书"等，为我打开了最初的西方文化之窗，使我受益匪浅，对我影响至今。尽管后来我紧追慢赶，自以为可以与马正平等学者平等对话，可以进行客观地审视、批评，但不可否认，他们这一时期的研究使我大开眼界，给我颇多启示与巨大冲击。这使我明白了一个较为合理、完善的认知背景：单是对本学科古今贯通还是不够的，难以摆脱其局限性，难以打破其超稳定的认知结构，难以有所超越。"入乎其内、出乎其外"，跳出本学科窠臼，兼收并蓄，内外贯通，中外贯通，这样才可望拥有真正的超视距、大视野，占据学科的制高点。

外部学养，包括中外哲学、社会科学、自然科学诸多领域的知识，尤其是哲学——科学哲学素养，不必穷尽，不可或缺，多多益善，对于研究者来说太重要了。这是我后来"接着说"的充分必要条件。在这一点上，我要感谢马正平等学者理论创新的勇气，即通过大量引进，对传统文章学、写作学发起的挑战。作为学者，参加学术团体，参加学术交流活动至关重要，切不可自我封闭，坐井观天，更不能自以为是，目空一切。思想是在碰撞、互渗中被激活的，即便头破血流、粉身碎骨也在所不惜。

我后来一直在补"外部学养"不足的课，我是由内到外，再由外到内地将内、外学养初步打通了。这实际上是如何正确处理"体""用"关系的问题。要是对写作学本体的认识模糊不清，在"核心学养"——写作教育史上不下足功夫，以为凭经验就可以游刃有余，几千年的智慧与思考不去梳理，外部的学术、方法再精彩也无济于事，是绝对不可能获得学科理论真正的进展与升华的。只有在写作学本体明晰的前提下，才有可能在当代学识、方法论视野下，使之融会贯通、锦上添花。

马正平等学者的思维方法主要是演绎的。他们早期往往将国外其他学科的某些现成的学说、概念、术语等，直接拿来作为写作学研究的大前提，或进行类比、借代。但如果不对传统文章学、写作学、写作教育史进行系统的梳理，深刻的洞察与把握，"内核学养"不足，雾里看花，水中观月，其研究成果必定会使人觉得"隔"。借助外部的概念进行演绎推理，固然必要，但如果没有丰厚的内部学养的支撑、交互，缺乏第一手的精细归纳与反思，演绎出的道理必然如隔靴搔痒，难以奏效。马正平也意识到这一点，在"接地气"上做出了极大努力，这主要体现在他主编的"高等写作学教程系列"（中国人民大学出版社2002年版）上。在书中，他注意到了归纳与经验的重要性，强化其操作性、训练性，四大本"教程"在同类写作教材上几乎达到了极致。尽管如此，但仍觉未把握住精髓，未得其要，存在将简单的问题复杂化、琐碎化之嫌。我国是以写作立国的，千百年来写作教材无数，但走的都是以简驭繁的路子，看重的是学养积淀，由学中修德、养气、明理、悟道，读、悟、记（札记）并举，追求的是"养"而不是"练"，是"神而明之""言可不学而能"。

尽管如此，我仍要说，马正平是为写作学鞠躬尽瘁的第一人，是当代为写作学做出贡献与牺牲的学者。诚如他自己所言："我不论做什么学问都是一流的。"这我信。确实，他在任何学科都能成为一流专家，可他没有移情别恋，而是咬住青山不放松，为了捍卫他的"初恋"——写作学科的尊严，奉献了自己的生命与才华。这足以让人敬佩、仰视！常有人问我有什么最好的写作学著作，我一定会告诉他们去读一读《写的智慧》与"高等写作学教程系列"。这些书是为写作学科扬眉吐气的泣血之作。

我认为，作为学者，要忠诚、忠贞于自己热衷的学术领域。这是学者人格的底线。不论外部世界多么精彩或多么严酷，学者务必要保持一份淡定与坚持。马正平做到了，我也竭尽全力去做。直到该退休的年龄，我们还在上写作课，还在研究写作学。面对无数朋辈的溃逃与另寻高枝后的辉煌，我们不改初心，保持本色。我们秉持了先辈的学术信仰：学问即目的。将生命与智慧，无保留地奉献给一生的挚爱。

我没有辜负写作学科，没有辜负先师林可夫先生，在回首人生时，这使我感到欣慰。先生把生命毫无保留地献给了写作学，为写作学奋斗到最后一息，死而后已（他在癌症后期身体极度虚弱的情况下，带着氧气袋，坚持到武汉参加中国写作学会的重要会议，回来后送医不治），堪称写作学者、后学之楷模。当年他看中、留下了我，将写作教研室的责任交给了我，我没有当逃兵，没有失落振兴写作学科的信念，没有失守他嘱托的学术阵地，而且，将写作学研究疆域拓展到了语文学，创立了"表现—存在论"语文学。我已竭尽绵薄，当问心无愧。

客观地说，我不如马正平。不论是才情，还是对写作学的忠诚度、痴迷度，我都不如他，这是真心话。今天我还是这么认为。马正平最大的优势是搞理论。他如果专注于研究纯理论的文学、美学或语言学，我相信他会相当出色。这些传统学科有深厚的历史积淀，谁都没法绕道而行，马正平身在其中，自然也不例外。在传统的拼资料的研究方法论下，他会如鱼得水，他研究《人间词话》就是证明。然而，不幸的是，他痴恋上写作学，一往情深。写作学历来与实践能力的培养紧密相连，且在 20 世纪 80 年代被误解为新兴学科，被认为是没有历史的，是我们这代人开创的，于是，写作学者一哄而上，争先恐后地建设"现代"写作学。写作学的前身，即积淀相当深厚的文章学，从一开始就为多数写作学者所不屑，觉得其认知过时、简陋，即便是执着于搞文章学的，也顺应潮流，或被写作学招安，或被同化、融合。加之，由于历史的原因，写作理论被当作文学理论研究，写作学从内部被掏空了，这就造成了写作学的虚无、虚脱，而写作学者懒于正本清源，拨乱反正，从不追究，糊里糊涂地承认了既成事实。实际上，中国传统"文论"中真正的"文学理论"甚少。所谓"真正"的文论，主要是那些诗话、词话，它们根本算不上理论。成系统的，如《文心雕龙》之类，当是写作学理论。在 20 世纪 80 年代西学东渐的时尚新潮下，源远流长的古代写作学理论被遮蔽了，写作学科成为没有历史的学科，写作学界欣欣然以为自己在创学科，以为靠当下各种舶来的文化、文学理论话语的演绎，就可以建设一个现代写作学理论体系，这是一代人的集体迷失与昏聩。我相信随着"西学东渐"大潮平复，写作学者冷静下来，经过方法论反思，会更加注重对传统写作学的开掘与对接，写作学史、写作教育史将成为他们思维的逻辑起点，古代的写作学原典、经典，将成为他们学术创新之"本"。

我也主编过三部写作学、语文学教材：《写作：指向自我实现的人生》（科学出版社 1999 年版）、《高等师范写作三能教程》（人民教育出版社 2002 年版）、《新课程语文教学论》（人民教育出版社 2005 年版）。学界对这三部教材的评价也不低。就我自己评价，也许篇幅最小、最简单的第一本是比较好的。写作教材无须面面俱到，需要的是提纲挈领，宜精不宜细，给学生以价值观的引领，教给其进行自我修养、修炼的基本方法、路径。

早在一千多年前，唐代文坛泰斗韩愈先生就为我们提供了准"写作教材""语文教材"。其中可以被视为语文教学纲领性的文献是《答李翊书》。这是韩愈给诚心求教的学子——李翊写的回信。师生只要将这篇文章读透，就知道如何成就"立言者"，怎样自我修炼了。如果说韩愈这篇文章只是为我们提供了一种写作理念，修养、修为的路径、方法，那么宋代的谢枋得则给我们奉献了一部真正意义上的写作、语文教材：《文章轨范》。该教材精选汉、晋、唐、宋 15 位大家的 69 篇文章，逐一评点，告诉我们如何从放胆文到小心文，再到个性文，循序渐进地学习读、写，以写为本，读以致写。写作不是手把手教出来，或照葫芦画瓢练出来的。写作教材最重要的是给人以写作价值观、方法论的引领。写作需要自己以坚如磐石

的信念、信仰，去坚持不懈地读、悟、写。写作素养与能力是"养"出来的，不是"练"出来的。从这个意义上说，韩愈先生的《答李翊书》，以"无望其速成，无诱于势利""气盛言宜"立纲，胜于以"器"与"技"立意的写作、语文教材；《文章轨范》则给文选类教材具体要如何读、写、悟，树立了榜样。如果我们可以看到《答李翊书》《文章轨范》，那么就会知道该怎么编写作、语文教材了，就不会煞费苦心而吃力不讨好了。韩愈这封寥寥千把字的短信与谢枋得编的薄薄的《文章轨范》的价值是不言而喻的。遗憾的是，如今人们继承了这百年的教材观，习染太深，惰性太强，做任何改变都百般艰难。

这也印证了之所以要研究写作、语文教育史的道理。在几千年历史长河中，我们的先辈几乎对写作学、语文学的所有问题给出了自己的答案。这些贤哲的智商、学识、才华远在吾侪之上。不知古焉知今，更不可能高瞻远瞩，把握未来。不站在古圣前贤的肩膀上，想有所超越与发展，那是痴心妄想。《庄子·秋水》中说道："井蛙不可以语于海者，拘于虚也；夏虫不可以语于冰者，笃于时也；曲士不可以语于道者，束于教也。"不了解本学科的思想积淀，不拥有学科内、外广阔的视野，不就是自以为是的井蛙、夏虫、曲士？那也就没有了对话、发言、立言的权利。古今贯通、内外贯通、中外贯通，这当是常识，遗憾的是有些学者急于求成，总想走捷径，早出名，置常识于不顾，违背做学问的规律，墨守成规，自以为是，结果聪明反被聪明误，反而受到惩罚。"核心"学养上出现"短板"，学问、实践上必功亏一篑、前功尽弃。

七、从"照着说"到"接着说"

20世纪90年代后期，出现了一场声势浩大的语文教育大讨论。各界精英口诛笔伐，力陈语文教育之蔽与弊，探讨振兴之策，各抒己见，莫衷一是。大家可能不太清楚，其实语文教育的种种弊端并非90年代才发生的，而是由来已久。只不过90年代语文教育中各种矛盾累积到峰值，导致了大爆发。始于清末民初的我国现代语文教育，从其由科举向平民教育、由文言向白话教育转型之始，从整体上看，始终没好过，而且每况愈下。其原因很多，其中一个重要原因，就是学者学识视野局

限。当时以及今日的学者均未对语文教育史做过深入细致的梳理、反思、总结。圈内的学者，在未对传统语文教育进行全面、深入研究的情况下，便基本上全盘否定，另起炉灶。圈外的各界学者对语文教育所知甚少，更缺乏专门的研究，因此，其建言献策，大多属于经验性随感，信口开河，自然乏善可陈，发挥不了什么实际效能。迄今为止，现代语文教育走错路子而不自知。发现问题，头痛医头、脚痛医脚，势必于事无补；仍走在老路上，必将继续沦落、溃败。

母语教育的成败，事关一个民族的精神、文化的兴衰。说得小点儿，语文教育会影响几代人的学业，关系到绝大多数高中、大学毕业生的听、说、读、写能力；说得大点儿，语文教育会影响无数国人的言语、精神生命与创造力，关系到中华民族的文化软实力。没有哪一个学科的教育，对人、民族精神的塑造作用，对思想、文化建设的贡献率，可以跟语文学科相提并论。

"国家兴亡，匹夫有责。"基于一位普通中文教师的责任感，我将语文教育作为后半生的重要研究课题。其成果集中体现在《语文：表现与存在》(上卷、下卷)(福建人民出版社2004年版，124万字)上。在20年积累的基础上，我花了4年时间，在"知天命"之年，完成了一生中最重要的著作(该书现已修订完成，修订版即将问世，将达170万字)。要论我这辈子最重要的书，大约是《中国语文学史论》与《语文：表现与存在》。前者是"照着说"的代表作，后者是"接着说"的代表作。

我写《语文：表现与存在》时，已将近50岁，出版时已过了"知天命"之年。50岁，对于一个学者来说，是言语、精神生命的成熟期，我要在这个时期给人类奉献出最丰硕的智慧之果。国学大师黄侃先生说50岁之前不著书有一定道理，因为与其写许多生涩、粗糙的文字，让自己后悔，不如等有了丰厚积累与深刻思想之后再写。

这样的想法可以有，实际上窒碍难行。因为不从年轻时一直写，就不会有盛年的丰厚与深刻。加之，谁也难以预料寿限几何，要是活不到50岁，那就悔之晚矣。黄侃先生就是太执着于要写好而坐失良机，恰在50岁想开始写时不幸英年早逝，痛哉惜哉。

我以为"五十而知天命"有两层意思。其一，"写作"是人之"天命"，人生，须是言语人生，"不写作，枉为人"。其二，年到半百，有了足够的学养、阅历，方能"知天命"，即神思天意；才有成熟的思考、思想，领悟到至深的道理、学问，写出最好的著作。因此，人不能错过这个至关重要的时间窗口。从这个意义上说，《语文：表现与存在》是我50岁生命的纪念，是送给我的父母、家人的礼物，是对恩师林可夫先生与孙绍振先生教诲的回馈。

有了这部书，当可无愧于父亲。我在他的坟前献上了我的生命之作，将他给予我的精神滋养加倍奉还。这些年，每逢父亲忌日，我都将我的著作当作"纸钱"烧给他，我相信这是对他最好的回报与尽孝，这一定是他最想看到的。我万分感谢我的母亲。母亲天资聪颖，才华出众，厦大毕业时本有机会赴美留学，却选择了当一名教师，甘愿为父亲与家庭放弃在事业上登峰造极的机会。当我这部书即将写完时，母亲卧病在床，遗憾的是，没能赶在她在世时献上我的著作，愿母亲在天之灵能感应到儿子心中无尽的谢意与歉意。

我在该书"后记"中提到对恩师林可夫先生的怀念：

在拙著即将出版之际，我非常想念先师林可夫教授。大学毕业时，他看中了我，留下了我，引我走上学术之路。我的每一本书的后面都刻录着恩师热切的凝视。当我第一本专著《中国现代写作教育史》出版时，先生已癌症在身，多次的化疗使他感到非常疲惫。但是他从我的手中接过书的那一刻，的确很高兴，也显得特别精神。后来，他特地捧着我的书拍了一张"读书"的照片送我。照得很好，先生潇洒地倚坐在藤椅上，一脸陶醉的满足，手上的书封面字迹很清晰。——看到照片时温馨得让人心碎的感觉，成为抹不去的记忆，刻骨铭心地伴随着我。1999年当我编写《高等师范写作三能教程》时，先生寓居上海，在养病中他还常通过电话与我交谈心得，切磋学问，经常一谈就是20分钟或半小时。书出版时，已是先生生命的最后时光。拿到书，我寄出的第一本就是给先生的。他收到时病情已十分危重，仍勉力翻阅，打电话给我谈了自己的看法，话没有说完就虚弱得说不下去，然欣喜和勉励之情溢于言表。这是我们最后一次通话，先生说等他好点儿再接着说……而今先生已作古，写作时也就少了一种精神上的依靠，心里常觉空虚了一片，念及往昔，不禁唏嘘。先生仙逝已四周年，拙著权作学生的一份祭礼吧。

2001年5月21日，恩师林可夫先生病逝于上海，享年67岁。我特赴上海拜送先生。师恩如海，若没有先生，我便不可能走上治学之路，也不可能有今天的一切成果，这是我终身念念不忘的。

恩师孙绍振先生为我这部最重要的书写了"序"。这篇"序"非孙先生莫属。先生忙，但只要我拜托的事，他从不推辞，这次也一样。他认真读，认真写，按时给我发过来，我收到，装进书稿，没付他一分钱稿酬，向来如此，天经地义。我不敢给，给了反而生分了。师生间就该这样。如今我也到了写"序"的年龄，凡是学生叫我写，我也不推辞，给他们写了不少，他们也觉得不付稿酬天经地义。文字缘同骨肉亲，师生本来就是靠文字、思想，而不是靠金钱、利益来维系情谊的。

我由衷地感谢我的先生，也由衷地感谢我的学生。从前我当学生的时候，对老师充满感恩之心，因为是老师给予我言语、精神生命，使我的人生得以升华，使我得以自我实现。自己当了老师之后，想法慢慢产生变化，不觉得学生要感谢我，相反，渐渐对学生萌生了感恩之心：要是没有学生，我还有存在的价值吗？是学生使我的生命变得有意义，让我获得存在感。他们接纳了我的思考，传承了我的思想，延续了我的言语、精神生命，难道这不是我应该感谢的吗？孔子要是没有弟子、传人为他记录、编就《论语》，朱熹要是没有弟子为他辑录《朱子语类》……他们的思想就不可能完整地保留下来，流传后世。

感恩学生，没有丝毫削弱我对先生的崇敬、感激。我作为学生身份的尊师情感始终不变，而且与日俱增，这也许跟我始终伴随在先生身边有关。我从上大学开始，一直追随孙绍振先生，受其不尽的恩惠，至今仍经常听他的精彩讲座与谆谆教诲，以至我写的东西，简直分不清是先生说过的，还是受先生启发接着往下说的。我的著作中多多少少都有着先生的思想、方法的印记，这么说一点儿不为过，这就是"师承"。"师承"是融化在精神血脉中的"DNA"，师生的思想是水乳交融的。这十几年，我们还一道投身语文课程改革，一道编写中学教材，一道外出讲学……从先生那儿得到的太多太多，终身受用不尽，这种发自本心的感激，不是用金钱或利益交换能表达的，这是名利场中人不可想象的。

能遇到孙先生是我一生的福气、运气，我无比庆幸！这些年，我认识许多中、小学教师，他们聪明、勤奋，在语文界堪称优秀。他们本可以更优秀的，只可惜没有遇上像孙先生这样的明师。我若没有遇到孙先生，充其量也就是这样，满足于写些教辅、教学经验总结、课堂实录之类，连论文与随笔、教学总结都分不清，更不用说涉足理论研究，有什么建树了。"师教""师承"太重要了，其给人以思想、思维方式脱胎换骨般的重塑。

正由于有着良好的"师承"，有着 20 年学养、思想的积淀，我写《语文：表现与存在》这部 124 万字的大书时，似没有常人想象中绞尽脑汁、殚精竭虑的艰苦卓绝，而是水到渠成、喷涌而出的畅快淋漓。这与我在写作学史与其他内外学养上所下的功夫是分不开的，即所谓"磨刀不误砍柴工"。《语文：表现与存在》在语文学上小有建树，靠的就是我对语文教育史积铢累寸的梳理、思考，中外哲学、科学学、语言学、文学学、教育学、心理学……的滋润，也许，还有我几十年写作、语文教学经验的积累、反思。尤其是作为专业的写作教师，我对人为什么写作，写作与阅读的关系，写作素养与语文课程的关系等，比一般的语文教师、学者，有着更为深刻的理解。这些优势，使我得以站在较高的平台上，以宏观、战略的眼光，把握语文教育的历史、现在与未来。

该书集中体现了我的方法论：范式的颠覆与整合的原创。

现代语文教育史研究让我看到了语文教育及其内外原因；科学学使我明白，"范式"出了问题，"范式"的颠覆与更新是唯一的出路；传统语文教育与现代语文教育（叶圣陶语文教育思想）的比较研究，使我能较为准确地把握住二者的差异，知道现代语文教育的"范式"是什么，什么地方出问题了；现代西方哲学、人类学、语言学、心理学、阐释学等的广泛涉猎，使我能抓住"动力定型"这个突破口，提出"言语生命动力"的假说；中外哲学、认识论、方法论的学习、思考，对科研方法的长期琢磨，有助于我提出、驾驭、建构核心命题，使"吾道一以贯之"，由抽象到具体展开、深化、丰富命题，归纳与演绎对接、互补……这些使我能站在一个高起点上观照研究对象。

　　语文界普遍缺乏哲学思维，于是对现代语文教育的认识不得要领。"工具性"批判，所谓的"工具主义"与"人文主义"之争，主张"工具性与人文性统一"等，都没有抓住其要害。叶圣陶先生说得很清楚："工具"是手段，不是目的。而语文界偏偏将其视为"目的"，视为"课程性质"。语文界误把手段当成目的，至今仍有人执迷不悟，以为只要在"工具性"上加个"人文性"平衡一下，就万事大吉了。由于缺乏本体论意识，对什么是语文课程的"人文性"也不甚了了，以为增加文学作品或加强思想、文化、道德教育就是加强人文性，反而使语文课异化成了政治课、文化课、思想品德课、美学课……丧失了语文课本身的特点。

　　我国现代语文教育本体论——目的论，实为"应付生活"。这就是"工具"这个手段的目的。这是以叶圣陶先生为代表的主流课程价值定位。其合理性不言而喻，语文界被合理性"一叶障目"，人们从不认为"应付生活"会有什么问题，对其显而易见的局限视而不见。然而从来没人思考过应付生活的"生活"内涵是什么，没人质疑、深究以"应付生活"定位的缺失。叶圣陶先生的"生活"，主要指的是日常生活、社会生活、物质生活。其哲学背景是"功利主义""实利主义""工具主义"。这就是百年语文教育成效不彰的主因。其要害是缺乏对人之为人（人的特性）的思考，缺乏对人之精神本体的关注、关怀。"应付生活"指向的是人的生存性、动物性。重生存，轻存在；重物质，轻精神；重社会之外因，轻人性之内因。长此以往，势必导致应试教育猖獗，学生言语、精神生命萎靡。这一语文教育本体论——"应付生活论"，便是我要颠覆的核心语文课程范式。

　　这一发现至关重要，我从中找到了百年语文教育危机的症结——颠覆的目标，我为此高兴。接下来的批判与假说，确实是从本心中流淌出来的：我本能地觉得人运用语言文字、写作并不只是为了"应付生活"。古往今来，有为生存而读写的，也有不为生存而读写的。为生存而读写的可能居多，但这只是一种表面现象，从某种意义上说是"假象"，是人的自我遮蔽。不为生存而读写的虽是少数，却是人类的主流，因为这真正代表、彰显了人之本质特性。应了那句老话：因为走得太远，忘记了为什么出发。人类的读写活动是源于人之"言语"本性，根本目的是文明、文化的创造。

　　我的发现所得益的认知方法，来自于恩师孙绍振先生的潜移默化。我从先生那儿学会了质疑、证伪；学会了透过现象看本质；学会了归纳的方法、逻辑与历史相结合的方法、具体问题具体分析的方法……因而我一走上治学之路便从不人云亦云，习惯于任何问题都要过脑子，独立思考。也许这种直觉证伪还与我的父亲，以及我们的精神父辈留给我的思想印记有关。我们所接触到的那么多文学、文化经典的作者大多不是为了"应付生活"，为了生存，为了贪图现实功利。我的父亲在《中国语原及其文化》中讲到他的写作动机："本书意在介绍一种用'语原'研究社会文化发展的新方法……读者阅毕全书，对于中国文化如何从荒古之生生之谜的冥索而至于生之现象的了解，进而有生活技术，产生了社会组织，再进乃作文化的上层建筑——道德与法律的过程，可略体认出一脉相承的线索，似此逐步进化的迹象，今天为社会科学的原则，其实吾先民在最初造字之时，即已完全反映无遗了！此书如果能对吾先哲灵智的卓绝，创造的伟大，品性的优强，同时得到若干的发皇，民族自信力且因此油然而生，那也就是全赖此种方法本身独具的优点所获致的效果的。"父亲写这本书时正值抗战最艰苦的时期，谋生极其艰难，工作十分辛苦，但他仍念念不忘为抗战做出一个有良知的知识分子应做的贡献：弘扬中华民族悠久、灿烂的文化，激发民族自信心，鼓舞民众的斗志。他写这本书与个人名利无关，完全出于爱国心、正义感。古往今来，作为一种精神需求，出于信念、信仰的写作动机比比皆是，这才是超越"应付生活"认知之上的正能量。只讲"生存"，只为功利性的实用、应用，不讲"存在"，不讲超功利的人之言语、"立言"本性，人之精神上的自我实现需求，必将走向堕落，至少是一种偏颇与缺失。这无疑可解释语文教育何以出现萎靡不振的现象。这一颠覆性认知在我并不困难。

我要重构的本体论的核心概念是：言语生命。也就是说，人的言语活动，其本原性动力不是应付生活，而是应付自我，应付自我的言语生命本性。人不为应付生活也要写作，就是因为写作是人的本性。言语创造是人的精神生命的"原欲"。基于言语创造本性的写作，才是真正人的写作——自由的、有意识的生命活动。这一认知源于人的一切读写活动，最基本的精神创造活动，基于人的生命特性——言语。人是符号的动物，最主要的符号是语言、言语，其基本呈现方式是写作。因此，可以表述为：人是写作的动物。这是对言语动力的本原性认知。因此，读写活动，是人之为人的证明，是人的确证、自证。我写故我在。这指向的是人的存在性、精神性。这是人的写作行为发生的原发性动机，是"天命"。

以存在性涵盖、超越生存性，以精神性涵盖、超越动物性，是人性之本然，是人性的胜利，是语文教育动力定型升华之必然。

李节女士对我进行访谈，将访谈录命名为《站在"人是什么"的高度看"语文是什么"》（《语文学习》2016 年第 1 期），这是抓得比较准确的。只有站在"人是什么"的高度，才能明白"语文是什么"。当我们思考教育时，最不能忘记的就是教育的本体——"人"。任何教育都是"人"的教育，是基于"人"，助成"人"的本体、个体发展的教育。语文教育的本原动力与"人之为人"的本性、特性息息相关，如果不能站在"人"的立场，人的生命特性是"言语生命"的立场，看语文教育，不论是语文课程定性，还是语文知识的建构、教法的设置，必定都是偏颇的。以往语文教育的失败，就在于不把人当人，把人异化为动物，把物质、生存作为唯一诉求，将语文课程定性为"学习语言文字的运用"，于是语文教育沦为"技能训练"。这是"驯兽"，不是"育人"。动力观、价值观错了，一错百错。

语文是唤醒、养育、塑造人性——言语、心灵、灵魂的课程，是培育"立言者"的课程，如此就由内到外彻底改变了整个观念、实践视界。培养"立言者"，培育"言语生命"意识，以"表现—存在"为本位，据此建构起的知识、实践体系，才是顺应、成全人性——言语、精神生命的成长、发展的，才是指向人的自我实现的；语文学习主体——学生，才会真正感受到言语创造的愉悦，享受到语文学习带来的尊严感、归属感、成就感。

《语文：表现与存在》的写作，在很大程度上得益于我长期对研究方法的关注与思考。这些年我对治学方法、语文研究方法较感兴趣，我以为这是作为学者所必需的。要是研究不得法，无异于浪费生命，再勤奋，写得再多，也劳而无功。在语文界，这种智力浪费的情况特别严重，大量研究是重复性、低水平的，原因就在于方法不对。张心科先生对我进行访谈时曾就研究方法提出了三个重要的方法论问题。一是请我说说"言语生命动力学表现—存在论语文学"的形成过程以及《语文：表现与存在》的写作过程。二是这个理论无疑是原创性理论，那么原创性理论的标准是什么？三是语文教育研究大致可以分成教育哲学、课程与教学论和教学实践三个层面，每个层面研究的对象不完全相同，研究的结果也不能完全互用。也就是说，当我们高校的研究者自上而下地由理论往实践推演时，在课程与教学论研究者，尤其是一线教师看来总觉得有点儿"隔"，那么我们如何去解决这种"好听但无用"的难题？我描述了我的精神创造过程，包括对现代语文教育"应付生活"本体论缺失的发现，如何寻求言语活动的本原性动力，将人的"言语生命"特性作为语文课程的动力定型，提出言语表现是人的精神生命"原欲"，以"存在"需求超越"生存"需求等。对于何谓原创性理论，我对"整合的原创""基本论点""核心概念""理论化"等做出了系统阐释；对于如何使不同层次的思考相互沟通，我谈了自己的体会。《颠覆·超越·互通——潘新和教授访谈录》(《语文教学通讯》2016 年第 4 期)这篇文章较充分地体现了我的研究方法论，也许可资年轻教师、学者参考，使其言语人生少走点儿弯路。

八、语文教育转型的瓶颈

　　语文教育转型的瓶颈主要是"高考"。"高考"不改革，语文教育就不可能走出困境。

　　2004 年年初，高考实施分省命题改革，我是参与福建语文高考命题的首批成员(担任审题组组长)。当时我以为这下可以将自己的想法付诸实践了，参加高考命题工作后才知道并不是那么回事。试卷结构，如何赋分，怎么命题……全都规定好了，想改动点儿什么是很难的。

　　对高考试题"伪语文化"有了深入了解后，我深感语文课程改革的突破口在于高考改革。"课标"是虚的，高考是实的，即所谓"指挥棒"。于是产生了研究语文高考的念头，要从观念上将这块铁板撬开。我写了《语文高考：反思与重构》(福建人民出版社 2009 年版)，主要观点是清理、批判"伪语文"考试，简化试题，回归传统，考多道作文题，检测学生真实的写作能力。这与我的《语文：表现与存在》的指导思想是一致的，是我的言语生命动力学语文学的"高考版"。

　　几十年在历史长河中就是弹指一挥间。这几十年高考的弊端，是所谓的"科学化"导致的走火入魔，是到了反思、修复，返璞归真、回

归本然的时候了。高考的语基、阅读题，考的是"伪语文""伪能力"，语基、阅读得高分，不会写作就一钱不值。如果会写作，就说明阅读、语基学得好，何必画蛇添足，多此一举？人的一切语文素养、能力，通过考作文就能检测出来。作文好，就是语文好，就是阅读好、语基好，甚至表明了一个人素质、素养好，我们的老祖宗就这么认为，就是这么考的，考了两千多年，还专门创造了考试文体制艺——"八股文"，难度、信度、区分度具备，废科举后，直到"文化大革命"还是考作文。语文高考的走偏，同样是不了解、不研究语文教育史使然。

也许还有另一个瓶颈，那就是广大教师的心理抵触。这是隐性的，埋伏在潜意识中的。几十年应试教育形成的教育文化心理，根深蒂固，成为一种因循守旧的惰性。他们从受害者，不知不觉变成斯德哥尔摩综合征患者。对应试教育他们已经驾轻就熟，驾轻就熟的敌人，无疑是革故鼎新。因此，他们反对一切变革，更不用说脱胎换骨的变革了。他们早已放弃了思考，出于"公平"，也反对别人思考。这比看得见的"课标""试题"更难改变，也更为可怕。这种情况不只存在于一般教师身上，也包括相当部分教研员，甚至高校的学者。

我知道，对于现行的"课标"、高考的改革，是一介学者无能为力的。中国的教育改革必得是自上而下才行。明知如此，也要尽一己绵薄之力，由下而上去推动。理论的价值在于实践，《语文：表现与存在》的生命，也在于得到语文界的了解、理解与接受。我坚信，如果我的理论能渗透、攻占、蚕食，逐渐得到越来越多民间的认可，这种变革迟早是要发生的。尽管这是一个艰辛、漫长的过程，其漫长，可能超过我的生命。

为了让更多教师了解我的理念，我几乎走遍了全国，应邀在浙江大学、厦门大学、西南大学、江南大学、福州大学、天津南开中学、上海师范大学附属中学、杭州拱宸桥小学、清华大学附属小学、首都师范大学附属小学等大、中、小学以及教研机构做了数百场讲座。最远到了东北黑龙江黑河爱辉区教育局，西北内蒙古鄂尔多斯一中。许多地方去了多次。单是杭州一地：浙江大学"千课万人"教学观摩会、浙江大学教育学院、杭州师范大学、杭州拱宸桥小学等的讲学、评课，就去了20多次。深圳"名思教研"举办的语文教育论坛、深圳红岭中学、深圳南山实验学校等开展的教研活动，我总共也去了10次左右。通过这些交流活动，我的理论越来越深入人心，许多中小学名师和普通一线教师，给予"言语生命动力学"语文学以最大的理解与支持，不论是纸媒还是新媒体、自媒体都好评如潮。

十年来，《语文：表现与存在》在名师荐书中始终名列前茅。例如，浙江大学举办的"千课万人"教学观摩活动，每年都有多次，每次都请所有参加授课、讲学的名师、学者各荐一部学术著作与一部文学作品，而在这些学术著作类中，该书几乎是推荐重复率最高的。在 2016年 5 月 8 日的"千课万人"小学语文新常态教学观摩会上，荐书重复率仍然遥遥领先(文学作品类，推荐重复率最高的一般是《红楼梦》)。

随着影响的持续扩大，厦门《海峡导报》魏文女士约请我开设"潘老师语文轩"专栏，希望能普及我的语文观。几年过去，不觉已发表了近百期，不但教师喜欢，不少中学生也喜欢，这让我欲罢不能。其中部分文章已结集成《不写作，枉为人——潘新和语文学术随笔》，2014 年由福建教育出版社出版。这进一步拓展了我的"表现—存在论"语文学思想的传播。

2015 年 12 月 9 日，应《中国教育报》约稿，我发表了长篇论文《表现与存在：语文学再出发——我国现代语文教育审视与前瞻》。这篇论文体现了我较为成熟的思考。"中国社会科学网"在第一时间转发，继而转发的不计其数，在全国产生了广泛影响。感谢张新洲和杨桂青博士的抬爱，使我的声音在主流媒体得以呈现。我的思想从民间走向"殿堂"，这固然是我所期待的，但我始终看重民间的传播，看重广大语文教师、学者的检验、接纳，以及他们在教学实践中的应用、转化。

走出去海阔天空。语文界对《语文：表现与存在》的喜爱与褒扬，超乎我的想象，这使我感受到了原创话语的力量，并收获了

存在感、成就感、自信心。这是蜷缩在象牙塔做自以为是的"大学问"的学者所体会不到的。不论多大的学问，终究都要落地，要经世致用，要走向民间，接受实践的检验，推动社会的进步。尤其是研究教育，不与实践对接，思想之花便会枯萎。

2016 年 3 月 4 日，我应厦门大学人文学院中文系与图书馆的邀请，在"厦大文化讲坛"做讲座："表现与存在：写作再出发"。尽管我到过无数学校，但到厦门大学有着特殊的意义。因为这是我父亲、母亲的母校。父亲在厦大中文系读过书，获教育、中文双学士，得到校长萨本栋先生举荐，在厦大图书馆工作过。他最重要的书《中国语原及其文化》是在恩师余謇先生启发下写的。这是他言语人生的发祥地。因此，当我站在这个讲坛，面对厦门大学的师生时，心情颇不平静，既亲切又激动。父亲、母亲在天上看着我，倾听着我的讲座。我在他们曾经求知、做学问的地方，给他们的后辈学子播下精神创造的种子。就像当年恩师余謇先生教诲父亲、父亲教诲我一样，现在轮到我来给他们的后辈学子开启言语智慧、重塑言语人生了。我将从先辈、父亲手中接过的文化接力棒，交到他们手中，为此感到莫大的荣幸与自豪，相信父亲、母亲也会因此而欣慰。

2016 年 2 月底，我办理了退休，这是我开始新生活的第一场演讲，我留下演讲海报做了个纪念。不知不觉走完人生大半程，本可以再延聘两年，到 65 岁，心想何必呢，工龄 48 年，教龄 43 年，对得起社会、学生了。"久在樊笼里，复得返自然。"从此可以不再没完没了地填那些无聊的表格，报那些无聊的课题、奖项了，可以做

自己想做的事，到各地多走走，让自己的教育理念得以更广泛地传播了。有这点儿小自在，便觉得很满足。

九、"知天命"而"尽人事"

《语文：表现与存在》出版10多年，不断重印，供不应求。我就像播火者，将"言语生命动力学"的星星之火，播向了全国，如今已成燎原之势。这10多年，刊物、网络上的评论可用铺天盖地来形容，至今仍在延烧。民间自觉响应的"表现—存在论"课程改革实践，遍布神州大地，使我深受鼓舞。

与各地中小学教师的思想交流、互动，给了我许多新的思考与灵感，我的认知因而深化，大量论文就是在各地讲学听到读者的反映与需求之后写出来的。我将这些年的著述先后结集为《"表现—存在论"语文学视界》（人民出版社2014年版）、《语文：人的确证》（上海三联书店2014年版）、《语文：我写故我在》（海峡文艺出版社2014年版）、《语文教师素养随想》（福建人民出版社2014年版）。

在《语文：表现与存在》出版10年之后，我花了一年多时间做了认真修订。修订版大约增加了40万字。重要修订有以下三点。

其一是明确了语文课程目的，即为培育"立言者"奠基。以"立言者"替代以往"言语上的自我实现者"这一外来的"生造"词语。很久以来，我一直在寻觅这个本土的有着文化意味的"名"，终于找到了！超越所谓的培养"普通公民"的定位，超越"应付生活论""工具论"，树立"立言者"这一教育理想之高标（就跟孔子以及儒家学者将其培养对象设定为"君子"一样），彰显"表现—存在论"，与培育"言语、精神生命"相呼应。这可以看作对语文课程本体论定位的提升与加固，使之更具"民族性""母语性"，更具亲和力。

其二是在原理论部分增加了一章，专门对何谓"诗意""诗教""诗意语文""诗意人生"等，进行了追源溯流的探讨、阐释。这是对语文界需求的回应。在初版中，我把"诗意人生"（即"诗意的言语人生"）视为语文的化境，在语文界得到了广泛共鸣。"诗意语文"或"语文的诗意"，在语文界精英那儿颇受青睐，然而他们对其内涵却不甚了了。因此，对"诗意"概念的澄清就显得十分必要。在哲学层面，"诗意"与我的关键词"存在"息息相关，只有有诗意情怀，超越功利、现世，才有存在意识。诗意属于本体论、价值观范畴，是一种精神境界的培育、引领，至关重要，是语文课程不可或缺的人文关怀、人类情怀，是语文教育之魂。

其三是在实践论部分增加了两章，在"表现—存在本位"视角下，阐明语文——写作素养的内容及其教学实践。这是对教学观念、行为全方位的革故鼎新。语文素养是什么，怎么教，是教师最为关心的问题。我对此进一步明确、细化，阐明语文五大素养（动机素养、知情意素养、体式素养、行为素养、创制力素养）及其具体教学方法，是为了回应语文界对教学实践的需求，给他们以具体操作上的启发、借鉴。这是为"接地气"做出的努力。

修订《语文：表现与存在》，是我一生中重要的工作之一。我满怀虔敬、感恩之心，感谢读者与上苍给我修订的机会：不但让我完成"接着说"的使命，还得以将这10年的思考一并呈现在这部最重要的著作中，使"言语生命动力学"语文学得以丰富与深化。能获此恩宠，三生有幸，感激莫名。

如果天假以年，我将把《论辩写作学》写完。语文课程的终极目的是培育写作素养，培育"立言者"，"论辩"写作是写作的"共能"，然而，迄今为止还没有一部论辩写作理论专著，大约是上天特地留给我的使命。退休了，没什么外在压力，可以慢慢写，打磨精品。如果还有"余生"，我想再写一部《"表现—存在论"阅读学》，让教师知道怎样做才是有效阅读，语文课的阅读要指向"表现与存在"。这算是我"憧憬的远景"吧，我不负天，愿天不负我。

回首往事，我感恩任教 30 多年的福建师范大学文学院。她是我们祖孙三代人共同耕耘过的故土家园，我对她深深鞠躬拜谢。从 1982 年毕业留校，我没挪过窝，文学院风调雨顺，阳光普照，人际关系和谐。汪文顶副校长、齐裕焜主任、陈庆元院长、郑家建院长等给予我深切关怀与扶持，给刚性、冰冷的管理体制注入和煦、温情，给我以尊重、理解，这珍贵情谊将永世不忘。院领导创设良好的科研环境，大力资助著作出版，如此我才得以只管埋头写，不愁出版难。这殊为不易，是多数院系不可能做到的。对学者来说，所要不多，能将思想呈现于世，更复何求？

感恩之余，也无限惶恐、愧疚，一辈子治学，远没到自由之境界。朱熹诗云："昨夜江边春水生，艨艟巨舰一毛轻。向来枉费推移力，此日中流自在行！"（《观书有感》）这首诗说的是从长期的读书、思考——思想积累中，获得言语、精神自由。治学非朝夕之事，需毕生之功，需付出许多辛苦——"枉费推移力"，才能"中流自在行"。我虽付出一些辛苦，但"枉费"的"推移力"还不够，没能达到"中流自在行"的境界。这不是故作谦虚，而是有自知之明：先天悟性一般，后天读书不多，治学不够勤谨。这些"硬伤"无可弥补。

越写越发心虚，甚至怀疑自己学者的身份，更遑论做一个纯粹学者了。

"学者"是极神圣、崇高的称谓，非才高八斗、学富五车不敢当。须像王国维、陈寅恪那样学问博大、深厚，才可以理直气壮地称自己为学者。我才不高、学不富，20多岁上大学，30多岁懂点儿皮毛，40多岁才出本书，顶多望孔子之门墙而已。

历来纯粹学者甚少。纯粹学者除了学富才高外，最要"致虚极、守静笃"，要心静。须气定神闲，静心澄虑，宠辱不惊。

韩愈早就道破"立言"之天机："无望其速成，无诱于势利。""行之乎仁义之途，游之乎诗书之源，无迷其途，无绝其源，终吾身而已矣。"治学靠滴水穿石，须专心致志，矢志不渝；诱于势利，心有旁骛，便无缘真学问。

以"无望其速成，无诱于势利"衡量，我虽不当官，也不想当官，甚至还能抵抗住某些名利诱惑，但未能完全置之度外，不能决绝超脱于职称、课题、评奖……以学问为目的，以"立言"为信仰，平心而论，我无能焉。为此，我深感愧怍。

人生是无，治学是有；以有涯之人生，追求无涯之学问，无方是有，此即言语人生之可贵。然而，有仍是无，即便诚心治学，板凳坐穿，亦难臻胜境。"渺渺兮予怀，望美人兮天一方。"学无止境，治学永远在路上，在虚无缥缈间。"老冉冉其将至兮，恐修名之不立。"此乃学者晚境共同的凄惶。不论是"立言"，还是"立名"，都是一种信念、追求。山外青山楼外楼，学问之琼楼玉宇，治学之无穷妙境，终其一生，不可企及，唯作望洋之叹。"绝学"在不可知之天，"修名"在今生之外。知天命，尽人事，可矣，足矣。

2015年12月26日，我的岳父高时良先生走完了他104年的言语人生。他展示了纯粹学者完整的悲剧性人生长卷。我的父亲是学者的非正常死亡，其壮志未酬的哀痛自不待言。我的岳父是学者的正常死亡，是寿终正寝，这在一般人是福气；在学者，不论成果多少、活得多长，到头来都难免有失落的憾恨。学者比一般人多一份精神上的牵挂，也就多一份悲哀、感伤。

普通人的人生是下行的，完成家庭义务、生命繁衍，便了结了人生使命，自然解脱，功德圆满。尽管难以了无牵挂地撒手人寰，但一生之劳碌弥足告慰。学者的言语人生是上扬的，学问不断累积，年龄越大，积累越深厚，思想越成熟，想要表达得也就越多，加在自己身上的责任也就越大，当衰老、死亡不可避免地来临时，往往处于思想力、创造力的巅峰，欲罢不能，痛苦尤甚，这是我岳父切身感受到的。

岳父与我的父亲是福州师范学校、厦门大学的同学、挚友。他们一样才华横溢、年轻有为，一样献身教育、治学，一样卓有建树，堪称传统文人、纯粹学者。父亲与岳父的言语、治学人生对我的启示颇多。我在少年时期受到父亲潜移默化的影响，青年时期至今，则伴随岳父度过。岳父是我国教育史学界的著名学者，著作等身，其代表作《学记研究》受到许多专家的认同与称赞。对《学记》颇有研究的陶继新先生说《学记研究》他通读过10多遍，但还是觉得不够。岳父的著作《中国教育史纲》（古代之部）《中国教会学校史》《洋务运动时期教育》《明代教育论著选》等，都是教育史学力著。

岳父与我的父亲一样，27岁就有专著问世，各种著述极为丰富，30多岁即担任福建省教育厅研究室主任兼编辑委员会主任，福建省新教育研究所研究员。他大部分著作是在60岁以后写的，期颐之年仍笔耕不辍，直写到手不能执笔。手不能写，是他一生最悲惨的时光，终日指着僵硬的失去握笔能力的右手，见人就念叨着："我还想再写一本书。"他是带着没能写完的遗憾谢世的。这就是一个纯粹学者的言语人生。他的艰辛、痛苦，我感同身受。学者哪怕写出自己最好的著作，到了"最不怕死的时候"，只要一息尚存，总有写不完的著作，有难以抑制的写作冲动。他的澎湃的创作激情并不因为年迈体衰而消弭。写作是他活着的全部目的、意义，是他的生存、存在方式，念兹在兹的精神寄托。因而他至死矢志不渝、无法释怀。人世间一切名利都可以放下，唯一点一滴累积下的学问无法割舍。这是所有寿终正寝的学者共同遭遇的临终关切与绝世悲情。

余秋雨先生写过一篇散文《藏书忧》，说学者离世之后其珍藏的图书将漂泊无依："书房的完满构建总在学者的晚年，因此，书房的生命十分短暂。""……而少数好不容易走向相对完整的灵魂，随着须发皓然的躯体，快速地在书房中陨灭。历史文化的大浪费，莫过于此了。嗜书如命的中国文人啊，你们的光荣和悲哀，该怎样裁割呢？"这种藏书散佚、无法裁割的悲哀尽管痛切，但说的还只是学者身后的悲哀，是外在物态的剥弃、流离；学者毕生"积学以储宝，酌理以富才"，耗尽心血构建的丰沛学殖，有朝一日随风飘逝，是学者生前对其内在瑰宝的剜舍、诀别，无疑更令人锥心叹惜。也许比《藏书忧》更值得写的是《积学忧》。

也许我们可以换一种心情：学者固然难逃肉体生命的消亡，难免有雄心壮志未了的悲哀，但这是悲壮的陨落，荣耀的归隐。无须"此情无计可消除，才下眉头，却上心头"的凄凄惨惨，更无须"诌一套《哀江南》，放悲声唱到老"的悲悲戚戚。做本分事，持平常心；无愧自己，无愧人类；既已尽力，弥足称庆。此生能与言语、精神创造结缘，即便一路坎坷，浑身泥泞，也堪称幸福人生；即便无功而返，空载而归，也心安理得，聊堪自喜。

"回首向来萧瑟处，归去，也无风雨也无晴。"

表现与存在

——语文学的颠覆与重构

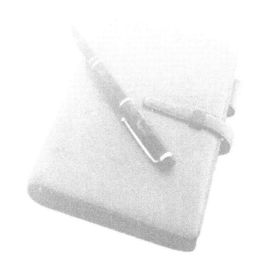

2003 年 10 月 23 日，在香港大学主持学术研讨会，与海内外汉语写作界朋友相互切磋

一、语文本体论的迷失是根本的迷失

——回归到"人"是培育言语动机的原点

语文教育的迷失，其首要原因是学科教育本体论认知的迷失。长期沉溺于应付生活论、应试论、工具论、技能论、训练（活动）论的泥沼不可自拔，势必造成学生语文学习动机的丧失，语文教学目标、要求与学生内在学习需求的错位。由此，学生厌弃语文的状况便会不可避免地出现。学生"被语文"，厌弃语文，想要让他们学好语文，只能是缘木求鱼。

语文界缺乏价值理性与教育哲学思维的传统。有些语文学者、教师不思考"语文课程的性质、目的、任务""语文是什么""为什么学习语文""为什么写作"之类的问题，而是想"教什么"——考什么教什么。这样的语文教学不啻自虐、自杀。即便有些教师偷偷教点儿文学、审美、鉴赏之类的非应试"私货"，也大多出于感性直觉或个人兴趣。对"为什么教"——语文是什么，做深入的理性探究的人极少。

　　语文界有些专家曾批评讨论语文教学的性质、目的、任务问题，认为这是不注意探索客观事物的规律，不尊重客观规律，是搞形式主义，走过场，做一些劳而少功，劳而无功或华而不实的事情；认为埋头于所谓的实实在在的事情的教法研究，才是科学的态度，才是从实际出发，实事求是，讲求实效。我称之为"教法主义"。其实质是一叶障目不见泰山的急功近利，是实用主义、经验主义思维。等于是明白地告诉大家不要考虑"为什么教""教什么"的问题，因为这类思考是没用的，多余的。

　　我们认为，语文教育本体论的主旨就是确定价值观取向。语文学科性质不明，如何进行价值观教育，如何确定教学目标、教学内容？"为什么教"（"语文是什么"）决定"教什么"，在"为什么教""教什么"都不清楚的情况下，"教法"研究得再好，又有什么用？这就跟一个人枪法练得很好，精通各种打法，指哪打哪，却不知道敌人是谁，该打谁，只能乱打一气一样，在教学中就是"乱教"一气。这种"乱教"的情况比比皆是，不能不归咎于本体论研究缺失，以致价值观迷失。

　　轻鄙语文教育本体论研究的认知导向，对语文界的负面影响极大。上有所好，下必甚焉。在"教法主义"引领下，语文界便完全撇开"为什么教""教什么"，沉迷于"怎么教"，上课等于是折腾教法。不问方向对不对，只顾埋头于操作训练、组织活动、设计情境、安排步骤等，应试教育大行其道便在情理之中了。

　　有些专家认为，不论对语文学科性质持何认识，都要读懂文章，明白文章的道理，提高听、说、读、写的能力。这个观点似乎没错，殊不知，在应试教育价值与素养教育价值导向下，其教学目标、评价指标、教学方法是截然不同的。为应试、分数、升学率的语文教学，与为人的发展、言语上的自我实现的语文教学，能是一样的吗？

　　长期以来，在实利主义、教法主义教育文化熏染、误导下的教师，只知道为应试钻研教学技巧，设置训练，不知道语文课程要为培育"立言者"奠基，培育存在性的言语动机是语文教育的第一要务，培育言语生命意识对于语文教学来说至关重要。

　　不研究语文本体论，不明白语文是什么，为什么教语文，自然，训练学生应试得高分，就是"硬道理"。能变着法子对付中考、高考，便大功告成。如果教了半辈子或一辈子"语文"，居然不清楚"语文"是什么，那么多少会有点儿心虚脸红，觉得愧对这份职业、学生吧！即便目光偶尔在"语文"上流连，但若只是在字面上猜谜（限于学养不足）：语言、言语、口语、书面语、文字、文章、文学、文化……那么对于语文究竟是什么的问题，也仍是茫然的。

另外，翻搜故纸堆，考据"语文"二字的权威出处，是值得称道的，但如果功夫下得不够，只是拾人牙慧，不得要领地炒冷饭，不亲自做第一手的系统梳理与检讨，不穷根究底、殚精竭虑于语文之本体，以及语文这个概念背后的"人"，人与文之关系，显然是不行的。

当过多年国文教师的朱自清先生，深感教授国文有三大困难，其中第一困难便是"无论是读是作，学生不容易感到实际的需要。……不感到实际的需要，读和作都只是为人，都只是奉行功令；自然免不了敷衍，游戏"①。这句话可谓一针见血。教师不知道为何教，学生不知道为何学，所教、所学，都不是发自本心的热爱，都是"奉行功令"，如何能教好、学好语文？说到底，这一困难是语文界自作自受，不研究学生为什么要学语文，不关注学生良好的言语动机的激发与引导，自然干的就是为渊驱鱼、为丛驱雀的事。

许多学生把语文列为"痛恨的学科"，但有的人却无视他们"痛恨"之根源——"不感到实际需要"的强制学习。对于学生被语文、被阅读、被写作的痛苦与无奈，教师只在教学方法上头痛医头，脚痛医脚，讲求填鸭式、驯兽式的所谓的"实效"，治标不治本，必然劳而无功，学生势必将永远"痛恨"下去。只要语文教育的大方向错了，学生痛恨这种专门对付考试的伪语文教学，那么不论教师的"教法"如何翻新，多蹚出 1000 条、10000 条路子来，也是白搭。要是食材是劣质的，或变质了，臭不可闻，食客捂着鼻子逃之唯恐不及，厨师再怎么研究刀工、火候、烹调方法，也无济于事。试想，做出的菜似乎色香味俱全，但吃了恶心，拉肚子，食客会愿意吃吗？

语文教育，首先要解决的就是"为什么教（为什么学）"的问题。就是要搞清楚语文教育的旨趣——性质、目的、任务。要让学生知道为什么要学语文，语文对于人、生活、人生、人类、世界的价值与意义。如果学生懂得了语文会给他们带来什么，语文对于他们的生活、生命的意义，语文教育的目标、内容与他们的言语生命欲求相吻合，他们有了发自内心的强烈的学习意愿，语文教育还会是今天这样吗？说句

---

① 朱自清：《文心·序》，见中央教育科学研究所编：《朱自清论语文教育》，河南教育出版社 1985 年版，第 6 页。

极端的话：语文技能还需要这么变着法子教吗？还需要"驴不喝水强摁头"的语文能力"训练"吗？不是不要学习语文技能，而是要知道在"技"与"道"二者中什么更重要，要清楚是"道"决定了"技"。有"技"而无"道"，徒劳无功，甚至有害。

老祖宗早就告诉我们，"道"是根本，"文"是枝叶，"文"是从"道"中流出来的。有德者，言可不学而能。"言为心声""情动于中，而形之于言"……大匠能与人规矩不能使人巧，语文学习的"规矩"，便是让学生懂得"立言"之重要、之必要，懂得文由心生、言自己出，"立言"是表现、实现自我，能自觉自愿地修德、悟道、求知、明理……道德文章、学问文章、情意文章便水到渠成。

"应试论""工具论""技能论""训练主线论"等，这些习见的功利主义本体论认知，可谓无人、忘本、弃道、废学之论，舍本逐末、本末倒置之论，应给予彻底的清算与颠覆。有"技"而无"道"，充其量，只能造就言之无物，华而不实，甚至假话、套话、空话连篇的辞章之文。一个人在语文学习上要获得真正的"实效"，写出好文章，不是靠他人用某种"教法""教"出来、"训"出来的，而是靠自己长期浸润、滋养、领悟出来的。因此，学习者必须具备恒定性的言语动机，有坚定的言语信念、目标、理想、信仰，才能达成。这是语文学习的充分必要条件。

语文教育是"慢"的事业，因为语文素养是一种综合素养，综合素养的提高是不可能速成的。而且，由于每个人的言语才分不同，写作能力的形成速度也不同，有的需要十几年，有的需要更长时间。这不是靠教师强制下的训练可以奏效的，而是需要学生自身持久的毅力、定力、耐力。这取决于言语动机的培育，需要终身受用的言语信念的支撑，否则是走不远的。

真正的语文人才，大多是自学成才的。胡适先生这样说："据我们的观察和研究所得，可以断定有许多文字明白通畅的人，都不是在讲堂上听教师讲几篇唐宋八家的残篇古文而得的成绩；实在是他们平时或课堂上偷看小说而来的结果。"[1]他自己会作文，也是"自小就爱看小说，看史书，看杂书"的缘故。许多大学者都说过类似的话。

费尽心机用这法那法，在课堂上教几篇课文，逼学生练这练那，一点儿不重要，

---

① 胡适：《再论中学的国文教学》，见欧阳哲生编：《胡适文集 3·胡适文存二集》卷四，北京大学出版社 2013 年版，第 538 页。

让学生打心眼里想学语文，自觉地求知，喜读乐写，才是语文教育的根本。只要想学语文，没有教师也能学好，甚至学得更好。不是存心要跟教师过不去，而是要让大家明白最该做的是什么，决定能否学好语文的是什么。这便是语文教育的动力学认知。动力的缺失是根本的缺失。动力来源于动机，缺乏正确的动机，亦即缺乏正确的目标、方向。缺乏方向感的司机，不是误入歧途，就是车毁人亡。即使车技再"好"，也无济于事。

走出功利主义、教法主义的迷津，在语文教育本体论认知上校正坐标，帮助学生弄清楚"为什么要学语文""为什么写作""语文、写作与人、人生、人类的关系"等问题，就是语文学科的价值观教育、人文教育，就是为学生提供正确的动机指向。能力"训练"不应是"主线"，正确的言语动机的唤醒、激发、培育，才是贯穿语文教育全程的主线。这也是语文教师需要毕生努力求解的首要课题。

走出在"语文"字面上猜谜、测字的迷津，从"人"的角度来思考语文学科的性质，就会豁然开朗，就会明白语文学习的动力源究竟是什么：言语，是人的原欲，是人的基本属性，是人区别于动物的种差。人因言语表现、创造而生存，存在。人的生命，即言语生命、精神生命。能言善写，便是"人的证明"，是人的类特性的基本表征。语文——说、写，是人的确证、自证。学语文，便是使人成其为人，使人更像人。语文教育，就是使人成为言语人、精神人、创造人的教育。这一对语文学科内涵的人类学哲学界定，是给语文课程的一种可能的定性。有什么比从人的属性认识语文学科的属性更具深刻性，比超越动物、"使人之为人"更具诱惑力，更能激发人语文学习的欲望呢？

语文"使人之为人"，是人的确证、自证，这是语文教育得天独厚之处，语文教师最足以自豪之处，师生的心灵与理想翩跹翱翔之本源，也是语文教育之本、之道、之美、之魅，还是一切良好的言语创造动机的原点。这一动力学认知，势必超越以往追求语文学习是由于兴趣、爱好、快乐等肤浅认知，因为表层的情绪产生的动力是较为微弱的，难以持久的，不足以提供持续性、恒定性的言语学习动力。

语文教师最高的教育智慧，成功的语文教育、课堂教学，就体现在善于将"人因言语表现而存在"的抽象道理，深入浅出、源源不断地转换、渗透到每一个教学细胞之中，植根于每一个学生的心坎之中，使之成为照亮他们美丽人生的灯塔。在这个意义上，讲求教法的创新才是有价值的。

2013年5月4日，在厦门一中给高中生做
"议论文怎样说理——超越'论证'，学会'分
析'"学术报告

二、语文的革命：言语生命论转向

20世纪初，新语文教育是以反"八股精神"奠基的，从为应试、为功名，转向为文章、为实用。到了20世纪末，历史仿佛开了个玩笑，非但"老八股"没反掉，为文章、为实用的目标未达成，反而又滋生了"新八股"，又退回到为应试、为功名的老路上去了，而且变本加厉，登峰造极，再次把语文教育推上了绝境。

面对21世纪信息社会、知识经济时代的挑战，作为现代人，比起以往任何时候都更加需要人文关怀与精神抚慰，需要传达与沟通，需要"说"与"写"的能力。"说"

与"写"的能力，是所有专业人士事业成功的必备条件之一，也是现代人身心健全发展的一个重要表征。这一需求还在与日俱增。可以预言，"说"与"写"的能力，将在未来社会的人才竞争与发展中，发挥越来越重要的作用。很难想象，一个只具有专业技能而缺乏"说"与"写"能力的人，能在现代社会中应付自如，能称得上心灵丰富、精神健康的真正意义上的人。因而，在未来教育中，语文学科日益显著的"素养性"功能，必定备受关注，言语表现力将成为人的生存与发展的"元素养"，语文教育必将展现出更为浓郁的人性、人文魅力，给学生的人生旅途带来更多的温馨、诗意。

语文教育的理论与实践面临着一次新的革命性转型。这一转型，除了教育管理、考试机制等的改革，要使其能够适应语文教育本体发展外（这靠的是教育行政部门的领导和广大的语文教育工作者改变观念，实事求是，齐心协力），至关重要的是应在当代学术与教育发展的大视野下，廓清"工具论""应需论"的雾霾，使学生不再成为教育产业批量生产的"千人一面"的机器人，对语文教育指导思想、主流范式做前瞻性的解构与重建，还语文"郁郁乎'文'哉！"之本真。

愿明天的孩子们，拥有自己的言语个性与浪漫情怀，尽情放飞想象和幻想，体验"言语表现"的幸福与快乐，觉悟作为"写作动物"的崇高、庄严；走出急功近利、争名夺利的浮躁与焦灼，揣一颗稚拙纯真的童心，尽情演绎言语人生、诗意人生，恬淡从容地品味情趣盎然的生命，营造美好的精神家园。

语文界的学科观念和研究观念亟待更新。

1901年"禁八股"，1905年"废科举""兴新学"，1915年开始"文学革命"、白话文运动……语文教育界经过对科举教育痛切的批判，高举言文一致、普通话统一的旗帜，致力于语文教育的改革与转型，使之逐步从文言文教育转向白话文教育，从古典的文人贵族教育转向现代的平民大众教育，使语文教育走向底层，使普通民众能运用国文这种应付生活的"工具"，成为文化的主人，其事可嘉，其功甚伟！然而，毋庸讳言，语文教育成为众矢之的，遭遇"世纪末的尴尬"，并非20世纪90年代的偶然。从20世纪20年代开始，几乎与白话文教育与生俱来、不绝于耳的是"国文退化""中学生国文程度低落""现在的中学国文教育，糟，是糟透了"[1]"抢救国文"[2]的

---

① 王森然：《中学国文教学概要·自序》，商务印书馆1929年版。

② 罗根泽：《抢救国文》，载《国文杂志》，1943年第1期。

呼声。在这一个多世纪的历程中，语文教育状况始终不尽如人意，问题多多，争论不休，学生"语文程度低落"的问题一直困扰着语文界。语文教育面临困境，一路走衰，是不争的事实。

遗憾的是，当人们面对语文教育出现的问题时，大多总是孤立看待，头痛医头，脚痛医脚，做些治标不治本的工作；很少有人能将其置于"学科史"与科学理论"进化"的范畴中，对其做宏观的审视，从根本上进行诊治。因而，诊治了多年，课程改革进行了多次，收效却有限。

2007年、2008年，北京大学语文教育研究所所长温儒敏教授做过两次课程改革调查：第一次调查的对象是北大中文系一年级两届近200位新生；第二次调查是在各省所做，被调查的学生都是经历过这些年课程改革的。两次调查的结论相当一致：学生对中学语文仍然不满乃至反感。

2012年，教育部普通高中课程标准调研组组长，北京师范大学任翔教授，在全国10多个省市的调查表明，学生对语文学科的评价，在所有17个学科中排名倒数第一。这已然触目惊心。

2013年2月1日，《中国青年报》撰文《救救语文教育》。北京大学微电子学研究院教授张海霞手里的理工科大学生的文稿，写通顺了的没有几篇，她越看越生气："这语文都怎么学的?!"张海霞在网络论坛上疾呼："救救语文教育，救救我们的中华文化。""我们的语文教学真的是出大问题了！我们的教育真是出大问题了……这是怎样的一个耻辱和溃败呀！"许多科研工作者撰文附议。

北京大学骄子的语文水平尚且惨不忍睹，何况其他院校的芸芸学子？为研究生论文选题，整理文章思路，修改病句、错别字，纠正行文逻辑错误等，已经成了导师的日常性工作。硕士论文大多言之无物、言之无序，不堪卒读。博士论文文字清通的也较为罕见，词采斐然的简直想都别想。

作为语文界乃至知识界的一员，对此可以闭目塞听、我行我素，也可以自以为是、孤芳自赏，但无法拒斥现实与历史、道义与良知的拷问。

语文教育陷于积重难返的困境，固然主要过错不在于普通的语文教师，语文教师很辛苦，身不由己，且深受其害，即便是某些曾把语文教育引入歧途的执牛耳者，他们也是改革者、探索者，用心良苦，他们的错误也可以谅解。但是，语文教育濒临绝境匹夫有责，语文界无论如何都要有所检讨与反思。如果不仅不反躬自省，反而感到委屈，抵触抱怨；或者不仅毫无愧疚之心，反而大肆宣扬成绩是主要的，为自己评功摆好，文过饰非，甚至对批评者耿耿于怀，公然扬言要予以"还击"，则是缺乏起码的科学态度与道义责任感。

1942年，曾作为"肯定派"（反对说"语文程度低落"）代表人物的叶圣陶，面对国文教学的现实，还敢于磊落地承认"他科教学的成绩虽然不见得优良，总还有些平常的成绩；国文教学却不在成绩优良还是平常，而是成绩到底有没有。如果多多和学校接触，熟悉学校里国文教学的情形，就会有一种感想，国文教学几乎没有成绩可说。这并不是说现在学生的国文程度低落到不成样子的地步了，像一些感叹家所想的那样；而是说现在学生能够看书，能够作文，都是他们自己在暗中摸索，渐渐达到的；他们没有从国文课程得到多少帮助，他们能看能作当然不能算是国文教学的成绩"①。半个多世纪后，1995年，张志公也坦承："一个中学生，在接受了基础教育以后，还不能达到听、说、读、写的要求，中国人学自己的语文甚至比学外语还要难，这是说不过去的事！我们这些搞语文的人是要承担责任的。"②勇于面对现实，坦荡地接受现实，非但无损于叶老、张老的形象，反而令我们这些后辈学人肃然起敬，并为之动容。

百年教训应使人变得聪明。为什么我们一直试图纠正错误，进行各种语文教学改革，在几乎每一个具体问题上都倾注了心血，而语文教育始终并无起色？原因就在于我们虽然一直在探索，努力去改变，但是，所改变的都是较为次要的，其中最重要的东西却没有变。在基本课程理念、教材框架、教学方法等不变的情况下，任何细节上、局部上的改变都于事无补，都改变不了总体上的颓势，甚至还会起到相反的作用。

这好比一座老宅，曾风光一时，无奈时过境迁，历经风雨，日见破败。由于子孙都是孝子贤孙，念是祖屋，不忍毁弃，修修补补，勉强度日。可越补，漏洞越多，终于千疮百孔、补不胜补、摇摇欲坠。不堪其扰，还是不忍弃之，再加梁柱，左撑

①　叶圣陶：《认识国文教学——〈国文杂志〉发刊辞》，见刘国正主编：《叶圣陶教育文集》第3卷，人民教育出版社1994年版，第91页。

②　宋祥瑞：《写在前面的话》，见张志公著：《张志公自选集上》，北京大学出版社1998年版，第4页。

右支，苟延残喘。及至左支右绌、东扶西倒，仍念念不忘这是祖宗遗产，曾是一座好宅子，不愿离去。

是永无止境地修补下去，直至屋毁人亡，还是"长痛不如短痛"，推倒铲平，重建新居？答案大约是不言而喻的。

房子的地基、框架类似于学科的基础理论，房子的墙板、装修等，类似于学科基础理论衍生出的应用、操作理论。学科基础理论构成了学科认知背景，成为科学共同体成员观察、认识对象、问题的"视野"与"眼光"。只要认知背景不变，人们的认识就不可能有大的改变、创新。局部的应用及操作理论的探索、创新，好比是房子的修残补缺（语文界绝大部分人的智慧，都是无端耗费在这种低水平、无意义的"修残补缺"中），是不可能改变学科基本格局的。要改变语文学科基本格局与整体状况，就得重建学科基础理论，其核心便是语文教育本体论。舍此，别无蹊径与出路。

科学共同体成员遵循的基础理论与认知背景，就是美国科学史家库恩所说的"范式"。库恩在《科学革命的结构》中提出的"范式"概念，近年来已为学术界所熟知。"范式"有模式、模型、范例的含义。他用这个概念来说明科学理论发展的规律，即某些重大的科学成就构成了科学发展中的一定模式，并形成了一定的观点、方法的框架。范式的主要内容指的是：第一，科学史上重大科学成就所确定的定律、规则、方法等；第二，指导科学家行动的基本原则、基本信念和世界观；第三，文化传统、社会因素及科学家的心理特征。他举例说："亚里士多德的《物理学》、托勒密的《天文学大全》、牛顿的《原理》和《光学》、富兰克林的《电学》，拉瓦锡的《化学》以及赖尔的《地质学》——这些著作和许多其他著作，都在一段时期内为以后几代实践者们暗暗规定了一个研究领域的合理问题和方法。这些著作之所以能起到这样作用，就在于它们共同具有两个基本的特征。它们的成就空前地吸引一批坚定的拥护者，使他们脱离科学活动的其他竞争模式。同时，这些成就又足以无限制为重新组成的一批实践者留下有待解决的种种问题。凡是共有这两个特征的成就，我此后便称之为'范式'，这是一个与'常规科学'密切相关的术语。我选择这个术语，意欲提示出某些实际科学实践的公认范例——它们包括定律、理论、应用和仪器在一起——为特定的连贯的科学研究的传统提供模型。……研究范式，包括研究许多比上面所列举的那些名称更加专门的范式，主要是为以后将参与实践而成为特定科学共同体成员的学生准备的。因为他将要加入的共同体，其成员都是从相同的模型中学到这一学科领域的基础的，他尔后的实践将很少会在基本前提上发生争议。以共同范式为基础进行研究的人，都承诺同样的规则和标准从事科学实践。科学实践所产生的这种承诺和明显的一致是常规科学的先决条件，亦即一个特定研究传统的发生与延续的先决条件。"①他在《对范式的再思考》一文中将"范式"改为"专业基体"，指某一专门学科的科学工作者所共同掌握的有待进一步发展的基础理论。它由三部分组成：概括（符号概括、文字概括），模型（提供类比、提供一种本体论）和范例（具体的解题）。② 他说的"范式"或"专业基体"，类似于英国哲学史家拉卡托斯的"科学研究纲领"，它们都具有理论硬核和学科基本规范的意义，是在一个时期内科学共同体成员遵循的公认的认知法则和基础理论。这个公认的认知法则和基础理论，指导人们去解释、认识、解决学科领域中出现的种种问题，使之尽量与"范式"保持一致。

然而，历史在前进，社会在进化，认识也在进步，公认的认知法则势必会受到越来越多的质疑与挑战。起先人们就像维修旧房子一样，努力加固、修补原有的认知法则和基础理论，然而终非长久之计，问题越来越多，出现了许多反常现象，旧范式日益捉襟见肘，力不从心，人们在许多问题上产生了激烈争论。有人试图寻求新的解决办法，提出新的科学假说，于是，旧范式岌岌可危，科学革命到来了：围绕着有较高科学预见性的假说，建构新范式，以新范式驱赶、摧毁旧范式，最终取代旧范式。库恩认为整个科学发展的历史就是新旧范式交替的历史，他这样描述科学发展的动态模式：前科学→常规科学（形成范式）→危机→革命（形成新的范式）→新的常规科学……按照这一模式，显然当今语文教育正处于"危机→革命（形成新的范式）"时期。

随着语文教育理论与实践中出现的问题越来越多，人们的指责、质疑也越来越多，旧范式一筹莫展。"应需论""应试论""工具论""阅读本位论"，因无能面对而畏缩萎蔫，积郁成疾。即便抹上"人文性"脂粉，依然东施白惭，向隅而泣。"长江后浪推前浪，世上新人赶旧人。"提出新假说、建构新范式，已然迫在眉睫。对旧范式的

---

① ［美］托马斯·库恩著，金吾伦、胡新和译：《科学革命的结构》，北京大学出版社 2003 年版，第 9~10 页。

② ［美］托马斯·库恩著，范岱年、纪树立等译：《必要的张力》，北京大学出版社 2004 年版，第 298 页。

依恋、拘执，只会延缓学科进步历程，付出更为沉痛的代价。不但师生将共同成为受害者，而且必将贻害中华民族教育、文化复兴。

我国现代语文教育"范式"，创构于 20 世纪初现代语文教育兴起之时，奠基于 20 世纪二三十年代，确立于 60 年代前期，延续至今。代表人物是叶圣陶先生。其基本教育哲学本体论可称作以应付生活为目的、阅读为本位的"吸收实用"型范式。强调教育的目的是"应付生活""应需"，即实利主义（其相应的教育属性：工具性）；教育内容是重普通文，即应用文和所谓的记叙文、说明文、议论文；教学方法是以阅读为本位（"阅读是写作的基础""阅读也是能力、目的"）。长期以来，语文界的主要工作是建构这一范式的实践系统。需要指出的是，前辈在理论建设上是很不给力的，始终未能给予实践强大的思想支撑。这可以从他们居然没有一部语文教育哲学（课程论）专著来系统地阐明自己的见解看出来。他们对语文教育的理解较为感性化，具有随意性，罕见学理性的深入探究，充其量是一种相当粗糙的实践理性认知。因此，其教学范式是建立在理论沙滩上的。当实践范式逐渐成形，成为主流的教育规范——"常规科学"时，理论建构仍处于"前科学"水平。理论与实践失衡，随着时间的推移，社会的变迁，人们已经不满足于扫盲识字、陈陈相因的实用主义文本解读了，原有教学范式的某些优势逐渐失去，并转变为劣势，新问题不断出现、累积，语文界需要的不再是对旧范式的"证明"（已无法证明），而是"证伪"和提出新的理论猜想。

知识增长、科学进步的主要推动力是"证伪"和提出新的"假说"。"如果我们得不到反驳，科学就会停滞，就会丧失其经验特点。"①（本书着重号均为笔者所加）在旧范式已严重不适应新的教育情况、已被经验事实所否定时，仍以旧范式为背景所进行的研究与教学改革，大多只能无功而返。在旧的语文教育范式架构下进行的阅读教学模式化、精细化，语言学知识系统化、复杂化，评估标准化、客观化等改革，动机是好的，教师也付出了艰辛的劳动，可是不但没能改善语文学科的状况，反而导致了教育效能的进一步恶化便是明证。在这一认知背景下，许多教师辛辛苦苦所做的教学改革往往是误入歧途、吃力不讨好的，原因也在于此。

---

① ［英］卡尔·波普尔著，傅季重、纪树立、周昌忠、蒋戈为译：《猜想与反驳——科学知识的增长》，上海译文出版社 1986 年版，第 348 页。

　　语文教育之所以走不出困境，一个很重要的原因就是受到传统研究观念根深蒂固的影响，即继承重于创新，缺乏根本性的变革。在百年语文教研领域，语文教育思想和规范堪称超稳定结构。从 20 世纪初至今，叶圣陶先生之"道"可谓一以贯之。一种思想能统治一个学科一个世纪，这在学术界是十分罕见的，也是不可思议的。今天仍试图用叶圣陶教育思想和传统语文教育观念来统一语文界，既是语文界的耻辱，也是对语文界的羞辱！相信这也是叶圣陶先生所不愿看到的。

　　学术研究是对真理的探求，唯真是从。学术伦理跟政治伦理、家庭伦理不一样。政治伦理、家庭伦理有尊卑、长幼之分，得论资排辈，而学术伦理虽然也讲"师承"，本质上却是"没大没小""当仁不让"的，遵从的是推陈出新、标新立异的原则，不讲先来后到，只有是非、正误之分。学科和学术的进展需要的是后人对前人的否定与超越，提倡的是学术自由和学术民主，因而有"长江后浪推前浪""青出于蓝胜于蓝"之说。随着时代的进步、科学的昌明，学术上的否定与超越的节奏也在加快，古人说"江山代有才人出，各领风骚数百年"，而今当是"江山时有才人出，各领风骚三五年"（将来还可能是"各领风骚三五月"，甚至"三五天"）。政治、家庭需要平治和稳定，而科学与学术研究，更需要的是论争、批驳与僭越。在科学研究的进程中，一种理论长期统治着学术界的思想，一种科学范式靠非学术的力量在某一学科领域形成了超稳定的结构，这是不正常的。这就不是科学而是神学了。相信语文界谁也不希望语文科学变成语文神学。

　　2002 年 8 月 15 日，以"当代爱因斯坦"著称的英国科学家霍金，在浙江大学举行的中国之行首场讲演中说：随着宇宙研究的不断深入，科学家们认识到，宇宙的复杂性是传统的三维空间和一维时间理论所无法解释的，即便是爱因斯坦的"相对论"中的四维时空也勉为其难。为此，寻找一种新的理论解释是各国科学家们长期以来的追求。霍金似乎找到了这个理论。他从科学与人文的角度关注宇宙与人类的未来，把人类生活在其中的宇宙解释为"高维空间的一张膜"。这个"膜"是通过一个或多个维的数学结构的集合来加以描述的。[①] 后来，他在北京国际弦理论会议演讲中，着重阐述了哥德尔不完备性定理。这个定理指出，在任何公理化形式系统中，总存

---

　　① 董碧水：《霍金演讲"膜的新奇世界"》，载《中国青年报》，2002 年 8 月 16 日。

留着在定义该系统的公理的基础上既不能证明也不能证伪的问题。也就是说，任何一个理论都有解决不了的问题。尽管自爱因斯坦之后科学家又发现了很多自然界的基本特征，提出了一些新理论。霍金指出，目前我们关于宇宙的所有理论"既不协调，又不完善"。这说明在物理学领域，很可能存在类似哥德尔不完备性定理的规律。因此他认为，不太可能建立一个单一的能协调和完善地描述整个宇宙的理论。[①]霍金的这些话，尽管也是科学认识论上的一种假说，但他对爱因斯坦"相对论"等的"否定"，对哥德尔不完备性定理的阐述，无疑具有方法论价值。我们认为，理论的"不完备性"，可以看作对建立在单一理论"完备性"认知上的归纳主义（证明）、证伪主义和科学革命论的补充和修正。任何单一的理论，不太可能描述整个宇宙，自然也难以描述一门科学。从这一点上说，语文学科理论的单一性也是应该受到质疑的。语文学科的繁荣，不是也不可能靠一种理论的长期统治来体现，一种理论难以证明或证伪一个学科领域中的一切问题，学术的进化是以理论的多元化和互补性为表征的。

在这一百年中，撇开自然科学不论，社会科学的各个研究领域也是思想创新、学术争鸣十分活跃的时期。单单是教育学领域就出了不少教育家和学术流派，而中国现代语文教育学领域只有一家一派：叶圣陶派。虽言必称"三老"（叶圣陶、张志公、吕叔湘），实际上"三老"的思想大同小异，对语文本体论的诠释是相似的，可以归为一家一派。在20世纪90年代以前，语文界基本上没人对"三老"言论提出质疑，在20世纪90年代以后才有了一些不同的声音，主要是对工具论的批评，以人文性否定工具性。在鼓吹人文性、批判工具性上，相当一部分力量来自于圈外，而在语文界，主流思想仍是继承、捍卫工具性。2001年颁行的《全日制义务教育语文课程标准（实验稿）》是这两种力量妥协的产物。尽管如此，在语文本体论研究上迈出的一小步，预示着语文界在科学研究方法论上迈出了一大步。语文学科打破了基础理论的一元化，语文界敢于对叶圣陶先生的基本观点提出批评，应是了不起的进步。在投石问路之后一发而不可收，现在已初步形成学科理论多元格局。

语文界对主流教育思想发起攻击，开始时仅限于学术争鸣，尚缺乏重建本体论

---

① 姜岩：《聆听霍金》，载《中国青年报》，2002年8月18日。

的自觉。随着认识的深化，逐渐产生了建构新的语文教学理论的猜想。在这方面，先是王尚文针对"五四"以来人们普遍认为的语文能力是由语文知识转化而来，语文教学必须致力于语文基础知识的传授，并通过训练促成能力的转化的"知识中心说"，提出了"语感中心说"。他认为，语感教学不只是一种教学内容或方法，而是一种新的语文教学观。"语感中心说"可称作"语文教学新的路标"①。之后，李海林也把矛头指向了语文本体论。他接受了王尚文等人的"语感中心说"，加以进一步的理论化，将其置于"言语论"和"语用学"的理论框架中，提出了"语感目的论"的主张，如"语文教育，就其哲学实质来说，就是以言语为对象的人性智慧教育，简捷地说，语文教育就是言语智慧教育"②"语文课程的教学目的就是培养学生的语用能力""语用能力的核心就是语感，语用目的的基本内容也可以表述为语感目的"③。由此可以看出语文界为语文本体论转向所做的努力。

迄今为止，语文本体论研究仍然存在着以下两个方面的问题。一是未对百年(甚至整个语文教育史)语文教育的理论范式进行全面、彻底的清理，往往只提取其中的某一重要问题来讨论，如或批"工具论"，或驳"知识中心说"。这就带有较大的随意性，只见树木，不见森林，难以动摇旧范式的全部理论根基。二是所提出的新的理论猜想，虽然也在一定程度上注意到了语文教育的人文性，但是从总体上看，是将主要注意力放在语文教学、言语技能的层面上，见"语"不见"人"，只不过是把"知识中心说"替换为"能力中心说"。"语感中心说""语用能力说""语感目的论"就是典型的表现。因此虽然近年来语文界在局部上颇有理论建树，但未能从根本上改变语文学科状况。

恩格斯说："每一种新的进步都必然表现为对某一神圣事物的亵渎，表现为对陈旧的、日渐衰亡的、但为习惯所崇奉的秩序的叛逆。"④要真正实现语文学科的"革命"，达成语文本体论的转向，形成"新的常规科学"，就要全方位地对语文教育旧范式进行清理，深刻检讨现代语文教育主流规范，彻底证伪、反驳、批判其理论范式。

---

① 王尚文：《语感论》(修订本)，上海教育出版社 2000 年版。

②③ 李海林：《言语教学论》，上海教育出版社 2000 年版，第 223、301 页。

④ [德]恩格斯：《路德维希·费尔巴哈和德国古典哲学的终结》，见《马克思恩格斯选集》第四卷，人民出版社 2012 年版，第 244 页。

2015 年 9 月 18 日，在东北师范大学教师教育实验区高中语文"同课异构"鞍山一中现场会评课与做讲座

语文教育的转型，期待着语文本体论的转向，期待着语文基础理论（而非应用、操作理论）的批判与建构。对语文教育旧范式进行批判、反驳和证伪，并不是全盘否定它，而是在更高的认知层面上对语文教育的规律和特性进行更为深刻的描述，以新范式整合涵盖旧范式的合理成分，因而，也可以说是对旧范式的扬弃、升华与发展，使之能对语文教育现象做出更为科学的解释。没有批判就没有继承，批判者才是真正的继承者。现代语文教育范式被证伪，这不是叶圣陶们的悲哀，而是他们的成就和光荣。这表明了他们的理论具有可反驳性、可证伪性和可检验性。诚如波普尔所言："应该把每一个反驳都看成巨大的成功，不仅是驳倒这一理论的科学家的成功，而且也是创造这一被驳倒的理论的科学家、从而也是首先提示（也许只是间接地）这一反驳实验的科学家的成功。"①

在我们的旗帜上写着的是：言语生命动力学表现—存在论语文学。如果我们的语文教育新猜想也同样被证伪，这也不是我们的悲哀，我们所做的探索也仍然是有

---

① ［英］卡尔·波普尔著，傅季重、纪树立、周昌忠、蒋戈为译：《猜想与反驳——科学知识的增长》，上海译文出版社 1986 年版，第 347 页。

价值的。"即使一种新理论会夭折，它也不会被遗忘，或者说它的美妙会被记住，历史会记录下来我们对它的感谢——因为它遗留下了新的、也许至今依然解释不了的实验事实和新的问题；因为在它成功而又短暂的生命中为科学进步所做的贡献。"①

三、语文之使命：言语生命的表现与存在

言语人生、诗意人生的基础是人的言语生命欲求、言语生命意识。所以，言语生命动力学语文教育以培育学生的"存在"的言语生命欲求、言语生命意识为首要任务。有了言语生命欲求、言语生命意识，才会有言语人生、诗意人生。言语表现欲和创造欲是人类生命"原欲"，语文教育动力学的本源应是言语生命冲动、言语生命欲求。存在论语文教育学的动机论，是言语生命动力论。它是以激发人固有的生命潜能和言语冲动，培植健康的言语生命意识和言语表现欲、创造欲为基本特征的语文教育学。

素质教育和课程改革，为以培育学生的言语生命意识为重心的言语生命动力学语文教育创造了良好的现实环境。《全日制义务教育语文课程标准（实验稿）》打破了以往教学中奉行的知识、能力本位，将"过程和方法""情感态度和价值观"作为与"知识和能力"并列的维度，据此设计课程目标。三个维度中"情感态度和价值观"这个维度尤其重要，因为，这是动机层面的因素。而言语生命意识就是包含在语文教育的"情感态度和价值观"维度内的核心因素。学生在学习上遇到困难，"智力"问题往往是在其次，更多的则是"动力"缺失所致。在语文学习这一点上表现得特别明显，多数学生语文成绩不佳，主要就是因为他们对"应试"语文教学感到厌倦，对严重脱离言语实践、窒息他们原发性的言语表现欲的"伪语文"教育产生抵触情绪，将学习当成无乐趣的苦役，这些加剧了他们的厌倦、排斥心理。

一份对美国麻省理工学院历届毕业生的调查显示：毕业生虽然绝大多数都成为当今美国社会乃至世界各地的精英人才，但他们在感激母校的教养之恩的同时，仍

---

① ［英］卡尔·波普尔著，傅季重、纪树立、周昌忠、蒋戈为译：《猜想与反驳——科学知识的增长》，上海译文出版社1986年版，第347页。

然有不少抱怨。其中抱怨最多的几项依次是：学校没有教给他们足够的写作能力；没有教给他们必要的历史知识；没有教给他们必要的道德价值判断能力。这 3 项所占被调查者的比例均在 60％以上，第一项甚至超过 80％。接受了当今最好的理工科高等教育的学子们大都抱怨母校文科教育的欠缺，这的确是一个很耐人寻味的问题。① 从中可以看出语文、写作教育对于一切人才的"元素养"意义，良好的言语生命意识、言语创造力对人的生存与发展的重要性。同时也表明，历史知识、道德价值观等人文素养，对于人生的发展有着重要作用，是高层次人才不可或缺的需要。对于文科人才成长来说，写作能力、人文素养更是至关重要。在今天的教育中，人文教育的阙如，已成为人才培养的瓶颈。即便在综合性的人文学科——语文教育中，所关注的也只是语言技术层面的知识与能力，实际言语表现能力（口语交际和写作）并没有得到真正的重视，学生的心灵、精神、文化建构基本被无视。

以写作教学作为语文教学的一面镜子，便可一窥语文课程中"情感态度和价值观"这一维度的作用。

写作教学从行为特征上看，是"教写、学写文章"，教人如何学习写作，使学生获得相关的知识与能力，具备从事写作的基本智力素养；从动机、态度等特征上看，则是教人何以要写作，教人热爱写作，倾情写作，追求用言语来创造、展示、实现自我，激发言语表现欲、创造欲，引领人走上言语人生、诗意人生之路。由于写作动机、态度、目的等，为写作教学、写作行为提供了动力和方向，在相当程度上决定了教学的质量和效果，所以，后者实际上比前者更为重要。而在教学实践中，由于前者是教学中显性的、表层的内容，是看得见，摸得着，可操作的；后者是隐性的、深层的内容，是看不见，摸不着，"务虚"性的，仿佛可有可无，所以，在教师的观念中，较为注重的反倒是前者，后者似乎从未引起教师足够的重视。在语文、写作教学中，教师最关注的是各种各样的"训练""活动"，却忽略了对学生的心灵培育与人文关怀，忽略了优化的写作动机系统的建构，这是语文、写作教育成效不彰的一个重要原因。

语文教学自然要教人学习听、说、读、写，要"教人学写文章"，不教人学写文

① 万俊人：《学统与思想创造》，载《读书杂志》，2002 年第 8 期。

章就不能称作语文教学。但怎样才能学好语文、写作呢？唯有热爱语文、写作，真正懂得言语表现的价值与意义，感受到言语表现的快乐与幸福，懂得享受语文、享受言语表现、享受写作，才能学好语文、学好写作。培养言语能力很重要，但是，更重要的是对言语本质、言语人生、诗意人生的深刻体验、正确认知。语文知识与能力都会随着时间的推移而减效或失效，唯有强盛、健康的言语生命意识，对言语上的自我实现、言语人生、诗意人生的体验与追求，是历久不衰、终生受用的。

如今，多数学生喜欢语文却讨厌语文课，学习写作而不热爱写作。学生不喜欢语文课，不热爱写作，言语能力低下，原因固然很多，但其中最主要的是应试教育。应试教育背离了人对写作的实际需求，背离了人的言语表现欲、创造欲，背离了人类为自己建构精神家园这一言语表现的终极意义。要改变现状，便要改变学习语文是为了"应试"这个错误的认识，或不再片面地将语文教育的目的局限于被动的"应付生活"上。应使学生明白为什么要学习语文，为什么要写作，写作与人生、发展、生命，与知识、文明、世界有什么关系，让学生品味精神创造、言语表现的欢乐和痛苦，领悟言语生命欲求，实现生命留痕、精神长存的无与伦比的幸福理想。

言语生命意识教育，是语文教育贯穿全程的核心内容。从一开始，语文教育就要让学生了解语言、言语和人的生命的天然联系，了解言语和人的内、外世界的关联。语文教育的整个过程就是致力于帮助学生了解并建立人的生命活动和言语表现之间的紧密联系。福禄培尔说："一般地说，语言就是通过外化了的东西自动地向外说明和表现自己内在的东西。'Sprechen'（说话）一词也表明了这点。Sprechen 可以说就是使自己绽开(brechen)，自己在自身内部分化、分裂、划分，也可以说是某一东西的绽开表现出该东西内部的最深奥的奥秘。正如花蕾的绽开表现和显示出这朵花的内在奥秘一样，说话者把他内心的东西自动地向外表达出来，而语言本身的作用在于把内部的东西向外表现出来，因而语言就是内部的东西向外部说明和表现。但人最内在的东西是一种不断地活动着的、活生生的东西，即生命，因此，生命的特性和现象也必然要通过有声的词语表现出来。因此，完善的人类语言，作为与人的本质和内在精神联系着的这种本质与精神的经常性表现，必然极其活跃地通过极其微妙的活动，直到最细微之处表现出来。因此，这样的人类语言必然地是人的耳朵所能听到的。语言如同整体的人一样，为了全面地、经常地表现自己，必须保持最大的活动性。但就整体上说的人和作为自然现象的人，也完全地包含着自然的本质，因此，在语言中，正如表现人的本质一样，也表现自然的本质。由此可见，语言就是对人的整个内外世界的描摹。"①显然，他这里所说的语言，主要指的是言语。言语表现是人的内在生命的外化，是生命欲求的自然生长绽放。它体现的是人的全部生命特性和个性，它在表现人的本质的同时，也表现了自然的本质。对人的存在来说，没有什么东西比言语表现、言语创造更能够体现出生命意义了。这种对言语和人的生命相互关系的体认，就是言语生命意识。

语文教学首先要让学生清楚地认识到言语表现对于人的生命存在的价值和意义，为学生奠定踏上言语人生、诗意人生之途的动力学基础。言语生命动力学是从言语发生学的视角确立语文教育本体论的。应让学生意识到：是否会运用语言文字是人区别于其他动物的一个最重要的表征，言语表现使人与其他动物区别开来，使人成其为人，成为有存在价值的人，言语创造使人拥有精神的家园，使人的个体生命有与众不同的意义。正是在这个意义上，卡西尔称"人是符号动物"。海德格尔说："人们坚信，与植物和动物相区别，人乃是会说话的生命体。这话不光是指，人在具有其他能力的同时也还有说的能力。这话的意思是说，唯语言才使人能够成为那样一个作为人而存在的生命体。作为说话者，人才是人。……无论如何，语言是最切近于人的本质的。"②法国语言学家海然热说："史前时期群体生活的适应能力与语言能力决定性地完成了一个新物种的区分。"③可见，人的言语活动，能说会写，是在本质上对自身作为"人"的确认。写作，是语言文字的表现与创制，是更高级的"说话"。人在通过写作建构精神家园的同时，写作也塑造、健全、成全了人本身。一个会写作的人，拥有言语人生、诗意人生的人，才是真正发展的、精神健康的人，因而也是幸福的人。

一个人毕其一生，除了建构物质的家园外，就是建构精神的家园。建构物质家园，主要满足的是人的生理需求，使人无衣食之虞。然而，"梁园虽好，不是久恋之家"，物质的家园再美，也非人类安居之所。因为，如果只知"觅食"，只知吃、喝、

---

① ［德］福禄培尔著，孙祖复译：《人的教育》，人民教育出版社 2001 年版，第 163～164 页。

② ［德］海德格尔著，孙周兴译：《在通向语言的途中》，商务印书馆 2004 年版，第 1 页。

③ ［法］海然热著，张祖建译：《语言人：论语言学对人文科学的贡献》，生活·读书·新知三联书店 1999 年版，第 83 页。

拉、撒、睡，那就无异于一只鼠、猪或狼。人之所以成其为人，就在于他还有精神上的追求，有向善的良知，有向美的情怀，有向真的思想，有超乎于现实功利之上的道德、理想与信念，有对人自身的精神抚慰、终极关怀及自我实现的需求。人们为此不避辛劳，殚精竭虑，鞠躬尽瘁，死而后已，目的不只是建造物质的家园，而是建造一个精神的家园，因为唯有精神的家园才是人类真正的归宿。正是在这个意义上，德国诗人荷尔德林说："人充满劳绩，但还诗意地安居于大地之上。"语文教育的终极意义，就是要使人在言语创造中获得"诗意的安居"，营造充满人文气息和浪漫情怀的"诗意人生"。

时下不是有富豪慨叹说"穷得只剩下钱了"吗？这就是"精神贫困"的真实写照。而建构精神家园离不开言语活动，离不开写作。人类的一切精神财富，人类的思想与情感、知识与创造、智慧与文明，都要借助写作才能得以表达与承传。因此，海德格尔说："语言是存在的家。在其家中住着人。那些思者以及那些用词创作的人，是这个家的看家人。"①人们径称写作的成品——文章，是人的生命的寓所、精神的家园。

也正是在这个意义上，言语人生、诗意人生包容并超越了基于现实功利需求的种种人生。人生可以有各种各样的定位和选择，但有意义、有价值的人生，一定是自我实现的人生。自我实现的人生，就是在有限的生命历程中，把个体生命的存在价值发挥、张扬到极致。而这种"自我实现"，主要指向的是思想精神领域，如道德的完善，学术的创树，哲理的探索，真、善、美的追求，思想境界的扩展与升华等。思想精神领域的拓展，自然也涵盖、推动了行为物质文明的创造。而这些，都要借助于符号化的思维和行为，即通过写作来完成，因此，写作上的自我实现，就是指向人本质上的自我实现。一个自我实现的人，是不可能离开言语创化的，或者说，人是必须通过写作来达到自我实现的目的的。一个自我实现的人，不论他从事的是什么职业，担任的是什么职务，不论他的经济状况、社会地位如何，是政治领袖、科学家、教师、企业家、诗人还是工人，是盆满钵满的富翁还是捉襟见肘的穷光蛋，他所创造的业绩，他的思想的成果，他在精神上的建树，最终都必须体现在写作上。

---

① ［德］海德格尔，郜元宝译，张汝伦校：《人，诗意地安居：海德格尔语要》，广西师范大学出版社 2000 年版，第 24 页。

只有体现在写作上，才能融入人类的文明史，使其智慧不灭、精神永存。

言语人生，也可以说是知识与创造的人生。一个追求知识与创造的人，必然要终生与写作结缘。求知是离不开写作的，"学习通过写作"，任何学科的知识都需要通过写作来领悟与掌握，只有与写作相伴的求知，才是高质量、高效率的富有成果的求知。学习的过程需要写作，最终考核、检验、体现学习成果还是离不开写作。创造也离不开写作，真正具有发现价值的创造都是人的思维的成果、智慧的结晶，这些发现、发明与思想，都需要借助文字来实现，通过写文学作品、观测报告、实验报告、论文、专著等来表达。因此，言语人生，可以说是知识分子的唯一选择，是一切领域的知识分子的最佳生存方式。

语文教学从一开始就要让学生明白，写作使人远离动物，真正成为人；物质家园的建造有赖于写作，而通过写作建造精神家园则是人的终极性的本质性的需求；一个追求自我实现的人，追求知识与创造的人，必将终生与写作相伴相随。从而一步一步走上写作人生、诗意人生之路。

语文课程的性质，从表层看是学习言语表现，从深层看是奠定言语人生、诗意人生基础，体现生命的存在价值，这是一个宏观性的基础性的要求。前者是枝叶，后者是根本。语文课程的"情感态度和价值观"，在学习心理层面上属于"动机"范畴。因而在语文教学实践中，"根本"的培植，主要体现在激发言语表现动机上。

自发的学习行为，一般是基于人的兴趣，兴趣是情感态度的外化形态，也是一种主体性动机，就这一点上说"兴趣是最好的老师"是对的。没有兴趣，就没有自觉的、有创意的认知活动和学习行为。但是，儿童和少年的兴趣往往是短时、随机、多变的，也就是说，"兴趣"这位最好的"老师"并不能保证"矢志不渝"地陪伴着你，而是随时可能"移情别恋"，离你而去。兴趣，是一种不可或缺的动机，也是一种不稳定的动机。要使这位"老师""忠贞不贰"，一个可能的办法就是适时地激发学生更为恒定持久的或多元化的学习动机，以恒定性、多元化动机来激发兴趣，以兴趣来维持学习、创造行为。

只要不无视当前学生对写作普遍失去"兴趣"的现实，就不能不关注学生"学写文章"的极其复杂的动因。苏联著名的心理学家阿·尼·列昂捷夫说："须知，正是活动的对象才使它具有一定的方向性。按照我们提出的术语，活动的对象是活动的真正的动机。不言而喻，对象可能是物质性的，也可能是观念性的；可能是呈现在知觉中的，也可能只是存在于想象、思维中的。主要的是，在对象背后总是存在着需要，它总是适合这样或那样需要的。因此，活动的概念必须同动机的概念相联系。没有动机的活动是不存在的；'没有被动机激励的'活动——这个活动不是没有动机，而是它具有主观和客观上潜在的动机。"①美国心理学家林格伦说："一般说来，一个教师工作的成效，是和他对自己指导的学习者的动机的了解成比例的。就是这个动机，为他们表现出来的行为，提供力量和方向，不论这种行为是教师正在试图培养的，还是不太合乎需要的。"②

针对学生语文和写作上的困难，以及他们对语文和写作学习的厌倦的问题，教师往往更多地把自己的热情和精力放在对学生具体行为的指导和纠正上，这是一个极大的误解。任何行为都是动机驱动下的行为。动机不变，行为是不会有质的改变的；只有动机改变了，行为才会改变。

在当今语文教育中，教师与学生不是没有教学动机和学习动机，而是缺乏必要的正确的动机。多数学生不喜欢写作，甚至害怕写作，这跟应试教育不无关系。教师的教学动机是培养学生的"应试"能力，学生的学习动机自然也是"应试"。在"应试性"的语文教学中，写作成为"敲门砖"，虽然"应试"也具有一定的激励作用，但"学写文章"毕竟是情势所迫，是出于无奈，很难产生言语表现与创造的兴趣、冲动和激情。且由于"应试性"的语文教学要求与写作客观实际的情形存在很大的隔膜，所限定的话语空间极为狭小，长期形成的应试写作规范与程式，严重窒息和压抑了学生的写作欲望，久而久之，学生必然视写作为畏途。不论教师如何花样翻新地指导写作，只要"应试"动机不变，学生被动应付的异己性的写作行为就不会改变。

"应试"言语表现动因的弊端是显而易见的，而尤其需要一辩的却是所谓的"应需"言语表现动因。"应需"写作，用叶圣陶的话来说就是："学生为什么要练习作文……练习作文是为了一辈子学习的需要，工作的需要，生活的需要，并不是为了

---

① ［苏］阿·尼·列昂捷夫著，李沂、冀刚、徐世京、杨德庄译：《活动　意识　个性》，上海译文出版社 1980 年版，第 68 页。

② ［美］林格伦著，章志先、张世富、肖毓秀、杨继本、肖前瑛等译：《课堂教育心理学》，云南人民出版社 1983 年版，第 24～25 页。

应付升学考试，也不是为了当专业作家。"①"课外应需而作文，固用也，而亦练也。……课内作文最好令作应需之文，易言之，即令叙非叙不可之事物，令发非吐不可之议论。课内练习，固将求其应需，非欲其徒然弄笔也。"②"其实国文所包的范围很宽广，文学只是其中一个较小的范围。文学之外，同样被包在国文的大范围里头的，还有非文学的文章，就是普通文。……中学生要应付生活，阅读与写作的训练就不能不在文学之外，同时以这种普通文为对象。"③为了"应需"，特别强调"普通文字"（指应用文、实用文）的学习，强调"应付生活""观察生活""贴近生活"，强调"培养切实应用之作文能力"，强调写"真情实感""自己熟悉的"等。这一认识，从对"应试"写作的否定，使写作与生活的、社会的、应用的，即人的生存性需求相适应这一点上看，自然是值得肯定的。但是，我们也不能不看到，写作从"应付考试"（应试）转向"应付生活"（应世），依然是一种外部的、被动的需求，二者实际上没有什么根本的不同。"应试"与"应需"之间并没有俨然的界限，"应试"又何尝不是"应"生活、学习、工作之"需"呢？在当今教育体制下，"应试"可以说就是最大的"应需"，要"应付生活"先得"应付考试"，以"应需"之名，行"应试"之实，似乎是顺理成章的事。考试是生活的一部分，应试也即应需、应世。而且，对于学生来说，"应付生活"比起"应付考试"的目标来，要遥远渺茫得多。对于涉世未深、尚未对自己未来的生活做过"深谋远虑"的习作者来说，所产生的动力是很有限的，所带来的心理和行为的负担却是相当沉重的。这等于告诉他们，你写作是为了"活命"的需要，若要好好地"活"着，就要学会写作。

在"应世"动机下，有一种观点是"语文的外延等于生活的外延"，主张四处"活动"，要求"观察生活""贴近生活""深入生活"，然后写"文学"以外（在语文教学中，因为文学创作并非"应付生活"所必需，所以文学创作一般是不作为教学内容的）的各种各样的用得着与用不着的"普通文字"——实用文，尤其是应用文，以备将来"应

①　叶圣陶：《从出题到批改——〈中学作文指导实例〉序》，见刘国正主编：《叶圣陶教育文集》第 3 卷，人民教育出版社 1994 年版，第 467 页。

②　叶圣陶：《语文教育书简》，见中央教育科学研究所编：《叶圣陶语文教育论集》，教育科学出版社 1980 年版，第 738 页。

③　叶圣陶：《国文教学的两个基本观念》，见刘国正主编：《叶圣陶教育文集》第 3 卷，人民教育出版社 1994 年版，第 55 页。

世"之需，然而这样学习写作岂不是太功利、太实用了吗？写作，没有美感，没有言语创造的冲动和激情，没有内心的渴望、情感的宣泄和个性的张扬，如何能有兴趣，如何能热爱得起来呢？

写作固然是为了"应付生活"的需要，但更重要的是，也是人的切身的、内在的情感、精神需要。"随着人的需要的对象内容的变化与丰富，对需要的心理反应形式也发生变化，从而需要能具有观念的性质，并因此变成心理上不变的东西。例如，食物无论对饥饿的人，还是对吃饱的人，都始终是食物。同时，精神生产的发展又引起了这样一些需要，它们只有在具有'意识的图景'时才可能存在。最后，又形成了一种特殊典型的需要——功能性对象的需要，如劳动的需要，艺术创造的需要，等等。而最主要的是，人的各种需要表现出彼此之间的新的关系。虽然，活体的需要的满足对于人来说，始终是'首要的事情'，是他生存的不可排除的条件，但是人所特有的高级需要，则绝不只是形成那些层积在活体的需要之上的表面形成物。因此，如果在天平的一个盘子里放上人的最基本的活体的需要，而在另一个盘子里放上人的高级需要，那么较重的可能恰恰是后者。这是大家都知道的，也毋需证明的。"①写作不但是"为人的"（社会性的、交互式的），也是"为己的"（发展性的、自足性的）。写作只有成为张扬人的潜能与个性的自觉追求，成为人的自我表现与实现的最佳方式，成为人的情性、良知、理想与信念的满足及精神需要，才能具有人的灵性与活力，才能体现人这一生命形态的特征。只有从人的本质上来理解写作的意义，才能抓住写作动机的根本。只有将"为人"与"为己"、社会性与个性的动机统一起来，学习写作才算拥有了完整的、强大的动力学基础。这种以满足人的主体发展和个体内在精神性需要为主导的动机，可称为"应性"（应人的主体性、本性、个性、发展性之需）动机。它在更高层面上涵盖或超越了"应世"动机。

由上可知，写作的动机是基于两大需要之上的：一是"应生活之需"，即"应世"动机；二是"应精神之需"，即"应性"动机。

"应世"动机驱动下的写作，可以称为"生存性"写作。"生存性"写作是为了学习、工作、处世应事之必要，为了敲开通达人际、学问、仕途之门（有时也为了休闲、娱

①　〔苏〕阿·尼·列昂捷夫著，李沂、冀刚、徐世京、杨德庄译：《活动　意识　个性》，上海译文出版社1980年版，第144页。

乐），为了"谋生""立身""发身"，是一种有着直接功利性目的的写作。

"应性""存在性"动机驱动下的写作，可以称之为"存在性"写作。"存在性"写作是为了通过写作来体现自我才能，实现自我价值，使社会性与个性相和谐，既为了"明道""正道"，也为了"露才""显己"，以充沛的言语创造力，最大限度地展露人的思想才华、精神风采与生命意义。这种写作，往往是超现实功利的、审美的、诗性的，从终极意义上说，是为了建构人类的精神家园，使人更像人。

作为折中之论，也许，对于写作的动机来说，这两大需要都是不可或缺的。人首先要"活着"，生命才能有所附丽；先要生存，主体才能有充分发展可言。写作是人际交流的手段，是社会人、现代人必备的生存技能，写作能为人创造物质财富，这就是要为了"生存性需要"写作的原因。但人不只是为了"活着"而"活"，如果只是为了"活着"，那无异于行尸走肉、酒囊饭袋。人还要活得像个"人"，活得有尊严、有抱负、有风采、有价值。"马克思认为，一个受占有和使用欲望支配的人是一个被扭曲了的人。人的主要目的不是利润和私有财产，而是自由地运用人的权力，社会主义社会的建立就是要使人成为全面发展的人，这种人并不在于他拥有许多财产，而在于他得到了全面发展，成为一个真正的人。"①美国人本主义心理学家马斯洛把杰出的人物称为"自我实现"的人，他认为，"实现的过程意味着发展或发现真实的自我，发展现有的或潜在的能力。……也许一个更能描述的词是'充分人性的'。并非所有多产、成功、天才的人都能被描述为心理健康的、成熟的或自我实现的"②。心理学家格拉塞说："一个有责任心的人会做使自己感到有价值的事，也会做感到对他人有价值的事。他有发奋的动机，并能忍受匮乏以获得自我价值。"③不论是马克思说的"全面发展"的"真正的人"，还是马斯洛说的"自我实现的人"，或是格拉塞说的"有责任心的人"，他们所肯定的都是超出了现实的物质功利和生存需要、注重自我的精神人格塑造和最大限度地实现人生价值的人。

具有"应性""存在性"动机的人，是言语上自我实现的人。为了实现人生价值，

---

① ［美］埃里希·弗洛姆著，张燕译，赵鑫珊校：《在幻想锁链的彼岸——我所理解的马克思和弗洛伊德》，湖南人民出版社 1986 年版，第 42～43 页。

②③ ［美］弗兰克·戈布尔著，吕明、陈红雯译：《第三思潮：马斯洛心理学》，上海译文出版社 1987 年版，第 26、143 页。

为了海市蜃楼般的"虚无缥缈"的理想与信念，他们往往能超脱于现世名利的诱惑，"淡泊以明志，宁静以致远"，忍受物质的贫困与接踵而来的苦难，始终向着既定的目标前行，虽九死犹未悔。在这个世界上，一个顶尖的科学家，他的收入远远低于一个平庸的注册会计师或科技开发商；一个天才的哲学家、学者，一个严肃的作家，他们甚至要勒紧裤腰带过日子，用精打细算抠出的钱倒贴着出书。精神的富有与物质的贫乏，二者之悬殊，简直不成比例。即便如此，每一个时代都还是有一批人，坐着冷板凳，咬着笔杆，究天人之际，明古今之变，悲天悯人，异想天开，做着一般人看来不合时宜、无利可图且耗脑伤神的傻事。他们，正是人类的"脊梁"，文明之光的盗火者。

"活着"的人，总想能证明自己曾经有意义地"活过"，总想在这个世上留下点儿自己曾经"活过"的证据。迄今为止，人类文明史告诉我们，在一切证据中，精神创化的成果——"白纸黑字"（不是一切"白纸黑字"，那些日常事务文书、平庸之作、谀媚之文、剽窃之章、文字游戏、"身体写作"等不在此列）是最可靠的证据。写作能为人建构精神家园，使人获得真正的归宿感，以使短暂的生命超越时空，让宝贵的精神永世长存，这就是基于"存在性需要"之上的写作动机。

人类的写作史表明，优秀的精神产品，大多是基于人的"存在性需要"的写作动机。真正的精神生产，往往是与现实的功利需求，即"生存性"需求相抵牾的。人生在世，不能不为"稻粱谋"，但为了"稻粱谋"而写作，由于急功近利，心浮气躁，或受到种种外因的制约，缺乏心灵的自由与恬淡的心态，无法"自由地运用人的权力"，因而是较难出精品的。而超越功利的"存在性"写作，由于不太计较眼前的、物质上的得失利弊，可以不为五斗米折腰，不必从众媚俗，只为满足自己、表现自己、证明自己，为明道解惑而写，所以能求真诚，致良知，养浩然之气，能从心所欲不逾矩，求索上下意纵横。因而，为习作者奠定写作人生的坐标，除了将写作视为"生存性"需求外，更重要的是要让他们意识到写作是人的"存在性"需要。写作不但是生活的一部分，而且是生命的一部分，应性写作，应成为主要的写作目的。

这些道理要让学生明白也许不是一件容易的事，但语文教学还有事什么比让学生明白这些道理更为重要呢？当然，在激发写作动机上，不能光讲抽象的大道理，而应把大道理具体化。例如，将古人、伟人论及的写作动机、写作目的，适时地说给学生听，让学生进行比较参照，开阔眼界，这样也是有一定启示意义的。

　　写作需要大动机，也需要小动机，写作动机是一个多层次的动机系统。因此，在写作教学中，除了讲大道理外，还可以讲些小道理。例如，人都有情感需要宣泄，有苦闷需要倾诉，有困惑需要发问，有寂寞需要排遣，有乐事需要分享，有痛苦需要抚慰，有新知需要教喻，有无聊需要自娱，有感悟需要炫示……这些，都可以成为写作的理由。巧妙设置教学情境，安排一些新鲜的适合学生特点的活动，以激发学生的言语表现的兴趣，这是写作的外部契机（诱因），也是十分必要的。对于一个年轻鲜活的生命来说，不论什么道理，也许都比写作只是为了枯燥乏味、百无聊赖的"应试"更有说服力些。从长远的目标来看，要有追求写作上的自我实现的大动机；从具体的写作来看，还要有一些特殊情境下的小动机。既要有相对稳定的隐性动机，还要有被适时激发和强化的显性动机；既要有强大的内驱力，还要有必要的诱因。只有虚实兼顾，内外同致，各得其所，相得益彰，才能为学生写作兴趣、激情和行为的长盛不衰源源不断地提供能量与动力。

　　值得注意的是，虽然写作动机的激发对写作学习至关重要，正确的写作动机有助于维持兴趣，克服懈怠，但是写作的进步不是单靠写作动机的激发就能奏效的。其他方面的素养如果没有跟上，缺乏必要的写作能力的训练，一味地强化动机，其结果也可能适得其反。心理学中的"埃尔克斯—多德森定律"表明，"希望越强烈，成就就越大。但是只能达到一定的极限。如果动机超出了这个顶点，结果就趋恶化"[①]。动机的强度有一定的限度，在这个限度之内，动机的强度（意志的顽强程度）与效率成正比，但是当效率达到一定程度以后，动机的强化如果缺乏相应的智能因素的协同，效率达到峰值以后就不再上升了。此后效率就开始下降。在超过了峰值后，动机强度的增加，不但不能引起效率的提高，反而会使效率降低。

　　因此，在写作教学中对学生的写作动机的激发也要适度，要与写作的其他相关素质的培养与提高同步。习作者如果缺乏相应的感知、采集、运思、想象、表达能

---

　　① ［苏］A. H. 鲁克著，周义澄、毛疆、金瑜译：《创造心理学概论》，黑龙江人民出版社1985年版，第67页。

力等，缺乏相应的学养、阅历、人生感悟等，不论有多么强烈的写作动机，多么顽强的写作毅力，也无济于事。所谓过犹不及，结果可能是事与愿违。

人的行为特征是受到动机特征支配的，在确立正确的写作动机的基础上，才谈得上如何教写、学写文章。写作教学应是动机与行为的统一，是写作动机认知与写作行为实践的相辅相成。

鉴于此，语文教学，除了要在写作动机方面给学生以引导外，所能做的还有着眼于培养其最具发展性的写作素质。这包括智力的与非智力的成分。智力的包括写作学养、智能与技能等，其核心是言语创造力；非智力的包括言语动机、人格、阅历、情感、个性等，其核心是言语上的自我实现的动机。对此，所能直接教人的大约只有"规矩"，而难以使人"巧"。或者说所能教人的是使人"巧"的"规矩"。这就是要让学生悟到写作上的自我修炼与历练的方法与途径，使他们得窥写作之堂奥，为将来写作上的发展打好基础。至于此后能不能由"规矩"而至于"巧"，能在写作的哪些方面出"巧"，就看各人的造化了，看各人的悟性、资质与所付出的努力了。由于对"巧"的追求须经过长期的甚至毕生的努力，"巧"的境界是不断扩展的，是永无止境的，"巧"的文章是人品、学问、阅历的日积月累、水到渠成，因此"巧"是无法在写作课内教学中立见成效的。认识到这一点很重要，在写作教学中有所为有所不为，才能为之所当为，在有限的教学时间内获得最高的教学效能。

言语学习与发展是长期的甚至是一辈子的事。在写作学习伊始，养成良好的写作习惯很重要。写作的动机与兴趣只有迁移、融入写作习惯中去，才能转化为写作的自觉，转化为恒定的写作行为状态与方式。其中最重要的是要养成动笔的习惯。当然在今天不只是动笔，也可以动手，用电脑"写"，还可以动口，用语音输入。不管用什么方式"写"，总之，就是要养成有什么想说的就尽量运用语言文字进行表达的习惯。久而久之，写作就会成为物质生活和精神生活不可或缺的组成部分，甚至成为一种人的基本行为方式与生存方式。

语文教育，说到底，是引领学生走向言语上的自我实现人生道路的教育，是言语人生、诗意人生的教育。这就是语文教育须为学生奠定的最基本的"情感态度和价值观"。

应吴忠豪先生邀请，2015 年 5 月在青岛"全国小学语文名师工作室联盟"成立大会上讲学

四、语文课程之宗旨：为培育"立言者"奠基

清末民初至今的百年现代语文课程范式，可称为"阅读—生存本位"，简称"阅读本位"。以叶圣陶先生为代表的主流语文教育观，不但强调"阅读"是与"写作"并列的独立的能力、目的，而且认为阅读是写作的"根"，是"基础"，阅读的功能定位是"吸收"。主张语文课程的目的是"养成善于运用国文这一种工具来应付生活的普通公民"①。其"应付生活"中的"生活"，指的是物质生活、日常生活、社会生活，即谋生应世——"生存"。在语文课程致力于"工具性"为定位，以"应付生活""应需""应用"为目的的本体论下，基于"实利主义"价值观，"应试"教育愈演愈烈。重读轻写，重吸收轻表现，重物质轻精神，重生存轻存在，是"应试"教育的基本价值取向，也是

---

① 叶圣陶：《认识国文教学——〈国文杂志〉发刊辞》，见刘国正主编：《叶圣陶教育文集》第3卷，人民教育出版社 1994 年版，第 92 页。

其长期成效不彰、困顿萎靡的主因。

在 21 世纪互联网、全球化时代，在新媒体、自媒体读、写时代，在中国向全面小康社会迈进的今天，语文教育已成为我国文化软实力建设、提升的瓶颈。是到了给跨世纪衰颓画上句号的时候了。语文课程改弦易辙时不我待，是大势所趋。

（一）"立言"两大基石

在 20 世纪初，语文课程致力于培养能运用国文"应付生活"的"普通公民"，以文字扫盲、文化普及为定位，以满足人的物质性、社会性"生存"之需，这是有一定合理性的。但必须指出，这只能是权宜之计，是过渡期、转型期的低标，绝非语文课程的本然目的、终极目的。如今如果仍以"学习语言文字运用的综合性、实践性课程"下定义，停留在"工具性"认知上，或持"工具性与人文性统一"的折中之论，显然陈义过低，且不得要领。

教育是给人以灵魂的，须给人以精神、价值引领。语文教育要给学生可望而不可即的言语梦，让他们终身为之憧憬、奋斗。遗憾的是，我国现代语文教育从诞生以来，便没有赋予学生崇高的语文信念、信仰。在"为什么学语文"这一本体论认知上，只有"面包"，没有"玫瑰花"。只告诉学生因为"工作、学习、生活"要用，"是生活的一部分""日常生活要用"，是赖以谋生、牟利的手段。这导致教育实践严重"应试"化、功利化：获取高分，上好大学，找好工作，赚大钱，过好日子。这就是教育，语文教育，迄今为止所谓"平民化""普及性"的"向下拉平"的动力、价值定位。低层次的"生存性"学习动机，既不会激起学生发自内心的言说欲、自我实现欲，也不会使学生产生终身修持的动能，而只会导致学生普遍厌学、语文水平低下。即便少数学生语文成绩高，也只是将其视为"应试"升学的敲门砖。

如果将语文课程定义为为"生存"的语言文字的运用，只满足低层次的谋生、交际需求，那么基于人之"言语生命"本性、特性的言说需求，高层次的精神、发展需求，利他情怀、人类情怀就会缺失，而这是根本性的缺失。阅读与写作不是两种并列的能力与目的，任何阅读都是手段，其目的是多元的。在语文课程中，"言语表现"（说、写）是其基本目的，阅读是达成说、写目的的手段，其终极目的是指向言语创造、自我实现，即"表现—存在"；言语活动固然不能不服务于"应付生活"——"生存"，但其终极本质应是彰显人类的"存在"价值。

语文"课程性质"的"工具性"定位，为"生存"的实利主义的"应试"认知，"存在性"言语学习动力、价值的缺失，致使教师深陷语言文字技能训练与"应试"教学之工具性、功利性泥沼中，学生学习缺乏内驱力，厌学语文，视语文为最不受欢迎的学科。方向迷失，价值误导，信仰缺失，语文教育长期低迷、每况愈下，便在情理之中了。语文教育之振兴，须走出"应付生活"的实利需求与培养"应用""语用"能力的迷津，走出应试歧途，回归培育"立言者"的精神高标。

成就"立言者"，追求生命留痕、立言不朽、垂范后世，是我国几千年母语教育文化的"向上拉平"的高端价值取向。为立言奠基，为存在立本，为人类谋福祉，应作为当今对基础教育语文课程本体的新定位。立言、存在——为万世开太平，当是语文教育之魂，语文学习的主动力。为培育"立言者"奠基的语文价值观，对人的言语生命力、创造欲的巨大激发、激励作用，早已被历史证明了。承先才能启后，应回归"立言"原点，并有所丰富与超越，赋予其现代学术、精神意涵，使之得以弘扬、光大。

为培育"立言者"奠基，给语文课程本体定位，其超越性变革是全方位的：课程动力定型从满足人的物质性、生存性言语需求，提升到满足人在言语生命自我实现基础上的精神性、存在性需求；教育、教学范式从"阅读—生存本位"向"表现—存在本位"转型；教学目标、教学内容从"为读而读"的读懂、理解、吸收，向以培养"言语生命"意识为核心的"'立言'五大素养"转向；教学实践从注重规范、程序、步骤、环节等操作技能、技巧的教法形式，向注重以读书笔记、论文写作、辩论活动"三大基本课型"为综合教学平台改变。这是从观念到实践的革故鼎新、脱胎换骨，语文界受到的转型冲击必定是剧烈而持久的。

困惑在所难免。沉迷于语文课程应培养学生"应需""语用"能力的人，定会质疑以"立言"为定位不切实际："立言"是绝大多数学生达不到的，岂不有悖"学生本位"精神？道理很简单：取法乎上，仅得其中；取法乎下，必得下下。该取法乎上还是取法乎下，不言而喻。高标准可以涵盖低标准，低标准则无望达成高标准。存在性高端目的，可涵盖生存性低端目的。反之，则无以达成。低端目的，将扼杀言语天才、人才。在"谋生""应试"功利目的下，是不可能培养出超功利的"立言者"的。引领学生走向言语、诗意人生，指示给学生向"立言"奋发进取的境界与路径，为他们谋发展、计长远，才是真正的"学生本位"思维。

可以断言，执着于造福人类——"为万世开太平"的言语信念、信仰，竭尽所能，虽不能至又何妨？"亦余心之所向兮，虽九死其犹未悔。"即便经受百般艰辛，付出再大牺牲，能"知天命"而"尽人事"，"仰不愧于天，俯不怍于人"，就是诗意、幸福的人生。

关键在于如何引领。"君子尊德性而道问学"，欲达成"立言"之高标，言语德性、思想，是其两大基石，是语文课程安身立命之本。

1. 言语德性：具有人类情怀、终极关怀的言语价值观

言语德性，不是指"要学作文，先学做人"的泛泛之论，或"人品决定文品"的所谓"好人品"，也不是指一般高尚的道德品质、思想品德、为人处世修养，而是指具有人类情怀、终极关怀的言语动机、言语价值观。

关于言语德性，从语文教育史、写作史、文化史上不难获得启示。千百年来，前人求知、治学、作文的低标是"谋生""器用"，等而下之的是"求功名利禄"，这为有识之士所不屑、鄙弃，如"小人喻于利"①"小人有文以发身"②"今之学者之病，最是先学作文干禄"③"圣人教人为学，非是使人缀缉言语，造作文辞，但为科名爵禄之计。须是格物致知，诚意正心，修身而推之以至齐家治国可以平治天下，方是正当学问"④。高标则是"立言"：道济天下，垂范后世。追求"立言不朽""为万世开太平"，是学者著书立说一脉相承的动机——"究天人之际，通古今之变，成一家之言。……藏之名山，传之其人"⑤"盖文章，经国之大业，不朽之盛事"⑥"揄扬大义，彰示来世"⑦"心生而言立，言立而文明，自然之道也"⑧"垂诸文而为后世法"⑨"言得其要，理足可传。其身既没，其言尚存"⑩"君子有文以明道"⑪……成就"立言者"，

---

① 孔子：《论语·里仁》。
② 司马光：《温国文正司马公文集·迂书》。
③ 范寿康：《朱子及其哲学》，中华书局1983年版，第150页。
④ 朱熹：《晦庵先生朱文公文集·玉山讲义》。
⑤ 司马迁：《报任安书》。
⑥ 曹丕：《典论·论文》。
⑦ 曹植：《与杨德祖书》。
⑧ 刘勰：《文心雕龙·原道》。
⑨ 韩愈：《答李翊书》。
⑩ 孔颖达：《春秋左传正义》。
⑪ 司马光：《温国文正司马公文集·迂书》。

是学者传道、授业、解惑，学子读书为文的终极目的，是人类得以兴灭继绝、薪火相传、永不衰竭的"正能量"。"立言"的最高境界，便是张载所言："为天地立心，为生民立命，为往圣继绝学，为万世开太平。"①这可谓言语"存在性"动机的极致，中国"士"文化的精髓。"立言"价值观，虽不无"声名传后""生命不朽"的"利己"成分，但本质上是利他的人类情怀、终极关怀，堪称言语德性。言语德性，是学者、文人的精神根底。

"因为走得太远，忘了当初为什么出发。"今世为"应付生活"，为应试、名利的语文教育，背离了人的言语、精神生命本性，与"立言"的"存在性动机"背道而驰，从而走上为应试的"辞章之文"技能训练的歧途。其动机卑下、乏力，显而易见。是到了拨开实利主义、功利主义迷雾，回归言语价值观原点（原典），重新出发的时候了。

人的言语动机可分为"生存性"与"存在性"两类。功利驱动的"应需""应试"语文教育，基于生存性动机；为生命言说，为人类建构精神家园而"立言"的语文教育，基于存在性动机。生存性动机与存在性动机，类似于马斯洛的"基本需要"与"发展需要"，但不完全对等。生存性动机与"基本需要"大致对等。存在性动机与"发展需要"中"自我实现动机"有交集，但"自我实现动机"未能涵盖"存在性动机"。"自我实现"的概念本身，便表明其"自我"本位属性，注重于个人潜能、才情的发挥，符合西方文化注重"个体"的特点。"存在性动机"则较为中性，既有"自我性"，又具"利他性"，在"自我性"与"利他性"二者中取得平衡，倾向于"利他性"，这符合中国文化"中庸""中道"的特点。"存在"抑或"不存在"，并不取决于个体，而是取决于人类、未来。"自我实现"以"我"为中心视角，倾向于对自我发展、成就、成才的现实、现世关切；而存在性，更具普世情怀、人类情怀，是一种面向未来的终极关切。自我实现动机的责任感主要是为己的，存在性动机的责任感不但为己，更是为人类。"自我实现性"是"存在性"的前提条件之一。对于"自我实现者"来说，"存在"是或然，而非必然。"存在性"比"自我实现性"立意更宏阔。

"立言"，是人类"存在性动机"最具普遍性的表征。"立言"指的是写出"传世之作"。然而，著述能否垂范后世，不是个人说了算，也不是当世读者说了算，而是历

---

① 张载：《张载集·张子语录》。

史、时间、后人说了算，归根结底是人类说了算。因此，即便将言语潜能、才情发挥到极致，已达到自我实现的目的，也未必称得上"立言"之"言"。在"自我实现者"中，只有极少数人堪称"立言者"。从这个意义上说，"立言者"高于"言语上自我实现者"，不论哪一个时代，"立言者"均属凤毛麟角。人类精英便是奔这不可预知的"小概率"（对于个人来说，几乎是"零概率"）求知、治学、写作的。他们为此不计功利，甚至牺牲健康、生命、幸福。他们以言语表现彰显生命价值与存在意义，舍弃现世功利、权位、荣乐，追求幻想中的精神长存、人类福祉、彼岸幸福。这难道不是值得赞扬的高贵言语德性吗？

"立言者"，是心甘情愿以言语创造为人类奉献思想才智的人。他们无所为而为，明知不可为而为，以此为使命的生命、人生，便获得了崇高感、悲剧美。唯有指向"立言"，成就"立言者"，才能给语文学科、师生以灵魂、信仰，支撑起孤寂的言语、精神生命，走完艰辛而诗意的言语人生。

2. 思想："立言"是"思想"的表达，"思想"有赖于学养、学问

"立言"，以言语德性为灵魂，以学养、学问——思想为骨骼。有"思想"之言，才立得起来。所谓有思想，既表明人是思想者，如笛卡尔说的"我想，所以我是"[①]（也译作"我思故我在"）；也表明"立言"之"言"主要是理性、思想的言说。思想，来自于学问、明理，这是立言之根本。

说人是思想的动物，是思想者，就跟说"人是写作的动物"一样，二者都是从人类本质特性上说的，即"人是理性、求知的动物"。理性、求知是人之本性。但是，思想并非与生俱来的，须靠后天涵养、修炼而得。事实上，只有极少数学问家才堪称思想者。"立言"之"言"，必得是"思想"的言说；立言者，必得是学问家、思想者。

思想不是靠天资聪颖，靠拍脑袋拍出来的，能标新立异、语出惊人的也不能说就是有思想。思想基于学养、学问，需要思考力、想象力、创造力。死读书，即便学富五车，也未必能成为思想者。大多数勤于读书的人，只是思想占有者、消费者。我所说的思想者，是指思想生产者、创造者。有思想，是指有思想创生力、原创力。这样的人甚少，因而立言难。

---

① ［法］笛卡尔著，王太庆译：《谈谈方法》，商务印书馆 2000 年版，第 27 页。

何谓"立言"之"言"，古人是深思熟虑过的。他们倾向于认为"言"不是偏于辞采的辞章之文，而是以理性、思想见长的论著。扬雄在《法言·吾子》中说："或问：'吾子少而好赋？'曰：'然。童子雕虫篆刻。'俄而曰：'壮夫不为也。'……观书者，譬诸观山及水，升东岳而知众山之逦迤也，况介丘乎？浮沧海而知江河之恶沱也，况枯泽乎？舍舟航而济乎渎者，末矣；舍五经而济乎道者，末矣。"他贬低辞赋，抬举"五经"的观念，对后世影响深远。曹植在《与杨德祖书》中说得更明确："辞赋小道，固未足以揄扬大义，彰示来世也。昔杨子云先朝执戟之臣耳，犹称壮夫不为也。吾虽德薄，位为藩侯，犹庶几戮力上国，流惠下民，建永世之业，留金石之功，岂徒以翰墨为勋绩，辞赋为君子哉！若吾志未果，吾道不行，则将采庶官之实录，辩时俗之得失，定仁义之衷，成一家之言。"古代文学高才，大多不以辞赋创作自矜，而是视辞赋为"雕虫小技"，为"小道"，认为其"未足以揄扬大义，彰示来世"，将其排除于"立言"之外。他们推崇的是"五经"，是"法"，是"道"，是"采庶官之实录，辩时俗之得失，定仁义之衷"的"一家之言"。我认为以文学作品传世，同样值得称道，可归入"立言"之列，不过这不是主流。因此，将辞赋等"辞章之文"与经、史等"道之文"加以区分不无道理。古人认为"立言"之主流当是经、史，诸子书等，是"造论著说之文""论辩之文"，是道德之文、学问之文，是义理、经济之文，这是历代学人的共识。

我国古代写作理论巨著《文心雕龙》，以"原道""征圣""宗经"发端，表明了古人为文的基本价值取向是"明道"。"原道"："故知道沿圣以垂文，圣因文而明道，旁通而无滞，日用而不匮。易曰：'鼓天下之动者存乎辞。'辞之所以能鼓天下者，乃道之文也。"最好的文章是"道之文"。"宗经"："三极彝训，其书言经。经也者，恒久之至道，不刊之鸿教也。故象天地，效鬼神，参物序，制人纪，洞性灵之奥区，极文章之骨髓者也。"其核心概念是"道"，文以"明道"为宗旨，而"经"是永恒、最高的"道"，是不变、伟大的教导，是文章的精华。这切中了"立言"之要：人类文化的本体，是学问、思维的累积、繁衍；写作从本质上说，是理性认知的表达、建树。

明道、载道、传道之文，主要为论辩体式。评论、论文、论著等，是"立言"的基本形态。论辩写作，当成为语文课程的基本教学内容，是学生应获得的基本言语素养与能力。

语文课程认知要走出"应付生活""应需""工具性"的迷津，接续上"立言""明道"

的精神血脉。以弘扬理性、思想的言说为本，以培育思辨、说理素养为主，这才是基于语文学科历史传承性与本体特殊性的课程定位与人文关怀。

有言语德性，有思想——学问、明理，是成就"立言者"的两大基石。前者是立言的境界、胸怀，后者是其内核、实质。基于两大基石上的言说——"立言"，是人类永恒的生命欲求，是母语课程的重要价值。

(二)"立言"五大素养：以动机、价值观素养为先

语文课程为培育"立言者"奠基，"立言"的表层，是建立在学问、道之上的高水平的言语"表现"；深层是人的言语、精神生命的"存在"。语文素养，教材、教学的目标、内容，应为培育"立言者"，围绕"表现与存在"这一总目而设置。

以往所谓"语文素养"，教材、教学的目标、内容，是与"工具性"——"学习语言文字运用"，与"应付生活"的目的对接的。其素养主要指掌握语文形式或相关的知识、技能，教学内容是"双基"，即基本知识、基本能力——有技无道、目中无人。即便和"工具性与人文性统一"的目的对接，即所谓"三维目标"，似乎面面俱到，事实上主次不分，泛而不切。所谓的"人文"教育，说的基本上是共性化的文化教育。而今与为培育"立言者"奠基的目的对接，宗旨异趣，势必素养有别。大致包括如下五个方面。

1. 动机、价值观素养

言语动机、价值观素养，是立言五大素养之核心素养。动机、价值观素养教育，即"言语德性"教育的具体化。基本内容是言语生命、精神生命的培育。《礼记·中庸》将"尊德性"置于"道问学"之前是有道理的。培育言语德性，重心是培育"言语生命"意识。"言语生命"意识是语文学习的元动力，是言语创造的第一生产力。良好的"言语生命"意识，就是以存在性言语动机为主动力的。应将培育立言动机、价值观素养，贯穿、体现于整个教材、教学中。要牢固树立以立言动机、价值观素养教育为先的观念。

其基本内容是使学生明白为什么学语文，为什么写作，即学习语文(听、说、读、写)的意义、价值何在。关键是明白"言说"是人的本性，是精神生命之"原欲"，人的生命特性是"言语生命"，言说欲与言语表现欲、创造欲，是人的精神原欲；人是言语、理性、思想、精神的动物，归根结底，人是写作的动物，不写作，枉为人。

人不为"应付生活"也要写作,写作是人的本性,是"天命"。"言语生命"意识,是"立言"核心素养的原点,是立言五大素养的内核。有了它,才有其他素养的建构与发展。

立言动机、价值观培育,要从"人何以为人""人为什么活"等终极思考的高度上,认识"为什么学语文""为什么写作"。使学生确立不为"应付生活"也要言说、创造的观念、信念,懂得不为"应需""应用""应试"而自由自觉的言说、创造,才是真正意义上人的言说、创造。使之成为有人类情怀、言语信仰的人。这是语文课程教育、教学的首要目标、最高目标。只有有了正确的言语动机、价值观——言语德性,才会有言语学习的充沛动力,读、写活动才会成为自发的行为,才会有言语、精神生命的可持续成长、发展,才会竭尽全力去达成成就"立言者"的目的。

在教学实践中,在具体的读写活动中,"高大上"的言语价值观可衍生出无穷多的写作动机、理由,涵盖"生存性动机",以及即时性、情境性动机、动因等,源源不断地为学生补充精神能量,形成一种合力,以激发其言说欲、言语创造欲。

动机、价值观素养的基本教学资源有两部分:一是来自于经典文本作者的言说动机、价值观;二是来自于教师自身言语实践的身体力行、表率作用。这两部分资源弥足珍贵,缺一不可,亟待开发、利用。

2. 知、情、意素养

知、情、意素养是言语内容素养,是言语表现、创造的基础、前提条件,是写作、文章之本。只有有了知、情、意素养,才能"言之有物"。

语文教学不可能帮助学生得到所需的知、情、意素养,但要让学生懂得获取知、情、意素养的方法、途径,懂得如何将他人的知、情、意,消化、转化、创化为自己言语中的知、情、意。要走出语文课程只教言语形式,语文学科没有自己的内容的误区。

对于言语表现来说,知、情、意三者不可或缺。为"立言"的知、情、意素养,须以培养言语"共能"——论辩体式——论文写作为出发点。在知、情、意三者中,"意"——思想素养,最为重要。只有有思想素养,才谈得上言语表现,才能因"表现"而"存在"。思想素养是知、情、意素养的核心,是言语表现的内在、内容。"立言者"必得是"思想者",即思想生产者。

思想的生产,基于学养,源于怀疑、批判。批判力是思想素养的关键。

3. 体式素养

体式素养，即载体素养。立言须凭借特定的载体形式，因而，体式素养不容忽视。良好的言语体式感，心理图式建构，其重要性远没有被认识到。阅读、写作都是体式思维。体式感是言语活动发生的逻辑起点，也是言语表现的指归。任何言语表现都是由具体的言语体式承载、呈现的。体式感贯穿于整个写作行为过程。

与存在主义哲学家所言"不是人说话，是话说人"相似：进入言语表现范畴，在相当程度上"不是我写文章，是文章写我"。"言之有序"决定了"言之有物"。文章体式的制约决定了内容的表现，特定的体式要求决定了与其相匹配的其他要求。

体式素养学习，不可能也不需要面面俱到。如上所述，与培育"立言者"对应的主要是论辩写作，主要是论文写作。因此，论文体式素养要求，是最具普遍性的体式素养要求。培育其他体式素养，可因人而异，要因材施教。一般而言，一个人拥有一两种体式素养就可以了。其他体式写作，或可触类旁通。

4. 行为素养

言语体式感支配着言语行为。写作过程，是在某一具体的体式感驱动下的行为达成。不同体式的写作，行为过程是有所差异的。因此，要帮助学生了解他喜欢的某体文章是怎么写出来的，了解其写作行为的特殊性。

论文写作行为过程应作为教学重点。它在以往没有得到应有的重视，也没有得到正确的体现，不但被议论文写作"三要素"（论点、论据、论证）"论证"模式所误导，而且在"应试"伪写作中被扭曲、篡改，亟待拨乱反正。应从专题阅读，做读书笔记，原始资料积累、思考开始，到论题的提出——选题，论点的确定、阐释，再到展开分析——反驳、证伪、推理、论证、结论。要使学生了解论文写作这一精神生产的一般流程。

其他体式写作行为的教学，依此类推。关键是要回归到真写作行为上来。

5. 创制力素养

与写作行为对应的是相关创制力。每一种写作行为，都体现为一定的智慧、才能。创制力是写作目的、行为实现的支撑、保障。所有写作素养，最终都要落实到创制力上。

因写作体式、行为，特定的写作目的、语境不同，需要的言语创制力也不同。由此派生出的言语创制力便无穷多，教学中要异中求同，化繁为简。

　　在创制力智慧层面，"同"的是言语想象力。没有哪一种体式、哪一篇文章的创制，能离开想象力。关于想象力最简单的解释就是"意料之外，情理之中"。文本中，不论是内容还是形式，最出彩的、最有创造性的地方，都可以归功于富有想象力。在论文写作中，从材料收集、甄别、梳理，到选题、立意，到谋篇、遣词……一系列思维活动，都需要想象力。想象力集中体现在思想力上，思想力又体现为反思力、批判力、证伪力、判断力等。

　　在创制力技能层面，"同"的是"五种表达方式"：叙述、描写、说明、议论、抒情。在各种体式写作的运用上，就是这五种表达方式的千变万化。可以先知其"同"，再求其"异"：体式、语境、个性之"异"。

　　其他写作技能、技巧，可由学生各取所需，自行了解，在实践中掌握、运用。

　　在言语五大素养中，动机、价值素养，知、情、意素养之重要，自不待言。需要特别强调：体式素养作用之大，超乎一般人之认知。它可以看作上承动机、价值观素养，知、情、意素养，下启行为素养、创制力素养的枢纽。有了体式素养，才能真正进入言语创造活动情境。同时，其他各种素养，都不同程度地受到体式素养的规制。

　　不同体式的写作，其言语动机、价值观是不同的。诗歌写作与论文写作的动机、价值观是不一样的。同样，对知、情、意的理解、吸收、表现，也依赖于特定的体式。与体式素养对应的知、情、意素养，才是有意义的，才算是语文素养。离开了体式素养的知、情、意素养，便是非语文素养。行为与创制力素养也是如此，不能离开特定的体式素养来讲。

　　从这个意义上说，体式素养是其他素养的上位概念（即便动机、价值素养，与体式素养有所交集，也受制于体式素养）。因此，在教学中，尽量不要离开具体体式讲写作动机、价值素养，知、情、意素养，行为素养，创制力素养。要让学生知道不同体式的言语表现，对作者相关素养有何不同要求。

　　语文课程的具体内容与教学目标，就是在"立言"五大素养的框架下进行建构的。教材的体例安排、单元编制，课堂教学目标、内容的选择、设置等，都应在这一框架内思考。语文教学的阅读教学，听、说教学等，有助于培育"立言者"，指向"表现与存在"，有助于提高立言五大素养，才称得上有效教学，反之，便是无效教学。

(三)教学实践平台："一体两翼"的三大基本课型

教学内容的实施，不是一般人理解的"先学后教""先教后学"之类，也不是"几步法""某某式"之类。这些偏于技术性、形式化的教学法不能说全无用处，但作用较为有限。我之所以称三大基本课型为"教学实践平台"，是因为它不是单纯的教学形式，或教学过程、方式、程序、步骤、技巧等，而是兼容了教学内容与形式。既是教学目的、教学内容的支撑形态、载体形式，又是教学目的、内容、目标本身。这三大基本课型，也许可以借用"有意味的形式"来表达：形式便是内容，二者难解难分。三大基本课型，是立言五大素养目标，在教学实践中的呈现、达成的内容、载体以及途径、方式、方法等的综合体。它有极大的课程载荷容量与外溢空间，因此可称为基本支柱课型。

围绕培养"立言者"这一总目的，贯彻、培育立言五大素养，由"一体两翼"的三大基本课型，承载起教学内容、目标的实现，有效提高学生的"立言"素养与学习效能。

1. 读书笔记课型：积累学养、孕育思想的主线

读书笔记，包含读书、笔记两部分。它是"一体两翼"中的"一体"，是语文教学实践的常规内容与形态，是"立言"奠基立本的常态课型，是基本课型中的基本课型。要做好这件事，应"无望其速成，无诱于势利""只问耕耘，不问收获"，特别需要言语信念、价值观的支持。如果缺乏存在性言语动机、价值引领，这一教学平台就建立不起来，别说"立言"无望，整个语文课程都会塌陷。

言语动机、价值引领与学养、思想的积累、培育，最好的教材就是历代经典文本。要给学生高品质的精神食粮，阅读文质兼美的作品本身，就是最好的动机、价值引领方式。读书，便要读经典。要读"性价比"最高的世代相传的优秀著述。唯有读经典，才能给言语、精神生命打底，支撑人走上、走完言语、诗意人生，才有望成就"立言者"。以历代经典文本阅读为主，以典范的现当代白话文阅读为辅，中小学都应如此。

读书要走出所谓的"儿童本位""学生本位""读懂、理解"的误区，走出小学读儿童文学、绘本，中学读文学作品、白话文的误区，更要走出时尚化、碎片化的网络资讯阅读、自媒体写作的误区。指向"立言"的读书，只能是以读经典为主；写作，

以写随笔、杂文、评论、论文为主。

只要是经典文本，读不懂没关系，不要求逐字逐句读懂。无须一步到位，可以一知半解，或囫囵吞枣地记诵。上苍给孩子以记忆力，就是让他们记诵用；记下来的经典，可以用一生慢慢反刍、理解、领悟。要在培养五大素养目标下，选择适切的经典文本。儿童应从便于记诵或理解的经典文本读起；小学生应以记诵为主，不强求理解。

不应千篇一律地采用咬文嚼字的"求甚解"读法。求甚解必然读得少，更重要的是，咬文嚼字也未必就能"甚解"；即便"甚解"了又怎样？经典是常读常新的。我赞赏陶渊明"好读书，不求甚解，每有会意，便欣然忘食"的读书法。文体感、语境感、语感的形成，需要一定的阅读量，我赞成"海量经典阅读"：不求甚解的多读、记诵，胜过求甚解的少读、精读。须以"量"求"质"；没有"量"就没有"质"。求甚解，只能是在某些要点、局部上求甚解，或在自己感兴趣之处求甚解。

笔记是读书成果的深化、固化。读书须和笔记绑定。"不动笔墨不看书"，诚哉斯言。这是中国文人几千年读书、治学的经验总结。韩愈说："记事者必提其要，纂言者必钩其玄。"章学诚说："札录之功，必不可少。"胡适说："手到是心到的法门。"这是"读以致悟、读以致用、读以致写"，通达"学问文章""道德文章"的必由之路。"笔到"是由阅读的吸收、消化到言语表现、创造的"最后一里路"。

海量经典阅读，能理解、领悟多少是多少，重要的是务必将点滴"会意"——体验、理解、感悟记录下来，"贪多务得，细大不捐"，贵在虚心涵泳，切己体察，持之以恒，集腋成裘。如此可收水涨船高、水到渠成之效。在语文教学中，最要培养的习惯就是手不释卷，提要钩玄。小学中、高年级就可以开始培养点评、批注的习惯，不要求成文。中学写成文的读书笔记，可在相当程度上取代作文练习。

做读书笔记是名副其实地为"立言"奠基，"奠定"的是道德、学问之基，也是辞章之基，是为"立言"练笔的最佳方式。做读书笔记为夯实学养、磨炼思想所不可或缺。随着时间的推移，日积月累，读书笔记就会自然衍变成随笔、杂文、评论、论文、论著。

读书笔记是长期性、积累性地为"立言"打基础，海纳百川，多多益善；不求甚解，不计近功。这个课型可覆盖课内外一切经典阅读——文选精读、自由泛读、嗜好阅读。

2. 论文写作课型：语文——写作教学的主线

在读书笔记"一体"基础上，论文写作是"两翼"中直接与"立言"——写作对接的"一翼"。

论文写作是学生写作"共能"（普遍性的写作能力），直接指向培养"立言者"的目的，是立言的主流体式。学写论文，了解、掌握、运用论文体式，辅之以相关的论辩体式写作，应成为基础教育语文课程的写作主线。

论文写作不必等到读书笔记积累丰厚之后才开始，可与读书笔记同步进行。从学龄前就要爱护、培养孩子的好奇心、探究心，鼓励他们学会提出、思考、讨论问题，培养其理性思维与兴趣。小学要改变读童书、写记叙文（故事、童话）的观念，儿童普遍喜闻乐见的或自己特别感兴趣的体式可以读、写，但要以小论文、研究报告写作贯穿于整个小学阶段，带动与论文写作相关资料的收集、阅读。中学更是要以评论、论文写作为基本教学目标、内容。

中小学语文教材要增加论文写作知识与论文文选，论辩类、史传类文本要成为教材选文的主体。教师对论文写作的指导、引领至关重要。在写作上可以不做过高的要求，但须循序渐进，重在培养学生提出、思考、探究问题的兴趣，使之受到良好的理性、逻辑、辩证思维方法的熏陶，学会反思、批判、证伪、论证，唤醒、培育其成就"思想者""立言者"的意识，为其一生的治学、研究打下坚实基础。

论文写作作为一个教学平台、课型，不只是单一的写作教学，还可以兼容、带动听、说、读的学习，包括与读书笔记课型的互渗、互动——为写某一论文而广泛涉猎，读书，做笔记。学生在特定的选题下，有目的地定向收集、阅读、梳理资料，提出假说、猜测，设计、实施问卷调查、访谈、访查，或制订实验方案、方法，对材料进行分析、综合，归纳、演绎，证伪、证明，得出结论，并将这一过程以论文形态呈现出来，进行答辩、交流，自我反思、提升。这一过程涵盖了语文素养培育的诸多方面，听、说、读、写能力的培养尽在其中。指向"立言"的"为写择读，为写而读"，是一种有效、高效阅读。比起以往无目的地"为读而读"，莫名其妙地读懂、理解，其效用有天壤之别。

在论文写作教学过程中，可以辅之以日常随笔写作、访谈写作、议论散文写作、反思写作、调查报告写作、各类评论写作等。学生可各取所需，自由选择感兴趣的论辩体式写作。这样学生既能增强写作兴味，还能收相得益彰之效。

论文写作可拓展、外溢到其他学科学习，可从各科学习中选题，鼓励跨学科选题。以论文写作为纽带，打通各科学习，使各科学习相互联络，相互促进，语文学习就活起来了，学生思想、思维、视野就开阔了，探究、研究事物的兴趣、动力就被激发出来了，就有了写不完的选题，读书、写作、精神创造，就成了内在的需要。培养学生勤于探究、善于思考、喜写论文的习惯，因势利导，培植、增进其成就思想者、立言者的欲求。

3. 辩论活动课型：语文——口语交际教学的主线

在读书笔记"一体"基础上，舒展论文写作与辩论活动"两翼"，比翼齐飞。

辩论，是口语交际最具代表性的体式。既有广泛的实用性，是现代公民参与社会生活的基本需求、素养，又有技巧性、艺术性，是文化精英言语智慧、风采的集中体现。辩论堪称口语表达的最高呈现形态，辩论带给学生的成就感、高峰体验，将变成学生语文学习重要的内生动力。

辩论与论辩写作是一脉所系，都是基于思想力、思辨力。辩论是最鲜活的言语表现形态，辩论活动对语文课程的支撑作用，对培育立言五大素养的作用不容小觑。学生一旦迷上辩论，便会深切感受到辩论基于学养、思想力、思辨力，为了提高辩论能力，阅读、思考、写作便成为自发、自觉，海量阅读、读书笔记的坚持就有了动力。

辩论活动是一种最具真实感的言语表现活动。语文教学中其他言语练习方式大多只是"仿真"，辩论则是"实战"，是直接的话语交锋，能力高下立判。学生将在辩论中真切感受到言语的力量与魅力，认识到自己的优势与不足，从而产生强烈的学习、进取意愿。

不论是言语表现与言语学习动机的激发，言语态度、价值观的引领，还是言语想象力的培育，思想力——反驳力、批判力、证伪力的磨炼，现场语境的心理调适与机敏反应等，辩论活动都是当之无愧的优质平台。特别是批判力培养，辩论活动具有天然优势，其功效将超过其他言语表现体式。辩论是为"批判""反驳"而存在的口语交际体式，只要置身其中便会认识到批判、反驳是论辩的生命。由此获得的批判力、思辨力，将有效迁移到其他读、写活动中去，迁移到一切论辩体式，特别是论文写作中去。

辩论活动将自然地融听、说、读、写为一体，不必人为地进行听、说、读、写间联络互动。只有进入辩论活动情境，听、说、读、写才能同仇敌忾，一致对外。辩论前需要针对性地研究对手的立场、观点，收集、阅读相关资料，写辩论稿；辩论中要听、说；辩论后要讨论、反思、总结……表面看辩论是一次口语交际活动，实际上辩论是一系列的语文综合性实践活动。学生会切实感到各种语文素养之必需、急需，迸发出学习的兴趣、冲动、激情。语文课程的外在要求，必然会迅速转化为学生的内在追求。

读书，写读书笔记，为"立言"提供基本的学养、思想支撑，是滋养"立言者"精神成长、言语创造的源头活水，是语文课程、教学的基本内容，为言说立本当为教学"本体"。论文写作为培育"写作"素养服务，辩论活动为培育"口语交际"素养服务，论文写作与论辩活动相互促进，相得益彰，这展翅高翔的"两翼"，将带动立言五大素养的提升。"一体两翼"，并行不悖，各司其职，又水乳交融，殊途同归，共同撑起为"立言"奠基的语文课程。

语文课程在成就"立言者"的旗帜下，以培育"立言"五大素养为教材、教学的目标、内容网络。在教学实践中，教师要娴熟掌握、灵活运用读书笔记、论文写作、辩论活动这三大平台、课型，使之随机地穿插、交织、组合，互助、互动、互补，以达成课程教育目标、目的。

语文课程立足于培育"立言者"之精神高标，夯实言语德性与思想两大基石，以言语五大素养建构教学目标、确定教学内容，以三大基本课型的随机融合、联络、互动，实现课程目的、目标。如此，相信语文教育必将走出肃杀、惨淡的漫漫长冬，迎来柳暗花明、莺歌燕舞的春天。

五、"表现—存在论"语文学纲要

语文课程的价值，与人的生命价值同一，其终极意义都是指向言语表现与人的精神存在。语文教育的目的不只是使人"活"着。所谓"生活"着，不仅是为了"生存"，还是为了使人成为言语人、精神人、创造人，使人更像人，使人之为人：因言语活动，而充实、美丽、崇高，而存在，感受到言语、精神创造的永恒与幸福。

语文课程、语文教育，应最具人性、生命性、人文性与精神性。语文教育实践，是言语生命间的互动、互助、分享。语文课程，应最具生命情怀、人类情怀、人文关怀、终极关怀。语文教育目的论，以培育"立言者"、培育"言语、精神生命"意识为基本诉求，从以实用、实利、应用、应试等生存性需要为主导的外部动力学，回归以言语、精神、素养、创造等存在性需要为主导的内部动力学；从物质生活、吸收、阅读本位，回归精神生活、创造、写作本位；从工具论、知识论、能力论，回归言语论、精神论、创造论；从语文知识、技能"训练"，回归言语德性养成，学养、学问培育，言语潜能、才情的辨识、养护、开发、发展。

（一）课程理念

以言语表现彰显人的生命存在的价值，是人区别于动物的本质特征。言语表现，在相当程度上体现了人的精神发展的综合水平，显示了人之为人的生活方式、生命状态与价值观。语文课程基于人的言语、精神生命建构与发展的本质需要，堪称"元素养"教育。

语文课程的目的可区分为两个层面：一是实用、应用，主要是由人的肉体本体的生存性、社会性所决定的；二是超实用、超应用，主要是由人的精神本体的发展性、存在性所决定的。由于生存性、社会性与发展性、存在性是人的一体两面，因而上述两个目的相互依存也相互矛盾。由于人对肉体与精神的需求是不平衡的，所以不同时期、不同个体的人，对上述两个需求的权重也有所不同。但是，显然，随着时代的文明程度的提高，实用、应用目的的弱化，超实用、超应用目的的强化，是大势所趋。语文课程的实利、功利等生存性需求，必定要被言语、精神上的自我实现与存在性需求所涵盖、超越。

在未来社会中，人们对生活方式的选择，必然是高文化、创造含量的，其生命状态，必然是充分精神化、个性化的，言语活动，也必然要超出日常、生活的酬酢应对，即公私应用文字交流的范围，更多地体现人对知、情、意的主动探索与创造，对个人言语潜能、生命意志、人生价值的尊重与释扬，追求与升华。因而，未来的语文教育，不是使人陷于物质、日常生活的实用情境的言语羁累中，蝇营狗苟于现实功利需要，而是为了让人拥有更广阔的文化、精神、创造空间，更多发挥言语潜能、才情、个性的自由。培植、养护言语、精神生命意识，引导学生走上"言语、诗意人生"之路，在符号世界的求索、创造中，找到作为人的尊严与归属，"诗意地安居",为人类、为千秋万代建造精神殿堂。成就"立言者",是语文教育的终极意义。

在未来社会中,人的应用性,甚至部分的实用性言语活动,将越来越多地被人工智能、信息技术所取代,应用层面的大量的言语工作(信息交流)可由电脑、互联网来处理。因而,人的言语活动应主要是审美性、高智慧、独创性的;言语表现、创造,将真正成为生命寓所与精神家园,人生因而会充溢着谐趣、情趣、理趣、智趣。

语文课程教学实践要明确:目的是培育"有德性、思想的立言者",是因人的言语表现与存在而教语文、学语文,是因培育言语素养(表现与存在素养)而教读、听、说……因而,语文课程的目标,不只是学习语言文字运用,培养读、写、听、说技能,不只是为了求得文从字顺,言能达意,而是培育言语、诗意人生的理想、信念、信仰,承传、光大言语生命、智慧、精神,是促成学生言语上的自我实现,为"立言"奠基。

在 21 世纪高度现代化的社会条件下,在拥有高度物质文明、精神文明的时代,言语不是工具,人也不应成为工具,成为物质、名利的奴隶,而应回归情感家园、思想殿堂,皈依人性、精神、创造的自我。言语生命动力学表现—存在论语文学,将对工具主义的"应付生活""应需""应试"论,做出否定与超越,这是毫无疑义的。这不是荒谬的假说、遥远的梦想,不是语文神话,而是现实的必然选择。

(二)课程目的

第一,以培育"立言者"为课程总目的,简称为"立言"奠基。语文是一门培养"有德性、有思想的立言者"的课程,指向培育言语人、精神人、创造人——文化传人,使人拥有言语信念、信仰,拥有言语、精神生命。

第二,培育言语、精神生命意识。以对"言语、精神生命"体认为基本价值取向,以"言语人生""诗意人生"的引领为首务,以培育言语存在性动机为主线,提高"立言"所需综合素养,形成正确的语文价值观、学习观与方法论,培育良好的言语人格、心理、趣味、习惯。

第三,培育言语表现智能。认识、开发学生的言语潜能、才情,着眼于言语表现欲、言语个性的培养,言语知、情、意,体式感,行为感,创制力的培养,以言语想象力、思想力为言语表现智能的核心内涵与评价的主要标准,以都市笔记、论文写作与辩论活动作为语文教学实践的最佳平台、课型，促成立言两大基石、五大素养的平衡发展。

(三)课程原则

以人类的言语、精神生命意识，以言说欲、写作欲、自我实现欲、存在欲的唤醒、熏陶、感染、传递为本。

以教师的言语创造欲求，言语人格魅力，言语信念、信仰感染学生。

以教师的言语成果、才能、追求，诱惑学生。

以教师的言语经验、智慧、悟性，点化学生。

以教师对学生言语潜能、个性的辨识、引领，扶助、激励其言语、精神生命的成长。

(以上五条也可视为语文教师的评价标准)

(四)课程架构

课程言语生命化、言语智慧化(生活化、心灵化、生命化、鲜活化，灵性、理性、智性、悟性的和谐)虚实相间，动静相随，有无相生，率性适意。

以学生言语、精神生命的发展、建构为导向，以"表现—存在"为主旨，以言说欲、写作欲的激发，言语动机、价值素养的培育为首务，以言语知、情、意素养的培育为言语表现的基础，以言语想象力、精神创造力的培养为重心，以读书笔记、论文写作、辩论活动为语文教学实践的基本平台、课型，充分发挥学生的言语潜能与个性，听、读、说、写联系共进。

第一，以培育"立言者"两大基石(言语德性、思想)，五大素养(动机、价值素养，知、情、意素养，体式素养，行为素养，创制力素养)为课程目标，以三大平台、课型(读书笔记、论文写作、辩论活动)统筹听、读、说、写教学的相关内容。

第二，根据立言五大素养目标释放、分解出的目标系统，构成课程结构、教材编制、教学内容的多层次目标系统。每一教学单元的目标要简约、清晰。

第三，教材、教学要指向言语表现，听、读的教学，要落实到说、写上。在学习言语表现上，以培育言语共能——论辩写作、论文写作为重，兼顾培育言语异能。学生享有充分的学习自主权。

第四，阅读经典文本、写读书笔记为教学常规课型。中小学均以读历代经典文本为主。对课外阅读总量、篇目可提出参考要求，学生拥有自由选择经典文本专题进行深度阅读的广阔空间。

第五，以培养论文写作、辩论的"共能"为主，辅以写生活手记、日记、读书笔记、随笔、杂文、调查报告、评论。以口头访谈、汇报、报告、演说等，作为本课程教学常规性要求与主要实践形式。

(五)教材观念(不包括小学低段的识字教材)

首先，课内教材立足于培养"立言者"，注重言语"人文"关怀。人文教育要体现语文学科特性，其主要内容是丰富性、精神性、存在性言语动机的激发与培养。立足于立言五大素养的培养，以此为目标建构语文教材体系。

彻底改变"阅读本位"下的教材体例与目标系统，改变以文本内容或体裁划分"主题"的单元结构体例。

立言五大素养培育依然有赖于阅读。虽然教材编制的目的是"立言"，是提高学生的言语素养，但是学生必须通过阅读大量经典，领悟其对言语素养的要求，作者所具备的写作素养，通过涵养、修养、修炼，了解其作用，发现其奥秘，这样才能逐渐将其迁移到写作行为中去，转化成自身的言语创制力。

教材的编制，以言语、精神生命意识的唤醒、熏陶、激发，言语价值观的培养，言语潜能、才情的诱发，写作知、情、意，体式，行为，创制力的习染，为基本内容；以知、情、意素养为写作奠基；以培养言语智慧——想象力、思想力为言语智能的核心；以四种文本类型(以论辩文本统摄叙事文本、抒情文本、说明文本)基本规范、五种表达方式(议论、说明、叙述、描写、抒情)，为言语智能学习的基本内容序列、形态，循环递进。

在基本教学原则、原理不变的前提下，要对每学年的教材，做具体目标、要求、方法等的梯度区分。通过适当的理论引导与智能练习，强化言语生命意识，不断加深对言语体式、行为、创制力的领悟，提高对具体写作情境的同化、顺应能力，以期达成对某一(某些)"体式"的灵活运用、转换生成、整合延展之效。

在指向"立言"的"表现—存在本位"基本教学序列、形态中，每个"单元"适当组织写、读、说、听的相关教学内容，力求自然融洽，生动活泼，充分体现出言语教学的丰富性、情趣性，使教材内容与学生学习心理相和谐，注重发展性引领。

其次，作为课内教材教学的延伸、拓展，课外阅读、写作是不可或缺的部分。课外读写应注意与课内教材的联系。

课外阅读立足于提高学生的基本文化素养、学识水平，阅读量要大，面要宽，以形成良好的语文知、情、意背景。课外读物仍以经典文本为首选。指导性的课外阅读可分为两种：一种是精选的中国文化史、文学史上的短篇传世佳作，可编制成书；一种是中、外的中、长篇文学作品名著，只提供篇目。阅读材料应文、质兼美，充分体现情感、思想、表达的魅力。

课外写作提倡专题性研究，可自由选题。在专题范围内，定向阅读、积累，写读书笔记、读书报告、研究报告、论文或论著。

(六)教学方法

以虚驭实，以无驭有。具体地说就是：以写(表现与存在——下同)为本、为写择读(听、说——下同)、以写促读、由读悟写、读以致写。

1. 以写为本

"立言"这个总目的与五大素养目标时刻都在引领、掌控着语文教学。任何时候都要围绕着写作(表现—存在)这个中心运转。读、听、说教学活动，学习修德、处世、求知等，不能离开培育言语动机、价值观，知、情、意，体式，行为，创制力素养。要始终与其融为一体。

2. 为写择读

选择读什么文本，文本中着重读什么，怎么读，要服从于培养言语五大素养的需要。围绕培育写作素养的目标，选读相关的经典名篇(包括文言文、白话文)、学生作文(优文、问题文)。此为纯粹理解性目标，不作为主要教学目标、重点。

3. 以写促读

"学习通过写作""学习通过研究"，要从读中学写，先要以写促读。任何高水平阅读都离不开思考与表达。要读得深，想得清晰，就要借助于写作与研究。写作与研究是高效阅读与思考的催化剂。没有经过语词化的思考是不到位的。高效阅读必须是读、思、悟、写四位一体。

为写择读的"读"，须以写促读。其读法特点是通过写读书笔记，深化认知。养成"不动笔墨不看书"的习惯，以圈点、摘录、批注、札记、鉴赏、随笔、评论、小论文等方式，提高阅读效能，是阅读教学的常规要求。

4. 由读悟写

由读悟写是全方位的，可以悟及写作的五大素养：动机、价值观素养，知、情、意素养，体式素养，行为素养，创制素养。但是，每次课"由读悟写"不是全方位的。要确立某一目标，突出重点。

例如，从单篇文本，悟文体的共性。读的虽是单篇文本，学的却是一类文体，是培养某一文体感，即形成该文体的词感、句感、段感、篇感。读文本个性不是最重要的教学目的。因为文体共性是可教可学的，文本个性是难以复制的。在确立教学目标时，对这些还需要加以细化。

5. 读以致写

要让学生知道，"语文"课程是为了提高"立言"素养、能力而开设的课程。以写促读、由读悟写，读懂文本的内容、特点等是手段，目的都是为"立言"奠基。

所有的语文教学、活动最终都要落实在写上。并非每次课都要进行写作练习，但每次课对提升某一写作素养要有所助益。

(七)教学实践

第一，把为培育"立言者"奠基，培养言语表现欲、写作欲、言语上的自我实现欲，贯穿于整个语文教学中。

第二，以"动机—目标—行为(言语实践活动)—反馈—矫正(或探讨)"为基本教学要素。形成"前写作、写作、后写作"行为的良性循环。

第三，以发表为中心。千方百计为学生创造发表、交流、激励的机会。充分利用现有的各种发表平台(课内、课外；纸媒、电媒等)进行表达、沟通。

第四，在言语智能教学中，以培育采集力、感知力(体式感、语境感、语感等)、选题力、想象力、思想力、创造力等为教学的重点。以"言语想象力"为核心竞争力。

第五，以仿真、真写、真说等，力求"用活的语言做活的教授法"，使语文教学情境逼近于言语实际运用情境，以收学以致用、用中求悟之效。

第六，以"导悟"为主要的教学方法，为学生创设良好的言语"自悟""自求"的情境，提高其言语悟性。

第七，鼓励学生写展示自我才情的个性之文，让其较为得意的作品瞄准公开发表，进入流通，接受读者的检验。

第八，善于肯定，乐于赞美。让学生认识到自己的言语潜能、禀赋，品尝言语创造的乐趣，享受生命表达的高峰体验，强化言语、精神生命意识，逐步引导他们走上"言语人生""诗意人生"之路。

(八)测评方法

应更具人文化、人性化，注重隐性、柔性测评。

学生言说欲、表现欲，言语、精神生命成就欲，言语创造欲高于一切。

每一个学生都享有被肯定与赞美的权利。即便是批评，也是为了赞美。测评不是为了打击，而是为了激励；不是让学生失去言语自信，而是让他们体验到言语表现的尊严感、愉悦感、幸福感，培养言语理想、信仰，养成言语健全人格。

主要考查学生对言语生命、言语人生、诗意人生的体认，对言语表现的态度——积极性、主动性，言语实际应用、创新能力等。不宜作"标准化"评估。

学期或学年测评，宜做结构式、形成性、发展性评估。包括言语动机、价值观素养，言语知、情、意素养等，以及作业完成情况，作品发表状况，课外读、写情况，口试与笔试等。全面检验学生听、读、说、写的能力，主要是写、说——论文写作、辩论能力。

可以将学生最好的一篇文章或一次最成功的演讲、辩论等，作为评定学期、学年成绩的主要依据。学生发表了好文章，教师不但要在成绩上给予重奖，更要在精神上给予鼓励，以强化他们的言语生命意识与言语动机。

总成绩应包含学生的自评、互评。学生的言语、精神生命状态，自己也有评价权。关于学生的言语学习情况，他们之间的相互了解也许比教师更清楚，应该把一部分(20％～30％)成绩交给学生自评、互评，以体现对学生的尊重。

在语文智能评价上，考写作就够了。如有条件应兼顾"说"的检测。在语文学科的听、读、说、写这四种能力中，写作能力的兼容性最大，素养性、综合性最强，最能体现实际的语文素养水平，在测评中应占最大权重。语文的纯知识性成分，可

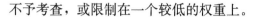

不予考查，或限制在一个较低的权重上。

感谢谢庆先生精心安排，2015 年 7 月，我和抗战英烈后代们与长沙诺
贝尔摇篮教育集团的孩子们在一起

　　听、读、说、写能力一般，但钟情于言语表现，在言语表现上有信念、理想、热爱写作，有较为健康的言语人格追求与良好的言语、精神生命意识，这样的学生，应给予充分肯定与鼓励——哪怕他只剩下"热爱""希望"，也要细心呵护。

　　21 世纪的语文教育，应该把目光更多地放在"人"上。应该把言语学习、表现，既看作外在的生活、社会需求，又看作人本身内在的生命、精神需求。言语学习、表现是人的言语潜能、才情与个性的张扬，是基于人的言语生命、精神生命、言语人格的自我完善、自我实现的需要。对于言语动机、价值观来说，后者不仅不应被忽略，而且应当备受关切与尊重。对于言语学习、表现来说，外在需求激励作用，往往是间接、被动、短暂的，而内在需求的驱动作用，势必是直接、主动、持久的，因而也更强大。语文素养教育，不是单靠在语文教材上修修补补、教学上减减"负"、高考出一两道妙题就能奏效的，而应是兴人、立人、成人的教育——培养"立言者"的教育，归根结底，是言语生命、精神生命意识，言语人生、诗意人生的教育。我们有理由坚信，语文素养教育真正启动，期待"言语生命动力学表现—存在论"转向。

六、存在本位：引领诗意的言语人生

　　显然，"素养本位"的课程认知，与叶圣陶等前辈的"语文素养"概念的提出，以及长期以来教育界对"素质教育"的倡导等有极大的相关性，并非是从语文课程本身觉悟出的"真知"。"语文素养"较为空洞，且有油、水不相交融，自相矛盾之嫌，其症结主要在于研究滞后，缺乏当代性、学理性、前瞻性。因此，课程认知依然较为浅陋，只是停留于"语文素养"抽象认知上，没能将学科带进真正的"语文素养"教育之路。一旦进入语文课程内部进行深入思考，便不会满足于对"语文素养"各要素面面俱到、浮光掠影的平面认知。

　　笔者从 20 世纪 80 年代后期初步意识到了写作"能力"训练的局限，感觉到写作教学不是想象中那么简单，单靠所谓训练不能奏效，训练治"标"不治"本"，也许连"标"都不治，没有"本"哪来的"标"？所治之"标"——能力，只是一部分"技能"，不是完整、充分的写作智能、写作创造力。真正的写作创造力，必然要包含来自写作主体的价值观及知、情、意素养等，这促使我思考究竟什么是写作的"本"。20 世纪90 年代初，我在《写作整体化教改宣言》中阐明了"大写作"教育观，关注写作学习的"诗外功夫"，并把写作教学的关注点放在培养写作兴趣上，放在写作动机培育与整体素养的提高上。后来又在《试论高师写作课程的师范性和素质性》一文中，对写作素质和写作素质的培养做了较为充分的阐述，将写作教师素质分为基本素质、相关素质两种，对相关素质做了较为细致的表述，体现了对培养"全面素养"的关切。之后，在本人主编的《写作：指向自我实现的人生》一书中，更是以培养写作"素养"为主旨建构了写作教学体系，着眼于写作主体的心灵建构和素质养成，指出了写作与"自我实现的人生"的关系，阐明了我对写作教学的基本认识。该书"上编"讨论的是"写作心智素养"：

　　　　上编各章讨论的是写作主体心智素养的建构。这包括两个方面的内容：一是指写作主体的思想道德品质的修养；一是指写作主体基本的文字表现能力的培养。

　　写作主体思想道德品质的修养，主要体现在第一章"写作人格论"中。从广义上看，文章即是人，文如其人，人格即文格；对于写作来说，具有健康的写作人格，是根本性的要求。从狭义上看，写作人格的培养和塑造，是写作指向自我实现的人生的起始点；把心交给读者，超越功利境界，即可望达成高尚的人品与超迈的文品的统一。因而，该章堪称全书的总纲。

　　基本的文字表达能力包括语言、采集、感知、思维和想象等五种，体现在第二章至第六章内。这五种能力，系写作的智力因素。写作智力因素可作不同层面上的区分，这里是从写作行为的层面上加以区分的。写作行为是一个综合的动态过程，各种行为既相互衔接交织，又相互制约、互为因果。这五种能力中，语言能力是最重要的能力。提高语言的敏感性，是提高写作智力素养的关键。

　　具备良好的写作心智素养，发挥主体的写作潜能和个性，便可在诸多写作领域以求一逞。高尚纯洁的人格修养和睿智机敏的言语智能，将使您的人生变得绚丽无比，将使您在精神创造的自我实现中，感受崇高的愉悦和真实的幸福。

"下编"讨论的是"写作体式素养"：

　　这12种文体的学习，兼顾到现代人的三大需求。

　　首先是审美需求。随着社会的进步、物质生活的满足，未来的人们在精神上、情感上的审美需求将激增。散文、诗歌和小说的写作，对于认识自我、认识人生和社会，对于陶冶情性、宣泄情绪、寄寓情思等，是不可或缺的。它将引领您超越功利境界，它能使您的精神和情感清新而美丽。

　　其次是实用需求，这主要指的是工作或职业上所需的写作。……这些文体有一定的实用价值，但一般没有直接的实利性。这一类文体运用的频率较高。如果说审美需求，主要体现的是人的存在性；而实用需求，则较多地体现了人的社会性。实用写作，给人以事业心和成就感，使人生丰富而充实。

　　第三是实利需求，此类写作，受直接的、明确的利益驱动。……相对于以上其他文体，有更强的实利性。实利需求是人的生存需求，虽属较低层次的需求，但也是人立身处世所需要的。

　　以上三大需求，对于不同的人或人生的不同阶段，注重点可能也有所不同。

　　然而，创造人生的高境界，从自己的实际出发，通过写作，充分满足这三大要求，使人与自身、自然、社会，与历史、现实、未来等，达成高度的和谐，则是人的自我实现、人类迈向更加文明的新时代的大趋势。

　　通过这些从价值观层面切入的认识，大家可以看出我与其他论者对写作教学实践认识上的不同。我的着眼点主要是人自身的内在的"需要"，而不是技能、技法和训练。这初步体现了我的人本主义"动力学"写作教育理念。我更关注的是主体精神动力。在该书的"前言"中，我对该书的名称《写作：指向自我实现的人生》和写作的宗旨，做了以下阐释，从中可以更清楚地看出我的"动力学"取向：

　　　　写作的功用，不仅在于人们处事应世需要文字交流，也不仅在于人们在生活中需要情感的宣泄和思想的沟通，而且，它还超越了实用和应用，指向人类文化、文明的承传和自我实现的人生。人本主义心理学家马斯洛指出，人生的最高层次的需要是"自我实现"。即在精神上不断地自我完善，在事业上取得较大的发展。而在现代人迈向"自我实现"的进程中的每一步，都无不伴随着写作活动。从某种意义上说，越是发展的、创造的、成功的人生，越是离不开写作。写作，堪称人的一切素质中的最基本、最重要的素质。从应用型、实践型的人才，到理论型、学者型的人才；从企业家、教师、科学家，到领袖人物，概莫能外。"人是符号的动物"，能够运用语言文字，是人和动物相区别的一个最本质的属性；写作在创造、承载了人类文化和文明的同时，也塑造了辉煌、不朽的生命，使短暂的人生获得了永恒的价值。——这便是将本书命名为《写作：指向自我实现的人生》之缘由。

　　　　本书将向当代大学生展示一个绮丽多彩的写作世界，引导他们领略写作的奥秘，了解一般人写作中存在的主要问题，和解决这些问题的途径，提高写作的悟性和实践技能。使他们在未来的生活和工作中，凭借言语的智慧和能力，更好地融入社会，实现自我，提升人生的境界。

　　　　……

　　　　愿写作为您添一道明媚的春光，伴您走向自我实现的绚丽人生。

　　这可以看作我对写作和写作教学前期思考的一个总结，这里，我指出了写作与人、人生的关系，开始进入人类学、言语动力学层面进行思考。这一时期，我与马正平先生的主要分歧是，他对主体动力学和客体动力学（依他的区分）基本上是做等量齐观、平分秋色的，而我更为强调主体动力学、主体动力学中的存在性动机。在他的动力学系统中，他较为关注的"写作操作技术"和"文章图样和写作思维模型"，在我看来，实际上也还是一种科学主义的方法。尽管这是一种建构主义背景下的认知，但是，写作从根本上说不是技术，是不可以操作，也无须操作的。不应过于依赖文章图式和思维模型，写作不是靠"分形论"来自组织、自生长的。言语能力的发展，基于人的言语潜能，是一种生命冲动，是言语生命的自成长、自生长、自发展。真正生命化言说是情意内蕴的自然显露、外化，不是训练得出来的。写作能力，是人的言语生命意识的觉醒、言语生命潜能的发挥和张扬；写作教学是对人的言语生命潜能的发现和唤醒。写作教学应介于有为与无为、明晰与混沌之间。对于人写作上的发展来说，规训的意义是很有限的，率性自由地表现的意义远大于按部就班地规训的意义。

　　在语文课程改革中，"语文素养"已然成为标志性概念，这是一个进步。但仍然需要做深入思考。

　　《全日制义务教育语文课程标准（实验稿）》（以下简称《语文课程标准》）设定的课程目标——"知识和能力，过程和方法，情感态度和价值观"，是课程改革的一个重要理念。这不但是对"语文学科"的要求，而且也是对其他学科的要求。"语文素养"的概念、内涵，主要是从这一普遍性的要求中转换出来的。毫无疑问，较之于"知识本位""能力本位"，"素养本位"是更高层面的认知，如能得以实施定然好处多多。

　　作为一种理论假说，"素养本位"并非无懈可击："语文素养"功在"全面"，弊也在"全面"。它是一个概念"集锦"，没有核心命题——理论切入点。作为一种法规性文字，《语文课程标准》不必对其论断进行论证，但无疑需要基础研究的学理支撑。如果缺乏学理支撑，只能将各家之说或相关要素倒在一个锅里烩了了事：

　　　　语文课程应培育学生热爱祖国语文的思想感情，指导学生正确地理解和运用祖国语文，丰富语言的积累，培养语感，发展思维，使他们具有适应实际需要的识字写字能力、阅读能力、写作能力、口语交际能力。语文课程还应重视

提高学生的品德修养和审美情趣，使他们逐步形成良好的个性和健全的人格，
促进德、智、体、美的和谐发展。

这里每一句都是对的，什么都不缺，唯缺本末主次、主要切入点。"生活本位"
的切入点是"应用、实用技能"，知识本位的切入点是"语言知识"，能力本位的切入
点是"语感"。前面我们提及，古人谈到为文修史的素质才、胆、识、力、学时，也
都不约而同地指向"以识为先"，强调"识"的重要性。上述切入点是否得当另当别论，
但在一个理论框架中须有一个核心命题。

也许有人会认为，"语文是最重要的交际工具，是人类文化的重要组成部分。工
具性与人文性的统一，是语文课程的基本特点"这一定性，就是一个"切入点"。个人
以为，以此为切入点存在以下几方面的问题。

首先，工具性和人文性都不是语文课程的本质属性。正如我们在前文所指出的，
工具性是一切工具学科的共性，人文性是一切人文学科的共性，而不是语文学科独
有的个性。用共性化内容作为语文学科认知的逻辑起点，作为语文修养的核心，自
然是不得其要的。作为一个专门的学科，如果对其基本性质没有一个科学认知，不
能把握其独特性，那么是不能得其门而入的。更重要的是这两种属性代表的是两种
截然不同的对立的语文价值观，在语文学科内不是半斤八两，可以平分秋色、相安
无事的，而是不是工具性压倒人文性，就是人文性压倒工具性。而作为核心理念，
必须是"吾道一以贯之"的"一"，由"一"而生"二""三"……以至无穷。由"二元论"生
出的是抵消与耗损。需要解决谁是"一"，谁是老大，谁管着谁的问题。

其次，更要命的是不论"工具性"还是"人文性"，都不能涵盖"语文素养"的方方
面面。工具性的基本指向是"语言"，而语文修养的基本指向是"言语"。"言语"不是
工具，而是人的精神创造物。所谓"语文"，按叶圣陶的解释是指口语、书面语的表
达，是"言语"不是"语言"。以"工具性"作为语文修养的核心理念，显然自相矛盾。
还不如李海林的"语感论言语论"更逼近语文学科的性质。"语感论"是指向"言语"的。
同样，人文性也无法涵盖语文修养中人的言语个性、心理、意志、品质、情感、思
维等方面。语文修养的特殊性大于人文性的普遍性。

最后，工具性加人文性是陈旧的"二元论"命题，不论是"工具性"还是"人文性"
都早就有其较为稳定的内涵，包括其错误的认知，而"语文素养"是一个新命题，应

有自己新的理论背景下的新内涵。概念的改变，意味着认知的丰富、深化，意味着基本理论上的突破，然而，在这里我们看到的是新瓶装旧酒，内涵了无新意，没有与核心概念相匹配的新认知的表达。这就是"贴标签"的做法，不是基于研究的突破产生的新的发现，不是对以往的"能力本位""知识本位"证伪、反驳基础上的重构，相反，基本上没有改变实用主义的"阅读本位""能力本位"的格局，"破"而未"立"，等于未"破"。

当然，从历时性角度看，《语文课程标准》无论如何比以往教学大纲有重大突破、长足进步。至少以"语文素养"为"主题词"，以"人文性"培养"语文素养"，打破了"工具性""能力训练"的一统天下，提出了诸如"三维目标"，对话、合作、探究等一系列新理念，为语文人文教育、素养教育奠定了基础，铺平了道路。单单是放逐"训练"这一前"霸主"，就功不可没。

对《语文课程标准》存在的问题进行探讨，并非"为否定而否定"。《语文课程标准》的诞生，也凝聚着我的一份心血，是我无比期待的。2001年春我和我的同事曾应邀赴京参与《语文课程标准》讨论、修改，发表了一些不同意见，有的已被课标组接受并体现在其表述中。《语文课程标准》颁行后，我参加了课标组在天津的听取意见会，做了许多宣传普及工作，参与了培训国家级、省级骨干教师，还发表了关于《语文课程标准》的系列文章，这表明了我对课程改革的拥护与支持。在急遽的理论转型中存在一些问题在所难免。只是作为一种学术研究，把"素养本位"纳入语文教育本体论序列中加以思考时，不能不从科学性出发做一些审视、批判，也许还有苛责，但目的是使之更加完善。

真正的"素养本位"语文教育，应旗帜鲜明地回归到人本主义、人文主义上来，重要的是理论背景的转换，由此引起基本概念、概念系统的变革。同样是"素养本位"，不同的理论背景，决定了其切入点的不同，决定了"语文素养"内涵的不同。所以，重要的是对"语文素养"这一核心理念认知上的突破，揭示由此生发出的"语文素养"的具体内涵。

从某种意义上说，研究背景的转换，对核心理念——切入点的把握，比提出"语文素养"这个概念还要重要，还要难。因为，有了这个核心理念、切入点，才标志着语文本体论认知的真正转向。仅仅停留于"语文素养"的概念层面是没有多大意义的，叶圣陶先生几十年前就提到了这个概念，由于没有科学地揭示其内涵，没有实质性的理论更新，口惠而实不至，这个概念也就形同虚设了。

　　本书着力阐明的"言语生命动力学"语文学本体论的核心命题"表现与存在"，便是在人文主义、人本主义、存在主义等背景下，赋予"语文素养"以"核心理念"，以灵魂的：从表层看，是"言语表现性"；从深层看，是人的"存在性"动机与价值，是"存在性言语生命意识"的彰显。"表现"是文、器，"存在"（言语生命）是本、道。"存在"决定"表现"，"存在"之"一"，贯穿于"表现"之"万"。这便是语文课程"存在本位"本体观，其核心概念是"言语生命"。

　　由此生长出的"语文素养"，首先是培养指向"存在"的"言语生命"自觉、健全的言语人格心理，涉及由内在的言语生命冲动产生的言语表现欲、发表欲、创造欲、自我实现欲，追求超越功利的言语人生、诗意人生的理想、信仰等；其次是外化为顺应人的言语潜能、禀赋、个性的言语表现力、创造力，包括丰富的知、情、意，敏锐的体式感、行为感、创制力，如言语感受力、观察力、洞察力、思考力、想象力、创造力、表达力、修改力、反思力等。在这里，主体"言语生命"意识的培育始终是第一位的。

　　我们高兴地看到，对"语文素养"教育在认识上推进了一大步的是在写作教学实践上。语文界有人得风气之先，突破了面面俱到的"语文素养"，指向培育言语动机——人文素养，将语文实践目标落在"第三维"上。广西教育出版社出版的《新语文写作》系列丛书，将写作定位为一种精神体验和生命活动，将"立人"作为写作教学的出发点和归宿。该社总编辑说："小学、初中、高中三卷书连成一气，力图实现与生命轨迹相一致的同步发展，为中小学生搭建一个人文素养的平台。"这种动力学认知，在该书"出版前言"可见一斑：

　　　　抒写自己的感受，发表自己的见解，以和别人对话、交流，这是人之为人的天性，或者说是人之为人的基本需要。

　　　　自由忠诚地表达自己，孩子将会从中得到愉悦感、解放感和满足感，并且变得善于表达。另一方面，表达自我的过程，同时也是寻觅自我、发现自我、认识自我、实现自我、超越自我的过程。

　　作文，不是获取分数的工具，不是掌握文章做法、技巧的手段，而是"立言——立人"的途径。①

　　《新语文写作》意在让学生回归趣味写作、率性写作的本性，力图实现与生命轨迹相一致的同步发展，将写作变为一种愉快的需要，并最终形成独立思考、展现自我的思维方式，即培养"公民写作"的意识。编者称小学阶段的写作为"趣味作文"，初中阶段为"率性写作"，高中阶段为"公民自由写作"。最终将写作与培养公民意识联系了起来。他们期望学生意识到，一方面，自由地写作，是一个自由而独立的公民的权利，是人权的一个重要部分，是不容侵犯的。既要理直气壮地捍卫自己的写作权利与尊严，也要尊重并捍卫他人的写作权利，特别是对与自己意见不同的人，更要如此。另一方面，写作也是每一个公民的义务与责任。这就是说，写作不仅是为了表达自己，也是向社会发言，提出自己批判性、建设性的意见，尽到一个公民的责任。自由写作的前提是要做一个精神上摆脱了一切有形无形束缚的自由的人。

2014 年 12 月 5 日，在浙江大学教育学院"理解与对话：全球化语境下语言文学教育国际研讨会"上做主题报告

---

　　① 冯玥：《让写作成为贯穿孩子一生的精神活动》，载《中国青年报》，2003 年 9 月 17 日。

　　《新语文写作》以"对话"和"发现"作为贯穿全书的基本理念。几乎在每一个年龄段，他们都向学生反复强调这样一个概念：作文就是"对话"，就是与自我、他人、社会，以及自然的对话，是用语言文字向他人、向社会传达自己的情感和观点。在这个过程中，学生将不断丰富和发展自我，使朦胧模糊的、杂乱无序的、粗糙的思想情感变得明晰、完整、系统。作文是一种精神体验，一种生命活动，在写作的过程中，可以发现自我、发现社会、发现大师，并在发现中实现生命的开发与提升。

　　尽管他们的构想还不很完善，不无可商榷之处，如以"立人"为目标，便失之于泛而不切，不能揭示出语文、写作课程的特殊性。将小学、初中、高中定位为"趣味写作""率性写作""公民写作"不得要领，小学难道就只讲"趣味写作"，不要"率性写作""公民写作"？以"公民写作"作为高中阶段的要求，显得片面、沉重，略显政治道德宣教的意味，与倡导表现自我、精神自由不无矛盾。但是，他们的努力还是值得充分肯定的。他们向着人本主义动力学目标前进，将写作与学生心理情性的发展联系起来，认为写作是人的一种精神体验和生命活动的见解，尤其值得称道。

　　2015 年，"言语生命动力学表现—存在论"——"存在本位"语文学已得到越来越多语文界先进者的广泛认同与努力践行。"存在本位"从呱呱坠地伊始，就有自己的健康强壮之"心"——"言语生命"，只要精心呵护，茁壮成长必将指日可待。

七、诗教：温柔敦厚而不愚

　　论到"诗"，不能不论到"诗教"。中国自古就是诗国，对诗的喜爱与重视集中反映在诗教上，中国的诗教——"诗关教化"的传统源远流长。《尚书·虞书》中的"教胄子"以"诗言志"，孔子的"不学《诗》，无以言""《诗》可以兴，可以观，可以群，可以怨"，《诗大序》中的"先王以是经夫妇，成孝敬，厚人伦，美教化，移风俗"等，足以表明诗教之重要，古人对诗教之重视。"诗"的精神，经由"诗教"，逐渐转换成一种不同寻常的人格、境界象征。

　　孔夫子亲自"删诗书"，将《诗》置于"六经"之首，并要言不烦地对《诗》的意义、功用、价值等做了诸多评论，目的就是奠定其在教育中的地位。"诗关教化"，当是孔子删诗、教诗的动机。读《诗》以用《诗》，是人的教养的基本内容与途径，关系到一个人的人格培育与精神建构，甚至言语应用能力。历代读书人，无不以《诗》为立身立言、论学论治之本。在儒家学者眼中，《诗》对人的浸润、造就，几乎是全方位的，无所不至，无所不能。

古人认为，不论是修德立人，还是后世所有圣贤之作，都与《诗》有着渊源关系。例如，清代刘开说："夫子告伯鱼曰：'不学诗，无以言。'夫学诗所以能言者，岂非以理达气和，故言之有序与？岂非以熟悉列国之风土民情，故使之四方，有专对之才与？抑或有得清风肆好之旨，故论答之际，言之成文与？是三者皆所谓能言矣，而不尽是也。夫古圣贤立言，未有不取之于诗者也。道德之精微，天人之相与，彝伦之所以昭，性情之所以著，显而为政事，幽而为鬼神，于诗无不可证，故论学论治，皆莫能外焉。故《中庸》言理之无声无臭，其义精而密矣，而必即诗言以推之。《孔子闲居》言五至三无，其辞美且盛矣，而必以近于诗者明之。其他如《孝经》之所述，《礼记》《大学》之所称，《坊记》《表记》《缁衣》之所引，无不取证于诗。何者，理无尽藏，非触类旁通则无以见。夫诗者，触类可通者也。触类可通，故言无不尽，引而伸之，其义愈进焉。"①读《诗》的功用，不只是学会言之有序，培育专对之才，或言之成文，而在于养成"立言"之根基，使之"触类可通，故言无不尽"。如此，才可以真正明白孔子为什么说"不学《诗》，无以言"。就不会觉得孔子似乎太夸张了：难道不学《诗》，连与人交流的资格都没有？其实，不学《诗》，何止于与人交流、沟通有障碍，甚至无以修德进业，为人处世，自然也就无以立言，以至"引而伸之，其义愈进焉"。由此可见"诗教"之重要。《诗》之教育功能，其他"经"是无法与其相提并论的。《诗》、诗教，在古代，可谓一切精神养生、精神创造之源泉。

下面试从"诗意""诗意人生"的角度，对"诗教"做一梳理。

（一）"导志开悟"说

"诗言志"说的真正目的不是确定诗的表现内容，而是表明诗的育人功能。《尚书·虞书》中说："帝曰：'夔，命汝典乐，教胄子。直而温，宽而栗，刚而无虐，简而无傲。诗言志，歌永言，声依永，律和声。八音克谐，无相夺伦，神人以和。'"②

---

① 刘开：《读诗说下》，《刘孟涂集·文集》卷一，檗山草堂刊本。

② 《尚书·虞书·舜典》，四部丛刊本。

这表明"诗言志",不是目的,而是手段。揭示了"诗"的表现内容是人内心的思想、志向等,但其功能则在于育人——"教胄子"(古代称帝王或贵族的长子,或国子学生员为"胄子"),是为了使他们"直而温,宽而栗,刚而无虐,简而无傲"。孔颖达对该句作"疏":"作诗者自言己志,则诗是言志之书,习之可以生长志意,故教其诗言志以导胄子之志,使开悟也。"①"言志"的目的是"导胄子之志""使开悟",是培育他们良好的性情。

孔子是《诗》的"导志开悟"功能的积极倡导者、施行者。例如,"不学《诗》,无以言"②"兴于《诗》,立于礼,成于乐"③"女为《周南》、《召南》矣乎?人而不为《周南》、《召南》,其犹正墙面而立也与!"④"《关雎》乐而不淫,哀而不伤"⑤"诵《诗》三百,授之以政,不达;使于四方,不能专对;虽多,亦奚以为?"⑥……由于孔子深知《诗》的"导致开悟"的教育功能是多方面的,因此,他将学《诗》的重要性、必要性说到了极致。

"诗言志"的"导志开悟",使"胄子"直温、宽栗、刚简,可谓开孔子"温柔敦厚"说、"厚性情焉,变气质焉"说之先河,也是"境界"说之奠基。

(二)"思无邪"说

孔子以"思无邪"三个字涵盖了《诗》的全部意义,即"子曰:《诗》三百,一言以蔽之,曰:思无邪"⑦。这也是他删诗、教诗的目的。即"义"归于诚正,纯正而无邪。这是"诗教"的基本出发点。

"无邪"是孔子删诗的标准。孔子删诗,必有其衡量去取的旨趣。是否可以说,孔子之所以删诗、教诗,将其列为"六经"之首,在很大程度上是基于"教化"考虑。

所谓"思无邪",即孔子说的"《关雎》乐而不淫,哀而不伤"。司马迁在《史记·屈

---

① 孔颖达:《尚书·舜典》疏,《尚书注疏》卷三,四库备要本。
② 《论语·季氏》,四部丛刊本。
③ 《论语·泰伯》,四部丛刊本。
④ 《论语·阳货》,四部丛刊本。
⑤ 《论语·八佾》,四部丛刊本。
⑥ 《论语·子路》,四部丛刊本。
⑦ 《论语·为政》,四部丛刊本。

原列传》中说："国风好色而不淫，小雅怨诽而不乱。"如果他的理解是正确的，表明的是同样的意思，那么"无邪"即"有度""适度"，就是有所节制，体现了"中庸"之道。乐而不淫，哀而不伤，色而不淫，怨而不乱……这些说的都是一种情意的节制，是对粗糙人性的淘洗与引领，是文化涵养、人格修养的体现。"思无邪"的主旨就是使人的"性情""正"。明代宋濂说："夫诗之为教，务欲得其性情之正。"①《毛诗序》中说："……故正得失，动天地，感鬼神，莫近于诗。先王以是经夫妇，成孝敬，厚人伦，美教化，移风俗。"其"正能量"是全方位的。

朱熹认为，"思无邪"所指并非诗歌内容，而是指使读诗人"思无邪"："思无邪，乃是要使读诗人思无邪也。若以为作诗者三百篇，诗，善为可法，恶为可戒。故使人思无邪也。若以为作诗者思无邪，则《桑中》、《溱洧》之诗，果无邪也？"②"思无邪"的意思是要让读诗人"善为可法，恶为可戒"，就是说，《诗》中内容是有善有恶的，未必一概"无邪"，或"可法"或"可戒"，读诗者只有加以区处，才能做到"思无邪"。

钱穆则认为"思无邪"即抒真情："三百篇之作者，无论其为孝子忠臣，怨男愁女，其言皆出于至情流溢，直写衷曲，毫无伪托虚假。"③"至情流溢，直写衷曲"的诗未必"无邪"。

朱熹、钱穆的观点虽有一定道理，但似与孔子本意不符。如果《诗》有"善"有"恶"，要让读者自己去辨别；凡是"至情流溢，直写衷曲"的，不论其"至情"是"邪"是"正"，均可入选，那么就不劳孔子以"思无邪"为标准费心删诗了。

(三)"教化"说

在古人看来，写诗的目的就是"教化"。"教化"也是孔子删诗的目的。"夫诗之作，善善则颂美之，恶恶则风刺之。苟不能本此二道，虽甚美，犹土木偶不主于气血，何所尚哉？……君子萌一意，出一言，亦当有益于事。矢引极思属词，得不动

---

① 宋濂：《故朱府君文昌墓铭》，《宋文宪全集》卷二十五，四部备要本。
② 朱熹：《朱子语类》卷二十三，应元书院本。
③ 钱穆：《论语新解》，生活·读书·新知三联书店 2005 年版，第 104 页。

关于教化。"①"《关雎》，后妃之德也，风之始也，所以风天下而正夫妇也。故用之乡人焉，用之邦国焉。风，风也，教也，风以动之，教以化之。……故正得失，动天地，感鬼神，莫近于诗。先王以是经夫妇，成孝敬，厚人伦，美教化，移风俗。"（《毛诗序》）"诗"的春风化雨、潜移默化的"教化"作用是不可替代的，"诗教"对人、对民风的改变是全方位的，其教育效能是极其重要的。

在孔子的私学中，"诗教"是摆在首位的："兴于《诗》，立于礼，成于乐。"②朱熹在《论语集注》中说："兴于诗，兴，起也。诗本性情，有邪有正，其为言既易知，而吟咏之间，抑扬反复，其感人又易入。故学者之初，所以兴起其好善恶恶之心，而不能自已者，必于此而得之。"③"兴于诗"，就是以学诗作为人格塑造之始。诗教的好处在于"诗本性情"，所以读者"易知""易入"，容易兴起善恶之心。诗教对于濡染情操，改变性情、气质，有不可替代的作用。因为诗教较为感性，直接诉诸读者的情感、心理，最容易发生效用，所以孔子将其放在教育的首位。

"思无邪"是"诗教"的总方针，诗、礼、乐三位一体，兴、观、群、怨，事父、事君，多识鸟兽草木之名等为人处世必备的道德、文化、知识、智能素养，是"教化"的具体内容。孔子一再强调读《诗》之重要，精神熏陶之重要，学《诗》之后，还要学礼、学乐，才算是"成"人。可见孔子已形成了较为完整的"诗教"认知。

"诗教"能提升一个人的综合素养，"诗意人生"便是建立在综合素养之上的。

(四)"温柔敦厚而不愚"说

因为《诗》"思无邪"，所以"诗教"可使人"温柔敦厚而不愚"。

关于"诗教"，最著名的莫若"温柔敦厚而不愚"说。"诗教"的目的不是教人写诗，而是育人。就是说，从一开始，"诗教"就肩负着培育"诗意人生"的使命。

孔子曰："入其国，其教可知也。其为人也，温柔敦厚，《诗》教也。疏通知远，《书》教也。广博易良，《乐》教也。洁静精微，《易》教也。恭俭庄敬，《礼》教也。属辞比事，《春秋》教也。故《诗》之失愚，《书》之失诬，《乐》之失奢，《易》之失贼，

① 吴融：《禅月集序》，《禅月集》卷首，四部丛刊本。
② 《论语·泰伯》，四部丛刊本。
③ 朱熹著，金良年译：《四书章句集注上》，上海古籍出版社2006年版，第134页。

《礼》之失烦，《春秋》之失乱。其为人也，温柔敦厚而不愚，则深于《诗》者也。疏通知远而不诬，则深于《书》者也。广博易良而不奢，则深于《乐》者也。洁静精微而不贼，则深于《易》者也。恭俭庄敬而不烦，则深于《礼》者也。属辞比事而不乱，则深于《春秋》者也。"①此说流传千古，广为人知。但一般人只知道"温柔敦厚"，而不知道完整的表述应当是"温柔敦厚而不愚"。"不愚"，对于"诗意人生"太重要了。只"温柔敦厚"还谈不上"诗意"。

"温柔敦厚"中的"温柔"指温和柔顺；"敦厚"指厚道。原指态度温和，朴实厚道，后也泛指待人温和宽厚。诗教的作用是既要"温柔敦厚"，还要"不愚"。仅仅"温柔敦厚"，是"浅于《诗》"；"温柔敦厚而不愚"，才是"深于《诗》"。关键是"不愚"——不傻，即有想象力、言语创造力，才能得其"正"。要是朴实厚道，但愚蠢、愚昧，这种人是尚未"导志开悟"的，如此人生自然称不上"诗意人生"。

何谓"不愚"，唐代孔颖达在《礼记正义》中说："《诗》依违讽谏，不指切事情，故云温柔敦厚是《诗》教也。"（"依违"有模棱两可的意思。"依违讽谏"，即委婉地讽谏）"《诗》主敦厚，若不节之，则失于于愚。""此一经以《诗》化民，虽用敦厚，能以义节之。欲使民虽敦厚不至于愚，则是在上深达于《诗》之义理，能以《诗》教民也。""不愚"的意思，就是能"以义节之"，即用"礼义"对"温柔敦厚"进行规范。即便是委婉地讽谏，也是有操持、有主见的。否则，就会陷于愚昧。只有"不愚"，才算是"深达于《诗》之义理，能以《诗》教民也"。可见，诗教光是使人"温柔敦厚"是不够的，要"温柔敦厚而不愚"才到位。强调"不愚"是十分中肯、必要的。

这可以与"思无邪"说联系起来看。"思无邪"指出诗歌所道性情要纯正，这是其基本价值取向。体现在"诗教"上，可使人心"正"，能"温柔敦厚"：性情朴实纯正又懂得"以义节之"，使之"不愚"，才能做到"思无邪"。若不能"以义节之""失在于愚"，就不可能"思无邪"。

"温柔敦厚而不愚"是针对"讽谏"而言的，只有能"依违讽谏，不指切事情"，才算是"温柔敦厚而不愚"。就是说，"诗教"对人的性情的培育，是要体现在具有"言说"智慧上的。"诗教"的目的，不但是使人有德行修养，还要使人能"诗意"地"言语

_____

① 《礼记·经解》，四部丛刊本。

表现"。"诗意"通过"言语表现"得以呈现,这与我们"诗意人生"应包含"言语"创造内涵的认知是一致的。

(五)"施之于为政,用之于立言"说

孔子是重视诗教的实用性的。因而他说:"诵《诗》三百,授之以政,不达;使于四方,不能专对;虽多,亦奚以为?"①诵《诗》三百,目的是应用于处理行政事务与外交事务。因为学诗代表了一个人基本的道德修养与学识才具。一个人必须能正确地用诗来应对事务,与人交流,否则便失去了学诗的功效,读得再多也没有意义。此即刘开所谓"古之善为诗者,施之于为政,用之于立言",孔子说的"《诗》可以兴,可以观,可以群,可以怨"。这些讲的也是诗的实用性、应用性。

在孔子时代,是十分强调"诗教"的实用价值的。孔子的"诗言志"说,本身就是用于"诗教",表达的主要也是实用功能。"言志"的目的是"教化",其中自然包含着语言文字的应用,包括社交、外交应对,以及高水平的"立言"。《左传》中就记载了不少诵《诗》以"言志"的故事。对诗的抒情、审美作用的关注是后起的,以"缘情"说为标志。

"诗教"具有教人"言语"应用与表现的功能,因而,"诗意""诗意人生"就蕴含着"言语"创造之意。

(六)"美刺"说

"美刺"说也颇有影响。其认为诗的功用有两种:美与刺。"夫诗之作,善善则颂美之,恶恶则风刺之。"②"汉儒言诗,不过美刺二端。国风小雅为刺者多,大雅则美多而刺少,岂其本原固有不同者欤?夫先王之世,君臣上下有如一体。故君上有令德令誉,则臣下相与诗歌以美之。非贡谀也,实爱其君有是令德令誉而欣豫之情发于不容已也。或于颂美之中,时寓规谏,忠爱之至也。"③这些对诗的功能的认识,也不是出于审美,而是为了实用。"美刺"的对象主要是针对君主的。虽然是以封建

---

① 《论语·子路》,四部丛刊本。
② 吴融:《禅月集序》,《禅月集》卷首,四部丛刊本。
③ 程廷祚:《诗论十三·再论刺诗》,《青溪集》卷二,金陵丛书本。

道德伦理为出发点，但是，不仅主张对君主品德行为的颂扬，而且也主张对君主昏庸的针砭。其实质是强调作者写作行为动机的真诚、善意："君子萌一意，出一言，亦当有益于事，矧极思属词，得不动关于教化。"①不论是赞颂还是讽刺，"美之""非贡谀也"，不是溜须拍马；"规谏""忠爱之至"，都是出于本心、真心，都是由衷之言，要获得良好的社会效应。

出于真心，表明的是言语动机要"正"，这也是"思无邪"的表现。这就进入了"诗教"的言语动机教育的层面。因而，"诗意"也便包含着言语动机的"真诚"，"真心"是"童心""初心"的表现。

（七）"厚性情焉，变气质焉"说

《诗》的功能是养护人的"性情""气质"，这在历代诗论中说得相当多，如"诗者，持也。持人情性。《三百》之蔽，义归'无邪'。持之为训，有符焉尔"②。所谓"持也"之"持"，就是扶持、护持，有养护、维持、培育的意思。"夫诗者，所以治人之性情也。以古人之忧乐，动天下人之心思，使之出于正而已矣。……君子之学于诗也，可以厚性情焉，可以变气质焉。夫难变者莫若气质。惟诗能之。至于变化气质其功用大矣。孔子论为学之序，首曰兴于诗，言感发心志，舍诗则无自也。……夫教亦多术矣，而感人之速，化人之深，无如诗之显而易也。自古圣贤未有不得于诗教，而能造于大中至正之域也。"③这表明"诗教"对培育人的性情之重要，目的是"使之出于正"。"诗教"是人通达"大中至正之域"的必备条件。要让人"厚性情焉""变气质焉"，是最难做到的，但"诗"可以做到。"诗教"在"持人性情"上的作用，是无可替代的。

诗教的基本目的是"人"的教化，人的"教化"最基本的是人的精神、情感的培育、塑造。诗歌可以扶持、改变、涵养人的性情。这就是今天仍然看重的文学的熏陶感染作用。厚性情、变气质，这是从情感、审美、人性、人格教育的角度说的。要改变气质，使人心无邪、纯正，提高人的德行修养、人格品位，只有"诗教"最容易办

---

① 吴融：《禅月集序》，《禅月集》卷首，四部丛刊本。
② 刘勰：《文心雕龙·明诗》。
③ 刘开：《读诗说上》，《刘孟涂集·文集》卷一，檗山草堂刊本。

到。"君子之学以为诗也，可以厚性情焉，可以变气质焉。"曾国藩在给儿子纪泽、纪鸿的信中说道："人之气质，由于天生，本难改变，惟读书则可变化气质。古之精相法者，并言读书可以变换骨相。"①这一说法与"厚性情焉，变气质焉"说一脉相承。

诗教可以改变人的性情、气质，这是一种精神奠基，是人之"为人""立言"的根本。"诗教"之"厚性情焉""变气质焉"，实际上就是将"常人之境界"提升到"诗人之境界"。人的"境界"决定了诗的"境界"，决定了"言语"表现、创造的"境界"。从某种意义上说，"诗意"在很大程度上取决于人的"境界"，"诗意"是诗人"境界"的外化，诗的境界，说到底就是人的境界。这给"诗意""诗意人生"加上了一个最重的砝码。

综上，诗教，首先是具有很强的实用价值，不但可应用，"善为诗者，施之于为政，用之于立言"，而且可生长，"夫诗者，触类可通者也。触类可通，故言无不尽，引而伸之，其义愈进焉"。《诗》，是言语的源头；诗教，是言语基因的复制。诗意人生，是言语创造的人生。

2014 年 8 月 25 日在黑河讲学，身后是浩瀚的黑龙江，对岸是广袤的俄罗斯

诗教既基于实用，且超越功利计较，重在对人的精神的引领与重塑。最值得关

---

① 曾国藩著，邓云生编校：《曾国藩全集·家书二》，岳麓书社 1985 年版，第 827 页。

注的是"思无邪""温柔敦厚而不愚""厚性情焉，变气质焉"。诗教，是对良善人性、崇高人格的淘洗与培养，是人生观、价值观的引领，是为人得以"诗意地栖居"进行的精神奠基。《诗》的情思浸润，可以使人洗心革面、脱胎换骨、焕然一新。在老祖宗看来，没有什么比诗教改变人的性情、气质，改变民风更重要的了。诗教，可使"常人"成为"诗人"，使人生境界得以提升。

诗教的作用是多元、全面、深远的。诗教不但能改变人、社会、国家，甚至能"动天地，感鬼神"。在古人看来，诗教几乎无所不能："《诗》可以兴，可以观，可以群，可以怨。迩之事父，远之事君。多识于鸟兽草木之名。""故正得失，动天地，感鬼神，莫近于诗。先王以是经夫妇，成孝敬，厚人伦，美教化，移风俗。"在一切教育门类、科目中，还有什么比诗教的作用更重要、更神奇？这也就是我们将"诗意人生"作为语文教育的理想境界的一个原因。

八、诗意人生：超实用、功利，超现实、现世

关于"诗意"这个词，人们在日常生活中，常有感而发，脱口而出，但无人对其进行深究。例如，"这人一点诗意也没有"，根据不同的语境，或说这人很"俗气"，或说这人缺乏"想象力"……一般能听得懂，但如果严格探究起来，"诗意"显然并不等于"俗气"或"想象力"。究竟什么是"诗意"，其本质的内涵是什么，涵盖哪些具体内容，恐怕很少有人能说得清楚。

"诗意"的意蕴极其丰富，世人往往执其一端，不及其余；或以偏概全、喧宾夺主；或含糊其词，不知所指。其主要原因在于，未对其进行较为全面、系统的梳理，未能抓住其本质、要害。这也是"诗意"难以界定、罕有界定的原因。虽说的是同一个"诗意"概念，但对其能指、所指的认知，截然不同，甚至有天壤之别。

在我们这个诗歌的国度里，千百年来，"诗意"这个概念积淀了太多的人生阅历与感悟。在人们对其毫不吝惜地肆意挥霍中，又加剧了其俗滥，以致歧路亡羊、不知所终。要真正地清晰地界定、解读"诗意"，似唾手可得，又万般艰难。

表现—存在论语文学、语文课程终极目标指向是"诗意人生"，即"诗意的言语人生"。清晰地界定、解读"诗意"，对语文课程目标定位及言语价值观确立来说，至关

重要。这就是本书下决心花费一章的篇幅进行讨论的原因。

在言语价值观层面,"诗意"源于诗,但已不局限于"诗"之"诗意",已蜕变成一种符号,一种人格象征。"诗意人生"中的"诗意"接近于诗的"神性":纯粹、本真的语言。并将"神性"所指"源初语言"的传达,套现为对"人"的"源初本质"的揭示。

诗,不等于韵律、节奏与优美的辞藻;诗人,不等于写诗的人,而是有诗意的人。诗,未必有诗意;写诗的人,未必是诗人。不写诗的人,若有诗意,也堪称诗人。人的诗意承袭着纯粹的诗的"神性"精神基因。真正的诗人,是精神创造力、想象力超绝的人,是视言语、精神生命为第一生命的人。正是在这个意义上,古希腊称诗人为创造者、预言家、先知,称其为神祇的代言人。

也是在这个意义上,柏拉图这个"反"诗、"反"诗人之人,却被后世称为真正的诗人。柏拉图无与伦比的审美创造力与思想洞彻力,使其当之无愧于诗人之美誉。只有他才有资格斥责、驱逐诗人。而他不但不被诗人所怨恨,反而被诗人所理解、赞美、尊敬。这便是对"诗人"的人格、境界的认同。因诗人视其为精神同侪,惺惺相惜。

(一)智慧层面

诗意在智慧层面上的本质意义就是拥有"审美想象力"与"思想创造力"。

所谓审美想象力,主要指想象丰美。想象得活跃、灵动、自由、超脱,善于联想、幻想、虚构,具备创造第二自然的能力。

所谓思想创造力,主要指哲思深邃。意味着思维具有高度的敏捷性、思辨性、深刻性,具备了悟第一自然与预见未来的思想力。

诗意,不单是基于记忆、表象、感性,而应是感性与理性的统一,形象与哲思的统一。诚如一位哲学家所言:"诗所描述的事带有普遍性,历史则叙述个别的事。"[①]他在讲到悲剧的艺术成分时也提及"思想":"'思想'指证明某事是真是假,或

---

① ［古希腊］亚里斯多德:《诗学》,见伍蠡甫、胡经之主编:《西方文艺理论名著选编》(上卷),北京大学出版社 1985 年版,第 60 页。

讲述普遍真理的话。"①与历史记述个别事物不同，诗表达的是具有普遍性的事物。诗与小说不同，小说在叙事上与历史一样，讲述的是个别事物；诗与小说类似，二者的皮肤、肌肉都是感性的，而骨骼、神经中枢都是理性的、哲思的。明人方孝孺说："大而明天地之理，辨性命之故，小而具事物之凡，汇纲常之正者，诗之所以为道也。"②他所讲的诗之"道"，不论是"天地之理""性命之故"，还是"事物之凡""纲常之正"，都是理性与哲思的体现。没有理性与哲思，便没有诗的深邃意境。诗的隐喻、象征，诗的寓言性、神话性，只有渗透着理性、哲思，才具有"诗意"。否则，就成了冯友兰先生说的"进于技的诗"。那是徒有其表的"非诗"。

从这个意义上说，哲学与诗都有赖于审美想象力、思想创造力。尽管它们各有侧重：诗人侧重于审美想象力，哲学家侧重于思想创造力。但是在这两点上他们又是相通的：有审美想象力、有情而无思不是诗，没有意境、哲思便没有真正的诗意，这样的人称不上诗人；有思、有情、有审美想象力，哲学家也是诗人。富含哲思之诗最受人称道，有着诗美的哲学也备受推崇。

在审美想象力与思想创造力的高度互渗互补上，诗与哲学的界限仿佛消失了。例如，陈子昂的《登幽州台歌》："前不见古人，后不见来者。念天地之悠悠，独怆然而涕下。"这首诗所表达的人的"孤境"何尝不是哲学？《老子》五千言，致广大而尽精微，是哲学，不也是诗？

(二)心灵层面

诗意，在心灵层面上的本质意义就是"精神高贵"。所谓"精神高贵"，主要指富有同情心、悲悯情怀。前者是优美，后者是崇高。其人性基础是"善"。有自我精神的追求，才有诗意的栖居。

诗，不是追求物质回报的，而是纯精神自我的一种理想、人格追求。诗意，属于精神的自我。诗人，从某种意义上说，是生活在纯精神世界里的人，是有梦想、有情怀的人，是超尘脱俗的精神贵族。

---

① ［古希腊］亚里斯多德：《诗学》，见亚里斯多德著，罗念生译：《诗学·诗艺》，人民文学出版社 1982 年版，第 57 页。

② 方孝孺：《时习斋诗集序》，《逊志斋集》卷十二，四部备要本。

　　沈从文先生就是这样的精神贵族："名誉、金钱或爱情，什么都没有，这不算什么。我有一颗能为一切现世光影而跳跃的心，就很够了。"①他是为梦想、为精神生命绽放而活的人，为此可舍弃世人所看重的一切。

　　诗，是人类心灵的栖居地。海德格尔说："只有当诗发生和到场，安居才发生。……诗亦非栽植和建房意义上的安居。诗，作为对安居之度本真的测度，是建筑的源始形式。诗首先让人的安居进入它的本质。诗是源始的让居（Wohnenlas-sen）。"②"人并不是通过耕耘建房，呆在青天之下大地之上而居的。人只有当他已经在诗意地接受尺规的意义上安居，他才能够从事耕耘建房这种意义的建筑。有诗人，才有本真的安居。"③他刻意将物质建构与精神建构加以区分，指出"诗意地接受尺规"是建筑的"源始形式"，是真正人的安居。人的本性是精神的，诗，是纯精神，因此，诗，使人得以本真地安居。所以，"有诗人，才有本真的安居"。"诗意栖居"，就是指人回归到精神自我的本质，以建构精神自我为安居之本。

　　"精神高贵"的基础是"同情、悲悯之心"。悲剧，表现、唤起、培育的就是同情、悲悯之情。有了她，才能像康德说的，使出自人天性中"善良"的"优美"，升华为"德性"的"崇高"。我认为，崇高，便体现为超越自我的悲悯情怀、利他情怀、人类情怀，对他人、人类的广大无垠的慈悲之心，可以看作"神性"的良知基础。

（三）价值层面

　　诗意在价值层面，最简单地说，就是"超功利""超现世"。诗意，在"食色、现世"的肉体、物质生命之上。诗，是心灵、精神的寓所。诗，寄寓着人的慈悲敦厚的心灵与睿智卓越的灵魂。诗意，是人精神生命孕育出的花果。诗言志，志之优者即哲思；哲思之优者是终极思考、彼岸情怀。哲思是诗意的极致。

　　诗人对诗意的追求，实即对人生境界的追求。如果说"超功利"意味着冯友兰先生的"道德境界"，那么"超现世"即"天地境界"。二者尽管均难以企及，尤其是后者，

---

　　①　沈从文：《水云集·水云》，见《沈从文文集·第十卷·散文、诗》，花城出版社、生活·读书·新知三联书店香港分店1984年版，第265页。

　　②③　〔德〕海德格尔著，郜元宝译，张汝伦校：《人，诗意地安居：海德格尔语要》，广西师范大学出版社2000年版，第77页。

几乎无可企及，但都是诗意人生必然的皈依。

"超功利""超实用"，是在基本需要层面上的价值追求。诗人即创造者，是为精神创造而生、而活的人。"超功利""超实用"认知是基本的。审美高于实用，审美、精神价值高于物质、名位价值，这就是"道德境界"的目标。

"超现实""超现世"，是在发展需要层面上的价值追求。其终极追求，即对"神性"的追求。所谓诗人是神祇的代言者、先知、预言家，彰示的都是诗之"神性"。我所理解的"神性"，就是佛教所谓的佛性、真如。老子所谓的"道"，即"人法地，地法天，天法道，道法自然"①；朱熹所谓的"理"，即"宇宙之间，一理而已""太极只是天地万物之理。在天地言则天地中有太极，在万物言则万物中各有太极。未有天地之先，毕竟是先有此理""太极只是一个理字"②；柏拉图的理式，真理……就诗而言，黄宗羲说的不拘于一时一地的"万古之性情"；海德格尔说的"源初的语言""本源之处"，神明的"尺规"等，都包含有"超现实""超现世"意味，都可以归入"神性"。神性，就是自然规律、万物之本源。总之，就是事物的本体。事物的本体，"道"或"理"是一种客观存在，具有普遍性；是先在于实体、现实的，是先验的，超越时空的。对"此在""存在"的永无止境的追索，可视为"天地境界"的目标。

在诗，在诗意，从认知的角度说，理性高于感性，哲思高于审美。哲思固然是其灵魂，是其需要追求的高境界，但在表现上须统一于审美，寄寓于感性、形象。须以意象、隐喻、寓言、神话等审美形态呈现，是潜在于具象表现中的。否则，便诗意尽失，诗就成了哲学。这一点是不能不注意的。

就"诗本性情"而言，"性"与"情"的指向也有所不同。"审美"偏重于"情"，"哲思"偏重于"性"（神性、本性）。其实不论是哲学还是诗，也同样须"性、情"兼备、左右逢源。二者都应求得哲思、审美的统一。其不同在于，在表现内容上，偏于"性"——哲思，则哲学；偏于"情"——审美，则诗。

单就"哲思"的品质高下而言，诗与哲学并没有根本区别。冯友兰先生曾区分"进于技的诗"和"进于道的诗"，将其与哲学——形而上学进行比较。"……进于道底诗，并不是只说无意义底话，自欺欺人，使人得到一种感情上底满足。它也是以可感觉

---

① 《老子·第二十五章》。

② 朱熹：《朱子语类》卷一，应元书院本。

者表显不可感觉者。我们可以说，就止于技底诗及有些哲学家的形上学说，形上学可比于诗。就进于道底诗及真正底形上学说，诗可比形上学。"①这就是说，哲思品质差的，是那些"进于技底诗及有些哲学家的形上学说"；哲思品质高的，是那些"进于道底诗及真正底形上学说"。在诗与哲学中，对哲思的要求是一样的。

诗与哲学在哲思方面的不同之处，只在表现形式上。哲学的语言是抽象、理性的，诗的语言是具象、感性的。诗，是在具象、感性的语言中，寄寓形而上学的思考，表达深刻的哲思。宋代严羽在《沧浪诗话》中道："夫诗有别才，非关书也；诗有别趣，非关理也。然非多读书，多穷理，则不能极其至。所谓不涉理路，不落言筌者，上也。"②这就将"诗"与"理"的关系说得很辩证：虽然"诗有别趣，非关理也"，但要写出"极其至"的"诗"，必须"多读书，多穷理"——哲思，在表现上却要"不涉理路，不落言筌"，即要不露痕迹，不落俗套。

"诗意"的审美、哲思的特点，其深层本质是"超功利""超现世"。这尤其需要关注，因为这是"诗意"的本质特征，也是"诗意人生"的精神内核。

要深入地认识"诗意""诗意人生"的本质特征，就有必要进一步做审美——超功利、哲思——超现世的二维分析。

审美，即不囿于物欲，超实用、超功利（超动物性、社会性）——美、美感；联想、想象力；爱、同情、悲天悯人、良善；童心、本真、真诚、率性；优雅、超凡脱俗；无为、无欲无求。（包含着义与利、雅与俗、具象与抽象、创造与模仿、真与伪、美与丑、善与恶、爱与恨、为己与为人、利己与利他、无为与有为、优美与崇高等矛盾）

哲思，即不囿于现象，超现实、超现世（超自然性、生存性）——理性、智性；求知、明理、求真；愿望、梦想、幻想；信念、信仰；理想主义、浪漫主义、存在主义；人类情怀、终极关怀、彼岸关怀；追求精神生命的永生性。（包含着虚与实、真与美、感性与理性、个人与人类、卑贱与高贵、现实与理想、生存与存在、彼岸与此岸、寂灭与不朽等矛盾）

审美——超实用、超功利，哲思——超现实、超现世，是"诗意"的基本内涵。

① 冯友兰：《新知言·论诗》，见《贞元六书》，华东师范大学出版社1996年版，第959页。
② 严羽：《沧浪诗话·诗辨》。

抓住这对矛盾，就把握住了"诗意"的"纲领"，在这两个维度之下，认识其丰富的内涵，才能做到纲举目张。因此，弄清楚这个"纲"，至关重要。

审美与哲思，是"诗意"基本内涵的表层。"诗意"的"审美""哲思"要求，主要属于外在的表现性特征。在"诗意人生"中，首先需要关注的不是"诗意"的外在的表现性含义，而是其本质，即"审美"内涵背后的人格特征——超实用、超功利，"哲思"背后的境界特征——超现实、超现世。因为我们的目的主要不在于表明"诗"的外在表现形态，而在于揭示"诗人"的内在特质，揭示"诗意人生"的本质。超功利与超现世，是"诗意"的内在品质。

从超实用、超功利上看，人的基本的物质需求是必要的，但不是人生的全部。人还得有精神、审美需求。人活着需要吃饭，但活着不是为了吃饭。人除了吃饭，还要会审美，会做梦，会建构精神家园。精神贫困是根本的贫困，精神富有是根本的富有。诗意人生，是追求精神创造、精神富有的人生。这就是海德格尔所说的："农夫栽培生长的事物，建造大厦，生产工具，这样的建筑，已经是安居本质的结果，但并非安居本质的基础，更不用说为之奠基了。这一奠基的事件，应该发生于一种不同的建筑中。通常的、唯一已经进行了的、广为人知的建筑，当然会为安居之人带来许多好处。但是，只有当人以另一种方式已经建筑、正在建筑并仍然有意于继续去建筑，他才能够安居。"①他所说的"另一种方式"的"建筑"，就是指"诗"或"思"，"人的安居应该是诗意的"②。这说的就是超实用、超功利的思想、精神的"建筑"，这才是真正人的安居的本质、基础。

只有能超实用、超功利，才能获得基本的精神、审美自由。在人生之途，实用性、功利性多，精神性、审美性就少。反之亦然。人生在世，不可能一点儿功利之心都没有，超功利不等于非功利、无功利。尽量从功利心中挣脱出来，降低物欲，知足常乐，就能回归精神之乡土，就能多一点儿审美的愉悦。

看到海德格尔对荷尔德林诗歌的赞美与领悟，如他的"诗意地栖居"，精神的"建筑"，"有诗人才有本真的安居"，对"此在""存在"的开释等，不禁想到陶渊明的《归去来兮辞》："……富贵非吾愿，帝乡不可期。怀良辰以孤往，或植杖而耘耔。登东

---

①② ［德］海德格尔著，郜元宝译，张汝伦校：《人，诗意地安居：海德格尔语要》，广西师范大学出版社2000年版，第74页。

皋以舒啸，临清流而赋诗。聊乘化以归尽，乐夫天命复奚疑?"①这也许就是"超实用、超功利"的精神自由、自主，在"另一种方式"的"建筑"中，感悟到生命存在意义的真实写照。荷尔德林说："人充满劳绩，但还诗意地安居于大地之上。"②陶渊明说："春秋代谢，有务中园。载耘载籽，乃育乃繁。欣以素牍，和以七弦。冬曝其日，夏濯其泉。勤靡余劳，心有常闲。乐天委分，以致百年。"③陶渊明与荷尔德林这两位中外诗人，可谓心有灵犀，遥相呼应，都一样"充满劳绩"而"诗意地安居"，都一样乐天知命，身劳神怡，心安理得，可谓心心相印，息息相通。

从超现实、超现世上看，人不能脱离现象直观，不能没有现世关切，但又不能不超越现实、现世。哲思不是目的，而是一种思维形态或表现方式，是超越现实、现世的手段，其目的是超越现实、现世。人既是个体的存在，又是人类的一分子。作为个体的人，往往会有"我从哪里来，到哪里去""我为什么活着""生命存在的意义是什么"的思考。作为人类的一分子，往往会有"人是什么""人何以为人""人类的未来是什么""为人一世，我要为人类做些什么"的思考。"生年不满百，常怀千岁忧"是人之常情。需要厘清的不是该不该"常怀千岁忧"，而是究竟该"忧"什么：为钱财忧，为子女忧，为今生忧；还是为人类忧，为他人忧，为后世忧。前者自不可取，后者弥足珍贵。为人类忧，为他人忧，为后世忧，是一种人类情怀、彼岸关怀与终极关怀，是高品质哲思的因由，也是"诗意"与"诗意人生"的本源。

彼岸，佛教指一种超越生死轮回的境界，脱离尘世烦恼、取得正果之处，修行达到的至高境界等。也指超越现世的美好的、理想的、想象的世界。对个人业报的挂虑，人类美好未来的憧憬，理想世界的构想等，是彼岸关怀的具体体现。

彼岸关怀也是一种终极关怀。所谓终极关怀，"源于人之存在的有限性，源于人之企盼生命存在的无限性，它是人类超越有限、追求无限以达到永恒的一种精神渴望。对生命本源和死亡价值的探索构成人生的终极性思考。这是万物灵长——人类独具的哲学智慧，寻求人类精神生活的最高寄托以化解生存和死亡尖锐对立的紧张

---

① 陶渊明：《归去来兮辞》，见《陶渊明集》，岳麓书社 1996 年版，第 87 页。

② ［德］海德格尔著，郜元宝译，张汝伦校：《人，诗意地安居：海德格尔语要》，广西师范大学出版社 2000 年版，第 73 页。

③ 陶渊明：《自祭文》，见《陶渊明集》，岳麓书社 1996 年版，第 107 页。

状态，这是人类超越性的生死价值追求"，是对"人类超越生死的基本路径"的关注与思考。

　　与彼岸关怀、终极关怀对立的是此岸追求、现世情结。如果限于此岸追求、现世情结，不能跳脱出来，就会造成种种个人、社会的困厄。李银河在杭州谈到"拜金女"话题时说："我觉得拜金是历史的选择，文化的选择。中国人本来就是无神论者，大部分人认为人死了以后什么都没有，所以会拜金，一切的快乐都在现世。"她给这些"拜金女"开出了"要有点信仰，比如信信爱情，信信幸福感"①的药方。她认为"无神论"，缺乏"信仰"，可能导致"拜金"，这个观点有一定道理。"人生苦短，及时行乐"，一味追求势利钱财等，实质就是缺乏彼岸关怀、终极关怀。只有此岸追求、现世情结，而无彼岸关怀、终极关怀，是使人不思积德行善、自度度人、修己利他，而醉生梦死、享乐腐败、为所欲为的一个原因。

　　但摆脱此岸、现世情结，拥有彼岸关怀、终极关怀，自然未必都要"有神论"。"彼岸关怀与终极关怀"本身就是一个信仰，就是人类的共同价值的信仰。

　　《礼记·礼运篇》的"大同"社会、陶渊明的桃花源、柏拉图的理想国、托马斯·莫尔的乌托邦，都是基于彼岸追求、终极关怀想象出的人类的安居之所、理想世界。西汉戴圣在《礼记·礼运篇》中描绘了"大同"社会："大道之行也，天下为公，选贤与能，讲信修睦。故人不独亲其亲，不独子其子；使老有所终，壮有所用，幼有所长，矜寡、孤独、废疾者皆有所养；男有分，女有归。货，恶其弃于地也，不必藏于己；力，恶其不出于身也，不必为己。是故谋闭而不兴，盗窃乱贼而不作。故外户而不闭，是谓大同。"②这类美好的社会理想，固然可望而不可即，却是人类不可或缺的精神食粮。没有这种彼岸追求，人类便没有希望，没有不断向好的未来。这既是超现实、现世的彼岸关怀，也充满了人类情怀与终极关怀。

　　人固然不可能有"来世"，但是，在人生观上要超越生死两界，不但要有"今生性"，还要有"永生性"。佛教所说的"涅槃"，便是指超越生死的境界，这有一定的道理。从某种意义上说，人不是为自己而活，也不是活在当世。人是为人类而活，活在历史中，活在未来、后世。人是需要活在身后，活在永恒中的。北宋哲学家、理

---

　　① 李银河：《我不喜欢钱我喜欢爱情》，载《钱江晚报》，2010年12月1日。
　　② 陈成国点校：《周礼·仪礼·礼记》，岳麓书社2006年版，第314页。

学家张载(字横渠)说:"为天地立心,为生民立命,为往圣继绝学,为万世开太平。"这世代流传的"横渠四句",想的是天地、生民、往圣、万世,心心念念的是世界的秩序、人类的生存、文化的承传、永世的太平。张载所要做的,便是站在生死之上,超越"今生",似乎与个体生命、生存,现实、现世没有多大关系,这体现的便是人类情怀、彼岸关怀、终极关怀。"横渠四句"正由于高屋建瓴的视野,穿越时空的超脱,宽广宏阔的襟怀,才达到了"诗意人生"的极致,才成为历代知识人类共同的精神高标。这就是所谓的"天地境界"。

彼岸关怀与终极关怀的本质就是"人类情怀"。人类情怀是彼岸关怀与终极关怀的基础,没有人类情怀,便不可能有真正意义上的彼岸关怀、终极关怀。沈从文先生在《长河》"题记"里说:"横在我们面前许多事都使人痛苦,可是却不用悲观。骤然而来的风雨,说不定会把许多人的高尚理想,卷扫摧残,弄得无踪无迹。然而一个人对于人类前途的热忱,和工作的虔敬态度,是应当永远存在,且必然给后来者以极大的鼓励的!"[1]这表达的便是一种人类情怀。沈从文不为自己而活,他为了"人类前途",为了"后来者",可以牺牲自己的一切。同样,我们在居里夫人那里也看到了这种珍贵的人类情怀,她在《我的信念》中说:"当皮埃尔·居里和我决定应否在我们的发现上取得经济上的利益时,我们都认为这是违反我们的纯粹研究观念。因而我们没有申请镭的专利,也就抛弃了一笔财富。我坚信我们是对的。诚然,人类需要寻求现实的人,他们在工作中,获得最大的报酬。但是,人类也需要梦想家——他们对于一件忘我的事业的进展,受了强烈的吸引,使他们没有闲暇,也无热忱去谋求物质上的利益。"[2]她的思维的出发点就是为了"人类",充分体现了"人类情怀"。她站在人类最高利益的立场上,做出了人生抉择——生命的存在性选择。沈从文与居里夫人客观、真实地揭示了献身于"忘我的事业"的人们的人生观。这种利他情怀、人类情怀显示出的人格的高贵,不论在任何时代,都代表了地球人的最高良知。

只有站在人类未来、历史宏观、生死界限之上,超现实、现世,才能真正超实

---

[1]　沈从文:《沈从文文集第七卷·小说》,花城出版社、生活·读书·新知三联书店香港分店1983年版,第8页。

[2]　李乾明、罗文军、刘文东主编:《思想者的思考——外国名家散文的人文情怀》,天地出版社2004年版,第233页。

用、功利。超现实、现世，是超实用、功利的本质原因。超现实、现世是"诗意人生"之"诗意"的核心内涵。只有超现实、现世，人的精神生命才能挣脱肉体、功利的羁累，轻盈地飞起来，为人类的精神殿堂添砖加瓦，在广袤无垠的历史星空中，让生命留痕，灵魂长存。超现实、现世，拥有人类情怀、彼岸关怀、终极关怀，是"诗意人生"的第一要义。

　　具有普世性、社会性价值的"诗意人生"，当是"诗意的言语人生"。"言语"创造，是"诗意人生"的题内之义。或者说，"诗意人生"必定要包含着"言语"创造。"诗意人生"不只是一个抽象概念，或是一个哲学意义上的信念，纯精神性、虚拟性的。"诗意人生"必须寄寓于"言语"，才是真正意义上的"诗意人生"。反过来也可以说，"言语人生"因为有"诗意"，所以才是值得追求的人生。缺乏"诗意"的"言语人生"，并不值得称道。因为，"言语人生"也可能是利己的，功利的，甚至是反人类的。这是必须做出区分的。

　　通过"言语"创造实践，赋予"诗意人生"具体、有价值的内容，使之变成言语生命的真实的精神存在，具有可持续分享性，超越时空性，普惠人类性，便是真正意义上实现了"诗意人生"。虽然这不是一个多数人可实现的境界，却是一个多数人必须追求的理想。"不写作，枉为人"，便是对这个理想最通俗的表达。

　　我们所说的"诗意人生"，实际上指的便是"诗意的言语人生"。似乎也可以撇开"言语"创造讲"诗意人生"，不过，那也许只能成为哲学、社会学学科的空头奖章。在语文教育语境中，需要特别阐明"诗意人生"的"言语"特性，强调"诗意人生"主要是由"言语"创造实践来承载、实现的。若抽掉了"言语"表现内涵，"诗意人生"便只剩一个空壳了，便不存在了。因此，在教学中，重在引导学生认识、思考言说的意义、价值，辨析何谓真正的"诗意的言语人生"，何谓没有"诗意"的"言语人生"，探讨在言语创造之路上何去何从，如何走得更远、更好，如何处理追求言语生命的今生性与永生性的矛盾等。

　　在引领"诗意人生"之途上，要让学生明白这不是一个空洞的价值追求，它有丰富的具体内涵。上面所做的二维分析，即审美为不囿于物欲，超实用、超功利（超动物性、社会性），哲思为不囿于现象，超现实、超现世（超自然性、生存性），就是为了表明要达成"诗意人生"这个目标，要具备哪些素养。

这里不但有对"诗意人生"人格、境界上的要求，在"言语"实践中，还有智慧、技能上的要求。前者固然更为重要，因为它具有动力学价值，为"言语"创造源源不断地提供内驱力；但后者也不可或缺，人格、境界需要智慧、技能的支撑，如果空无所傍，人格、境界也只是落下一个空虚。只有二者相辅相成，才是真正的"诗意人生"。

在人格、境界层面，关键是"人类情怀"。有了它们，就有了爱、同情、悲悯，信念、理想、梦想、信仰……就会有彼岸关怀、终极关怀，超越时空的高瞻远瞩，人类的文明、文化生成、发展。

2015 年 1 月 16 日，给厦门一中高中生做"二元对立与非二元对立题解析——2014 年高考作文题特点及应对策略"的讲座

在智慧、技能层面，关键是"思想力""想象力"。有了它们，就有了知识、学养，感性、理性，美感、智感，文感、语感，联想力、创造力……就会有审美追求，言语、精神的建构。

"诗意人生"，从最浅白的意义上说，就是消解贪欲、实用、势利，追求美、情意、崇高等。学生懂得"诗意人生"的基本要义，能毕其一生孜孜以求，"尊德性而道问学，致广大而尽精微，极高明而道中庸"①，逐渐提升自身的精神境界与言语智

————————————————

① 《礼记·中庸》，四部丛刊本。

慧，便有望成为拥有"诗意人生"的真诗人，成为"立言者"——人类千秋万代永远铭记、景仰的人。

九、动机素养：言语生命意识是第一生产力

言语动机的培育是语文教学的主线。在语文教学中要贯彻"动机优先"的理念。"言语生命意识"，是写作这一精神创造的第一生产力。学生想学语文，想写作，才有一切可能性的实现。言说欲的唤醒、激发、引领，始终是语文教学的第一需要。从某种意义上说，语文教学就是为学生写作寻找理由。一切理由的理由便是：人是写作的动物。

写作动机素养的认知，是语文教育最高层面的"道"。其核心是言语人格、言语德性的养成，即认识到写作对于人、人生、世界的意义与价值。写作情意、态度、价值建构，其基本内容便是培育"言语生命意识"：使学生明白"人何以为人"，"言语表现性"是人的类特性，"写作"是人区别于其他动物的"种差"。人的生命是"言语生命"，言说欲是人的原欲。基于此，才有一切写作行为的发生。因而，言语生命意识是写作的第一推动力、第一生产力。培养"写作者""立言者"，是语文教育的使命。

语文教育的目的是培育语文素养，语文素养实即写作素养。在写作五大素养中，动机素养是首要的。因为"态度（价值观）决定一切"。可以说，缺乏良好的写作价值认知，不知写作何所为，或形成了错误的写作价值观，如片面追求应试、功利价值观，其他写作素养的培育必定会受到影响。

虽然有一部分写作动机素养，与写作知、情、意素养有交叉，但由于写作动机素养属于本体论、价值观范畴，对于语文——写作教育最为重要，可视为"语文——写作素养"的核心因素，属于元认知范畴，故将其单列出来，以示重视。

广义的写作动力，涉及写作主体的诸多动机因素，如写作潜能、天赋、兴趣、热爱、激情、意志、信念、理想、信仰等；涉及与一系列写作行为直接或间接相关的目的、情意、意愿、意图、追求等；涉及写作主体外部的动因，如家庭、学校、社会、时代等的写作认知氛围、环境；还涉及某一具体的写作意愿萌动、发生的即

时性、偶然性因素等。

写作客体、载体、受体（读者），这些外部因素对写作主体写作动机的产生，也有相当大的作用。例如，客体的刺激、载体的诱发、受体的反馈，都会导致写作动机的萌生或强化。生活阅历、书本阅读，这些来自客体的感受、积淀，在某些契机下，就会自然而然地产生言说欲、表现欲。读者的存在，是写作的强大动因。因为读者的肯定与褒奖，是写作成就感的最大来源。甚至连载体——文章体式的美感也包含着动机因子，都会激起人的审美创造欲。

写作动机素养系统就是建立在这一极其丰富的内外因素之上的。在所有内外动机因素中，主体内部写作动机的建构自然是最重要的。在诸多写作动机中，要有现世关怀，即便是功利性的应试动机，也是不可或缺的，因为这就是生活、人生，人需要谋生，需要好工作，想过好日子，无可厚非，这就是杜威所谓的"面包教育"，属于"生活教育"题内之义。

应试动机也要一分为二，辩证分析。其有功利性的，也有超功利性的。应试只是手段，关键在于目的。应试的目的可以是物质的，或精神的，也可以二者兼而有之。封建时代的科举制，不但造就了为功名利禄的昏官、贪官，也造就了为黎民百姓、国家社稷鞠躬尽瘁、死而后已的好官、清官。因此，教师要有正确的动机、目的意识，要对症下药，善于引导。要让学生知道，应试不但是为了谋求适意的工作、安逸的生活，也是多数人走向自我实现的人生、诗意人生的必由之路。

但从根本上来说，还要有终极目标、彼岸情怀。因为人活着不只是为了面包——物质、生存、享乐，还有精神需要，自我实现的需要，以及为万世开太平的责任。因此，言语人生、诗意人生的开释必不可少。要有超越功利、现世的利他胸襟、人类视野。追寻彼岸幸福，才是人类文明、文化承先启后、生生不息、永不枯竭的精神源泉。

从整体上说，写作动机素养系统，主要包含生存性动机与存在性动机，物质性动机与精神性动机，缺乏性动机与丰富性动机。这是不同角度的分类，相互间必定会交叉。其内部划分也是相对而言的。生存性、物质性、缺乏性动机属于低层次动机，存在性、精神性、丰富性动机属于高层次动机。虽有高下之别，但这些动机对于写作来说都是必要的。

由这些动机可以衍生出无数的具体性动机，在教学中，可以因时、因地、因人、因文制宜，培育适合的写作动机。

　　在实际写作中，动机往往不是单一的，而是交织复合的。多数人的写作动机是低层次动机与高层次动机兼备，这是无可厚非的。差别只是在于哪一层次动机占优势。早期，最易于发挥作用的主要是低层次动机，因为，它能满足人们眼前的名利需要。然而，随着学生年龄增长，视野扩大，语文教学的主要任务之一就应是在激发、培育各种动机的过程中，不断地、适时地以高层次的动机荡涤、撞击学生的心灵，使之逐渐占据主导性地位。即使学生一时做不到也不要紧，但务必要让学生知道，还有比低层次需要更值得追求的高层次需要，为他们树立起精神高标。

　　既然言语动机教育是语文教育的主线，那么就意味着在教学的任何环节都不容忽视，都应该有意识地去关注它。教师要用自己的教育智慧、言语智慧去唤醒一颗颗沉睡、迷茫的心灵，想方设法、千方百计地去燃起学生言语生命激情与创造的烈焰。

　　在教学中要树立这样的观念：言语动机的唤醒与激发有无限的空间与可能，可以渗透在教学内容的任何部分，教学过程的任何环节。这是语文教学中最考验教师教育智慧与能力的。例如，不论是写作还是阅读教学，本来都会接触到文体，可是以往教师基本上视若无睹，顶多也就是客观地介绍一点儿文体知识，怎么也不会往激发学生写作动机上想。但是，从培育写作动机出发，就必须关注文体，要让学生知道所学的某一文体的作用、功能、价值，该文体的经典美文及其作者美妙、不朽的言语人生等，以引发学生的学习兴趣、乐趣，诱导他们去进一步探究该文体的奥秘，去写出好文章，实现言语创造的理想、梦想。

　　在教学实践中，可以关注以下 5 个方面。

（一）认识写作对人、人生、人类、世界的作用

　　认识写作对人、人生、人类、世界的作用，即搞清楚人为什么写作。经典的言语动机论，应成为师生耳熟能详的基本写作价值观修养，如《左传·襄公二十四年》中的"三不朽"（立德、立功、立言）说；《春秋穀梁传·僖公二十二年》中的"人而不能言，何以为人"说；司马迁的"发愤著书"说，"成一家之言"说，"藏之名山，传之其人"说；曹丕的"经国之大业，不朽之盛事"说，"声名传后"说；韩愈的"不平则鸣"

说；张载的"万世开太平"说。

教师需要掌握、探究的自然远不止于此。古今中外绝大多数的经典作家都思考或表达过"为什么写作"这一问题，历代名家的写作动机观，是语文课程人文教育的基本内容，是语文教育、教学最重要的资源、能源，如果能在教学中随机引用、阐发，那么将给予学生以精神引领、价值建构，为其写作上的终身发展培元立本。

(二)从写作教学中培养言语生命意识

在唤醒、激发言语动机上，近年来，语文教学实践已有不少成功的范例。

杭州市拱宸桥小学教育集团王崧舟老师的"诗意语文"教育理念，就是着眼于培育学生的超功利的诗意情怀，以提高学生对自身言语生命的感悟。不论是阅读教学还是写作教学，他都围绕着这一主轴。他的"诗意语文"教学实践，在小学语文界有着极为广泛的影响。

江苏省海门实验学校吴勇老师的《童化作文》，站在儿童立场上，认识、养护儿童的心灵世界，还原儿童的一切，基于儿童的一切，为了儿童的一切，以培育"文心"为核心概念建构写作教学，以"守望精神意义上的童年"为价值取向，激发学生的言说动机。

江苏省吴江实验学校管建刚老师的《我的作文教学革命》一书，记录了他以学生自主投稿、发表文章，代替课内教材的命题作文的探索。他以自身的教育智慧，创设了"发表"写作的动力系统、助力系统，千方百计调动学生的写作积极性，实现了语文教师长期以来可望而不可即的教学理想：变"要我写"为"我要写"。

山东省邹平县教研员成浩老师的"随笔化作文"课程改革，在培育言语生命意识，激发学生写作兴趣上，以"随笔化作文"为平台，创制了多种颇见实效的课型与教法。其实验已拓展到全国20多个省市。

浙江省浦江实验小学潘朝阳的"点子作文"课程改革，顺应学生自我发展、自我实现的策划欲求，以"策划性"(想象性、创造性)写作为抓手，创设策划情境，给学生策划权，发动其主动参与策划性主题活动，将言语活动渗透于策划活动中，以策划活动驱动学生强劲的言语表达动机，使学生为了证明自身的存在价值而言说、而习作。

这类成功范例还可以举出很多。我的言语生命动力学表现—存在论可以为他们的课程改革探索与教学实践提供理论支撑。他们将培育言语生命动力作为课程改革的突破口，将培养写作素养作为语文教学的终极目标，使语文教学面貌发生了质的蜕变。他们的教学探索与实践可资参考借鉴。

(三)从阅读教学中培育言语生命意识

阅读先阅人。阅读教学的文本解读，首要的是解读作者的写作动机、意图。告诉学生文本是作者言语生命意识的呈现，作者的人生是值得追求的言语人生、诗意人生；我们只要努力写作，这样有价值的人生是可望而且可即的……久而久之，无疑会激起学生强烈的写作学习欲与精神创造欲，使他们渴望写出可与名篇媲美的传世之作。

从作者集材、选题、立意、选材、谋篇、行文等写作行为中，引领学生充分体会作者高超的言语智慧——非凡的想象力、思想力、表现力，揭示其历代传诵不衰的原因，开掘其谋篇布局的匠心与遣词造句的秘妙，欣赏、激赏、赞赏其奇绝的言语感受力与创造力。从文本阅读中培育学生的言语生命意识，当是一个最有效的途径。

(四)给予所有学生写作上的成就感、高峰体验

语文教师对学生优秀作品的发现与赞美，或是对学生普通作品亮点的最大限度的肯定、表扬与激励，当是一项常规性工作与责任。这是使学生最直接地意识到言语生命价值与意义的方式，可以使之为自身的言语、精神创造力而自豪，是一种自我认同感、成就感、成才欲的激发。教师的赞美与激励可以使学生充分感受到写作带来的尊重、荣耀，学生自然会焕发出十倍、百倍的写作热情，这是言语生命可持续发展不可或缺的动能。

(五)教师以自身的言语生命为学生传递写作正能量

特别需要关注的是教师在写作实践与写作价值观上的言传身教、身体力行。一个喜欢、热爱、痴迷于写作，拥有写作才华的语文教师，对学生形成良好的写作动机的潜在影响，是其他外部因素所难以替代的。"桃李不言，下自成蹊。"一个真实存在的写作偶像，对学生写作所产生的正能量是不可估量的。还有什么比朝夕相处、耳濡目染的偶像的召唤，更具诱惑力、蛊惑性？因此，迷恋写作，善于写作，当是

语文教师从教素养的底线。试想，要是莫言、王小波当语文教师，学生会不爱写作吗？语文教师不可能个个都是大师名家，但至少应是写作行家高手。"教师下水"不完全是像一些前辈所说，是为了懂得写作的甘苦，能给学生以切实的指导，更重要的是对学生的一种精神启迪与生命感召。

反过来说，语文教师不会写作，没有一篇文章可以拿得出手，写作水平很烂，甚至还不如学生，理直气壮地站在讲台上教语文、写作，叫学生写这个写那个，要这么写不要那么写，那么定会将学生带到沟里去的。如此，学生对语文、写作学习会做何感想就可想而知了。爱屋及乌，反之亦然。学生因厌恶语文教师而厌学语文，写作水平低下，语文教育的溃败便是在情理之中了。

语文教师是否热爱写作对于培育学生写作动机素养的作用是决定性的，对学生言语生命成长的影响是终身的。语文教师在言语人格与价值观引领上，往往超过其他学科的教师。不论是其正影响力还是负影响力都是如此。成亦萧何，败亦萧何。因此，语文教师要将学生引往何处，尤其需要三思。

2009 年 12 月与王立根学长在山东曲阜孔庙

写作动机认知，其根本是对言语生命、精神生命的深切体认；语文教育说到底，便是良好的言语生命意识的接种、孕育。培育写作动机，可以是显性的，更多的则是隐性的。可在教学中直接阐明，也可随机渗透在师生的日常交流、交往中，课内外阅读中，写作知情意、体式、行为、创制素养的教学中。

在一切语文教学活动中，忘了什么也不能忘记写作动机的培育。

十、为"立言"的知、情、意素养培育

在语文课程中，培育知、情、意素养不是无目的、无重心的。这关系到课程定位。与将语文课程目的定位为"学习语言文字运用"不同，我认为，语文课程的目的应是成就"立言者"。"立言"，才是语文学科的图腾与信仰，才是语文教育的终极目标。只有确立"立言"之精神高标，语文教育才能赋予学生以理想与追求。

"立言"之"言"，虽涉及各种文本，但以论辩类文本——论文、论著为主。因此，为"立言"奠基，知、情、意素养的培育，当以"意"——"思想"培育为要。

人这个物种，不以体力取胜，也不以物力、财力取胜，而是以智力、智慧取胜。人的强大，是思想的强大。人类是以思想立言、立身、立世，从而成为超乎万物之灵长的。语文教育要为学生树立这样的观念：思想者——立言者，是最值得追求与自豪的。一切经典之作的普世性、永恒性，都印证了这个道理。每一篇经典文本的教学，都应是"做一个有思想的立言者"的教育。中小学语文教育，要将成就"思想者"——"立言者"的信念，深深地植入学生的心田。

（一）知、情、意素养的内涵

1. 知：学养深厚

亚里士多德认为，"求知"是人的本性。英国哲学家、随笔作家弗朗西斯·培根，在《论求知》一文中对读书的目的、功效、方法等，说得十分全面、深刻，然而，他所说的"求知"，主要只是作为一种人格养成方式。语文课程中为"立言"的"求知"，是养育言语人、精神人、创造人，是为了人类文明、文化的承传与发展。

"立言"所需的求知，主要是获取学养、学问，达成"学"与"识"、"学"与"术"的统一。基本学养、学问，须建立在经典阅读上，质量不高的时文、网文，读得再多，也无助于形成基本学养、学问。学养、学问，是论文、论著写作的前提，也是其他文体写作所必需。

2. 情：情感充沛

情感培育，主要靠文学作品阅读。人的自然情感大多比较粗糙，优秀文学作品中细腻入微的抒情，大量逼真、生动的心理描写，对磨砺、充沛读者的情感大有裨益。情感丰富的人生是充实、有趣的人生；情感贫乏的人生是空虚、无聊的人生。情感，是写作的重要资源。表达情感的需求，是写作的主要动力源之一。

不是只有抒情性体式写作才需要情感，一切体式的写作都离不开情感。情感与思想也是难解难分的。值得注意的是，论辩类写作也包含着情感因素，如选题的兴趣、偏好，观点的立场、倾向，材料的取舍、运用，说理、表达方式的偏爱、专擅等，主体的情感因素都不可避免地发挥着作用，只不过我们可能没意识到罢了。朱光潜先生就偏爱有情感的"说理文"："……说理文的两条道理，一条是所谓零度风格的路，例子容易找，用不着我来举；另一条是有立场、有对象、有情感、有形象的既准确而又鲜明生动的路，这就是马克思《神圣家族》、恩格斯《反杜林论》……这一系列说理文范例所走的路。"[①]他还说情与理的关系是先有情再有理："我所要说的话，都是由体验我自己的生活，先感到（feel）而后想到（think）的。换句话说，我的理都是由我的情产生出来的，我的思想是从心出发而后再经过脑加以整理的。"[②]这虽然说得有点儿绝对，但是情感确实有助于说理。我们常说的"动之以情、晓之以理"，便表明"理"与"情"是难解难分、相辅相成的。冷冰冰的说理也许可以十分雄辩，但读者接受起来难以心悦诚服。

论文的情感运用、体现，自然与抒情文、叙事文有极大差别，这需要着重辨析。

3. 意：思想丰硕

诚如帕斯卡尔所言："人是有思想的苇草。"思想，是脆弱生命坚韧、强大、恒久

---

① 朱光潜：《漫谈说理文》，见《朱光潜美学文集》第 3 卷，上海文艺出版社 1983 年版，第 412 页。

② 朱光潜：《"再说一句话"》，见《给青年的十二封信》，广西师范大学出版社 2004 年版，第 80 页。

之所在。立言者，必须是思想者。知、情、意素养教育，当以"意"的教育为主、为先，即古人所说的才、学、识中，当以识为先。有"思想"——见识，才有"立言"的基础。

思想需要滋养。思想滋养的基本途径是大量阅读哲学性、哲理性、理论性、思辨性书籍、文章。这就要求在教材中增加大量的论辩类选文，在教学中注意引导学生不被他人的思想所壅塞、遮蔽、淹没。既要使之学会海纳百川、兼容并蓄，又要使之善于反思、质疑、批判、证伪、反驳。以"批判性"贯穿求知、明理、炼识。

在知、情、意三者中，"知"是基础，"情""意"是升华。因此，要解决阅读读什么、怎么读，如何引导学生从"知"中生"情"悟"意"等问题，要在为"立言"阅读教学中达成创生、表现自我情、意的目标，就不能浅尝辄止，而要力求独辟蹊径地误读、超越。

(二)知、情、意素养的培育

1. 基础知、情、意素养的培育

以往将语文课程性质定位为"学习语言文字运用"或"工具性与人文性的统一"，在一定程度上注意到了要培养学生的人文素养，其中也包含着培养知、情、意素养。然而，与泛泛而论培养人文素养，知、情、意素养不同，指向"立言"的基础知、情、意素养的培育，针对性更强，既是"修己""为己"，更是"度人""为人"，是通过言语创造，自度度人，经世致用。离开了这个目的，语文教学便会落空。即便知、情、意素养再丰厚，对于人生、社会、人类，也无所裨益。语文科的人文教育，知、情、意教育，要凸显指向"立言"这一特殊性。

指向"立言"的知、情、意素养的培育，主要不是读懂文本的知、情、意，而是如何将文本中的知、情、意，转换、迁移到写作中去。要将他人的知、情、意，通过自我体验、感悟、反思、批判、扬弃、孕育、合成、创造……化育成自己文章中的知、情、意：对他人之"知"如何认知、体察，有何疑惑；对他人之"情"有何共鸣，如何诱发、抒发自我之情；对他人之"意"如何反思、评判，产生自己之"意"。要使知、情、意素养转化为写作动力、精神创造物。

其常规性要求是，学养、学问的培育，靠海量经典阅读与写作的齐头并进。小学以记诵经典为主，读书笔记为辅；中学须读、思、悟、写一体，将所思、所悟做成读书笔记，促使认知深化。针对情感培育，要内外同致，尤其要学会自我"内视"，借助抒情诗、抒情散文写作，使情感丰富、细腻，并加以表现；针对思想培育，要通过对相关资源的广泛搜求，借助论辩、证伪、反驳等磨砺思想，使思维得以逐渐敏锐、深刻，力求有自己独到的见解。在阅读中，有没有贯穿立言意识，基础知、情、意素养的培育效果大相径庭。

在知、情、意素养三者中，"思想"素养培育是重心，思想力与思维方式的培育是重中之重。思想力的构成要素包括感受力、推理力、判断力、质疑力、思辨力、反思力、批判力、建构力等，这些要素不可或缺。思想力，是立言者的核心竞争力。辩证思维范式，具体问题具体分析的方法，历史与逻辑相结合的方法等，要渗透在思想力培育之中。

基于"立言"的以"意"为主的基础知、情、意素养的培育，是从阅读中求知、怡情、自省、自娱，不可能也无须负载的要求。

2. 特殊知、情、意素养的培育

为"立言"的阅读，其知、情、意素养的培育，往往是和具体文体的写作需求相联系的。不同文体与写作语境，对知、情、意素养有其特殊要求。新闻写作、公文写作、小说写作、传记写作、评论写作、论文写作……对知、情、意素养都有其特殊要求。一个学者、作家或新闻记者，所需要的知、情、意素养，所读的书目，一定是有所不同的。即便读的是同一本书，他们的阅读意图、关注点也是不一样的。因此，要针对某一具体文体写作，培养与其相匹配的知、情、意素养。

想学好某一种文体，自然就要多读该文体的作品。从中可悟得优秀作者须具备什么样的知、情、意素养，自然，同时也会悟得该写作体式、行为、创制等要求。

这就涉及因材施教的问题。

也许有人会说这是基础教育，不是培养作家、学者、新闻记者……学点儿一般的文字能力就够了。就写作来说，除了识字外，不存在一般的文字能力，不存在什么文体也不是的写作（文体创新另当别论）。只要写作，就一定是文体写作，就要有文体意识。小学生写"放胆文"，不是没有文体，文体蒸发了；而是故意放低门槛，暂时不要求、不计较文体。这不等于不要告诉他们何谓文体、文体规范。教材中一切经典文章，都是按照一定的文体规范写出来的。所以，《文心雕龙·附会》中说的"夫才量（童）学文，宜正体制"，就是告诉习作者首先要懂得文体要求。完全不考虑文体特点，就没法阅读，一定会读错。把小说当作新闻、通讯来读，把童话当作散文、传记来读，将随笔当作杂文、评论来读，又能读出什么？读错了，必定也就写错了。

为"立言"的阅读教学，具体的文本体式，规范、制约着其知、情、意素养内容，因此，虽然不一定急于培养作家、新闻记者、学者等，但要让这些未来的作家、新闻记者、学者等，知道什么是小说、新闻、论文等，知道要写好小说、新闻、论文等要具备怎样的知、情、意素养，要在阅读教学中揭示出不同作者所具备的知、情、意素养。不应剥夺学生在小学、中学阶段的文体爱好与选择，有些学生很早就显露出文体写作的才华，他们需要相应的知、情、意素养的跟进与支撑。

既要注意到学生的言语个性差异，也要注意到他们言语表现的体式共性。最具普遍性的体式是论辩类写作——论文写作。要从根本上改善学生用理性思维进行论辩写作的准备状态。知、情、意素养的培育，重心要围绕着论文写作进行。

从小学到中学，论文写作是主线。围绕这一主线，可以由低到高来完成。例如，从写不成文的评点式的读书笔记，逐渐上升到写成文的随笔、评论。随笔、评论体式繁多，可以分为读书评论（或随笔）、文学评论、影视评论、音乐评论、美术评论、新闻评论、社会评论、思想评论等。学生可以根据自己的喜好，针对某一体式加深了解，熟练掌握。随笔、评论写作，是极好的思想力、思维方式的磨炼，对论文写作颇有助益。这几种文体写作，对知、情、意素养的需求大同小异，交叉进行，可相得益彰。

长期以来，语文教师对培育体式写作的知、情、意素养重要性的认知极其欠缺。如果不从培养"立言者"，不从"立言"——论文体式写作的视角，看如何培育知、情、意素养的问题，那么对文本的选择、解读、认知必然是不到位的，总是隔靴搔痒的。一会儿读成政治课，一会儿读成思品课，一会儿读成文化课，一会儿读成文学鉴赏课……不从具体体式出发，不从"立言"——论文写作需要什么样的知、情、意素养考虑，就像是盲人摸象，雾里看花，就会造成语文课耗时、低效。

如果语文课程的目的向"立言"转向，以培养"立言者"为终极追求，那么一切成见将刷新、重构，一切未见将显现、清晰。

2006 年应王崧舟邀请赴杭讲学，"表现—存在论"语文学与"诗意语文"
教学流派结成精神同盟

十一、"写作本位"：读写观念的重构①

——著名语文教育家潘新和先生访谈录

王崧舟

　　策划人语　阅读与写作的密切关系众所周知，阅读的结果转化为写作表达，写作又进一步促进阅读理解。另一方面，会读的却不一定会写，但会写的一定也会读。写作能力是语文能力的最高呈现，从这个角度看，读写互动，当以"为写""促写"乃至"会写"作为其课程教学的终极目的。抓住了"指向写作"这一缰绳，也就抓住了语文课程教学这一牛鼻子。为此，我们约请全国著名语文教育专家潘新和先生，就"'写作本位'：读写观念的重构"这一话题进行了深度访谈。

---

　　① 王崧舟：《"写作本位"：读写观念的重构——著名语文教育家潘新和先生访谈录》，载《小学语文教师》，2008 年第 6 期。（有改动）

(一)阅读，指向言语表现、指向写作

王崧舟：在语文界，读写互动是个历久弥新的话题。无论是叶圣陶等语文大家就此的诸多论述，还是广大一线语文老师对此的实践努力，读写互动始终是语文教学的一个指向、一种路径。那么，在新课程的背景下，您对"读写互动"的内涵和意义又有哪些理解和看法？

潘新和：是的，读写观念不是一个新鲜的话题，但在任何时候都是一个值得不断思考的重要课题。老一辈的提法是"以读带(促)写""读写结合"。以叶圣陶先生为代表的主流读写观认为"阅读是写作的基础""写作的'根'是阅读""培养读的能力，也是一个目的""教师教得好，学生读得好，才能写得好"。可以看出，这一读写观是"阅读本位"的。我们今天的中小学语文教材以文选来组织单元，外挂写作练习，就是按照这一观念编写的。教学的中心是阅读，课堂几乎是讲读、串讲课文的一统天下，这种状况也是由这一观念所决定的。这一观念从 20 世纪初开始逐渐形成，到今天已经成为教材与教学的"惯例"和教师的"集体无意识"了。如果有一天教材、教学不是以文选为中心，大家一定会觉得十分惊讶：怎么可以那样呢？语文课不教一篇一篇课文还叫教语文吗？

其实，任何事物都不是一成不变的，读写观也是可以改变的。我们说"阅读，指向言语表现、指向写作""写作是阅读的目的""写作是语文能力的最高呈现"，这就与传统的读写观完全不同了。这一读写观是"表现本位""写作本位"的，把原先的"阅读本位"的教学观念翻了个底朝天。说"阅读是写作的基础"，强调的是阅读对写作的重要作用；说"写作是阅读的目的"，强调的就是写作对阅读的重要作用。二者的指向是截然相反的，也表明了二者是互补的，它们之间的作用不是单向的，而是双向互动的。这不是玩文字游戏，而是对一种根深蒂固的观念的颠覆，是认知的深化：不能只讲阅读对写作的作用，不讲写作对阅读的作用。

当然，为什么我们要倡导"写作本位"的教学呢？我们认为，在语文教育中，阅读指向言语表现，指向写作，这是阅读的唯一目的。阅读本身不是目的，而是一个手段、过程，是提高言语表现素养、写作素养的手段与过程。关于这一点，也许老师们不是一下子转得过弯来的。因为在现实中常常读、写是分开进行的，似乎是两件不相干的事，读归读，写归写，读的时候并不一定都要写，而且，有时阅读是"漫

无目的"的——这也是目的，有时阅读就是纯粹的消遣、放松，像鲁迅先生说的是一种"嗜好"，这些就是"阅读也是一个目的"的经验基础。其实，只要细心想一想就会明白，现实中虽然存在这种"读完拉倒"的读法，无目的的或消遣性的阅读，但是对于教学来说，这类阅读是没有意义的，不是学校语文教学的目的。我们培养学生的阅读能力，绝不只是为了让学生将来无聊时可以随便读点儿书报打发时光。

我们需要的是有效的、高效的阅读教学：读"完"，也就是读"懂"文章，阅读教学才完成一半。另一半更重要，那就是使学生学以致用，还要检验阅读的效果。读懂文章有什么用？自然是为了运用。要想知道读了是否能运用，究竟读的效果怎样，学生就要写文章，看是否能把从读中学到的用在文章写作中；他们得把对文本的理解、感想说出来，或者写出来。这才能算是真正完成了一次阅读教学。学生将来走上工作岗位，需要考核的只有"说"或者"写"，面试就是说，笔试就是写，绝对不会只问你读过哪些书，读"懂"没有？或者问你会不会以读书消遣解闷。一个人如果不会说和写，读不能致用，读了再多的书也是白搭。可见，阅读不是一种独立的能力，阅读的归宿必定是言语表现，包括说和写——由于"写"的能力高于"说"的能力，所以我们也将这一目的简洁地表述为"指向写作"。可见，日常阅读经验和阅读教学要求是两码事。认为"阅读也是目的"的人，是把二者弄混了。

"阅读也是目的"的认识，是造成当今"为读而读"无效、低效阅读教学的思想根源，也是当今语文教学的一大误区。这个观念是极其有害的，对此，语文教师需要认真澄清。教师今后教阅读一定都要落实到"说"或"写"上，阅读一定要和写作接轨，做到读以致用，可别只作"半吊子"阅读教学啊。

阅读以写作的提高为目的，这似乎显得有点儿"功利"。阅读的效果确实不是都能在写作上立竿见影，阅读对写作的影响，有的是潜移默化的，是通过对人格的淘洗、心性的养育间接地影响写作的，毋庸讳言，这是更带根本性的。然而，这与直接的能力对接并不矛盾，这是两个不同的层面：心灵的滋润和智能的磨砺。二者都是不可或缺的。阅读指向写作，使潜移默化与立竿见影相得益彰。

懂得"阅读指向言语表现、指向写作"，在阅读教学中就能有意识地往写作能力培养上迁移，尽量使阅读能力转换成说、写能力，提高教学效能。试想，如果学生每一次阅读的收获都能体现在对言语表现、对写作的要求上，日积月累，语文素养的提高会是遥不可及的事吗？高中毕业生还会像现在这样既不能说也不能写吗？

王崧舟：您认为"作品秘妙"（或曰"言语秘妙"）乃是语文学科赖以处世立身的根本，赖以有别于其他学科的全部特殊矛盾之所在。我个人觉得，"言语秘妙"是实现读写互动的一个支点。作为阅读，要理解"言语秘妙"；作为写作，要运用"言语秘妙"。那么，您能否就"言语秘妙"这个读写互动的支点展开一些具体的论述和说明？

潘新和：您说中要害了，也给我出了一个难题。虽然由读指向写是全方位的，但我们不能不承认"秘妙"的发现与创造，是其中最困难的也是最重要的一个因素。"秘妙"，是王国维先生的用语，朱光潜先生称之为"佳妙"。类似于以往说的"文眼""诗眼"，用俗一点儿的话说就是语篇中言语情趣的"亮点"，是指语言运用中最富创造性的地方，是作者巧妙地表现出他人难以言喻的某种较为隐秘的特征、思想或趣味。寻获和创获"秘妙"，确实是读写互动的一个关键。

王国维先生是这样解释"秘妙"的："惟诗人能以此须臾之物镌诸不朽之文字，使读者自得之，遂觉诗人之言，字字为我心中所欲言，而又非我之所能自言，此大诗人之秘妙也。"

朱光潜先生将"佳妙"解释为"故事后面的情趣"，就是文字背后耐人寻味之处。他曾举贾岛的《寻隐者不遇》（松下问童子，言师采药去。只在此山中，云深不知处）和崔颢的《长干行》（君家何处住，妾住在横塘。停船暂借问，或恐是同乡）为例说：这两首诗之所以为诗，并不在这两个故事，而在故事后面的情趣，以及抓住这种简朴而隽永的情趣，用一种恰如其分的简朴而隽永的语言表现出来的艺术本领。这两段故事你和我都会说，这两首诗却非你和我都做得出的，虽然从表面看起来，它们是那么容易。读诗就是要从此种看来虽似容易而实在不容易做出的地方下功夫，就是要学会了解此种地方的佳妙。对于这种佳妙的了解和爱好就是所谓"趣味"。

优秀作品世代流传的脍炙人口的"名言警句"就是"秘妙"之所在。有的名篇是不能句摘的，它的"秘妙"是寓于整个篇章之中的。阅读教学从某种意义上说，重点就是对"秘妙"的寻获与品味，不仅知其然，而且还希望能知其所以然。比较而言，从阅读中发现"秘妙"容易些，在写作中创造"秘妙"要困难得多。这也说明了写作能力高于阅读能力。从阅读中发现秘妙，只要读得多了，善于揣摩，并懂得特定文体、语境的奥秘，也就有可能寻觅出其中的"秘妙"。而要将从阅读中寻获的"秘妙"转换到写作的创造中是很困难的，梁启超先生说写作所能教人的是规矩，却不能使人巧，这是有一定道理的。秘妙就是"巧"，如何写出"秘妙"，这是无法直接传授的。但是梁先生说的也不全对，只要学生从阅读教学中悟到写作要追求"人人心中有，个个笔下无"的"秘妙"，就使学生接近"巧"了。有了读到的种种"秘妙"，品味出"秘妙"的种种"趣味"，他人笔下的"情趣"，逐渐会转化成自己的"趣味"，他们写作时自然而然也就有了对"秘妙"的追求，就有可能创造出"巧"来。即使现在做不到，将来也一定能做到。阅读教学要引导学生追求写出"秘妙"，写出文字后面的情趣，这是"读写互动"的一个重要内容。如果教师不告诉学生实现"巧"的规矩，那么学生也许就永远与"秘妙"失之交臂了。

我们不要把"秘妙"看得过为玄奥，其无非就是一种别人没有表现过的"情趣""神采"罢了。大作家有大作家的"秘妙"，孩子也自有孩子的"秘妙"；大作家的"秘妙"孩子写不出来，孩子的"秘妙"大作家也写不出来。就跟大画家画不出"儿童画"一样，孩子创作的"秘妙"同样很可贵。千万不要将"秘妙"神秘化，以为非天才莫属，否则会使学生望而生畏，这样就没法"指向写作""创获秘妙"了。用作家、学者的标准去衡量孩子的作品，那是用错了尺度。其实孩子的作文也有不少"秘妙"，这需要老师们去发现，去读给他们听，指点给他们看，和他们美美地欣赏陶醉一番。当然，最好让学生自己去品味、发现。

(二)"读写互动"的实现路径

王崧舟：您在《新课程语文教学论》中指出，写作能力是语文能力的最高呈现，阅读教学应当指向写作。确实，一个人的写作素养是他的语文素养的综合体现和最高标志。那么，在具体的课程教学实践中，我们该如何实现阅读成果向写作能力的转化呢？

潘新和：是的，阅读成果向写作素养的转化十分必要。前面我已经说过，这种转化应是全方位的。在言语智能层面，概括地说有三方面，即三条路径：文体感、语境感、语感。在这三个方面阅读与写作是相通的。以往我们比较关注的只是其中的一个方面——语感，语文界称作"语感中心"，认为语文教学的目的就是培养语感。我认为，孤立地讲语感是片面的，我称它为"抽象语感论"。因为不存在各种文体、语境"通用"的良好语感，不能离开特定的文体、语境谈语感。说一个人语感好，实际上只是说他在某一种文体写作上语感好，或指诗歌或指散文或指评论……而不是说他各种文体写作语感都一样好。这样的人大约还没有出生。所谓"语感"，就是语言感知与运用得"敏感"；语言"敏感"，就是语言感知与运用得"恰当"。是否"恰当"，必须放在具体"文体"和"语境"中才能做出判断。所以，读写互动不是只有一条路径，而是有三条路径。

在读写活动中，文体感、语境感、语感这"三感"缺一不可，也许称为"三种意识"更为妥帖，"意识"比"感"略为理性一些。这里还是从俗称作"三感"吧。读写练习，应该着眼于"三感"能力的提高。阅读与写作，必须关注"三感"，以"三感"为能力点。当然，小学生"文体感"的培养可以缓一缓，不能要求太急、太严，把他们束缚得太死会使他们害怕写作。到一定的时候，他们自然会产生"文体"的兴趣，那时再适时地加以引导。即所谓"不愤不启，不悱不发"。

在"三感"中，如果要说哪一个是中心的话，我认为应该是"语境感中心"。因为"文体感"和"语感"都是在"语境"中呈现的，都离不开"语境"。从某种意义上说，"语境感"就包含了"文体感"和"语感"。"语境"，就是特定的表现情境，由一定的语篇与行为因素构成。语篇因素包括主题、材料、结构、语言；行为因素包括集材（选材）、立意、谋篇、遣词等。从这里可以看出，语境中的语篇因素和行为因素是对应的，在阅读中破译的语篇因素，可以转换为写作运思中的行为因素。这就是说，指向写作的阅读，应该将静态的文本还原为动态的写作行为过程，从阅读中逆向领悟写作运思的奥秘：从文本主题中推测作者的意向是怎样由朦胧到明晰的，从题材中琢磨如何从纷繁的素材中选择加工，从结构中揣摩谋篇布局的匠心，从语言中猜想遣词造句的多种可能性。

王崧舟：您刚才侧重阐述和说明了"读"向"写"的转化，这当然是主要的、终极意义的。那么，从互动的角度看，"写"对"读"的影响也是存在的，而且是相当切实的。您如何看待这种切实的影响？您认为"写"向"读"的转化有必要和可能吗？

潘新和："写"对"读"的影响太大了，"写"向"读"的转化太有必要了。这一点是叶圣陶先生较为忽略的，他只看到阅读对写作的作用很大，却没有看到写对读的作用也很大。

由于语文学习总是先从阅读开始，阅读的机会比写作多，所以，"三感"一般是先从阅读中培养，再渐渐地迁移、转换、积淀到写作中，一点一滴地滋养着写作。自然，在写作实践中获得的"三感"，也会反哺于阅读。比如，读朱自清先生的《春》，我们可以体会到抒情散文"文体"的自由绵密，"语境"中抒发的生机勃勃的情趣和"语言"的温润纤柔。当我们读写了大量的抒情散文，掌握了抒情散文的写作后，再读《春》，也许我们会对朱自清密不透风的文体，表达单一浅显的抒情主题的语境，阴柔繁复的语言有更深的了解。读写的境界就是在这种互动中不断荡漾、拓展、深邃的。

传统语文教学是十分注重以写促读的。古人说："不动笔墨不看书。"这就是说，必须动笔写了才能读有成效。韩愈在《进学解》中说："口不绝吟于六艺之文，手不停披于百家之编。记事者必提其要，纂言者必钩其玄。"这说的就是读必须靠写来促进。

现代语文教育的开创者黎锦熙先生提出过"日札优于作文"的观点。"日札"就是日记、笔记，他认为这比"正规"的作文训练更有效果。道理很清楚，作文往往是无的放矢，而日记、读书笔记等是有感而发、有为而作的。他认为日札的好处是：课业、泛览、生活与论文各不相联系，唯有日札才可使其一元化。

梁启超先生也谈道：青年学生"斐然有述作之志"也是实际上鞭考学问的一种妙用。譬如同是读《文献通考》的《钱币考》和各史《食货志》中钱币项下各文，泛泛读去，没有什么所得。倘若你一面读一面便打主意做一篇中国货币沿革考，这篇考做得好不好是另一问题，你所读的自然加几倍受用。既然写能使读的书加几倍受用，那么何乐而不为呢？

胡适先生把道理说得更清楚了，他认为，古人所说的读书三到"眼到、口到、心到"是不够的，须有"四到"：眼到、口到、心到、手到。"手到才有所得。"他还说："发表是吸收智识和思想的绝妙方法。吸收进来的智识思想，无论是看书来的，或是听讲来的，都只是模糊零碎，都算不得我们自己的东西。自己必须做一番手脚，或做提要，或做说明，或做讨论，自己重新组织过，申述过，用自己的语言记述过——那种智识思想方可算是你自己的了。"他告诉我们，读而不写算是白读，要学有所得就要写。

为什么写了才有所得呢？其实道理很简单，写能使读时不明晰的变得明晰，能使思维精密化、感受语词化、思想条理化。我们都有这样的经验，读书时有很多的想法，想要写出来又觉得幽昧不明，还需要认真想很久才能写得出来。这表明写能提高读的质量。

写能助读、写能促读。写对读的作用一点儿不比读对写的作用小。这可以引发我们对读写观念的重新思考，如果将现在的"以读带（促）写"教学模式，改为"以写带（促）读"教学模式，也许语文教育的效能会大大提高呢？有些老师已经在做"评点式阅读""以读书笔记写作代替作文训练"等教学改革试验了，老师们不妨以校本课程的形式做一个"写作本位""以写促读"的尝试吧，一定会尝到甜头的。

只是要提醒老师们注意，以后只会讲解课文可就不称职了，不会写作、不会教写作的老师，是难以在"写作本位"教育观念下完成好教学任务的。像以前那样"教"阅读，好歹把课文照本宣科地串讲一遍，是比较容易糊弄的；想要教好写作自己先得会写，这是一个最低限度的要求，就跟音乐老师起码自己得会唱歌、美术老师得会画画一样。语文老师不会写作是说不过去的。自己不会写怎么能教会学生写呢？这也就是以往语文教学成效不彰的原因之一。这一点是最让我忧心的。

（三）"写作本位"的读写知识观

王崧舟：新课程实施进程中似乎存在这样一种倾向，即读写实践有学生的自悟自得就够了，用不着向学生传授系统的读写知识。我知道，您对此倾向是持批判态度的。那么，您认为读写知识对读写互动有着怎样的意义和作用呢？

潘新和：学生自悟自得是必要的，十分重要，但也是不够的。如果一切都要自悟自得还要老师做什么？干脆自学得了。

是否要向学生传授系统的读写知识，是目前语文界一个有争议的问题。我认为，既是传授知识，就要有一定的系统，支离破碎、丢三落四的知识只能使人更加糊涂。比如教写作，就要懂得要教什么。我国现代最早的作文法教材是陈望道先生著的《作文法讲义》，他说："这一册书……在我编时注意所及的范围内，一切都想提纲挈领地说；一切都想条分缕析地说；一切都想平允公正地说。"这既是陈望道作文法研究的指导思想，又是他的写作教育观的总概括、总说明。他特地强调说："我又希求从来对于作法只是零碎掇拾的惯习，从此变成要有组织的风尚。"这里所说的都是在强调知识的科学性、系统性。

陈望道的作文法新体系由三个子系统构成：

文章构造，包括段、句、词等三个成分。

文章体制，包括记载文、记叙文、解释文、论辩文和诱导文等五种文式。

文章美质，包括明晰、遒劲和流畅等三个特点。①

有了这样系统有序地梳理，我们才知道作文法要教什么，先教什么后教什么。如果他只讲其中的一个方面，或每个方面只讲一点，这样不成系统的知识有用吗？我前面所讲到的读写"三感"，也是一个知识系统，其中每一"感"都可以具体展开一系列的概念。知识好比一张经纬交织的网，如果到处是破洞还能捕到鱼吗？

懂得了读写知识，就可以在读写教学中，根据其相关的知识点组织教学，这些知识点必须转化成能力点，才能有效地达成互动。不论是由读到写，还是由写到读，都要靠系统的知识支撑，使知识与实践对接。比如，由阅读的主题对接写作的立意，材料对接集材（选材），结构对接谋篇，语言对接遣词。反过来也一样，这是一个"互逆"的过程。如果没有这些由概念集结成的知识体系，我们凭什么建构教学系统呢？

其实，教材就是由知识支撑的。比如，每一部教材都要有编辑旨趣，要有编写的原则和思路，要有具体的文体知识、阅读知识、写作知识、文学知识、语言知识、修辞知识……之所以我们看不到连篇累牍的知识，是因为有不少知识是潜藏在教材结构之中的，外显的只是其中一小部分。之所以我们觉得有些教材编得不好，很大程度上是因为其中的知识和知识系统残缺或滞后于时代。

这些或显或隐的知识都不同程度地影响着学生的认知与思维，有的影响是一辈子。比如，流行至今的教学文体的划分：记叙文、说明文、议论文，"记叙文六要素""议论文三要素"等。这些已经造成了对学生读写思维的严重遮蔽，妨碍了学生对"文体"的认知。他们以为真有叫作"记叙文""说明文""议论文"的文体，其实是没有的，实际写作中只有新闻、小说、调查报告、解说词、杂文、评论……这些文体不是记叙文、议论文等涵盖得了的。他们学了"议论文三要素"——论点、论据、论证后，以为议论文有这三要素就可以了，以为议论文要先有论点，然后根据论点去选择论据进行论证，做到"观点与材料的统一"，这就完全违背了辩证思维的规律。真实的议论思维恰恰相反，是从收集材料开始的，论点是从材料中产生的，材料与观点不是直接的对等，而是矛盾的统一。由此可见知识的重要，长期以来对知识和知

---

① 陈望道：《陈望道学术著作五种》，复旦大学出版社 2005 年版，第 11～12 页。

识系统建构的忽视，已经造成了极为严重的后果，如果我们还不清醒的话，这些有缺陷的以至错误的知识就将永远占据着教坛。

王崧舟：这样看来，读写知识对"读写互动"的重要性和必要性是显而易见、毋庸置疑的。那么，在读写互动的教学实践中，我们该如何恰如其分地渗透这些读写知识呢？

潘新和：是的，"渗透"这个词用得好。是"渗透"，不是"灌输"。"渗透"是无形的，而又无所不在。"灌输"是直接的给予，抽象的知识是难以吸收的。在教学中，知识的"渗透"不是一件简单的事。对小学生尤其如此。

追求知识的系统性，不等于说在教学中要把这些知识原原本本地传递给学生。语文课程的目的定位不是"知"，而是"行"，要落在"行"上。语文是一门实践性很强的课程。正如我们对读写关系的认定一样，要搞清楚什么是手段，什么是目的，读不是目的，写才是目的。读要转化成写才是有效的教学。读写知识要溶解在读写实践中，学生才能消化吸收。知识是通往实践的"桥"。目的不是让学生记住这些知识，而是让学生学会运用这些知识。例如，在阅读中对学生说"秘妙"就是"字字为我心中所欲言，而又非我之所能自言"或"故事后面的情趣"，学生一定犹如坠入云里雾里，

2015 年 7 月 25 日下午，与魏书生、陶继新、谢庆、吴欢等在岳麓书院接受凤凰网湖南站采访，凤凰网报道：《教育专家齐聚岳麓书院热议国学如何融入基础教育》

不知道老师说的是什么。你跟他们说"秘妙"就是前人诗文里流传至今的那些名言警句，他们有的很快就明白了，有的仍不明白。你可以举一些例子说给他们听，比如"红杏枝头春意闹"的"闹"，"春风又绿江南岸"的"绿"，这是一个字的"秘妙"；也可以举一些"整句"的或"整篇"的说给他们听，请他们在阅读中找出类似的字、句、段、篇，有的学生可能一下就找到了，有的可能找不到。在寻找、发现的"试误"过程中，学生会慢慢地领悟到"秘妙"包含着的不一般的"情趣"或"神采"，到他们写作时，会有意无意地去追求这种情趣。知识要落在写上，才算达到了传授知识的目的。

　　我们现在该忧虑的不是语文知识太多、太系统，而是太肤浅、凌乱、陈旧。要建构起科学的完备的"表现本位、写作本位"的语文知识体系，恐怕还需要几代人的努力。

　　今天说了很多，不妥之处请老师们批评。

历史与现实
——语文学源流与反思

2009 年 12 月在山东曲阜孔庙杏坛

一、孔子：有德有言，述而不作

——修德述旧的"学问"本位语文教育观

孔子(公元前 551—前 479 年)是我国私学教育的奠基人，也是我国言语教育(语文教育)的开创者。孔子的言语教育，人们至今注意甚少。孔子言语教育的言论，也许谈不上宏富精深，谨严缜密，但看似平实无奇却颇有义理法度。在先秦诸子中，孔子的言语教育思想，对历代文人有着广泛持久的影响。他所创立的"学问"本位的"德—述"规范，成为我国传统语文教育的主导规范。可以这样说，不了解孔子的言语教育的思想和实践，便无缘得窥我国语文教育之堂奥。

(一)言语教育的指导思想

孔子言语教育的指导思想是内"德"外"述":修德于内,述旧于外。

孔子是十分注重修己的。他说:"志于道,据于德,依于仁,游于艺。"①"德之不修,学之不讲,闻义不能徙,不善不能改,是吾忧也。"②孔子提倡仁爱,弘扬周礼,这既是对君子的道德规范,也是对言语主体的基本要求。

他认为有德之人一定有言辞形诸外,但有言辞的人不一定有德:"有德者必有言,有言者不必有德。"③这就是说,重要的不在于有没有言辞,而在于有没有德行,德行修养才是言辞的根本。德行修养状况与言语状况有必然的联系,"德"决定"言":"将叛者其辞惭(闪烁),中心疑者其辞枝(混乱),吉人(厚道的人)之辞寡(谨约),躁人(浮躁的人)之辞多(放肆),诬善(污蔑好人)之人其辞游(游移),失其守者其辞屈(含混)。"④我国传统写作理论中的"文如其人"说,便是由此发端,开"因人论文"之先河。

在《论语》中记录了一段孔子的学生陈亢和孔子的儿子伯鱼的对话,从对话中可以看出孔子对人文素养的重视:

> 陈亢问于伯鱼曰:"子亦有异闻乎?"
>
> 对曰:"未也。尝独立,鲤趋而过庭。曰:'学《诗》乎?'对曰:'未也。''不学《诗》,无以言。'鲤退而学《诗》。他日,又独立,鲤趋而过庭。曰:'学礼乎?'对曰:'未也。''不学礼,无以立。'鲤退而学礼。闻斯二者。"
>
> 陈亢退而喜曰:"问一得三,闻《诗》,闻礼,又闻君子之远其子也。"⑤

孔子把学《诗》作为"言"的前提,因为,在孔子看来,诗教是最重要的人性,是人格的陶冶。读《诗》,可以学会兴、观、群、怨,可以懂得如何"事父""事君",还

---

① ② 《论语·述而》,四部丛刊本。

③ 《论语·宪问》,四部丛刊本。

④ 《周易·系辞下》。有人认为周易的系辞是孔子所作,也有人有异议。

⑤ 《论语·季氏》,四部丛刊本。

可以了解自然知识。更进一步的是学"礼"，他认为"礼"是人的"立身处世"之本。前者是为"言"之道，后者是为"人"之道，二者都是"修身"范围内的事。

诗教还能改变人的性情。孔子曰："入其国，其教可知也。其为人也：温柔敦厚，《诗》教也……其为人也：温柔敦厚而不愚，则深于《诗》者也……"①由此可见诗教作用之大。这大约也是孔子将《诗经》作为六经之首的原因。

虽然孔子在对"德""言"关系的认识中过于注重二者的同一性，忽视二者的矛盾性，将人品等同于文品，在一定程度上掩盖了"言"的特点，但是不可否认这一见解有其合理性，"言为心声"，人品对文品的制约作用是不言而喻的。在言语教育中，有必要强调对言语主体的人格品性、道德情操的培养和塑造，因此，孔子的德言观在语文教育史上的影响主要是积极的。今天的语文界仍把正确处理"做人"与"作文"的关系问题，视为语文教育中的一个基本问题。

值得注意的是，孔子讲修德，往往是和做学问、明道理联系在一起的。他不是架空了谈修德，而是认为修德、养性、学问、明理这几者是立言为文的根本，是一体的。例如，孔子说的"德之不修，学之不讲，闻义不能徙，不善不能改，是吾忧也"②，就是将"德"与"学"相提并论。在《论语》中，讲求学问的言论非常之多。

> 子曰："学而时习之，不亦说（'说'同'悦'）乎？"③

> 子曰："学而不思则罔，思而不学则殆。"④

> 子曰："吾尝终日不食，终夜不寝，以思，无益，不如学也。"⑤

> 子曰："学如不及，犹恐失之。"⑥

---

① 《礼记·经解》，四部丛刊本。
② 《论语·述而》，四部丛刊本。
③ 《论语·学而》，四部丛刊本。
④ 《论语·为政》，四部丛刊本。
⑤ 《论语·卫灵公》，四部丛刊本。
⑥ 《论语·泰伯》，四部丛刊本。

子曰："由也！女闻六言(六言，即六德)六蔽矣乎？"对曰："未也。"

"居！吾语女。好仁不好学，其蔽也愚；好知不好学，其蔽也荡；好信不好学，其蔽也贼；好直不好学，其蔽也绞；好勇不好学，其蔽也乱；好刚不好学，其蔽也狂。"①

孔子认为，一切的德行修养都和是否"好学"联系在一起。有六种品德，就有六种流弊，这些流弊皆因为不好学所致，不好学，德行就会受到弊害。可见，学习和修德一样重要。

孔子"修德"的特定内涵是"博学于文，约之以礼"，是向古人、圣人学习、看齐，这就决定了"有德者"之言是"述"(传旧)，而不是"作"(创新)。他说："述而不作，信而好古，窃比于我老彭。"②"我非生而知之者，好古，敏以求之者也。"③"周监于二代，郁郁乎文哉！吾从周。"④"述而不作"缘于"好古"，"好古"基于对"周礼"的推崇，所以，言语的目的，势必是传先王之道，以古圣贤人之言为法度，注重对古代文化的继承和阐发。

其实，孔子的"述而不作"观并不是真正地排斥创作，而是强调对古代道德文化思想遗产的继承和扬弃。他自身的写作实践便是对"述而不作，信而好古"这一点的最好注释："孔子删《诗》、《书》，定《礼》、《乐》，赞《周易》，修《春秋》，皆传先王之旧，而未尝有所作也。……夫子盖集群圣之大成而折衷之。其事虽述，而功则倍于作矣……"⑤"集群圣之大成而折衷之"，这就表明孔子于述旧中还是有所创作发明的，他的"述而不作"是一种创造性的继承，因此，我们不应只做字面上的简单理解，把"述"与"作"截然对立起来。孔子所"不作"的只是那些超越"仁""礼"规范的离经叛道的东西，并不是主张只能人云亦云，不能有个人的见解，否则，也就不会有《论语》了。

---

① 《论语·阳货》，四部丛刊本。
②③ 《论语·述而》，四部丛刊本。
④ 《论语·八佾》，四部丛刊本。
⑤ 朱熹著，金良年译：《四书章句集注上》，上海古籍出版社 2006 年版，第 118 页。

尽管如此，孔子的"述而不作"的言语价值观在语文教育史上的影响，也不无消极的成分。它成为封建统治者进行思想奴役的工具，成为历代文人以古为尚、皓首穷经、"代圣贤立言"的思想依据，成为科举考试的言语准则，极大地限制了写作上的思想自由，窒息了作者的言语创造力。

（二）言语教育的课程设置

孔子私学教育的课程设置有"四教""四科"和"六艺"之说。

"四教"，指的是"文、行、忠、信"①。"文"，属文化知识教育范畴；"行、忠、信"，属道德教育范畴。"四教"大约是孔子的基本文化伦理道德修养的教育。"四教"虽然没有明确的言语教育课程，但从"修德"这一点上看，却不能说它与言语教育毫无关系。诚如程颐所言："古之学者，修德而已，有德则言可不学而能，此必然之理也。"②"学本是修德，有德然后有言。"③因此，"四教"可以看作言语教育的基础或组成部分。

再看"四科"，指的是"德行：颜渊、闵子骞、冉伯牛、仲弓；言语：宰我、子贡；政事：冉有、季路；文学：子游、子夏"④。如果说"四教"是普通教育的话，那么"四科"则是根据优秀学生的特长所进行的专门教育。在"四科"中，德行、政事、文学，跟"四教"的文、行、忠、信有一定的承继关系，当然，直接进行言语教育的是"言语"科。"言语"科的教学内容与西周"乐"教中的"言""语"这两项相似。在西周，"言""语"只是"乐"教（包括乐德、乐语、乐舞）中"乐语"教育内六个项目中的两个项目，而在孔子的教育结构中，不但将其独立设科，且将其作为拔尖人才专修的四个科目之一，可见，言语教育在孔子的教育结构中占据了前所未有的地位，这是与春秋时期对人才的要求相适应的。

孔子的"六艺"教育有两说：一是指礼、乐、射、御、书、数；一是指"六经"，即《诗》《书》《礼》《乐》《易》《春秋》。两说皆有文献依据。前者显然是对前代教育内容

① 《论语·述而》，四部丛刊本。
② 《朱子校昌黎先生集传·新书本传》，见《韩昌黎全集》，中国书店1991年版，第536页。
③ 程颐：《遗书十八》，见《二程全书》。
④ 《论语·先进》，四部丛刊本。

的继承，后者则是孔子首创，他把古籍精华编成一套教材进行教学。《史记·孔子世家》中有"孔子以《诗》《书》《礼》《乐》教，弟子盖三千焉，身通六艺者七十有二人"的记载。《庄子·天运》中说："孔子谓老聃曰：丘治《诗》《书》《礼》《乐》《易》《春秋》六经，自以为久矣，孰知其故矣。"孔子以"六经"作为教材，在《论语》中也有踪迹可寻。"六经"大致上可兼备"四教""四科"教学之需，自然也可作为言语教育的教材。孔子说："小子何莫学乎《诗》？《诗》可以兴，可以观，可以群，可以怨。迩之事父，远之事君。多识于鸟兽草木之名。"①这里所说的"可以兴""可以怨"，都跟说话和写作有关。"兴"指的是感发和联想，"怨"指的是"怨而不怒"的讽刺的方法。他还说："诵《诗》三百，授之以政，不达；使于四方，不能专对；虽多，亦奚以为？"②这便是说，读《诗》，须以提高口头表达能力作为教学目的，如果读了《诗》，仍然不善言辞，那么读再多也无用。可见，以《诗》作为教材，是负有言语教育（包括写和说）的使命。其他如《书》《易》等，孔子也曾谈到它们"言语"方面的特点。

（三）言语教育的审美要求

在"德—述"规范的制约下，孔子言语教育审美观的首要标准是"思无邪"。孔子说："《诗》三百，一言以蔽之，曰：思无邪。"③所谓"思无邪"，就是言辞中所表露的思想情感符合"正"道，符合"仁"与"礼"的要求，也包含着中和适度的意思。孔子还说："《关雎》乐而不淫，哀而不伤。"④朱熹注曰："盖其忧虽深而不害于和，其乐虽盛而不失其正，故夫子称之如此，欲学者玩其辞，审其音，而有识其性情之正也。"在这里，孔子强调的是言语的思想内涵的纯正和适度。

从言语主体的人格品位的层面上看，孔子追求的是"立诚"。如果说"思无邪"主要是求"善"，那么"立诚"则是求真。孔子说："修辞立其诚，所以居业也。"⑤（以修饰言辞来建立诚信，这是操持自己事业的立足点）这就是说，人的言语来不得半点儿

---

① 《论语·阳货》，四部丛刊本。
② 《论语·子路》，四部丛刊本。
③ 《论语·为政》，四部丛刊本。
④ 《论语·八佾》，四部丛刊本。
⑤ 《周易·乾·文言》，四部丛刊本。

虚假，嘴上讲的全是心里有的，心口如一，真诚信实于内，言语表现于外，才能永久地保持道德的操守。虽然孔子的这句话有其特定的指向，他的"立诚"是建立在他的道德伦理观之上的，但在语文教育史上，人们从中解读到的却是写作要真实地表现作者的思想情感，立真诚以反对伪妄（如王充便是以"疾虚妄""归实诚"为写作准则）。由于这体现了写作的本质要求，所以，"修辞立其诚"成为古今写作实践的本质要求，成为古今语文教育奉行不悖的至理名言。

从言语思想、人格派生出来的言语态度方面看，孔子主张少言、慎言。他说："刚、毅、木、讷，近仁。"①"辞达而已矣。"②"吉人之辞寡。"③"仁者，其言也讱。"④"讱"，朱熹注曰："忍也，难也。仁者不存而不放，故其言若有所忍而不易发，盖其德之一端也。"这就是说，少言、慎言是有"德"的表现。主张少言、慎言，势必反对多言、巧言和妄言："躁人之辞多。"⑤"巧言令色，鲜矣仁。"⑥"古者言之不（妄）出，耻躬之不逮也。"⑦不多言、巧言、妄言，才能得其"正"，立其诚。孔子对其弟子的要求是"谨而信"⑧"言必信"⑨，这"信实"，同样强调的也是真诚，表明了言语须以诚信为旨归。这一点，也表现为他往往将少言、慎言跟行动联系起来。他说："君子欲讷于言而敏于行。"⑩"君子……敏于事而慎于言。"⑪对于君子来说，重要的不是说了多少，而在于做了多少，最好是做了再说，而不应该说得多做得少，即"先行其言而后从之"⑫"君子耻其言而过其行"⑬。孔子注重实行，所关注的也还是言语的诚信。

从言语本体看，孔子强调的是"言"与"文"的统一，"文"与"质"的相称。《左传》中引孔子说："《志》有之：'言以足志，文以足言。'不言，谁知其志？言之无文，行而不远。晋为伯，郑入陈，非文辞不为功。慎辞哉！"⑭这就是说，"慎辞"包含言辞

①⑨　《论语·子路》，四部丛刊本。

②　《论语·卫灵公》，四部丛刊本。

③⑤　《周易·系辞下》。

④　《论语·颜渊》，四部丛刊本。

⑥⑧⑪　《论语·学而》，四部丛刊本。

⑦⑩　《论语·里仁》，四部丛刊本。

⑫　《论语·为政》，四部丛刊本。

⑬　《论语·宪问》，四部丛刊本。

⑭　《左传·襄公二十五年》。

充分地表现心志，用文采巧妙地修饰言辞这两层意思。言之有"文"，才能收到良好的表达效果。他又认为文、质不能相胜："质胜文则野，文胜质则史，文质彬彬，然后君子。"①内容与辞采配合适当是言语形式美的基本要求。

由上可知，孔子的言语审美观已涉及真、善、美三个层面，这些相对完整的认识在写作理论史上有着开创性意义，对写作实践的影响也是深远的。

(四)言语教育的基本方法

孔子言语教育的方法，主要是借助"学"—"读"，通过"读"来悟道修德，道德修养提高了，"有德然后有言"，有德则言可不学而能。这可以看作言语素养教育和语文教育人文性认知的源头。

他特别注重读《诗》，把读《诗》视作言语的根本。他说："不学《诗》，无以言。"②"女为《周南》、《召南》矣乎？人而不为《周南》、《召南》，其犹正墙面而立也与？"③他认为读《诗》不但可以陶冶性情，还可以悟到学问和道理，提高言语的基本素养。《论语》里曾谈到子贡从"如切如磋，如琢如磨"④的诗句中，体悟到做学问与修养身心是没有穷极的道理。子夏读"巧笑情兮，美目盼兮，素以为绚兮"的诗句，通过孔子的启发，联想到"礼后乎？"⑤(礼乐产生在仁义之后吗？)这些就是"读"而后有"德"且有"言"的例子。除了读《诗》，孔子也注重读《书》，因为读《书》一方面可以了解治理国家的大道，另一方面可以知道古代圣贤的言行，以此作为修身的楷模。

对所读的教材，孔子有时也做一些言语方法或特点上的评述。例如，"《关雎》乐而不淫，哀而不伤"；《易》，"其称名也小(称引的事物是细小的)，其取类也大(类比的事物却是重大的)。其旨远，其辞文(高雅)，其言曲而中(道理委婉而又中肯)，其事肆而隐(论断直率而又深刻)。因贰以济民行(利用卜筮者的犹疑以此来指导人们的

---

① 《论语·雍也》，四部丛刊本。
② 《论语·季氏》，四部丛刊本。
③ 《论语·阳货》，四部丛刊本。
④ 《论语·学而》，四部丛刊本。
⑤ 《论语·八佾》，四部丛刊本。

行为），以明失得之报"①。或对某些言语现象发表自己零星的感想："书不尽言，言不尽意。"②这说的是书册和言语的局限性。"为命，裨谌草创之，世叔讨论之，行人子羽修饰之，东里子产润色之。"③这是对郑国的辞命写作详审精密、精益求精极表赞誉。

总的来说，孔子言语教育的方法是以读为本。由读，而明道修德，"和顺积中，英华发外"，言而成"述"。孔子的言语教育规范，大约可称之为以"读"为本位的"德—述"规范。由读中悟，自然也不失为言语学习的一种方式，但过分夸大"读"的作用，认为"读"了就必定会说会写，就混淆了"读"和说、写的规律；用道德教育完全取代言语技能的习得，就不能不说这是孔子教育思想的一个误区。

孔子的这一观点对后世的影响至为深远，历代文人虽提法稍异，如"夫文章者，原出五经"④"读书破万卷，下笔如有神"⑤"作文之法，以群经为本根"⑥"学诗读诗，学文读文，此古今一定之法"⑦，但都是把"读"看作"写"的本源，或把"写"作为读的附庸。以致当代一些著名的语文教育家仍对此笃信不疑，认为"阅读是写作的基础""读是吸收，写是倾吐"。

(五)开因材施教之先河

孔子的伟大，不在于后人授予他的一大堆的"××家"的头衔，或"大成至圣先师"之类的尊称，也不是《论语》中宣示的一大堆的道德伦理政治教育理念，而是《论语》中的他首先是一个很平常的人，他的教育，充满着本真的人性、个性和情性，是真正的"人"的教育。《论语》如果只是"孔子语录"，像"二程语录""朱子语类"一样，是纯粹的教喻，那就魅力尽失了。《论语》之所以使一代又一代人百读

---

① 《周易·系辞下》。
② 《周易·系辞上》。
③ 《论语·宪问》，四部丛刊本。
④ 颜之推：《颜氏家训·文章篇》。
⑤ 杜甫：《奉赠韦左丞丈二十二韵》。
⑥ 宋濂：《宋文宪公全集》卷十六，四部备要本。
⑦ 薛雪：《一瓢诗话》。

不厌，就在于它的师生对话是栩栩如生的，是从活泼的言语生命中流淌出来的，孔子真诚地对待他的每一个学生，师生坦然直面人性的优点和缺点。

孔子的伟大，在于他懂得他的每一个学生，在这一点上，他最有理由感到骄傲。不妨再读一下《论语》中的这些"对话"：

> 闵子侍侧，訚訚（訚，yín。恭敬而正直的样子）如也；子路，行行（刚强而英勇的样子）如也；冉有、子贡，侃侃（温和而快乐的样子）如也。子曰："若由也，不得其死然（怕不得好死）。"①

> 柴也愚（愚笨），参也鲁（迟钝），师也辟（偏激），由也喭（yàn，鲁莽）。②

> 子路、曾晳、冉有、公西华侍坐。
> 子曰："以吾一日长乎尔，毋吾以也！居则曰：'不吾知也！'如或知尔，则何以哉？"
> 子路率尔而对曰："千乘之国，摄乎大国之间，加之以师旅，因之以饥馑，由也为之，比及三年，可使有勇，且知方（大道理）也。"
> 夫子哂之。
> "求！尔何如？"
> 对曰："方六七十，如五六十，求也为之，比及三年，可使足民。如其礼乐，以俟君子。"
> "赤！尔何如？"
> 对曰："非曰能之，愿学焉。宗庙之事，如会同（宗庙祭祀或与别国会盟之事），端章甫（端，穿礼服；章甫，戴礼帽），愿为小相（司仪）焉。"
> "点！尔何如？"
> 鼓瑟希，铿尔，舍瑟而作。对曰："异乎三子者之撰。"
> 子曰："何伤乎？亦各言其志也。"

---

①② 《论语·先进》，四部丛刊本。

曰："莫春者，春服既成，冠者五六人，童子六七人，浴乎沂(水名)。风乎舞雩(雩，yú。舞雩，鲁国祭天求雨的地方，有祭坛和树木，凉快宜人)，咏而归。"

夫子喟然叹曰："吾与点也！"

三子者出，曾皙后。曾皙曰："夫三子者之言何如？"

子曰："亦各言其志也已矣。"

曰："夫子何哂由也？"

曰："为国以礼，其言不让，是故哂之。"

"唯求则非邦也与？"(难道冉求所讲的就不是国家吗？)

(孔子说)"安见方六七十如五六十而非邦也者？"

"唯赤则非邦也与？"

(孔子说)"宗庙会同(有宗庙和同别国的会盟)，非诸侯而何？赤也为之小(如果公西赤只能做个司仪那样的小相)，孰能为之大(谁还能做大事)？"①

子谓公冶长，"可妻也。虽在缧绁(缧绁，léi xiè。捆绑罪犯的绳子，指监狱)之中，非其罪也。"以其子(指女儿)妻之。②

颜渊、季路侍。子曰："盍各言尔志？"

子路曰："愿车马衣裘，与朋友共，敝之而无憾。"

颜渊曰："愿无伐善(夸耀自己的好处)，无施劳(表白自己的功劳)。"

子路曰："愿闻子之志！"

子曰："老者安之，朋友信之，少者怀之。"③

子贡问曰："赐也何如？"子曰："女，器(器皿)也。"

曰："何器也？"曰："瑚琏(古代祭祀时盛粮食的器具，装饰着玉，很尊贵华

---

① 《论语·先进》，四部丛刊本。
②③ 《论语·公冶长》，四部丛刊本。

美)也。"①

子曰："道不行，乘桴(木筏)浮于海。从我者，其由与!"子路闻之喜。子曰："由也好勇过我，无所取材。"②

孟武伯问子路仁乎? 子曰："不知也。"又问。子曰："由也，千乘之国，可使治其赋也，不知其仁也。""求也何如?"子曰："求也，千室之邑，百乘之家，可使为之宰(县长)也，不知其仁也。""赤也何如?"子曰："赤也，束带立于朝，可使与宾客言也，不知其仁也。"③

宰予昼寝。子曰："朽木不可雕也，粪土之墙不可杇(杇，这里是涂抹粉刷的意思)也。于予与何诛(诛，责备)?"子曰："始吾于人也，听其言而信其行；今吾于人也，听其言而观其行。于予与改是。(从宰予这件事后我改变了态度)"④

子曰："吾未见刚(刚强不屈)者。"或对曰："申枨(chéng)。"子曰："枨也欲(欲望过多)，焉得刚。"⑤

子贡曰："我不欲人之加诸我也(把不好的事加在我身上)，我亦欲无加诸人。"子曰："赐也，非尔所及也(这不是你能够做到的)。"⑥

子曰："雍(孔子弟子冉雍)也可使南面(指可以做大官)。"⑦

这里所举的还只是《论语》中有关孔子"知人"的点滴事例，但也可见一斑。在今天仍然可以作为师生"对话"的典范。王小波先生说："读完了《论语》闭目细思，觉得孔子经常一本正经地说些大实话，是个挺可爱的老天真，自己那几个学生老挂在嘴

---

①②③④⑤⑥ 《论语·公冶长》，四部丛刊本。
⑦ 《论语·雍也》，四部丛刊本。

上，说这个能干啥，那个能干啥，像老太太数落孙子一样，很亲切。……总的来说，我喜欢他，要是生在春秋，一定上他那里念书，因为那儿有一种'匹克威克俱乐部'（见狄更斯小说《匹克威克外传》——笔者）的气氛。"①王先生是带着调侃语气说的，我想，孔子的魅力，对于他的学生来说，也许的确学问倒在其次，当然王先生的评价也忒低了些，孔子的确是一个博学多闻有见识的人。最重要的是他对学生知之甚深，有教无类，因材施教，使人识其才，人尽其才，这就很了不起了。在资讯不发达、交通不便之时，居然有三千弟子颠沛流离、忍饥挨饿地求学于他，这在今天是不可想象的。这就是因为他实行的是"人的教育"，是人性化、个性化、生命化的教育，而不是"工具"的"标准化"教育。学生在他的私学里能感受到温情和亲情，能得到平等的待遇和起码的尊重，师生关系融洽和谐。就是这种由人格魅力酿造的人文氛围，使孔子的私学有了凝聚力和感召力，学生觉得这个先生"真"得可爱。今天有多少教师，能这么了解自己的学生呢？

由于孔子个性率真，因此他的学生在他面前也表现得很真实，经常实话实说，不隐瞒什么。这就使得师生间言语沟通变得坦诚、自然、随便、容易，有助于孔子对学生个性的了解。这是他的教育成功的一个重要因素。他经常与学生聊天，有时提一个话题，让学生一起发表意见，自己也参与讨论，借此了解学生，交流思想。学生也经常主动请孔子对自己或他人的性格、才能做出评价，师生促膝交谈，其乐融融。由上面我们所举的一些孔子和他的学生交谈的片段可以看出，孔子对他的学生的个性可谓了如指掌。孔子最得意的学生是颜回，他们情同父子。每每提起颜回，孔子总是称道有加，不厌其烦："有颜回者好学，不迁怒，不贰过。不幸短命死矣，今也则亡，未闻好学者也。"②"贤哉，回也！一箪食、一瓢饮，在陋巷，人不堪其忧，回也不改其乐。贤哉，回也！"③"颜渊死。子曰：'噫！天丧予！天丧予！'"④孔子甚至对其他学生说自己不如颜回。对于颜回的早逝，他悲伤至极，甚至超过丧子之痛。受他贬损最多的是宰我、子路。宰我因好睡、不想为父母守丧等，受到孔子的责骂；子路因过分表现自己的武勇，爱说大话，多次受到孔子的批评。但是，

① 王小波：《我看国学》，见《我的精神家园》，文化艺术出版社1997年版，第69～70页。
②③ 《论语·雍也》，四部丛刊本。
④ 《论语·先进》，四部丛刊本。

孔子还是根据他们的长处，把他们培养成了"言语"和"政事"方面的高才生："德行：颜渊，闵子骞，冉伯牛，仲弓；言语：宰我，子贡；政事：冉有，季路；文学：子游，子夏。"①这个季路，就是子路。孔子虽然说过不少"若由也，不得其死然"（像子路这样，恐怕不得好死吧）一类让子路十分不受用的话，但是，当他说起如果自己的"道"不能实行就漂洋出海归隐的时候，他想到的第一个陪同他一起去的人就是子路。

在重庆师范大学，与我的博士生刘中黎

　　孔子对弟子们的观察是很全面的，他不但看到了弟子们个性之所长，也看到了他们个性之所短，所以才能很好地因材施教。《列子·仲尼》中有这样的记载："子夏问孔子曰：'颜回之为人奚若？'子曰：'回之仁贤于丘也。'曰：'子贡之为人奚若？'子曰：'赐之辩贤于丘也。'曰：'子路之为人奚若？'子曰：'由之勇贤于丘也。'曰：'子张之为人奚若？'子曰：'师之庄贤于丘也。'子夏避席而问曰：'然则四子者何为事夫子？'曰：'居！吾语汝。夫回能仁而不能反，赐能辩而不能讷，由能勇而不能怯，师能庄而不能同。兼四子之有以易吾，吾弗许也。此其所以事吾而不贰也。'"从某种意

---

①　《论语·先进》，四部丛刊本。

义上说，能同时看到学生个性之优长和缺失的教师，才是对学生有吸引力和凝聚力的教师。因为，这能使学生对教师信服和信赖。

综上所述，孔子的言语教育思想开创了我国言语教育重德、重述、重读、重人的致思倾向，他的教育实践，对奠定言语教育的地位起了重要作用。因为儒家思想在我国封建社会中长期处于正统地位，且孔子的言语教育思想与我国科举试士的写作要求在精神实质上是一致的，所以"读"本位的"德—述"规范为我国语文教育所遵循和沿袭，孔子的言语教育的基本观点，成为我国传统语文教育思想的主流和源头，后人的语文教育观往往由此孳乳、衍发。从这个意义上说，孔子的言语教育思想，当是开启我国语文教育思想史的一把钥匙。

二、韩愈：言要其中，文济于用

——"闳其中而肆其外"的复古主义语文教育观

唐代著名的文学家韩愈(768—824 年)，曾被誉为"文起八代之衰"，名列唐宋八大家之首，是我国文坛上有影响力的人物之一。在唐以后的写作界和语文教育界，韩愈名声日彰，文人几乎言必称韩。欧阳修云："学者非韩不学也，可谓盛矣！"《新唐书本传》赞曰："自愈没，其言大行，学者仰之如泰山北斗云。"他与柳宗元共同倡导的古文运动，被宋元明清众多的文人和文学流派所推崇；他的惟陈言之务去，词必己出，文从字顺等主张，至今仍为写作界所津津乐道。韩愈的写作思想和实践之所以能产生如此深远的影响，历经千载，流传不衰，主要是因为它贯穿着"言要其中，文济于用"①的基本精神和"物不得其平则鸣"的唯物主义的写作实践观。

(一)闳其中而肆其外

韩愈所说的"言要其中"，指的就是言语要以六经之旨、中庸之道为归宿。这种

---

① 韩愈：《进学解》，见《韩昌黎全集》，中国书店 1991 年版。以下所引韩文，未另注者，均出于该书。

见解显然和他在哲学思想上奉行的儒学复古主义有着密切的联系。

韩愈认为,自先秦以来,"圣人之道,不传于世。周之衰,好事者各以其说干时君,纷纷藉藉相乱,六经与百家之说错杂"①,尤其是东汉已降,"群儒区区修补,百孔千疮,随乱随失,其危如一发引千钧,绵绵延延,浸以微灭。于是时也,而唱释老于其间,鼓天下之众而从之"②。这种情况给唐王朝的中央集权统治带来了极大的威胁。为了反对佛道思想对封建秩序的破坏,维护唐王朝的利益,韩愈在哲学上,更主要的是在政治上,采取了尊儒排佛的立场,以复兴儒学正统为己任——"使其道由愈而粗传,虽灭死万万无恨!"③这种思想在韩愈的许多文章中都有清楚的表述。了解了韩愈的哲学观与政治观,也就不难理解韩愈的写作观中"言要其中""文书自传道"以及文道合一、以道为主的主张了。

如果我们只看到这种表面上的一致性,难免失之于肤浅,因为韩愈的思想远非"传道"二字可以概括的。一方面,他标榜自己一贯维护道统,拒斥异端:"今有人生二十八年矣,名不著于农商工贾之版。其业则读书著文,歌颂尧舜之道,鸡鸣而起,孜孜焉亦不为利。其所读皆圣人之书,杨墨释老之学,无所入于其心;其所著皆约六经之旨而成文,抑邪与正,辨时俗之所惑。"④另一方面,他又广征博取,兼容并蓄:"仆少好学问,自五经之外,百氏之书,未有闻而不求、得而不观者;然其所志惟在其意义所归。至于礼乐之名数,阴阳土地星辰方药之书,未尝一得其门户,虽今之仕进者不要此道,然古之人未有不通此而能为大贤君子者。仆虽庸愚,每读书,辄用自愧。今幸不为时所用,无朝夕役役之劳,将试学焉。"⑤可见,韩愈其实并非"杨墨释老之学,无所入于其心",他对"百氏之学"还是有较为客观的评价的,有时还给予充分的肯定。例如,他在《读墨子》中说:"孔子必用墨子,墨子必用孔子,不相用不足为孔墨。"在《进士策问》中,他也竭力推崇管仲、商鞅,表示了对于法家人物,"愿与诸生论之,无惑于旧说"的愿望。

因此,韩愈不论怎样以儒家正统自居,也掩盖不了"心有旁骛"的"杂家"实质。

① 韩愈:《读荀子》。
②③ 韩愈:《与孟尚书书》。
④ 韩愈:《上宰相书》。
⑤ 韩愈:《答侯继书》。

在政治上，他主要是排佛老；在哲学上，他主要是辨儒者之醇疵、正伪，求道之一贯，并不一概抹杀各家的存在价值；在写作上，他更为超脱、宽容，把各家之言均看作一种写作现象，各家之人均称为"善鸣者"，在一定程度上消弭了儒家与百家的对立，而没有简单地以"道"画线，把"文"视作"道"的传声筒。从他的古文写作实践来看更是如此，他的文章中真正的传道之作分量甚微，他所谓的古文，也并非拟古或复古之文，而是兼采百家，古为今用，自成一体，即所谓"先生之于文，可谓闳其中而肆其外矣"①，体现了生气勃勃的革新精神和巨大的包容性。

大凡广博敏锐的学者，都不会囿于一隅，画地为牢，对复杂的写作现象和社会人生熟视无睹，韩愈也是这样。他既对百氏之书"未有闻而不求，得而不观者"，又对社会现象极为关注，对世态人生抑郁不平，所以，他自然在约六经之旨而成文，抑邪扶正之外，"亦时有感激怨怼奇怪之辞，以求知于天下"。当他对各种"异端邪说"和复杂的写作现象做认真的思考，对社会现实、世态人生直抒胸臆之时，"文书自传道"这种见解就变成了一种抽象化的观念。在《送王秀才序》这类文章中，他可以说一番"学者必慎其所道""求观圣人之道，必自孟子始。……既几于知道，如又得其船与楫，知沿而不止。呜呼！其可量也哉"的大道理，而一旦面对复杂的现实世界，"知道""传道"的理性抽象与实践的广阔性和丰富性发生矛盾时，他就不得不迁就于写作的客观性准则了。为了更好地概括写作现象，韩愈终于提出"文济于用"的观点，以弥补"言要其中"之不足。这看似折中之论，实际上在写作实践的天平上，却发生质的倾斜，"言要其中"是虚，"文济于用"是实。在这一折中之论的背后，是韩愈对写作本质的更为大胆深刻的揭示——物不得其平则鸣，有不得已者而后言。至此，韩愈在充满矛盾的艰难抉择中，完成了对写作本质的认识由抽象上升到具体的思维历程，完成了"文书自传道—言要其中，文济于用—物不得其平则鸣，有不得已者而后言"这一梯级建构。

由此看来，韩愈政治上、哲学上的卫道、传道意识，在对写作的认识上，已较大程度地被稀释和淡化，带上了实用理性的色彩。在这里，他所传之"道"，实际上已经不可道了。

---

① 韩愈：《进学解》。

(二)物不得其平则鸣

韩愈自幼失怙，生活凄苦。及长，操行坚正，刚直不阿，因而仕途坎坷，不受宠幸。正如苏轼所言："公之精诚，能开衡山之云，而不能回宪宗之惑；能驯鳄鱼之暴，而不能弭皇甫镈、李逢吉之谤；能信于南海之民，庙食百世，而不能使其身一日安于朝廷之上。"①因此，韩愈有较多的机会接触到下层人民的生活，并认识到封建政治的腐败，从而对写作的特征有着较其他儒家学者更为透彻的领悟。

韩愈说："大凡物不得其平则鸣：草木之无声，风挠之鸣；水之无声，风荡之鸣。其跃也，或激之；其趋也，或梗之；其沸也，或炙之。金石之无声，或击之鸣。人之于言也亦然：有不得已者而后言，其歌也有思，其哭也有怀，凡出乎口而为声者，其皆有弗平者乎！"②自古以来，儒家学者尊奉的大都是"言志"说（诗言志），把人的内心的情志作为写作之源，因而孔夫子的写作批评论的标准也只是论情志的邪正（思无邪），还没有谁能像韩愈那样慷慨淋漓、入木三分地把写作的发生归因于外物的激荡、内心的不平："凡出乎口而为声者，其皆有弗平者乎！"这就在作者与现实的矛盾的普遍性上，肯定了写作的"应世济用"的特征，肯定了"不平"的必然性，显得有点儿不那么中庸平正了。

从这一立场出发，韩愈从容而大胆地把诸子百家的代表人物几乎统统归入"善鸣者"之列。他在列举臧孙辰、孟轲、荀卿这些儒家学者的同时，也对庄周、杨朱、墨翟、管夷吾、晏婴、老聃、申不害、韩非、慎到、田骈、邹衍、尸佼、孙武、张仪、苏秦等百家学者表示了认同，只是对他们做了"以道鸣者"与"以术鸣者"的区分，这就在"不平则鸣"这一点上将儒家之言与百家之言统一了起来，等于承认了非传道的百家之言存在的合理性。

为了使这种兼容具有说服力，韩愈把人（善鸣者）平等地置于天的役使之下，是天"尤择其善鸣者而假之鸣"。鸣与不鸣，如何鸣，皆属天意，这就使以同一性取代差异性"合法"化了。他在谈到孟郊、李翱、张籍时说："三子者之鸣信善矣，抑不知天将和其声，而使鸣国家之盛邪？抑将穷饿其身，思愁其心肠，而使自鸣其不幸邪？

---

① 苏轼：《潮州韩文公庙碑》。
② 韩愈：《送孟东野序》。

三子者之命，则悬乎天矣。"①对于这种"天命"观，我们固然可以把它看作韩愈认识论上的局限，但"不平则鸣"说的关键不在于"天命"，而在于"外物"，即时代社会环境。"天命"只是一种抽象的存在，而时代社会环境则是具有客观性的实体，它直接与人发生关系，并决定"鸣"的方式与状况："其在唐、虞，咎陶、禹其善鸣者也，而假以鸣。夔弗能以文辞鸣，又自假于《韶》以鸣。夏之时，五子以其歌鸣。伊尹鸣殷，周公鸣周。见载于《诗》《书》六艺，皆鸣之善者也。"这些均为"治世""盛世"之鸣，所以其鸣也善。"周之衰，孔子之徒鸣之，其声大而远。……其末也，庄周以其荒唐之辞鸣。楚，大国也，其亡也，以屈原鸣。臧孙辰、孟轲、荀卿以道鸣者也。杨朱、墨翟……之属，皆以其术鸣。秦之兴，李斯鸣之。汉之时，司马迁、相如、扬雄，最其善鸣者也。其下魏、晋氏，鸣者不及于古，然亦未尝绝也；就其善者，其声清以浮，其节数以急，其辞淫以哀，其志弛以肆，其为言也，乱杂而无章。"②这些均是"衰世""乱世"之鸣，其鸣有善有不善。可见，韩愈的着眼点不在于论"天命"，而在于论"时世"，不平之言，实则"应时济用"之言，这跟我们今天所说的文章是社会生活的反映，有共通之处。这一见解，无疑为韩愈的古文运动奠定了认识论基础。他的古文之所以能区别于三代两汉的古文、骈文、韵文而独树一帜，就是因为其能立足于"应时"和"济用"。

韩愈在注意到客观环境对写作的制约作用的同时，还看到写作主体的能动性，因为"不平则鸣"就包含了主、客体的由对立而统一的相互作用的过程。有外物的"挠之""荡之"，且能"有思""有怀""郁于中"，才有"不得已者而后言"。"言"的条件，既在于"时世"，又在于能感应"时世"的"善鸣者"，即物、我合一。就主体来看，也还有各自所能鸣的空间：有以歌鸣，有以文辞鸣，有以诗鸣，有以道鸣，有以术鸣。可见，韩愈对物、我关系的描述，大体上还是符合写作规律的。

韩愈表明上述观点的《送孟东野序》一文，作于贞元十八年。这年韩愈当属思想较为成熟之际。该文与《答李翊书》，都是他论文的力作。《送孟东野序》从宏观的角度揭示写作的本质，论述物、我关系，概括写作现象，具有海含地负之胸襟；《答李翊书》则描述写作主体的发展，探讨写作学习规律，阐明提高主体修养的重要性，显

---

①②　韩愈：《送孟东野序》。

出技进乎道之从容。两文都带有强烈的革新气息，都是对古文运动不同层面上的理性概括，其中的基本观点，都远远超出写作载体论的范围。遗憾的是，我们往往把更多的注意力放在韩愈在文体变革方面做出的贡献上，却把他的一些具有宣言性质的或有一定理论价值的文章，看作即兴之作，一言带过。

(三)以"自树立，不因循"为能

与韩愈的"不平则鸣"说密切相关的是他的"自树立，不因循"的写作价值观。

在《答刘正夫书》中，韩愈对传道济用之文创造性地阐明了自己的见解："夫百物朝夕所见者，人皆不注视也；及睹其异者，则共观而言之：夫文岂异于是乎？汉朝人莫不能为文，独司马相如、太史公、刘向、扬雄为之最。然则用功深者，其收名也远；若皆与世沈(沉)浮，不自树立，虽不为当时所怪，亦必无后世之传也。"在这里，韩愈首先从"传世"的角度，提出为文的求"异"标准和评文的价值取向，这也许还包含着对自己所倡导的"古文"不为当世赏识而自鸣不平吧！

对"异"的肯定，必然面临着"叛道"的危险，为调和"异"与"道"的矛盾，韩愈进而阐释说："足下家中百物，皆赖而用也，然其所珍爱者，必非常物。夫君子之于文，岂异于是乎？今后进之为文，能深探而力取之，以古圣贤人为法者，虽未必皆是，要若有司马相如、太史公、刘向、扬雄之徒出，必自于此，不自于循常之徒也。若圣人之道，不用文则已，用则必尚其能者，能者非他，能自树立，不因循者是也。有文字来，谁不为文，然其存于今者，必其能者也。"[①]其中要点有三个：一是从"用"出发，来肯定"异"；二是指出"圣人之道"，即以"异"为"能"；三是把"能"界定为"自树立，不因循"。这未必是"以古圣贤人为法者"皆能做到的。这就赋予"道"以丰富性和活力，赋予"道"以创新的内涵。这实际上也就表明了韩愈对"道"的笃信，他恰恰坚持的是包容万物、吐故纳新的发展观，而不是把它当作僵化的教义。如此，便不难理解他所说的"不违于道""学古道""师古圣贤人"这些话的实质了。他其实是不违大道，而不拘小道，对古圣贤人也是有所学有所不学，有所违有所不违，这才是真正的韩愈！

---

① 韩愈：《答刘正夫书》，见童第德选注：《韩愈文选》，人民文学出版社 1980 年版，第 120～121 页。

　　赋予道以创新发展的内涵，这便为古文运动的"自树立，不因循"铺平了道路。在以古圣贤人为法而又不循常法的思想指导下，韩愈以"不平则鸣"说奠基，对以"术"鸣的百家表示认可，提出"孔、墨互用"的观点，对法家的评价也表示应"无惑于旧说"，公然称颂管仲、商鞅。在《师说》中，他无视传统的师法或家法授受的陈规，表明了"弟子不必不如师，师不必贤于弟子"的见解，对"言而不称师，谓之畔"的传统师道观给予大胆抨击。他对科举取士、佛教危害、藩镇割据等敢于直言，对官吏的专横、人民的疾苦也有不平之鸣。由此可见，韩愈的"自树立，不因循"的写作价值观，不但是对写作的规范，而且具有思想解放、文化革新的意义。当然，这种解放与革新是以不触动儒家道统的根本和封建王朝的利益为前提的。

　　韩愈的写作价值观，在文体革新上得到最为充分的体现。他一扫汉、魏、晋以来"饰其辞而遗其意"的骈俪文体的迷雾，在中唐文坛异军突起。他的以实用为目的的散文化、杂文化的"古文"，集古今文体形式（也包括骈俪文体）之优长。他从表情达意的实际需要出发，不拘陈法、自由灵活地铸词造文，这使他的"古文"显得较少程式化和书卷气，而有较强的可感性和可读性，如用与死者交谈的形式写祭文（《祭十二郎文》），以朴素简洁的语言写传奇式的寓言（《毛颖传》），借荒诞的"穷鬼"形象写讽刺文（《送穷文》）等，令人耳目一新，百读不厌。他的许多文章，因言无常式，语无定法，文随事异，因文立言，前人不知如何划分体式，只好笼统称之为"杂著"或"杂文"。在语言运用上，他更是随心所欲：或文或白，或繁或简，或难或易，莫衷一是。从用词上看，他主张"陈言之务去""词必己出"；从篇章上看，他主张"文从字顺"。他说："惟古于词必己出，降而不能乃剽贼，后皆指前公相袭，从汉迄今用一律。寥寥久哉莫觉属，神徂圣伏道绝塞。既极乃通发绍述，文从字顺各识职。"① 这也同样是从"自树立，不因循"，从"济用"目的上，评价、要求写作的语言的。

　　这一写作价值观又是和他对写作主体发展的认识联系在一起的。韩愈可谓"表现论阅读"实践的鼻祖。他曾经在《答李翊书》中对自己 20 多年的学习生涯做过这样的总结："……将蕲（蕲，qí。祈、求）至于古之立言者，则无望其速成，无诱于势利，养其根而俟其实，加其膏而希其光，根之茂者其实遂，膏之沃者其光晔，仁义之人，

---

　　① 韩愈：《南阳樊绍述墓志铭》，见童第德选注：《韩愈文选》，人民文学出版社 1980 年版，第 211 页。

其言蔼如(蔼,和。如,然)也。"①他认为"立言"重在根本的养护和培育,是不可能速成的。他自己的成长经历表明,作为一个"立言"者,自我的修养、阅读和写作是同步发展的。他描述了主体发展的四个阶段,这四个阶段都是由读入写,读自然而然地提高了人的修养,并指向了写:"始者非三代、两汉之书不敢观,非圣人之志不敢存,处若忘,行若遗,俨乎其若思,茫乎其若迷。当其取于心而注于手也,惟陈言之务去,戛戛乎其难哉!其观于人,不知其非笑之为非笑也。如是者亦有年,犹不改,然后识古书之正伪,与虽正而不至焉者,昭昭然白黑分矣,而务去之,乃徐有得也。当其取于心而注于手也,汩汩然来矣。其观于人也,笑之则以为喜,誉之则以为忧,以其犹有人之说者存也。如是者亦有年,然后浩乎其沛然矣,吾又惧其杂也,迎而距(同拒)之,平心而察之,其皆醇也,然后肆焉。"②这里所描述的四个阶段的发展:难、畅、沛、肆,都是以思想修养和独立思考能力的提高为依据的,先是去陈言,再是识正伪,接着立主见,最后是察醇杂,这样达到"肆"的极境,便是能随心所欲而又不违于道。阅读直接与写作主体性养成、写作能力的发展息息相关,这对我们是很有启示意义的:只有和人的修养、言语表现联系在一起的阅读,才是有效的、高效的阅读。能从写作主体性养成的角度,看写作学习的阶段性,其独到之处亦属难能可贵。

(四)古文以俟知者知耳

要在文坛革故鼎新,独树一帜,其困难之多、阻力之大是可想而知的。据欧阳修说,韩文为世人所赏识应该是在韩愈时代的 200 多年后:"是时天下学者,杨、刘之作号为'时文',能者取科第,擅名声,以夸荣当世,未尝有道韩文者。……其后天下学者亦渐趋于古,而韩文遂行于世,至于今,盖三十余年矣。"③韩愈在世时,虽然其古文亦有一些知音和追随者,但应该说有相当多的人对他的改革并不理解,对他的一些文章,有人讥之曰:"此等文章,已失古意,末流效之,乃堕恶趣。"连和他相熟的裴度也说:"昌黎韩愈,恃其捷足,往往奔放,不以文立制,而以文为戏,

---

①② 韩愈:《答李翊书》,见童第德选注:《韩愈文选》,人民文学出版社 1980 年版,第 27、27~28 页。

③ 欧阳修:《朱子校昌黎先生集传·记旧本韩文后》。

可以乎？"①这种情况，韩愈自己也曾谈道："仆为文久，每自测意中以为好，则人必以为恶矣：小称意人亦小怪之，大称意即人必大怪之也。时时应事作俗下文字，下笔令人惭；及示人，则人以为好矣：小惭者亦蒙谓之小好，大惭者即必以为大好矣，不知古文直何用于今世也。"②韩愈对世人责难"古文"和偏爱"俗下文字"虽也感到不平，但仍能泰然处之，矢志不渝，相信他的写作思想和实践终将会被人理解和接受。他说："然以竢知者知耳。……作者不祈人之知也明矣。直百世以竢圣人而不惑，质诸鬼神而不疑耳。"③"竢知者知耳"，得司马迁"藏之名山，传之其人"之意，体现了韩愈不媚世从俗的决心和对写作革新的自信。

不为人理解的境遇，使韩愈对作者应该执守什么样的写作人格颇多感慨，韩愈的不媚世从俗的写作人格观，构成他写作思想的另一个重要方面。韩愈的写作人格观所显示的特立独行的品质，也是对他的写作本体论中"文以济用""不平则鸣"观点的进一步丰富和补充。

在文章中，韩愈表现出对科举制腐朽和文人学子随波逐流的不满，以及对历代豪杰之士的写作人格的景仰。他对那些"求速化之术"的学子的"所问则名，所慕则科"的行为极为不屑，认为这样的人向他求教等于"借听于聋，求道于盲"。他认为科举考试是对正直才俊之士的莫大羞辱："夫所谓博学者，岂今之所谓者乎？夫所谓宏辞者，岂今之所谓者乎？诚使古之豪杰之士，若屈原、孟轲、司马迁、相如、扬雄之徒进于是选，必知其怀惭乃不自进而已耳；设使与夫今之善进取者竞于蒙昧之中，仆必知其辱焉。然彼五子者，且使生于今之世，其道虽不显于天下，其自负何如哉！肯与夫斗筲者决得失于一夫之目而为之忧乐哉！"④这种心态使他显得与世风格格不入，然而也正是这种耿介自尊使得他的写作人格焕发出异彩。

韩愈认为，一个真正有操守有成就的人，要对事物有正确的认识，要不为外物所迷惑，要能够把握住自己，要有执着的追求，即所谓"寓其巧智，使机应于心，不挫于气，则神完而守固，虽外物至，不胶于心"⑤。这就是说，把智慧寄托在某一事

---

① 裴度：《寄李翱书》。
②③ 韩愈：《与冯宿论文书》。
④ 韩愈：《答崔立之书》。
⑤ 韩愈：《送高闲上人序》。

物上，洞悉事物的规律，便能随机应变，应付自如；遇到任何困难，均能不屈不挠地坚持自己的志向，不为外界的纷扰所动，如能"神完而守固"，便可"变动犹鬼神，不可端倪，以此终其身，而名后世"。

韩愈还明晰地描述了写作过程中的矛盾与选择，表现了对刚正执着的写作人格的张扬："利害必明，无遗锱铢，情炎于中，利欲斗进，有得有丧，勃然不释，然后一决于书。"①即作者要细致地穷究事物的道理，心怀热烈的情感，面对纷繁的社会现实，有所择取，始终保持旺盛的心志，毅然决然地加以表现。

2015 年 8 月在台北街头小憩

当然，我们也不能不看到韩愈写作人格观中矛盾的一面。他在求得独立不羁的写作人格的同时，也不得不数进科举之场，与"斗筲者"决得失于一夫之目；他在作潇洒任气济用之文的同时，也还"时时应事作俗下文字"。这种人格上的分裂和痛苦自是可以理解且应该谅解的，韩愈的写作人格观仍然是真实的表白。"机应于心，不

①　韩愈：《送高闲上人序》。

挫于气"所体现的心、物的沟通与和谐，以及着眼于现实世界的客观、积极的进取精神，是韩愈写作人格观的精华所在。唯此，他的"以竢知者知耳"，才不流于孤芳自赏的浅薄，而真正显示出智者的深刻和豁达。

综上所述，韩愈作为中国写作史与语文教育史上有影响力的人物之一，其写作思想的理论意义还有待于进一步开掘和总结。他的古文运动的价值不仅在于我们一向所注重的文体革新，而且，更为重要的还在于他在写作价值判断上所体现出的历史感和包容性。从这个意义上说，韩愈的古文运动，堪称我国写作史上的一次思想解放运动。

三、曾国藩：不求理法，但求气昌

——"行气为文章第一义"的主体性语文教育观

清一代，以方苞、刘大櫆、姚鼐等为代表的桐城派是非常有影响力的散文流派。它被视为文章正宗，有"天下文章，其出于桐城乎"①之说。桐城派在嘉庆、道光年间曾一度从兴盛走向衰微。其时，曾国藩(1811—1872年)在自己周围聚集起一批有名望的桐城派作家，如吴汝纶、张裕钊、薛福成、黎庶昌等，一跃而成为桐城派的"中兴圣主"。

曾国藩是我国封建社会后期的儒家写作教育思想的代表人物之一，较之于唐彪、章学诚，由于其主要是一位政治人物，而不是教育家，所以其写作教育观更为超脱一些，不太受制于科举之学，表现了较强的主体性。研究曾国藩的写作和写作教育思想，对于深入探讨桐城派写作理论的沿革与发展是很有必要的。

(一)以气为主的本体观

桐城派写作理论，其本体观是以方苞的"义法"说奠基，"义"即"言有物"，"法"即"言有序"，强调"因文以见道"，实际上继承的是唐宋以来"文以载道"的传统。其

---

① 姚鼐：《刘海峰先生八十寿序》。

稍后的刘大櫆，既认为"作文本以明义理，适世用"，又主张"行文之道，神为主，气为辅"①，显示出对写作主体力量一定程度的关注。及至姚鼐，提出"义理、考证、文章"三者相济说，以及"神、理、气、味"（"文之精也"），"格、律、声、色"（"文之粗也"）相统一的观点，看似全面、公允，而实际上仍未跳出"义法"为本之藩篱。曾国藩尽管祖述姚鼐，对桐城文统有所继承，但同时也有所扬弃和发展。他说："古人之不可及，全在行气，如列子之御风，不在义理字句间也。"②"行气为文章第一义。"③他把"气"的作用，提高到其他桐城派作家从未达到的高度加以认识，把"行气"置于写作本体的核心位置上加以强调。从重"义法"到重"行气"，这是曾国藩对桐城派写作理论所做的一个最为重要的修正。此外，他还主张以"经济"之学来救姚鼐的"义理"之弊，认为"义理、词章、经济、考据""四者缺一不可"。把"经济"单独提出来，放到和"义理、考据、词章"并列的地位上，强调"经世致用"，实际上也是对"义法"说的一种淡化。

曾国藩认为只有气盛才有义法可言。他说："文家之有气势，亦犹书家有黄山谷、赵松雪辈，凌空而行，不必尽合于理法，但求气昌耳，故南宋以后文人好言义理者，气皆不盛。大抵凡事皆宜以气为主，气能挟理而行，而后虽言理而不厌，否则气既衰苶，说理虽精，未有不可厌者。犹之作字者，气不贯注，虽笔笔有法，不足观也。"④批评南宋以后"文人好言义理者，气皆不盛"，以为文家"不必尽合于理法，但求气昌耳"，这便是曾国藩写作本体论的基本观点。显然，曾氏论文并未拘守桐城"义法"。

那么，究竟什么是曾国藩所倡言的"气"呢？他对"气"的理解，远则可溯源至孟子的"体之充也"，近则可与姚鼐的"文之精也"相通，但却更为具体明确。它指作者的天赋、个性、气质、人格修养等，体现在文章中，便是一种独特的风格力量或基本格调（即气势）：或雄奇或诙诡或跌宕或倔强。有气则有势，行气的关键在于取势，文章气昌与否，取决于写作主体力量对篇章整体的统摄力、贯穿力的强弱。可见，

---

① 刘大櫆：《论文偶记》。

②④ 曾国藩著，萧守英、冯光前、曾小丹、刘礼吾整理：《曾国藩全集·日记二》，岳麓书社 1988 年版，第 950、1310 页。

③ 钟叔河选编：《曾国藩教子书》，岳麓书社 1986 年版，第 71 页。

曾国藩的"以气为主"的写作本体现，是一种体现着强烈的主体意识的本体观。

曾国藩认为，欲作气势之文，重在"养气"。"欲求养气，不外'自反而缩，行慊于心'两句；欲求行慊于心，不外'清、慎、勤'三字。……'清'字曰名利两淡，寡欲清心，一介不苟，鬼伏神钦；'慎'字曰战战兢兢，死而后已，行有不得，反求诸己；'勤'字曰手眼俱到，心力交瘁，困知勉行，夜以继日。"①"养气"的根本则在于"尽心养性，保存天之所以赋予我者"。可见，曾国藩对"养气"的看法，兼及人格品行修养和个人先天资质的培养这两方面的内容，带有一定的主体个性色彩。固然曾国藩对写作主体的"心"与"性"的强调不无唯心论的成分，但是他的"以气为主"的本体观，较之陈腐僵化的"义法"说，无疑还是有其积极的一面的。

(二)超群离俗的个性观

"以气为主"的本体观，同样体现了对写作主体的创造才能的肯定。对于作者的写作个性这一点，在桐城派作家中，曾国藩是强调得比较充分的一个。

曾国藩说："凡大家名家之作，必有一种面貌，一种神态，与他人迥不相同。譬之书家，羲、献、欧、虞、褚、李、颜、柳，一点一面，其面貌既截然不同，其神气亦全无似处。本朝张得天、何义门虽称书家，而未能尽变古人之貌，故必如刘石庵之貌异神异，乃可推为大家。诗文亦然，若非其貌其神迥绝群伦，不足以当大家之目。渠既迥绝群伦矣，而后人读之，不能辨识其貌，领取其神，是读者之见解未到，非作者之咎也。"②他认为，为文要"貌异神异""迥绝群伦"。曾国藩对写作主体个性的张扬，在桐城派写作理论的发展上值得加上一笔。桐城文统讲求的是以清通质实雅驯之文法来承载程朱的义理，在文章的内容与形式的要求上均存在一定的概念化、模式化的倾向，虽然刘大櫆、姚鼐已经意识到单纯以"义法"论文的局限，但是，在对写作个性的看法上，曾国藩要比他们更为大胆，他的写作个性观，也同样体现了对"义法"说的离异和淡化。

所谓"貌异神异""迥绝群伦"，就主体思维品质而言，"总须用意有超群离俗之

---

① 曾国藩著，萧守英、冯光前、曾小丹、刘礼吾整理：《曾国藩全集·日记二》，岳麓书社1988年版，第802页。

② 钟叔河选编：《曾国藩教子书》，岳麓书社1986年版，第133页。

想，乃能脱去恒蹊"，即作文要不落俗套，自成一格。这便涉及模仿和创新的问题。

曾国藩并不是一味地反对模仿，他说："作文作诗赋，均宜心有摹仿，而后间架可立，其收效较速，其取径较便。"模仿可能出好文章，但最好的文章则是"无所依傍"之文。他认为，"杨子云作文无一不摹仿前哲。传称其仿《论语》而作《法言》，仿《易》而作《玄》，仿《凡将》《急就》而作《训纂》，仿《虞箴》而作《州箴》，仿相如而作赋，仿东方朔而作《解嘲》。姚惜抱氏又谓其谏不受单于朝仿谏伐韩，《长杨赋》仿难蜀父老，是皆然矣。余独好其《酒箴》无所依傍，苏子瞻亦好之，当取为子云诸文之冠"①。他赞赏自出机杼、别出心裁之文，自然对剿袭之文十分不屑。他认为在诸子中除了《老子》《庄子》《荀子》《孙子》能自成一家之言外，其余的都不免于剿袭。而好文章的妙处，就在于能够变幻无穷，无相袭之调。剿袭前人，便意味着浅薄。文章之道，"大抵得于天授，不尽关于学术"，揣摩袭仿对于写作的作用是很有限的，而御风行气、不拘一格的自然宣泄才是正道。

这进而又涉及"知文"与"遵法"二者的关系问题。曾国藩认为文章的法则本来就是人创造的，不懂得何以有法的人，与其言法，只能成为死法，言而无益。他说诗文写作，"或先叙世系，而后铭功德。或先表其能，而后及世系。或有志无诗，或有诗无志。皆韩公创法。后来文家踵之，遂援为金石定例。究之深于文者，乃可与言例。精于例者，仍未必知文也"②。曾国藩这种对"法"的理解是辩证的，较之于一般地说"文无定法，文成法立"，要给人以更多的启示。"法"既然是人"创"的，有什么理由要拘守于陈法，而不能标新立异呢？不懂得写作的根本，以为前人所创的"法"便是"金石定例"，就会作茧自缚。知法而不知文，反而会抑制写作个性的发挥。可见，要遵法先要知文，知文方可言法。

要知文，须对前人诗文有独立的见解："读古文古诗，惟当先认其貌，后观其神，久之自能分别蹊径。今人动指某人学某家，大抵多道听途说，扣槃扪烛之类，不足信也。君子贵自知，不必随众口附和也。"③这种见解确也说在了点子上。对诗文有独到的理解与判断，不人云亦云的人，才算是真正"知文"的人，在写作中才

---

①②　曾国藩著，陈书良整理：《曾国藩全集·读书录》，岳麓书社 1989 年版，第 144、293页。

③　钟叔河选编：《曾国藩教子书》，岳麓书社 1986 年版，第 133 页。

能不为陈见所囿，特立独行，不拘一格，充分施展自己的写作才能，发挥自己的写作个性。

(三)圆适遒简的表述观

写作须"以气为主"，这就决定了"行气为文章第一义"。"以气为主"的写作本体观，决定了以"行气"为主要行为特征的写作表述观。文章形式之美，主要是一种气势之美。由于作者所"行"之"气"不同，表现在文章中的气势之美也就各异。

关于气势之美，曾国藩认为，"以气象光明俊伟为最难而可贵。如久雨初晴，登高山而望旷野。如楼俯大江，独坐明窗净几下，而可以远眺。如英雄侠士，裼裘而来，绝无龌龊猥鄙之态。此三者，皆光明俊伟之象。文中有此气象者，大抵得于天授，不尽关于学术。自孟子、韩子而外，惟贾生及陆敬舆、苏子瞻得此气象最多。阳明之文，亦有光明俊伟之象。虽辞旨不甚渊雅，而其轩爽洞达如与晓事人语，表里粲然，中边俱澈，固自不可几及也"①。曾国藩在这里虽然讲的是文章气势之美的最高境界，但也揭示了"行气"的一般的美感特征——轩爽洞达、表里粲然、中边俱澈。

行气的轩爽洞达、表里粲然、中边俱澈，集中表现为行文的"圆适"。曾国藩曾一再嘱咐他的儿子作文应在"圆"字上下功夫。他说："吾于尔有不放心者二事：一则举止不甚重厚，二则文气不甚圆适。以后举止留心一'重'字，行文留心一'圆'字，至嘱。"②"无论古今何等文人，其下笔造句，总以珠圆玉润为主。无论古今何等书家，其落笔结体，亦以珠圆玉润四字为主。故吾前示尔书，专以一重字救尔之短，一圆字望尔之成也。世人论文家之语圆而藻丽者，莫如徐(陵)庾(信)，而不知江(淹)鲍(照)则更圆。……至于马迁、相如、子云三人，可谓力趋险奥，不求圆适矣；而细读之，亦未始不圆。至于昌黎，其志意直欲陵驾子长、卿、云三人，戛戛独造，力避圆熟矣；而久读之，实无一字不圆，无一句不圆。③"他认为，只要从"圆"字入手，便没有不可读的古文，不可通的经史。可见，曾国藩所谓的"圆适"，是一个普遍性的、宏观性的写作美学追求，不仅指篇章整体内涵的和谐圆满，气势的贯注整

---

① 曾国藩著，陈书良整理：《曾国藩全集·读书录》，岳麓书社 1989 年版，第 367 页。

②③ 钟叔河选编：《曾国藩教子书》，岳麓书社 1986 年版，第 40～41 页。

一，还指选材、遣词造句等的恰如其分、协调一致。处于圆心地位的是"气"（"以气为主"），气质决定美质。气昌，行文便有圆适感；气弱，文章则散乱无章。

文气的"圆适"又是和表现的"遒简"相联系的，缺乏准确有力、简洁明了的表述，便没有畅达饱满的文气。在具体行文中，曾国藩往往把文字的"遒简"与否作为评判文章优劣的一个根本性的要求。他给《韩昌黎集·乌氏庙碑铭》一文下的评语是："最善取势。左领君、中郎君、尚书君，三氏同庙。不叙左领、中郎事迹，专叙尚书，大家之文。所以遒简也。低手三世各辅叙几句，便无此劲洁。"①他对司马迁的《史记》所极力称道之处，也在于其叙事简洁而气昌。他说："实事当有数十百案，概不铺写，文之所以高洁也。后人为之，当累数万言不能休矣。"②"叙战功极多，而不伤繁冗。中有迈往之气，足以举之也。"③"遒简"主要是对选材的要求，也是对遣词造句的要求："矜慎简炼，一字不苟，金石文字之正轨也。"④曾国藩的行文须"遒简"的看法，大多是和"行气""取势"相提并论的，其基本着眼点均在选材上，可见，曾国藩的表述观最为注重的乃是文章内在表现力的传达。

行文的"圆适"和"遒简"，都只是对文章表述的一般性要求，不同的文体，在表述上自然也还有其特殊的需要。例如，对于奏疏一体，曾国藩就认为："奏疏总以明显为要，时文家有典显浅三字诀。奏疏能备此三字，则尽善矣。典字最难，必熟于前史之事迹并熟于本朝之掌故，乃可言典。至显浅二字，则多本于天授。虽有博学多闻之士，而下笔不能显豁者多矣。浅字与雅字相背，白香山诗务令老妪皆解，而细求之，皆雅饬而不失之率。吾尝谓奏疏能如白诗之浅，则远近易于传播，而君上亦易感动。"⑤由此看来，曾国藩对文体特殊性方面的考虑，一方面是从表达内容的需要出发；另一方面是从"传播"，即读者接受的角度出发。显然这种认识也是合理的。

值得注意的是，曾国藩一般不孤立地谈论文章的语言形式技巧，而是把它放在文章的整体结构功能中加以认识。他说："情以生文，文亦足以生情。文以引声，声亦足以引文。循环互发，油然不能自已，庶可渐入佳境。"⑥在桐城派作家中，能像曾国藩那样整体地思考写作表述中诸因素关系的，实在并不多见。

---

①②③④⑤⑥ 曾国藩著，陈书良整理：《曾国藩全集·读书录》，岳麓书社 1989 年版，第 296、89、89、300、327、301 页。

(四)技进乎道的习作观

曾国藩一生手不释卷，对为文之道深有感受。他没有当过老师，但他始终苦心孤诣地教导儿子们读书作文，对写作和习作的规律颇有见解。这种见解概而言之，就是"技进乎道"。

曾国藩在读《韩昌黎集·送高闲上人序》一文的体会中，对写作的内在机理做了较为具体的阐述。他说："事之机括，与心相应。事不如志，则气挫。所向如意，则不挫于气。荣辱得失，不纠缠于心，此序所谓机应于心不挫于物者，姚氏以为韩公自道作文之旨。余谓机应于心，熟极之候也。《庄子·养生主》之说也。不挫于物，自慊之候也。《孟子·养气》章之说也。不挫于物者，体也，道也，本也。机应于心者，用也，技也，末也。韩公之于文，技也进乎道矣。"①这就是说，得心应手、恰如其分地表现事物，就有赖于熟练的技艺；准确地把握事物，依靠的是作者的自我修养和认识能力。正确地认识事物，是写作的首要的、本质的、根本的方面；恰当地表现事物，则是写作的应用的、技巧的、末节的方面。要写好文章，就应从对一般技能、技巧的掌握，上升到对本质规律的认识。

对于习作者来说，要做到"机应于心"，主要是加强写作基本功的训练。关于这一点，曾国藩较为重视文字训诂、辞藻积累、做材料心得笔记等。他要求儿子："尔作时文，宜先讲词藻，欲求词藻富丽，不可不分类抄撮体面话头。近世文人，如袁简斋、赵瓯北、吴毅人，皆有手抄词藻小本，此众人所共知者。……昌黎之记事提要，纂言钩玄，亦系分类手抄小册也。"②曾国藩把词汇量的积累看成习作之首务，这无疑是有见地的。

要"不挫于物"，就须通过"尽心养性"，提高习作者的内在文化修养水平。曾国藩认为，写作"有气则有势，有识则有度，有情则有韵，有趣则有味"，写作起决定作用的是主体的气、识、情、趣，而气、识、情、趣又离不开读书积理。他说当有极为真挚的情感要一吐为快时，必须有充分的道理上的积蓄。这里所说的道理是指足以传达自己真实纯正的情感，既不用苦苦地雕琢字句，也不会有言不尽情的遗憾，

---

① 曾国藩著，陈书良整理：《曾国藩全集·读书录》，岳麓书社 1989 年版，第 290 页。
② 钟叔河选编：《曾国藩教子书》，岳麓书社 1986 年版，第 27 页。

全靠平时"读书积理"。如果平时酝酿不深，即使有真挚的情感要倾吐，但由于缺乏必要的文化修养与其相适应，也只好临时去寻思义理，而义理不是一时半会所能获得的，不得已只能在字句雕饰上下功夫，以巧言取悦于人，这就背离了修辞立诚这一作文的根本。因此，作文时，必须先考虑自己是否有认识上的准备，如果要靠临时去寻找，倒不如不作，作了也一定是以"巧伪媚人"。

虽然曾国藩对"技进乎道"中的"道"的理解有一定的局限性，但是他对写作取决于作者的认知背景，而不是靠即时的感触和雕饰字句的看法，却是发人深省的。对于习作者来说，语言基本功训练是必要的，写作时即时性的感觉体验也是不可缺少的。然而，就主体的写作准备来看，这些还是不够的，最为重要的还在于主体的人格修养和学识素养，这才是写作和习作的带根本性的方面。曾国藩的"技进乎道"的见解，表明他已经看到了写作与写作学习的基本矛盾所在，看到了在写作与习作中，存在文胜于质，"词丰而义寡，柜蜡其外而涂泥其中""颇事佻巧，抛弃诗书，或一挑半剔以为显，排句叠调以为劲。抑之无实，扬之无声"的倾向，认识到了在文与质的矛盾中，质是矛盾的主要方面。写作学习，应从技能、技巧的掌握，提高到内在修养和认知背景的建构。

在这种习作观的指导下，曾国藩认为，最适切的训练文体是"赋"。他在给儿子的信中谈道："尔问时艺可否暂置，抑或他有所学？余惟文章之可以道古，可以适今者，莫如作赋。……尔若学赋，可于每三、八日作一篇，大赋或数千字，小赋或仅数十字，或对或不对，均无不可。此事比之八股文略有意趣，不知尔性与之相近否？"①可见，曾国藩之所以建议儿子作赋，是因为赋体可以自由地表情达意，较少受到"义理字句"的约束，比八股文略有意趣，而且"然古来文士，并以赋物为难。盖藻绘三才，刻画万态，而不可剽袭一字，故其难也"②。也就是说，赋体写作，不但有"技"的要求，更有"道"的要求，较有益于习作者对写作的认识由"技进乎道"，而且不像八股文那样，既要"代圣贤立言"，又须"笔笔有法"。因此，我们认为，曾国藩的习作观，不论从理论上看，还是从实践上看，都是较为符合写作学习规律的。

综上所述，曾国藩作为桐城派的一个代表人物，其写作思想实际上和桐城派的

① 钟叔河选编：《曾国藩教子书》，岳麓书社 1986 年版，第 14～15 页。
② 曾国藩著，陈书良整理：《曾国藩全集·读书录》，岳麓书社 1989 年版，第 300 页。

在长沙岳麓书院

基本观点——"义法"说并不一致，他的"以气为主"的主体性写作观与讲求"义理字句"的异己性写作观，在价值取向上是对立的。这种对立，其实也可以看作桐城派写作理论发展的一个必然结果。桐城派要从衰微走向复兴，就需要理论上的革新，需要寻找新的理论支撑点。在经过刘大櫆、姚鼐修补"完善"桐城派理论之后，一直到曾国藩突破"义法"说，桐城派方才出现中兴气象。

四、无望其速成，无诱于势利

——我国古代写作教学方法举要

我国古代写作教育正统观念是人本主义、人文主义的，将人格、精神涵养放在首位，追求的是道德、学问之文，而非单纯的辞章之文。或者说是追求义理、考据、经济、辞章四者的统一。把握这一根本至关重要。唯此，才有实践操作层面的方法可言。

（一）仁义之人，其言蔼如

立足于人的言语精神养育，是古代写作教育价值观的基本取向。

位居唐宋八大家之首，被誉为"文起八代之衰、道济天下之溺"的韩愈，便是重言语精神涵养的杰出代表。后世凡论及写作，几乎言必称韩愈，可见其影响之大。其《答李翊书》，堪称写作教育经典之作。这是一封给诚心求教如何学习写作的年轻人李翊的回信。这封信既是对古代"立言者"成才经验的总结，也是向李翊传授自己毕生写作学习的心得，集中体现了儒家写作教育文化。读过这篇短文，就知道古之"立言者"是如何练出来的。

韩愈说："将薪至于古之立言者，则无望其速成，无诱于势利，养其根而俟其实，加其膏而希其光，根之茂者其实遂，膏之沃者其光晔，仁义之人，其言蔼如也。"①要想达到古代"立言"之人的境界，就不要希望它能很快实现，不要被眼前的势利所诱惑。要培养树木的根，树才能结出硕果；给灯加足了油，灯才能放出耀眼的光芒。根长得茂盛，果实才能如期成熟；油加足了，灯光才会明亮。成为仁义之人，文辞便平和亲切。这说的是作者必备的思想境界：不得急功近利，不为功名利禄，要从培育根本入手。用以"养"根"加"膏的，就是历代经典作品。以此滋养身心——修德、养气、明理、悟道，自能写出好文章。这是一个长期浸淫、水涨船高的过程。"无望其速成，无诱于势利"最为重要，这是学习态度与价值观取向。指导思想正确，才有定力，才能沉下心来修己，治学，才可望成为"仁义之人"，成为真正的"立言者"。

韩愈在讲述自己读中渐悟、文才成长的经历后，总结道："气，水也；言，浮物也。水大而物之浮者大小毕浮。气之与言犹是也，气盛则言之短长与声之高下者皆宜。"这"气盛言宜"说，上承孔子的"有德者必有言，有言者不必有德"②，孟子的"我

---

① 韩愈：《答李翊书》，见童第德选注：《韩愈文选》，人民文学出版社 1980 年版，第 27 页。

② 《论语·宪问》，四部丛刊本。

知言，我善养吾浩然之气"①，曹丕的"文以气为主"②；下启朱熹的"不必着意学如此文章，但须明理。理精后，文字自典实"③"道者文之根本，文者道之枝叶。惟其根本乎道，所以发之于文皆道也。三代圣贤文章，皆从此心写出，文便是道"④，曾国藩的"不必尽合于理法，但求气昌耳""行气为文章第一义"⑤。重德、重气、重道、重理的价值观，构成了传统写作教育基本观念，是一以贯之的主流、主线。

这一注重立言之根本的儒家正统写作教育价值观，与科举制下重文轻人、重技轻道的价值观，相互冲撞，势不两立。两相比较，高下、优劣立判。

在教学实践层面，清代桐城派代表人物姚鼐，较好地把握了这一价值观，辩证地揭示了其教学规律与方法："凡文之体类十三，而所以为文者八，曰：神、理、气、味、格、律、声、色。神、理、气、味者，文之精也；格、律、声、色者，文之粗也。然苟舍其粗，则精者亦胡以寓焉？学者之于古文，必始而遇其粗，中而遇其精，终则御其精者而遗其粗者。"⑥他重视"文之精"（精神内涵），也不忽略"文之粗"（表现形式），但其终极目的仍在于把握"文之精"。由"粗"悟"精"，御"精"遗"粗"，就是其可操作的教学方法。

重在人的言语精神、情意的涵养与内化，是古代写作教育的精髓，这是继承传统首先要厘清的。应以此作为写作情感、态度、价值观教育的基本内容与方法。须知：速成的写作教学写的定是应试、辞章之文，是伪写作教学；真写作当是"无诱于势利"，从深厚的蓄积中滋养、流淌出来的。

（二）札录之功，必不可少

在这一价值观指导下，古代应用得最普遍的写作学习方法是"札录"法，即写读书笔记。读书笔记的好处，就是将领悟"文之精"与"文之粗"融为一体。通过对经典

---

① 《孟子·公孙丑上》，四部丛刊本。

② 曹丕：《典论·论文》，见刘锡庆主编：《中国写作理论辑评·古代部分》，内蒙古教育出版社 1992 年版，第 50 页。

③④　朱熹：《朱子语类》卷一三九，应元书院本。

⑤ 钟叔河选编：《曾国藩教子书》，岳麓书社 1986 年版，第 71 页。

⑥ 姚鼐选纂，宋晶如、章荣注释：《古文辞类纂》，中国书店 1986 年版，"古文辞类纂序目"第 26 页。

作品的揣摩体悟，札录评点，修炼言语、心性、人格，超越功利境界，格物致知，厚积薄发。这样自然便会流溢出卓越的诗文。

对这一写作学法，韩愈亦有所描述。他在《进学解》中说："口不绝吟于六艺之文，手不停披于百家之编。记事者必提其要，纂言者必钩其玄；贪多务得，细大不捐，焚膏油以继晷，恒兀兀以穷年。"①这是韩愈对其言语人生的"夫子自道"。"提要钩玄"，不是为了练笔为文，而是为了悟道、明理。阅读六艺之文、百家之编，将自己的点滴心得体会一一记录下来，夜以继日，经年累月，写出道德、学问之文，便是水到渠成的事了。

中国历代著名学者都是靠札录起家的。他们认为写作无须刻意训练，宋儒程颐甚至极端地认为："古之学者，修德而已，有德者言可不学而能，此必然之理也。"②因为，要修德，就要不断地读书、体察、领悟、札录，如此，一旦成就了高尚的德行修养，自然有德者必有言，有道者必有文。为写作而练习写作，那是舍本逐末，本末倒置了。

因此，古代学者都十分注重读书笔记，认为这是修德进业、读书练识的不二法门。例如，清代大学者、史学家章学诚说："故为今学者计，劄录之功，必不可少。……学问之事，则由功力以至于道之梯航也。文章者，随时表其学问所见之具也；劄记者，读书练识，以自进于道之所有事也。"③（"劄"即"札"）由于劄记是达成学问文章的基础，是"读书练识，以自进于道"之"所有事"，因此，不论是对后学、朋友，还是对儿子，他均反复劝导。在《家书一》中，他对儿子教诲说："不论时学古学，有理无理，逐日务要有所笔记。……今使日逐以所读之书与文，作何领会，劄而记之，则不致于漫不经心。且其所记，虽甚平常，毕竟要从义理讨论一番，则文字亦必易于长进，何惮而不为乎？劄记之功，日逐可以自省，此心如活水泉源，愈汲愈新。置而不用，则如山径之茅塞矣。"④他将"札录"的机理与方法，开释得一清

---

① 韩愈：《进学解》，见童第德选注：《韩愈文选》，人民文学出版社 1980 年版，第 128 页。

② 宋景文公：《朱子校昌黎先生集传·新书本传》，见韩愈著：《韩昌黎全集》，中国书店 1991 年版，第 536 页。

③ 章学诚：《与林秀才》，见《章学诚遗书》，文物出版社 1985 年版，第 89 页。

④ 章学诚：《家书一》，见《章学诚遗书》，文物出版社 1985 年版，第 92 页。

二楚，令人不由得不信从。

养成"札录"之习惯，写作可无须教，这是学界的共识。梁启超说："读书莫要于笔记……无笔记则必不经心，不经心则虽读犹不读而已。"[①]胡适说："发表是吸收的利器……手到是心到的法门。"[②]黎锦熙说："日札优于作文"，"课业、泛览、生活与论文各不相联系，惟有日札才可使一元化。"[③]叶圣陶说："能不能养成写笔记的习惯呢？……这样的习惯假如能够养成，命题作文的方法似乎就可以废止……"[④]还有什么教学方法，能得到大师们如此广泛的认同与倡导呢？

写作教学第一要培养的习惯就是写读书笔记。读书笔记从表层看，是阅读与写作的中介，是由读到写的桥梁；从深层看，是经由文化的浸染、熏陶，涵养、滋润有道、有识之人，孕育、成就道德、学问文章的创造。

(三)初要胆大，终要心小

从写作教育心理层面揭示写作教学方法的南宋谢枋得，堪称祖师爷。

谢枋得将文章区分为"放胆文""小心文"，该认知从此便成了写作教学方法的"铁律"。所谓"放胆文"，指的是率性、个性之文；"小心文"，指的是严谨、规范之文。学生学习写作，先受使气任性之文熏陶，感受作者的真性灵，才能无拘无束，纵笔为文。待到学生热爱写作时，再引导他们体认文章须精思妙构，小心为文，最终使他们达成写作共性与个性的统一。

谢枋得编《文章轨范》七卷，选文均为唐宋名家名篇，共 69 篇，其中韩愈作品 31 篇，占近一半。全书分为两大类：放胆文(二卷)，小心文(五卷)。"放胆文"提示：

> 凡学文，初要胆大，终要心小，由粗入细，由俗入雅，由繁入简，由豪荡

---

①　梁启超：《读书分月课程》，见钱谷融主编：《梁启超书话》，浙江人民出版社 1998 年版，第 180 页。

②　胡适：《读书》，见欧阳哲生编：《胡适文集 4·胡适文存三集》卷二，北京大学出版社 2013 年版，第 114 页。

③　黎锦熙：《各级学校作文教学改革案》，见张鸿苓、李桐华编：《黎锦熙论语文教育》，河南教育出版社 1990 年版，第 203 页。

④　叶圣陶：《大力研究语文教学　尽快改进语文教学》，载《中国语文》，1978 年第 C1 期。

入纯粹。此集皆粗枝大叶之文，本于礼义，老于世事，合于人情。初学熟之，开广其胸襟，发舒其志气，但见文之易，不见文之难，必能放言高论，笔端不窘束矣。（卷一）

辩难攻击之文，虽厉声色，虽露锋芒，然气力雄健，光焰长远，读之令人意强而神爽，初学熟此，必雄于文，千万人场屋中，有司亦当刮目。（卷二）①

"凡学文，初要胆大，终要心小，由粗入细，由俗入雅，由繁入简，由豪荡入纯粹。"我认为这不是专对"放胆文"而言，而是对写作教学方法做宏观规划，是写作教学总的规律与原则，是全书总纲。这一总纲言简意赅，寥寥数语就将写作教法全面、深刻地概括出来，涵盖了写作学习心理、程序、方法、内容等方面。

卷二从卷一的"但见文之易，不见文之难"的心理自由，上升到"令人意强而神爽"的精神自信，进一步给习作者率性、纵情为文以激励，为习作者学好写作奠定雄健的心理基础，在此基础上再予以规范、升华。"小心文"提示：

议论精明而断制，文势圆活而婉曲，有抑扬，有顿挫，有擒纵。场屋程文论，当用此样文法。先暗记侯王两集，下笔无滞碍，便当读此。（卷三）

此集文章占得道理强，以清明正大之心，发英华果锐之气，笔势无敌，光焰烛天。学者熟之，作经义，作策，必擅大名于天下。（卷四）

此集皆谨严简洁之文。场屋中日暮有限，巧迟者不如拙速，论策结尾略用此法度，主司亦必以异人待之。（卷五）

此集才学识三高。议论关世教，古之立言不朽者如是夫。叶水心曰："文章不足关世教，虽工无益。"人能熟此集，学进、识进而才亦进矣。（卷六）

韩文公、苏东坡二公之文，皆自庄子觉悟，此集可与庄子并驱争先。（卷七）②

可以看出，卷三、卷四"由粗入细"是写作技法技巧的学习；是立意取势、思想

---

①② 谢枋得：《文章轨范》，中州古籍出版社 1991 年版。

逻辑思路的学习。卷五"由繁入简"是文思敏捷、行文简洁的习染。卷六"由俗入雅"是"才学识"综合实力的陶冶。卷七"由豪荡入纯粹"是由"入格""出格"到"创格"，对写作个性加以体认与彰显。

从全书看，卷一、卷二是"放"，卷三、卷四、卷五是"收"，卷六、卷七仍是"放"。虽然将卷六、卷七归入"小心文"，却突破其约束，或者说是升华了"小心文"。卷六要求"才学识"全面提高；卷七所示韩文、苏文，可与庄文并驱争先，要求张扬个人风格。谢枋得是要让学子知道，写作的"收"，目的是更好地"放"，终极目的是追求"无技巧""超规范"的道德、学问之文，具有创造性、想象力的个性之文。要是不知"入格"是为了"出格""创格"，如此，教学是不到位的。显然，卷六、卷七的"放"，是为了修复、超越科举写作的模式化、共性化。

谢枋得可谓在宏观上给写作教学"立法"之第一人。从此，写作教学有章可循，有法可依。吃透其"放—收—放"的精神，才知道写作教材的序列该怎么编制，教法该怎么调试。

(四)学诗读诗，学文读文

关于文字技能学习，古人也重视模仿。例如，朱熹说："前辈作文者，古人有名文字皆模拟作一篇，故后有所作时左右逢原。"①模拟主要从三方面入手：体式(文体感)、结构(篇章感)、表达(语感)。

首先是"体式"的模仿，即培养"文体感"。

耳熟能详的有宋代魏庆之在《诗人玉屑》中说的"学诗须是熟看古人诗"，清代孙洙在《〈唐诗三百首〉序》中说的"熟读唐诗三百首，不会吟诗也会吟"，薛雪在《一瓢诗话》中提到的"学诗读诗，学文读文，此古今一定之法"等。这种立足于文体感培养的相关言论有很多。例如，曾国藩说："尔欲作五古七古，须熟读五古七古各数十篇。先之以高声朗诵，以昌其气；继之以密咏恬吟，以玩其味。二者并进，使古人之声调，拂拂然若与我之喉舌相习，则下笔为诗时，必有句调凑赴腕下。"②"高声朗诵"——昌其气，"密咏恬吟"——玩其味，这说的就是文体感培养方法。一切写作体

---

① 朱熹：《朱子语类》卷一三九，应元书院本。

② 曾国藩著，邓云生整理：《曾国藩全集·家书一》，岳麓书社1985年版，第418页。

式感培养，均可依此类推。

其次是"结构"的模仿，即培养"篇章感"。

文章结构的经典图式是"起、承、转、合""凤头、猪肚、豹尾"等，此经典图式几乎适用于各种文体，学诗学文都要对其有所体悟。例如，《红楼梦》四十八回，黛玉教香菱作诗："……不过是起承转合，当中承转是两副对子，平声对仄声，虚的对实的，实的对虚的，若是果有了奇句，连平仄虚实不对都使得的。"曾国藩教诲儿子纪泽："不特写字宜摹仿古人间架，即作文亦宜摹仿古人间架。……即韩、欧、曾、苏诸巨公之文，亦皆有所摹拟，以成体段。尔以后作文作诗赋，均宜心有摹仿，而后间架可立，其收效较速，其取径较便。"①这些都是教人从"间架"模仿中体会文章的形式特点，学会谋篇布局。

在科举写作教学中，明、清八股文教学就是基于结构的分解模仿训练。一般在蒙学阶段先学习八股的破题、承题，到了中馆，再继续学习起讲、入手、起股、中股、后股、束股等，这就学会了全篇八股文写作。及至大馆，则从整体上对八股文写作水平做进一步提高。这是一个先分后合、由粗到精的训练程序。在整个过程中，都离不开对相关范文的研读、模仿。

最后是"文字"的模仿，即培养"语感"。

常用方法是"对对子"，古人称为"属对"。张志公先生说："在宋代，属对已经是同句读、声律相提并论的一种基础课程。它的目的已经不再是专为学作近体诗，而是作为语文基础训练的一种手段了。"②"属对是一种实际的语音、语汇和语法训练，同时包含修辞训练和逻辑训练的因素。可以说，是一种综合的语文基础训练。"③其具体方法是从一字对、二字对、三字对、四字对发展到多字对，在这个过程中，体悟词的虚与实、死与活，以及词类、结构、句式、语法、逻辑、修辞等。历代优秀诗词，就是"对对子"模仿的绝好材料。古代蒙学教材大都是韵文，也为学生"对对子"提供了大量的资源。学习"对对子"，对文字表达能力的提高来说，没有比这更有效的方法了。从文字技术上说，会"对对子"，就会写诗，会写诗，难道不会写散文？

---

① 曾国藩著，邓云生整理：《曾国藩全集·家书一》，岳麓书社 1985 年版，第 468～469 页。

②③ 张志公：《传统语文教育教材论——暨蒙学书目和书影》，上海教育出版社 1992 年版，第 97、98 页。

八股文教学可谓以上写作技能教学之集大成，颇有可资借鉴之处：

在蒙学时，除读书外，或课对偶，由二字而三四字，五七字；其学为八股，则先为破题两句，渐为承题三四句。课对偶为将来试帖之预备，破题承题则为八股之前奏曲也。年稍长，则入中馆。"五经"未毕者，或仍继续读经。而对偶诗文则渐进。对偶或为咏物联，或为撑句，为夹联。……至其学为八股文，则以蒙学时已能破承题，则连续学去。①

自然也有反模仿的观点。这些观点主要是针对追求写作的创新、个性而言，但"模仿"无疑是写作入门的必由之路，应占有一席重要地位。

以上就古代写作教学思想、方法举其荦荦大端，如得以扬弃、升华，当今语文之课程、教材、教法均将大为改观。

与陶继新（中）、张新洲（右）一见如故

---

① 卢湘父：《万木草堂忆旧》，见沈云龙主编：《近代中国史料丛刊续编》第 66 辑 651 册，台北文海出版社有限公司 1979 年版，第 60～61 页。

五、胡适：发表是吸收的利器，用活语言做活教法

——不拘成见的理想主义语文教育观

胡适(1891—1962年)，在那一时代的语文教育论者中，堪称"大学教授派"的代表人物。胡适没有当过中学语文教师，对中学语文教学存在一定的疏离，这从弊处看，如同有人所说，他的观点不太符合实际，不太具有可行性；从利处看，也正由于这种疏离，使他对中学语文教育中存在的问题看得更为真切，议论也更加大胆、自由。胡适的语文教育观，可以说是较为"出格"和"超前"的，然而其合理性和深刻性也是显而易见的。他的理想主义的语文教育观，给语文教育界以巨大的震撼，引起了轩然大波。他的新观念和构想之所以在当时不被人们所理解和接受，一方面固然是因为刚从旧教育中过来的语文教师的保守心态在作祟；另一方面也是更为主要的方面，是因为语文教师的教育素养根本无法适应胡适的新教法。胡适富有想象力的、前瞻性的构想，即便在今天，对于多数语文教师来说，依然是可望而不可即的。但愿胡适在半个世纪之前的注重培养学生语文素质的教改构想，在不久的将来能成为现实。

胡适在1920年发表的《中学国文的教授》和1922年发表的《再论中学的国文教学》两篇文章中，对语文教学的改革阐述了自己系统的看法，集中体现了他的语文教育观。他在一些有关文化教育方面的文章中，也多次论及中学语文教学，其基本见解与这两篇专论是一致的。

(一)看书代替讲读的超量阅读法

传统阅读教学基本上是以"讲读""串讲"为主要教学方法，今天虽然在一定程度上注意了"启发式"教学，但只要教师对课文讲解"大包大揽"的状况没有改变，阅读教学就不可能有实质上的改变。千篇一律的"讲读""串讲"，严重窒息了学生学习的主动性与积极性，这是有目共睹的事实。胡适认为这主要是由于教师过分低估了学生的自学能力，未能有效地挖掘学生的学习潜力。

胡适说："现在学制的大弊就是把学生求知识的能力，看得太低了。现在各级学

堂的课程，都是为下下的低能儿定的，所以没有成绩。现在要谈学制革命，第一步就该根本推翻这种为下下的低能儿定的课程学科。"①他所说的把学生求知识的能力看得太低，归纳起来说，主要表现在两个方面：一是阅读教学所选的文章量少；二是不论难易，文章一律采用"讲读"的教学方法。

胡适认为，单靠教学中细嚼慢咽少量的选文，是不可能造就文字明白通畅的人的。他说："据我们的观察和研究所得，可以断定许多文字明白通畅的人，都不是在讲堂上听教师讲几篇唐宋八家的残篇古文而得的成绩；实在是他们平时或课堂上偷看小说而来的结果。"②胡适自己学会作文，也是因为"自小就爱看小说，看史书，看杂书"。可见，教学效果与阅读量是成正比例的，即要想提高教学效果，就必须增加阅读量。

为此，胡适分别拟出国语文（白话文）与古文的教材内容，这里我们权且列出国语文教材的设想，其阅读量之大，只此便可见一斑。

一是看小说。看二十部以上，五十部以下的白话小说，如《水浒传》《红楼梦》……此外有好的短篇白话小说，也可以选读。

二是白话的戏剧……

三是长篇的议论文与学术文。③

胡适为青年开具的"最低限度的国学书目"竟是188部著作，总卷数达万卷，真可谓洋洋大观。从这样庞大的教材和阅读书目中，我们可以看出，胡适在阅读方面的指导思想是"博取"。

关于阅读必须"博取"，胡适有一极精辟的见解："读一书而已则不足以知一书。多读书，然后可以专读一书。"④这也就是说，读书的效应实际上是一种综合效应。对所读之书"知"之多少，取决于读者的阅读背景。他举例说："譬如读《诗经》……你若先读过社会学，人类学，你懂得更多了；你若先读过文字学，古音韵学，你懂得

①③ 胡适：《中学国文的教授》，见欧阳哲生编：《胡适文集2·胡适文存》卷一，北京大学出版社2013年版，第145、141页。

② 胡适：《再论中学的国文教学》，见欧阳哲生编：《胡适文集3·胡适文存二集》卷四，北京大学出版社2013年版，第538页。

④ 胡适：《读书》，见欧阳哲生编：《胡适文集4·胡适文存三集》卷二，北京大学出版社2013年版，第116页。

更多了；你若读过考古学，比较宗教学等，你懂得的更多了。"①当然，这些关于读的见解，并不是专门针对中学生的，我们引用它，只是为了给胡适的阅读教学观起一点儿诠释的作用。

古人虽然也讲"多读"，但还没有谁能像胡适那样去研究阅读的机理，讲出"多读"的所以然来，更没有人敢于把它付诸教学实践。而一旦把它付诸教学实践，它对整个阅读教学的影响便会超出这一变革本身。

阅读量成十倍地增长，传统的"讲读"法便不再能担起组织教学的重责，新的教学法必然应运而生。充分挖掘学生"自学"的潜力，是胡适教学法新构想的出发点。

胡适明确提出用"看书"代替"讲读"的主张。他认为经过两级小学七年（当时的学制）的阅读训练后的中学生，是完全能够胜任自学的。因此，在课堂上"止有讨论，不用讲解"②。胡适的这一看法，将学生的学习，从被动灌输，变为主动参与，还其学习主体的位置。其中不无现代西方教学论的影子。

如果把学生摆在教学的最重要的位置上，那么对教师的作用同样也需要重新加以确认。在新的教学关系中，对教师的主导作用的要求不是低了，而是更高了。教师必须对学生做原则性的引导，在讨论中随时加入一些参考资料，做必要的提示，指出学生的某些错误或与论题不相干的内容，为学生释疑解难等。这种教法，显然比按部就班的"讲读""串讲"要困难得多。这实际上也预示着，在新的教学结构中，教师的学识素养与组织教学的能力，都将受到严峻的挑战。

胡适的阅读教学观念，就细节而言，也许并非无可挑剔，但是其合理性又是显而易见的。阅读量的加大，势必开阔学生的视野，提高他们的学养，充实他们的积蓄，这自然对写作上的发展有极大的好处。

（二）读美文、好文、全文的趣味学习法

语文教学耗时多，效率低，这是一个老大难问题。要真正提高教学效率，需要

① 胡适：《读书》，见欧阳哲生编：《胡适文集4·胡适文存三集》卷二，北京大学出版社2013年版，第116页。

② 胡适：《中学国文的教授》，见欧阳哲生编：《胡适文集2·胡适文存》卷一，北京大学出版社2013年版，第142页。

做的事情很多，但关键还在于学生自身能否保持持久的学习热情，在于他们对教学内容的兴趣程度。胡适的语文教学观中对学习主体的重视，也体现在激发学生学习兴趣这一点上。

从阅读教学看，胡适认为，以往"古文的选本都是零碎的，没头没脑的，不成系统的，没有趣味的。因此，读古文选本是最没有趣味的事。因为没有趣味，所以没有成效"①。这就一针见血地指出教学内容的"没有趣味"是教学"没有成效"的症结所在。

那么，何以使学生感到有趣味呢？胡适主要注意到两个方面：一是要以美文、好文为教材；二是所选文章须可解、易懂、完整。

在白话文中，这两个方面兼备的，以小说为多。所以，胡适多次肯定小说的功效。在他所列的教材中，小说所占的比例之大是惊人的。既然没有哪一个学生会拒绝看小说，那么何不因势利导，让学生在快乐的精神享受中获得学业上的益处呢？

对教材的挑选，胡适取十分严肃、慎重的态度。他认为应选那些"用气力做的文章"，不可挑那些"一时游戏的作品"。他批评有些教科书把"日报上的党国要人的演说笔记"选作教材，这些缺乏细心考究的文章，势必削弱学生的学习兴趣，并造成不良的影响。

对于古文，胡适认为教材中所选的古经传，不应是艰涩难懂的，必须限于那些公认可解的部分。许多人选的古文连王国维那样的一流学者都感到费解，作为教材是不妥当的，是让学生浪费时间去猜古谜。所选的应该是古人的好文章，是代表一个时代的好文学。他说："使青年学子知道古经传里也有悱恻哀艳的美文，这是引导青年读古经最有效的法门。"②

不论是国语文还是古文，是小说还是经传，胡适都极强调完整性。因为从某种意义上说，完整也便意味着优美与易解。他说："与其读王安石的《读孟尝君传》，不如看《史记》的《四公子列传》；与其读苏轼的《范增论》，不如看《史记》的《项羽本纪》；

①　胡适：《中学国文的教授》，见欧阳哲生编：《胡适文集2·胡适文存》卷一，北京大学出版社2013年版，第145页。

②　胡适：《读经平议》，载《中华教育界》，1937年第12期。

与其读林琴南的一部《古文读本》，不如看他译的一本《茶花女》。"①完整地"看书"，也在于更能得其好处。

此外，胡适的关于教学法改革的一些见解，也是以激发学生学习的兴趣为标准的。例如，让学生互相质疑问难，让学生通过阅读来掌握文法与论理（逻辑），避免枯燥、抽象的讲解，选取所读戏剧的精彩部分由学生扮演戏里的角色等。这些方法，无疑会受到学生的欢迎。

再从作文教学的一面看，胡适认为，作文"最好是令学生自己出题目"②，教师命题的首要条件是"要能引起学生的兴味"③。他对学生作文的内容与形式并不加以限制，他说："学生平日做的笔记，杂志文章，长篇通信，都可以代替课艺。教员应该极力鼓励学生写长信，作有系统的笔记，自由发表意见。这些著作往往比敷衍的课艺高无数倍；往往有许多学生平日不能做一百字的《汉武帝论》，却能做几千字的白话通信。这种事实应该使做教员的人起一点自责的觉悟！"④顺乎自然，让学生写自己平时最喜欢写的东西，学生当然会乐于收集材料，调动自己的经验学识。学生如果把作文真正看作一种需要，而不是痛苦，那么他们的文章的长进，难道还值得怀疑吗?!

"兴趣"是学习最重要的内驱力，按理说，这已经不能算是新鲜的发现了。但奇怪的是，就是这么一个尽人皆知的道理，竟未能在语文教学实践中得到充分的体现。没有人怀疑"文选"这一传统的阅读教材形式，提出可用《红楼梦》等长篇巨著取而代之。以前的许多语文教育家都未能跳出学生作文由教师命题的樊篱，他们原本就没想到学生作文竟可以由他们自己命题，学生平日兴至之作可以代替正规的作文训练。胡适提出了，想到了，所以他是值得钦佩的。

现在，语文教学改革仍然徘徊不前，其中一个重要的原因便是我们老是被笼罩在传统教法的阴影之下，做些修残补缺的工作，而缺乏对传统教法的某些方面做根本性否定的胆识，这便注定我们要为语文教学的低效率旷日持久地哀叹下去！

---

①②③④　胡适：《中学国文的教授》，见欧阳哲生编：《胡适文集 2·胡适文存》卷一，北京大学出版社 2013 年版，第 145、148、148、148 页。

(三)以作文、演说为首要的教授法

在语文教学中，阅读与写作究竟是什么关系，这个问题一直困扰着语文教学界。长期以来，写作处于阅读的附庸地位，这似乎已成"定式"，将写作从阅读中独立出来的尝试，大多以失败告终。

传统的"以阅读为本位"的语文教学观，是由封建教育的目的所决定的。封建教育的指导思想是明道、宗经、征圣，所以学生必得以读圣贤之书为首务。尽管时代已发生根本的变化，但是，在语文教育界，不论过去还是现在，"以阅读为本位"的观念却还是根深蒂固的。而胡适却把"人人能用国语自由发表思想——作文，演说——都能明白晓畅没有文法上的错误"①列为中学语文教学三条理想标准中的第一条。这也是白话文教学唯一一条标准(其他两条均是针对古文教学而言)。这种提法，从反传统这一点上看，确有其不同寻常之处。

在胡适的有关语文教学的论述中，他一般不强调培养学生的阅读能力，却多次将作文能力作为衡量语文水平的标准，在这点上，与叶圣陶注重学生阅读程度的观点，形成鲜明的对比。例如，他在谈到小学语文教学时说："国语代替文言以后，若不能于七年之内，使高小毕业生能做通顺的国语文，那便是国语教育的大失败。"②可见，胡适的读写观已经超越传统的"重读轻写""以读带写"的范围，由"重读"转向"重写"。这种把作文、演说能力的提高，作为语文教学的主要目标的看法，我们称之为"以表现为本位"的语文教育观。

胡适对读写关系的看法是基于以下两个方面的认识的：一是他把"读"看作"吸收"，把"写"看作"发表"，"发表"不仅是为了交流思想，而且，"发表是吸收的利器"③；二是"写作"是一种实用性的技能，但写作训练又是一种重要的思维训练，是

① 胡适：《再论中学的国文教学》，见欧阳哲生编：《胡适文集 3·胡适文存二集》卷四，北京大学出版社 2013 年版，第 537 页。

② 胡适：《中学国文的教授》，见欧阳哲生编：《胡适文集 2·胡适文存》卷一，北京大学出版社 2013 年版，第 145 页。

③ 胡适：《读书》，见欧阳哲生编：《胡适文集 4·胡适文存三集》卷二，北京大学出版社 2013 年版，第 114 页。

使学生思想系统化、严密化的一个有效途径，即"手到是心到的法门"①。

胡适认为，古人所说的读书三到"眼到、口到、心到"是不够的，须有"四到"：眼到、口到、心到、手到。手到才有所得。他说："发表是吸收智识和思想的绝妙方法。吸收进来的智识思想，无论是看书来的，或是听讲来的，都只是模糊零碎，都算不得我们自己的东西。自己必须做一番手脚，或做提要，或做说明，或做讨论，自己重新组织过，申叙过，用自己的语言记述过——那种智识思想方可算是你自己的了。"②

这看来只是增加了两个字，但实际上是将整个读写观颠倒过来了。以往人们大多只讲"读书破万卷，下笔如有神""熟读唐诗三百首，不会吟诗也会吟"。另外，还讲"大意主乎学问以明理，则自然发为好文章。诗亦然"③，即强调"读"对"写"的决定作用。但很少有人注意到"写"对"读"同样也是不可或缺的。"发表是吸收的利器"，大约可以说是胡适的发明（胡适所说的发表，不完全是古人的"不动笔墨不看书"那种意义上的"手动"，也包括写出可供交流的文章来）。

胡适的"写"能促"读"的见解，除了含有须"边读边写"的意思外，也指写作水平的提高，有助于阅读能力的发展。这种认识也反映在他的教学构想中。他认为，"学生先学习国语文到了明白通顺的程度，然后再去学习古文，所谓'事半功倍'，自然是容易得多"④。

胡适对"写"的重视，还出于对培养人的思维能力的考虑。他说："我们相信，文字的记录，可以帮助思想学问：可以使思想渐成条理，可以使知识循序渐进。例如我们几个人在江滨闲谈《商书·盘庚》的文法，我们都读过《盘庚》，都可以加入讨论。但谈过就算了，不会有什么好结果。假使有一位朋友把我们的讨论记载出来，加上编次，再翻开原文，细细参证，做成一篇《〈盘庚〉的文法的研究》，——这么一来，这位朋友不但把自己研究这问题的结果变成有条理的思想，并且使我们曾参加讨论，

---

①② 胡适：《读书》，见欧阳哲生编：《胡适文集 4·胡适文存三集》卷二，北京大学出版社 2013 年版，第 114 页。

③ 朱熹：《朱子语类》卷一三九，应元书院本。

④ 胡适：《再论中学的国文教学》，见欧阳哲生编：《胡适文集 3·胡适文存二集》卷四，北京大学出版社 2013 年版，第 538 页。

或不曾参加讨论的人都可以拿他的文字做底本，再继续讨论下去。"①他认为，由于一切感想、一切书籍的泛览，一切聪敏的心得都像天上浮云、江中流水，瞬息便成为陈迹，所以，"勤笔"可以"助我思想"。

至此，我们便不难理解胡适为什么把"能作国语文"作为中学语文教学的首要标准了。我们认为，胡适的读写观与作文教学观都体现了较强的现代意识。他不仅把写作看作为了交流思想，而且把它看作增长知识、开发智力的有效途径，认为它是人进行学习的一种基本素养。他的这种认识，显然已经超出传统的对写作的狭隘理解，更为接近今天西方教育界所倡导的"学习通过写作"的大写作观。

（四）用活的语言作活的教授法

语言文字作为一种交际工具、符号系统，其本质就是应用的；语文这门课既然培养的是学生运用语言文字的能力，必然也就有很强的实践性与应用性。在语文教学法研究中，胡适对语文教学的实践性与应用性给予了较多的关注。

胡适说："用演说，辩论，作国语的实用教授法。国语文既是一种活的文字，就应当用活的语言作活的教授法。演说，辩论……都是活的教授法，都能帮助国语教学的。"②胡适主张用"活的语言作活的教授法"，切中传统语文教学僵化呆板、脱离实际之积弊，将"学"与"用"归于一途。这种思路，对于我们今天的语文教学改革，也仍然是具有诱惑力的。

胡适提出，在中学前两年教完国语文，到了第三、第四年，则以演说、辩论课取代它。这一方面是因为"演说和辩论都是国语与国语文的实习"；另一方面也是为了达到思维训练的目的。他说："凡能演说，能辩论的人，没有不会做国语文的。做文章的第一个条件只是思想有条理，有层次。演说辩论最能帮助学生养成有条理系统的思想能力。"③可见，胡适所构想的演说、辩论课，是中学语文课程结构中最集

---

① 胡适：《〈吴淞月刊〉发刊词》，见欧阳哲生编：《胡适文集4·胡适文存三集》卷七，北京大学出版社2013年版，第493页。

② 胡适：《再论中学的国文教学》，见欧阳哲生编：《胡适文集3·胡适文存二集》卷四，北京大学出版社2013年版，第539页。

③ 胡适：《中学国文的教授》，见欧阳哲生编：《胡适文集2·胡适文存》卷一，北京大学出版社2013年版，第143页。

中地体现语文教学本质要求的一门课。它一方面与学生的日常生活衔接，体现了语文教学的应用性特征；另一方面与语文知识、能力衔接，体现了语文教学的实践性特征。这两个方面，又具体表现在胡适对演说、辩论的"择题"与"方法"的构想上。

关于择题，胡适说："演说题须避太抽象，太笼统的题目。如'宗教'，如'爱国'，如'社会改造'等题，最能养成夸大的心理，笼统的思想。从前小学堂国文题如'富国强兵策'等，就是犯了这个毛病。中学生演说应该选'肥皂何以能去污垢？''松柏何以能冬青？''本村绅士某某人卖选举票的可耻'一类的具体题目。"①

与同时代的其他语文教育家不同，他们大多只是对一些八股式的旧题目大加鞭挞，而胡适则不仅针对教学的"时尚"，指出那些看似很崇高深奥的题目的不合理之处，而且还不避"浅俗"，列举了一些他认为适宜教学的题目。从这些题目中可以看出，它们与中学生的现实生活密切相关，完全以应用、实用为出发点，因此，我们认为，胡适的源于生活实际的"活的教授法"，是具有不容忽视的教育学价值的。

关于教学方法，胡适认为重在思维训练，重在知识的组织与运用。就拿辩论教学来说，胡适主张把学生分成二三人一组，"选定主张或反对的方面后，每组自己去搜集材料，商量分配的方法，发言的先后""辩论分两步。第一步是'立论'，每组的组员按预定的次序发言。第二步是'驳论'，每组反驳对手的理由。预备辩论时，每组须计算反对党大概要提出什么理由来，须先预备反驳的材料。这种预备有两大益处：(1)可以养成敏捷精细的思想能力，(2)可以养成智识上的互助精神"②。在辩论时，师生则做好准备，把可批评的论点记录下来，在下次课上提出并讨论。

胡适的这一教学设想，显然对学生思维的激活，对提高他们思维的批判性、灵活性、全面性等，都是有益的。这种训练形式，既能促使学生学知识，用知识，又能使他们得到学习的乐趣。自然，也有助于提高学生议论文的写作能力。

多年来，我们苦于中学生议论能力差，原因之一就是教师只让学生唱"独角戏"，说自家理。这就使学生往往执一面之词以为全面，视一己之言以为至理。学生在讲道理时，既没有想到目的是说服他人，也没有考虑到如何对付他人的驳难，如此，

---

①② 胡适：《中学国文的教授》，见欧阳哲生编：《胡适文集2·胡适文存》卷一，北京大学出版社 2013 年版，第 143 页。

所写的文章往往从思路到材料都是"死"的。要改变这种状况，我们是否也可一试胡适的"活的教授法"呢？

迄今为止，语文教学始终存在着重知识、理论，轻实际能力的培养，"学"与"用"脱节的倾向。实践与应用的环节亟待加强。胡适的"用活的语言作活的教授法"的构想，对"死读书，读死书"的沉疴是否有疗救之效，我们不敢妄言，但语文教育界确实应重视不会写书信、便条的高中毕业生。

综上所述，我们认为，胡适语文教学观的积极意义是不可否认的。长期以来，他的许多教学观念与具体构想，不被语文教学界所理解、接受，除了政治原因外，也由于他的认识具有一定的超前性。他的以"看书"代替"讲读"的教学方法，加大阅读量、注重讨论法、以培养作文能力为首要标准、以表现为本位等观点，令习惯于照本宣科、以"传道授业解惑"为己任的教师感到困惑；他的生动活泼的教学方式，用活的语言作活的教授法的设想，对当时教师的组织教学能力与专业水准期待过高，非他们力所能及。然而，我们也不能不看到，胡适一方面对传统语文教学的消极面做大胆的否定；另一方面则向着现代与未来做富有想象力的构想，他的语文教育观具有本质的深刻性。

应杭州师范大学江平教授邀请，2013 年 7 月在厦门集美大学"中国高教学会语文教育专业委员会小语研究中心学术年会"讲学

当年的胡适不是一个语文教育家，因而，他较少承受因袭的重负，能较为客观、冷静地审视传统语文教育的得失利弊。正如他在《中学国文的教授》一文开头所说："'内行'的教育家，因为专做这一项事业，眼光总注射在他的'本行'，跳不出习惯法的范围。他们筹划的改革，总不免被成见拘束住了，很不容易有根本的改革。门外旁观的人，因为思想比较自由些，也许有时还能供给一点儿新鲜的意见，意外的参考材料。"①我国语文教学改革，除了靠大批的语文教育家外，也许确实也需要一批像胡适这样的有眼光的"门外汉"！

六、夏丏尊：不能只靠规矩，还要努力锻炼

——知行合一的实践主义语文教育观

夏丏尊(1886—1946 年)是我国现代著名的语文教育家，他曾长期担任中学国文教师，其深厚的学识与高尚的人品为学生所景仰。20 世纪 20 年代末，他担任开明书店编辑所所长并主持《中学生》杂志编务，编书著文，成为当时青年公认的良师益友。夏丏尊在语文教育方面著述颇丰，主要有《文章作法》(与刘薰宇合著)、《文艺论ABC》，与叶圣陶合著的《文心》《阅读与写作》《文章讲话》，与叶圣陶等合编的《开明国文讲义》《国文百八课》《初中国文教本》等，以及大量的论文。他的有关语文教育的论著和见解，对我国现代语文教育的创立有着积极的意义。《文章作法》一书堪称现代写作教学训练教材的奠基之作。《文心》一书，曾被日本《新中国事典》赞为"在国语教育史上划了一个时代"的著作。由于他对传统和现代的语文教育思想有着广泛的了解和深入的思考，且熟悉中学语文教学的实际情况，所以他的著述能熔理论性与实践性于一炉，体现精要、务实的特点。

此前我国的写作教材，基本上只有两大类：文选类和知识类。封建时代固然也有一些经义、八股文写作教学的模式程序性的教材，但由于这些教材基本上还只是为学生提供文章的规范和要求，并无较强的可操作性，因而它们还只能称为准训练

---

① 胡适：《中学国文的教授》，见欧阳哲生编：《胡适文集 2·胡适文存》卷一，北京大学出版社 2013 年版，第 139 页。

类教材。而夏丏尊、刘薰宇的《文章作法》的问世，则标志着我国写作教材类型的突破，自此我们有了较为典范的训练类教材。同时它也结束了只有知性作文法研究的历史，把作文法知识直接体现在对写作实践训练的指导上，创造了"知行合一"的作文法训练体系。夏丏尊的语文教育观，对写作训练的研究是较为深入、充分的。夏丏尊特别重视写作训练，对写作理论与实践的关系的认识，对训练的目标与要求的确定，方式与程序的构想等，均有独到之处，所以，我们称他的语文教育观为实践主义语文教育观。

(一)法则加练习的应用作文法观

在那一时代的写作学家中，夏丏尊可以算作"训练派"的代表人物。他既清楚地知道写作理论对于写作学习的重要性，也清醒地看到在写作教学中理论与实践统一的必要性。他在《文章作法》的"绪言"中，深刻而辩证地阐明了写作理论与实践的关系："技术要达到巧妙的地步，不能只靠规矩，非自己努力锻炼不可。学游泳的人不是只读几本书就能成，学木工的人不是只听别人讲几次便会，作文也是如此，单知道作文法也不能就作得出好文章。"[①]在肯定技能习得的实践性特征的同时，他也明确地指出理论对实践的作用和局限。他说："渔父的儿子虽然善于游泳，但比之于有正当知识，再经过练习的专门家，究竟相差很远。而跟着渔父的儿子去学游泳，比之于跟着专门家去练习也不同，后者总比前者来得正确快速。法则对于技术是必要而不充足的条件，真正凭着练习成功的，必是暗合于法则而不自知的。法则没用而有用，就在这一点，作文法的真价值，也就在这一点。"[②]"法则没用而有用"，这可谓一语中的。说它没用，是因为它不能代替写作实践训练；说它有用，是因为它能提高写作实践训练的效能。因此，法则加练习，是写作技能习得的最佳途径。

夏丏尊认为，传统写作教学未必没有法则，问题在于那些法则与写作训练之间存在着隔膜。他说古代虽然有几部论到作文法的书，如刘勰的《文心雕龙》、唐彪的《读书作文谱》之类，以及其他零碎论文，但是它们不是依然摆脱不了"神而明之"的根本思想，陈义过高，流于玄妙，就是不合时宜。这就是说，传统写作教学理论，

---

①② 夏丏尊、刘薰宇：《文章作法》，浙江文艺出版社 1983 年版，第 1～2 页。

在指导思想上仍倾向于"文无定法",倚重于"多读、多作、多商量"的感性体悟。那么何谓恰当的"作文法"呢?夏丏尊对此有独到的见解。他认为,文章本是为了传达自己的意思或情感而写的,所以只是一种工具。如果有意思或情感,但是没有用文字表达出来,那么就只能隐藏在自己的心里,别人无从得知。单有文字而无意思或情感,不过是文字的排列,也不能使人得到点儿什么。意思或情感是文章的内容,文字的结构是文章的形式。内容是否充实,这和作者的经验、智力、修养有关。至于形式的美丑,那便是一种技术。严格地说,这两方面虽是同样没有成法可依赖,但后者毕竟有些基本方法可以遵照,作文法就是讲明这些方法的。在这里,他把"作文法"限定在语言形式表现技术的范围内,而把作者的经验、智力、修养排除在外,这固然是狭义的界定,但也不无道理。这可以从三个方面来看:一是所谓作文法,实际上是于无法之中求有法,比较而言,"形式法"易得,"内容法"难求;二是作者的经验、智力、修养主要属"诗"外功夫,而非"教"内功夫;三是写作的特殊性,主要表现在载体特征——语言文字的运用上,载体特征在一定程度上也包含客体特征。

夏丏尊对写作理论与实践的关系的分析,以及对"作文法"的界定,目的在于建立一个符合写作学习规律并与教学情境相适应的"知行合一"的作文法教学体系。其最显著的特点在于"可教性"和"可操作性",由教材的"知行合一",求得教学的"教练一体"。在《文章作法》问世之前,陈望道已写《作文法讲义》一书,这是我国现代作文法的奠基之作,但于教学,它有一个明显的不同,那就是侧重于"知"而忽略"行"。而夏丏尊"知行合一"的"作文法"体系显然前进了一步,较好地体现了"作文法"的实践性特征。为区别于陈望道的"认知"作法观,我们称夏丏尊的作法观为"应用"作法观。

从《文章作法》看,夏丏尊十分注重法则的"有用"性,在建构"知行合一"的写作训练新体例上煞费苦心。该书首先把"作文法"的基本要求精要地概括为两点:真实和明确。真实,即要表现作者在特定情境中的实感;明确,即所表现的要使读者易于了解。这两点确实是一切文字表现的通则。然后再根据各体文的内在逻辑关系做分体述说,大体上是以对写作行为程序的描述为"经",以对写作技术的知性特征的说明为"纬",以便于学生理解和掌握写作技能为目的,构成一个由易到难、循序渐进的认知—操作系统,基本上做到法则说明、实例分析、练习设置三者浑然一体,使学生有法可依,有例可想,有文可作,看了能懂,懂了好练,练了有效。

在科学的系统结构中，"作文法"属于第三个层次，即"应用技术"的层次（三个层次依次为：基础理论、应用理论、应用技术），而"应用技术"的基本特征就是实用性和可操作性。因而，夏丏尊力避空言法则，抓住作文法的"应用"和"训练"的特性，正可谓得其要领。

（二）以读者为本位的写作目的观

写作是一种应用技能，写作训练的目的也在于应用。"应用"，从根本上说，就是应用于作者与读者的沟通交流，应用于特定的读者对象，因此，对于习作者来说，培养他们的读者意识至关重要。而在写作教学中贯穿着对读者意识的培养，正是夏丏尊语文教育观的另一个显著特点。

夏丏尊在有关著述中多次指出，写作应顾虑到读者。他说："所谓好文章，就是达意表情，使读者读了以后能明了作者的本意，感到作者的心情的文章。"[①]"所谓好的文字就是使读者容易领略，感动，乐于阅读的文字。诸君当执笔为文的时候，第一，不要忘记有读者；第二，须努力以求适合读者的心情，要使读者在你的文字中得到兴趣或快悦，不要使读者得着厌倦。"[②]他将注重读者的接受状况视为作文之根本："古今能文的人，他们对于文章法诀各有各的说法，一个说这样，一个说那样，但是千言万语，都不外乎以读者为对象，务使读者不觉苦痛厌倦而得趣味快乐。所谓要有秩序，要明畅，要有力等，无非都是想适应读者的心情。因为离了读者，就可不必有文章的。"[③]夏丏尊立下的一条最基本的法则就是"为读者而作"。

由此出发，夏丏尊认为，写作首先须考虑读者的性质、作者与读者的关系、写作这篇文章的动机等。文字的好与坏，第一步应当注意造句用词，求其明了；第二步还须进而求全体的适当，即对人适当、对时适当、对地适当、对目的适当，一不适当，就有毛病。这"明了""适当"，自然都是针对读者而言的。

为求得适当，在执笔为文的时候，又可进一步探求六个问题："（1）为什么要做

---

① 夏丏尊、刘薰宇：《文章作法》，浙江文艺出版社1983年版，第3页。

② 夏丏尊：《关于国文的学习》，见杜草甬、商金林编：《夏丏尊论语文教育》，河南教育出版社1987年版，第48页。

③ 夏丏尊、刘薰宇：《文章作法》，浙江文艺出版社1983年版，第95页。

这文；（2）在这文中所要述的是什么；（3）谁在做这文；（4）在什么地方做这文；（5）在什么时候做这文；（6）怎样做这文。"①学生须对这六项逐一加以审究，适当的文字，也就是合乎这六项答案的文字。"为什么要做这文"，即审究作文的目的，以确定文章应给读者的是实用价值还是审美感受；"在这文中要述的是什么"，即审究文章的中心思想，排除芜杂，使读者明了；"谁在做这文"，审究的是作者的地位问题，以明确自己应以何种资格向读者说话；"在什么地方做这文"，审究的是作文的应用环境，以判定向读者所说的话是否适应特定的场合；"在什么时候做这文"，审究的是作文的时代观念，以避免对读者说出不合时宜的话；"怎样做这文"，审究的是作文的方法，以确定如何表现易为读者所接受。学生作文时依照这六项检查起来，如果都没有毛病，那就是好文字，至少不会成坏文字。我们写文章自然不可能篇篇做如此细致的检查，但这对于习作者读者意识的养成，不失为简便易行的好办法。在现代语文教育家中，注重培养学生读者意识的不乏其人，但能对此做周详的思考与策划的，并不多见。

夏丏尊对读者意识的强调也体现在他的文体观中。在《开明国文讲义》的"文话"中，他对四体文做了如下解说："我们自己觉知了一个或多数的人或物，更想叫别人知道……倘若那人或物并不在别人眼前，我们就得用语言或文字来告诉别人。为着这种需要写成的文字叫做'记述文'。"②"我们自己知道了一些事情，更想叫别人知道，为着这种需要写成的文字叫作'叙述文'。"③"除开这些，我们还有别种实际上的需要，不得不说话或作文。譬如有人问你：'大家说帝国主义应该打倒，到底帝国主义四个字包含些什么意义呢？'你就得把帝国主义是什么详细地解说给他听。为着这种需要写成的文字叫做'解说文'。"④"我们需要说话或作文的处所还多着呢。譬如日本对我国多方逼迫，你以为非对他们宣战不可，就得发表你的必须宣战的主张；如果有人说宣战是不可能的，你又得驳斥他的不能宣战的谬误。为着这种需要写成的文字叫做'议论文'。"⑤这种从传达与接受双方的需要的角度来阐明文体特征的文体观，改变了以往单纯按文章的表现功能进行分类的方法，既易为习作者理解，也有

---

① 夏丏尊、刘薰宇：《文章作法》，浙江文艺出版社 1983 年版，第 96 页。

②③④⑤ 夏丏尊：《开明国文讲义》，见杜草甬、商金林编：《夏丏尊论语文教育》，河南教育出版社 1987 年版，第 117、123、129、133 页。

助于他们形成正确的写作观念。

夏丏尊非但于写作态度、文体界定上强调为读者着想，注意到作者与读者的关系，在其他有关写作的表述中，对此也时有提及，使学生时时感到读者的存在，以养成"目中有人"的自觉。

在夏丏尊看来，以读者对象为出发点求得文字的适当，这还只是第一步的"极粗浅的功夫而已"①，"进一步的，真的文字学习，须从为人着手，'文如其人'，文字毕竟是一种人格的表现，冷刻的文字，不是浮热的性质的人所能模效的，要作细密的文字，先须具备细密的性格。……我愿诸君于学得了文字的法则以后，暂且抛了文字，多去读书，多去体验，努力为自己的修养，勿仅仅拘执了文字，在文字上用浅薄的功夫"②。这就厘清了写作上加强作者的自我修养与培养读者意识的关系。是否能为读者着想写出适当的文字，归根结底取决于作者的"为人"，欲形之于外，须求之于内，在"文如其人"这一点上，他的认识还是执着于传统的写作主体观的。

(三)写应用文、小品文的练习文体观

对写作教学不论有多么高明的见解，终究都要落实在练上。最要紧的是练，最让人伤脑筋的也是练。夏丏尊一方面主张要练而有法；另一方面又对此取较为自然放松的态度。就学生习作的范围来看，他的看法是应包括一切文字传达交流活动，不应作茧自缚，人为地狭隘化。

夏丏尊不赞同把作文的天地圈定在课内，圈定在煞有介事的"作文"，把日常应用之作排除在外的做法，而认为作文应包括一切文字应用，包括课内的正式训练和课外的日常写作。这种认识应是全面、中肯的。

着眼于一切应用文字写作的需要，夏丏尊主张写作训练的最好方式是写小品文，因为这较易于打破学生对写作的畏难心理。他说："作文也不是一桩特殊的事情；作文正同说话一样，是被包在生活里的一个项目。你若把作文看作特殊的事情，又想

---

① 夏丏尊：《开明国文讲义》，见杜草甬、商金林编：《夏丏尊论语文教育》，河南教育出版社 1987 年版，第 49 页。

② 夏丏尊：《关于国文的学习》，见杜草甬、商金林编：《夏丏尊论语文教育》，河南教育出版社 1987 年版，第 50 页。

从不知什么地方去寻取作文的材料，那就只好永久搁笔了。你若已经有了这样的癖性，想要纠正过来，养成容易作文的习惯，最好从试作小品文入手。"①这就是说，小品文写作能把学生从"命题作文"和寻找"专供作文的材料"中解放出来，使学生获得写作上的放松感。

夏丏尊所说的小品文，是针对"外形的长短"而言的，二三百字乃至千字以内的短文皆属小品文之列。他认为记叙文、叙事文、说明文、议论文等是从文章内容的性质上划分的，长文和小品文的区别则在于外形。因此，小品文的内容性质全然自由，可以叙事，可以议论，可以抒情，可以写景，不受任何限制。② 小品文就是内容无所不可的短文。学生可以把每天的见闻，每天的思想、感情形之于笔墨，或者作日记，或者同家属、朋友通信，或者就是做笔记，那些材料并不一定连贯，可以分开来写，一句话也行，数十字也行，纯任自然，意尽而止。这样，作文的材料"俯拾皆是"，学生只需选择删弃，绝不会"踏破铁鞋无觅处"。学生也将由此明白作文就是生活，绝非生活的点缀。这一认识无疑深具启示性。它既使学生消除了对作文的畏惧，感到作文原来是如此轻松、自由的事情，可以不拘内容和形式；又从生活的内涵上揭示了写作的本质，使学生意识到"作文就是生活"，作文是人生的一个组成部分，从而严肃地负起生活的使命，从心理上、思想上建立起写作的信心。

从学生写作能力的培养上看，小品文的写作练习有一举数得的好处。其一，由于小品文可以被视为长文的分解，因此作小品文可为作长篇文章做准备。其二，由于小品文对于细小简单的材料要有所说、有所写，所以必然观察到、思考到、感觉到精微的地方去，这样可增进观察力、思考力和感受力。其三，小品文所述对象细小简单，必须拣扼要、精练的方式表达出来，这样可使文字简练。其四，小品文以日常生活为材料，篇幅短小，成篇又较易像个样儿，因其像个样儿，故不惮继续习作，以期再尝成功的喜悦，这样可养成作文的兴味。由此看来，小品文练习大体上可满足写作练习的一切要求，从内容到形式，从能力到心理，无所不至。尤其是养成作文的兴味这一点最为重要，因为它是习作者取得写作上成功的一个必要条件，

---

① 夏丏尊：《开明国文讲义》，见杜草甬、商金林编：《夏丏尊论语文教育》，河南教育出版社 1987 年版，第 159 页。

② 夏丏尊：《文章作法》，浙江文艺出版社 1983 年版，第 68 页。

习作者只有尝到写作的乐趣才能再接再厉，乐此不疲。

此外，夏丏尊还认为，小品文练习对写作心智的开发与发展有极大的帮助。他说读者习作小品文，会随时留心自己的所见所闻，随时留心自己的思想、情感。平时对于那些以为绝非作文的材料，轻轻放过，却想寻另外的材料的话，就会叹息没有东西可写。现在一留心，就会觉得这也是，那也是，一支笔差不多来不及写。但是，如果可能的话，最好尽量写下来。反正是习作，写的即使是无谓的东西也无妨。从这里，你会不知不觉地长进。起初对于许多材料无从选择，后来渐渐知道哪一宗材料值得写，哪一宗材料可以毫不顾惜地放过；起初觉得见、闻、思、感是一事，提笔作文又是一事，后来渐渐觉得两方接近，几乎完全一致了，这就是说怎样见、闻、思、感就怎样写。这样，作文对于你便有了真实的用处。① 这些话看似平淡无奇，却揭示了写作学习的奥妙：我对于物从不留心到留心，再到无须留心；物与我从疏远到贴近，再到融为一体。习作者在无拘无束的"涂鸦"中长进，不知不觉地达成物与我的自然和谐的境界。

(四)着眼于文字形式的"国文"教学观

从"作文法"看，夏丏尊把注意力主要放在表现上；从整个"国文"学习看，夏丏尊仍然认为着眼点应放在文字形式上。他对"作文法"的见解，是以他对"国文"学习目的的认识为背景的。他说："我主张学习国文该着眼在文字的形式方面。就是说，诸君学习国文的时候，该在文字的形式方面去努力。"②他的这种观点，在语文教育界独树一帜，有一定的代表性。

夏丏尊认为，"国文"科是语言文字的学科，除了文法修辞等部分以外，并无固定的内容。"只要是白纸上写有黑字的东西，当作文字来阅读来玩味的时候，什么都是国文科的材料。国文科的学习工作，不在从内容上去深究探讨，倒在从文字的形式上去获得理解和发表的能力。凡是文字，都是作者的表现。不管所表现的是一桩

---

① 夏丏尊：《开明国文讲义》，见杜草甬、商金林编：《夏丏尊论语文教育》，河南教育出版社 1987 年版，第 160～161 页。

② 夏丏尊：《学习国文的着眼点》，见杜草甬、商金林编：《夏丏尊论语文教育》，河南教育出版社 1987 年版，第 81 页。

事情，一种道理，一件东西或一片情感，总之逃不了是表现。我们学习国文所当注重的，并不是事情、道理、东西或感情的本身，应该是各种表现方式和法则。"①这里，他所言及的显然是语文学科的特殊性，具体说是两点：一是"国文"科的内容难以跟其他学科的内容严格区别开来，如《项羽本纪》是历史科的材料，但也可以作为"国文"科学习的材料；二是"国文"科所凭借的材料，内容篇篇不同，难有一定之规，而形式上却有相同的地方。就整篇文字来说，有所谓章法段落结构等法则；就每一句来说，有所谓句子的构成及彼此结合的方式；就每句中的词说，也有各种方法和习惯。此外，文字的体裁，也有共通的样式。例如，书信有书信的样式，章程有章程的样式，记事文有记事文的样式，论说文有论说文的样式。这两点，前者是从"国文"科的外部求其特殊性，后者则是从"国文"科的内部去求其特殊性。

当然，这也并不等于"国文"科或写作教学可以完全无视对文章内容的学习。夏丏尊认为，"凡是文字语言，本身都附带有内容，文字语言本来就是为了要表现某种内容才发生的，世间决不会有毫无内容的文字语言。不过在国文科里，我们所要学习的是文字语言上的种种格式和方法，至于文字语言所含的内容，倒并不是十分重要的东西。我们自己写作的时候，原也需要内容，这内容要自己从生活上得来……我们的目的是要从古人或别人的文字里学会了记叙的方法，来随便叙述自己所要叙述的事物……"②这种看法也许不无可商榷之处，因为文章的形式是内容的形式，要离开内容学习形式实际上是难以做到的，同时，学习文章的内容，也不是不可以给我们从生活中获取写作材料以借鉴。但是，从"国文"科的性质特点上来把握学习的任务，对它的特殊性加以强调，也还是有其合理性的。

夏丏尊一方面是尊重文字形式学习的观点；另一方面也是出于对学生实际学习情况的考虑。他认为，许多学生中学毕业文字还写不通，原因就在于学习国文未得要领。"文字的所以不通，并不是缺乏内容，十之八九毛病在文字的形式上。这显然是一向不曾在文字的形式上留意的缘故。他们每日在国文教室里对了国文教科书或油印的选文，只知道听老师讲典故，讲作者的故事，典故是讲不完的，故事是听不完的，一篇一篇的作品也是读不完的。学习国文，目的就在学得用文字来表现的方

①② 夏丏尊：《学习国文的着眼点》，见杜草甬、商金林编：《夏丏尊论语文教育》，河南教育出版社1987年版，第83、84页。

法，他们只着眼于别人所表现着的内容本身，不去留心表现的文字形式，结果当然是劳而无功的。"①因此，他觉得关键是要把注意力放在文字形式的学习上来，这主要包括词、句子和表现方法这三个方面。词的意思情味辨别清楚了，句子的样式和句子与句子的关系弄明白了，表现的方法技巧熟练掌握了，就不但在理解上可以省却力气，而且在发表上也可以得到许多便利。

2015年8月在台北教育大学与同行交流

在文字形式的学习上，夏丏尊主张要发挥个性和创造力，反对模仿和剿袭。他说："文章是发表自己的意思和情感，所以不能将别人的文章借来冒充；剿袭的不好是大家都承认的，古来早已有人说过，不必再讲。至于模仿，古来却有不以为非的。什么桐城派阳湖派的古文呀，汉魏的骈文呀，西昆体的诗呀，……越学得象越好。其实文章原无所谓派别，随着时代而变迁，也无所谓一定的格式。仅仅象得哪一家，哪一篇，决不能当作好的标准。从另一方面说，文章是表现自己的，各人有各人的天分，有各人的创造力；随人脚跟，结果必定抑灭了自己的个性；所作的文章就不

---

① 夏丏尊：《学习国文的着眼点》，见杜草甬、商金林编：《夏丏尊论语文教育》，河南教育出版社1987年版，第85～86页。

能完全自由表示自己的意思和情感，也就不真实不明确了。"①夏丏尊对模仿的否定是相当彻底的。是鼓励创造还是提倡模仿，这是写作教学中一个至关重要的问题，至今仍值得热衷于模仿式写作训练的教师深思。

夏丏尊与叶圣陶，二人在语文教育观上有许多共识，因而他们在研究和写作上曾有过亲密的合作。如果说他们有什么不同，那就是，叶圣陶的观点中传统的、经验的成分更浓郁些，而夏丏尊的观点则外来的影响更显著些。作为一个语文教育家，夏丏尊对语文学科的工具性和写作教学的实践性特征有着深刻的领悟，考虑问题能处处从教学和学生的实际情况出发，反对蒙昧主义的"神而明之"和泛而不切的玄虚化倾向，以科学求实的精神，建立"知行合一"的作文法教练体系，为写作教学的理论与实践相结合开辟了一条新路。夏丏尊是"五四"以后崛起的语文教育家中较为深厚机敏而又稳健务实的一位。

七、朱自清：要有切近的目标，要有假想的读者

——从实践体认教学机理的语文教育观

朱自清(1898—1948 年)是我国现代著名的文学家，也是一位颇有成就的语文教育家。

朱自清"是个尽职的胜任的国文教师和文学教师"②。他先是在浙江省好几所中学当教师，也曾在吴淞中国公学中学部教过书，后来在清华大学教授文学 20 余年。他有大量的作品和论著问世。"他作文，作诗，编书，都极其用心，下笔不怎么快，有点儿矜持。非自以为心安理得的意见决不乱写。"③他出版了多部散文集、诗集和文学论著，在国文教学研究方面，有与叶圣陶合著的论文集《国文教学》，与叶圣陶合编的《精读指导举隅》《略读指导举隅》，与叶圣陶、吕叔湘合编的《开明高级国文读本》《开明文言读本》(未编完就逝世了)等，也算是成绩不菲了。

---

① 夏丏尊、刘薰宇：《文章作法》，浙江文艺出版社 1983 年版，第 4 页。
②③ 叶圣陶：《朱佩弦先生(代序)》，见中央教育科学研究所编：《朱自清论语文教育》，河南教育出版社 1985 年版。

　　朱自清的语文教育观特别注重写作教学的实用性和实效性，处处以写作实际的要求作为写作教学的目标和依据，而不是只做纯理论的推演。因此，他的观点总是非常实在，能切中写作教学中不符合写作实践的观念和做法，尤其是对说和写二者特殊性的辨析，对创作和实用写作的区分，对写作训练中切近的目标和假想的读者的强调等，所做的思考都非常深入和细致，有很强的实用价值。这对于纠正当今写作教学中的"应试"教育倾向，改变写作教学和写作实践要求相脱离的现象，均有很强的启示意义。

（一）重诵读朗读、轻写话的学习观

　　朱自清在他的著述中多次明确指出："写的白话不等于说话，写的白话文更不等于说话。写和说到底是两回事。"[①]"说的白话和写的白话绝不是一致的；它们该各有各的标准。"[②]许多青年学生以为白话文跟说话差不多，照着心里说的话写下来就是白话文，朱自清说这是一种误解。

　　朱自清这一观点的依据，归拢起来说，大致有以下几点。

　　第一，心里说的话等于独自言语。但这种"独自言语"跟平常说话不同，它不但不出声音，而且因为没有听者，没有种种自觉的和不自觉的限制，所以容易跑野马。在平常谈话或演说的时候，还免不了跑野马；独自思想时自然更会如此。说话是从思想到语言，写作是从思想到文字。[③]

　　第二，说的白话有声调姿势表情衬托着，字句只占一半。写的白话全靠字句，字句自然也有声调，可并不和说话的声调完全一样，它是专从字句的安排与组织里生出来的。字句的组织必得在文义之外，传达出相当于说话时的声调姿势表情来，才合于写作的目的。[④]

　　第三，文章有种种书面表达的特殊程式。例如写信，这种最接近于说话的书信，

　　① 朱自清：《论诵读》，见中央教育科学研究所编：《朱自清论语文教育》，河南教育出版社1985年版，第114页。

　　②④ 朱自清：《中学生的国文程度》，见朱乔森编：《朱自清全集》第二卷，江苏教育出版社1988年版，第29页。

　　③ 朱自清：《写作杂谈》，见朱乔森编：《朱自清全集》第二卷，江苏教育出版社1988年版，第73～74页。

也必须将种种不同的口气标准化，将"面谈"时的一些声调姿势表情等标准化。因为"写信"究竟不是"面谈"，所以得这么办。那些程式有的并不出于"面谈"，而是写信写出来的。各色各样的程式，不是要笔头，不是掉花枪，都是实际需要逼出来的。①

第四，说话往往遵从于个别人的语言习惯，写作则必须用大众化的语言。过分依照自己的那些"纷歧的个别的语言"，而不知道顾到"统一的文字"，没有"统一的文字"的意念，只让自己的语言支配着，写出来的文章就可能自己读自己听很顺，别人读别人听就不顺了。②

以上几点又可归结为一点：口头表达与书面表达是各有其特殊性的。

因此，作文教学固然应该注意到说与写的共同性，但更要着眼于二者的特殊性，说与写在本质上是有差别的。说与写都是一种表达方式，但是说话的表情达意不完全靠音频信号，它在相当程度上还借助于说话人所处的特定环境，与说话人的各种辅助性的表情、姿势、动作，听众感受到的是一种综合效应。而作文的表情达意，则纯粹依靠作者所提供的文字符号。作者的一切信息只有通过文字符号这个唯一的传媒，才能输送给读者。同时，说与写二者各有其长期"说"出来的与"写"出来的约定俗成的程式。例如，一个学生春游回来，将自己的所见所闻告诉家人，与正儿八经地写一篇游记是不一样的，跟写一篇新闻也不可能一样。可见，说与写是不能混为一谈的。

当然，也并不排除将"写话"作为一种作文练习方式的可能性。由于说与写毕竟还是有相通之处的，当小学生还不明白作文是怎么一回事时，为了促使他们把口语表达能力转化为书面表达能力，以"写话"作为两种能力的过渡与衔接，也许还是有其合理性的。但如果把说与写等同起来，把"写话"作为一种普遍的作文学习规律，那就势必会掩盖说与写的差异性，不利于学生形成正确的写作观念。

因此，朱自清不主张写话，而是主张直接从"诵读""朗读"（而不是一般的阅读、默读）中掌握书面表达的规律。他说："大概学写主要得靠诵读，文言白话都是如此；

---

① 朱自清：《如面谈》，见《语文影及其他》，中国文联出版公司1985年版，第28~29页。
② 朱自清：《诵读教学》，见中央教育科学研究所编：《朱自清论语文教育》，河南教育出版社1985年版，第105页。

单靠说话学不成文言也学不好白话。"①他认为，只有通过大量地诵读别人的文字，才能形成"统一的文字"的意念。

朱自清所说的朗读包括以下两种内容。一是平常多读各家各派的文字，"用宣读文件的声调"，从而获得那"统一的文字"的调子或语脉(或叫文脉)，并学会如何润饰字句。这其实就是通过认真揣摩规范的文章，以形成书面语的语感和文体形式感。二是"再三朗读"自己写成的文章或改过的文章，大概目的是对所写的文字进行检查，看它是否符合文章程式要求，以便进一步修改。朱自清认为，如果学生从小学时代起就训练这种正确的朗读方式，必将促进他们对写作特征的认识，作文也将容易进步。②朱自清的这种"以读促写"观与传统的"以读带写"观有本质的区别，与叶圣陶的"阅读是写作的基础"的读写观也并不相同。然而，其合理性也是显而易见的。

(二)注重广义散文和文字技能的练习观

说与写不同，写与写也有差异。朱自清认为，创作与写作的性质是不同的。创作只针对文学作品而言，写作则针对一切文体，其中更大量的是非文学的应用性文体。

朱自清提出这个问题是有针对性的。"五四"以后，新文学初创，写作的青年似乎都想在文学上试一试，把创作当作唯一的出路。他们不管自己才力如何，写诗，写散文，写小说，写戏剧，而将论学论政的杂文列在第二等，将应用文不列等。这种把创作当写作的做法，导致多数学生白费力气，其结果是非但创作不成，反而闹得连普通的白话文也写不好。朱自清认为，这实际上是一种"没有忍耐而求近功"的苟且的心理在作祟。总想创作，反而最容易浮夸、失望，这会对学生的写作心理造成不良的影响。

数十年后的今天，这种情形依然没有得到根本的改观。中学生喜欢写沾点儿文学味的文章，讨厌说明文、议论文和一般的应用文，大学生对报告、总结、评论、

---

① 朱自清：《论诵读》，见中央教育科学研究所编：《朱自清论语文教育》，河南教育出版社1985年版，第115页。

② 朱自清：《写作杂谈》，见朱乔森编：《朱自清全集》第二卷，江苏教育出版社，1988年版，第75页。

论文等的兴趣，远不如对小说、散文、诗歌等的兴趣浓厚。而对于大多数学生来说，显然他们最需要、最可能得到发展与提高的并不是创作能力，而是实用性写作的能力。这关系到我们的写作教学目的，与整个语文教学如何对学生的学习做合理的引导这一至关重要的大问题。

朱自清认为，如果仅仅是使自己的写作受些文学的影响，带些文学的趣味，这是很好的，但不是必要的，"不带或少带情感的笔锋只要用得经济，有条理，也可以完成写作的大部分的使命"①。朱自清作为一个与文学终身结缘的作家，能对写作教学作如是观，这对广大热爱文学写作教学的教师来说，应当是有警醒力的。

那么，写作教学应从何处着手呢？朱自清主张"初学写作，似乎该从广义的散文下手。先把话写清楚了，写通顺了，再注重表情，注重文艺性的发展。这样基础稳固些。否则容易浮滑，不切实"②。这强调的是语言基本功的训练。为写作计，首要的任务是要过好文字关。朱自清提供给青年写作者的经验之一是："不放松文字，注意到每一词句，我觉得无论大小，都该从这里入手。控制文字是一种愉快，也是一种本领。……为一般写作者打算，还是不放松文字的好。现在写作的青年似乎不大在乎文字。无论他们的理由怎样好听，吃亏的恐怕还是他们自己，不是别人。"③朱自清主张从广义的散文入手，目的是摆脱那种"没有忍耐而求近功"的偏颇的创作心态，使学生意识到即便是要搞创作，关键的问题也仍然是要先把"话写清楚了，写通顺了"。这也是很不容易做到的。朱自清从长期的教学实践中感觉到学生最大的毛病是思路不清，这种毛病在叙述文（包括描写文）和抒情文里不太明显，在说明文和议论文里就容易看出来。因此，朱自清在主张作文教学从广义的散文入手的同时，也强调"高中与大一的学生应该多练习这两体文字"，这主要是训练学生思路，朱自清称之为文脉。具体的训练要从小的范围着手，从切近的熟悉的小题目下手，拣与实际生活有密切关系的问题来写，像关于学校中的伙食问题等。这些小题目只要抓住

---

① 朱自清：《论教本与写作》，见中国教育科学研究所编：《朱自清论语文教育》，河南教育出版社 1985 年版，第 20 页。

② 朱自清：《答〈文艺知识〉编者问》，见中央教育科学研究所编：《朱自清论语文教育》，河南教育出版社 1985 年版，第 171 页。

③ 朱自清：《写作杂谈》，见朱乔森编：《朱自清全集》第二卷，江苏教育出版社 1988 年版，第 108 页。

要点，清清楚楚地写出来，就是有条理的文章。可见，朱自清对于写作教学，最关注的是学生的基本能力的培养。这种基本能力，一个是文字，一个是思维。此二者是作文的根本。有了这两种能力，才有发展可言。

朱自清还强调要学习报刊文体、新闻写作。这主要是从应用的角度对写作教学提出的要求。因为报刊文体最具实用性，且方兴未艾，有广泛的应用前景。他认为，报刊文体简明扼要，易于掌握，其"写作价值决不在文艺的写作之下"。当然，这并不是要大家都去当记者，而是为那些迷恋于创作的学生指出一条更易成功之路，为他们的作文训练提供一个切近可行的目标，也让他们意识到写作除了创作之外，还有广大的用武之地。

(三)以报刊文字为切近目标的动机论

当过多年的国文教师，朱自清感到教授国文有三大困难，其中一个困难便是"无论是读是作，学生不容易感到实际的需要。……不感到实际需要，读和作都只是为人，都只是奉行功令；自然免不了敷衍，游戏"①。这可谓一语中的，说出了读写教学效率不高的症结所在。

作文教学费时多，效率低，其中一个很重要的原因便是学生缺乏明确的学习动机，对写作训练毫无兴趣。处于被动或强制性学习状态的学生，自然是不可能学好写作的。朱自清认为，要解决这一问题，重要的是必须使学生意识到他们的作文训练是"有所为的"，而不是徒劳的。因此，写作教学要为学生确定一个可望而且可即的目标。

这个目标不能太宽泛。朱自清说，把写作训练看作"基本的训练，是生活技术的训练——说是做人的训练也无不可"，但是，像这类"广泛的目标是不能引起学生的注意的"。一般的课程标准，如"养成用语体文及语言(初中)以及文言文(高中)叙事，说理，表情，达意之技能"，也还是太宽泛。不如科举时代作文是为了当官，或一些

---

① 朱自清：《文心·序》，见中央教育科学研究所编：《朱自清论语文教育》，河南教育出版社1985年版，第6页。

学生把作文训练看作为了将来的"创作"这一类的目标来得实在。① 当然，这些目标是否正确又当别论。学生只有获得切近的学习写作的目标，才会有学习的热情，才能乐此不疲，才谈得上学习的主动性与积极性，才能不畏挫折，持久地、愉快地写下去，一直到实现自己的目标为止。

那么，究竟写作教学应以什么作为切近的目标呢？朱自清提议，应以报纸上和一般杂志上的文字作为切近的目标，特别是报纸上的文字。这报纸上的文字，"不但指报纸本身的新闻和评论，并包括报纸上登载的一切文件——连广告在内"②。报纸上的文字作为写作训练切近的目标有三种好处："第一，切用，而且有发展；第二，应用的文字差不多各体都有；第三，容易意识到各种文字的各种读者。"③这也就是说，报刊文体不论对于学生的写作基本功的训练，还是对于将来的实际应用，都是有益的。朱自清提议以报刊文体作为中学生作文训练的目标，一个重要原因还在于报刊上的文章一般要求不是太高，大多数学生通过努力是能够达到的。而且，"从事于新闻或评论的写作，或起草应用的文件登在报纸或杂志上，也是一种骄傲，值得夸耀并不在创作以下"④。它跟搞创作一样，也可以鼓起学生的兴趣，让他们觉得写作是有所为的而努力去做。朱自清的这一见解肯定了写作教学应该为多数人将来的发展服务；写作教学应该激发学生的写作兴趣的观点。朱自清能从学生的写作动机、学习的内驱力出发研究问题，是很有见地的。因为，一个人要在写作上获得成就，功夫不只是在课内的训练，还在课外的自主努力。写作学习比起其他科目的学习，更需要成功的激励，这样，确定一个学生通过努力可以达到的目标就非常重要了。

朱自清对学生学习心理的重视，对教学的主体、写作的主体的关切，集中体现了他以学生应世之实用为目的的语文教育观。在这一教育观指导下，他对一些具体的教学方式的设想，也是从如何有利于学生的自由发展、调动他们的学习积极性这些方面来考虑的。

朱自清说："作文宜在课内，抑宜在课外？宜由教师出题，抑宜由学生拟题？我认为这是自由与干涉的问题，我是主张：自由的。我的经验，出题命学生做，在教室内学生作文，都足以束缚学生的思想力，使他不能发展。这种方法只可偶一用之，

<hr>

①②③④　朱自清：《论教本与写作》，见中央教育科学研究所编：《朱自清论语文教育》，河南教育出版社 1985 年版，第20~21、22、22~23、23 页。

使学生也经验经验限题限时的情境，俾将来遇这种情境时，也可适应。平常则以用自由的方式为宜。"①训练方式的自由，是使学生能够达到"切近的目标"的一个必要条件。教师干涉过多必然会压抑学生的写作热情与创造力，学生动辄得咎，再"切近的目标"也将被视为畏途。因此，如何从教学方式上给学生提供更多自由表现的空间，如何处理好"自由"与"干涉"这一对矛盾，仍然是今后作文教学改革的一个重要的研究课题。

（四）习作要有假想的读者的受体观

学生对作文训练缺乏热情的另一个重要原因，是作文训练背离了以一定读者为交流对象的写作的一般规律。每次作文练习，往往都只有一个使他们感到惧怕的实际读者——老师。学生的作文训练，基本上是在没有什么写作冲动与发表欲望的情形下勉强应付的，也就谈不上形成较强的读者意识和文体感。尽管写作教学设置的终极目标非常切近，但是，如果学生的每次作文练习都缺乏必要的交流对象，都是一种可笑的自言自语，那么他们所要实现的终极目标，也就必然会变得十分渺茫。

因此，只有把作文练习置于正常的以传达为目的的写作情境中，学生才能意识到写作果然是有所为的。朱自清强调的学生写作练习要有假想的读者，便是基于这一认识。

朱自清认为，学生写文章"知道写了是要给教师读的；实际也许只有教师读，或再加上一些同学和自己的父兄。但如果每回写作真都是为了这几个人，那么写作确是没有多大趣味。学生中大约不少真会这样想，于是乎不免敷衍塞章、潦草塞责的弊病，可是学生写作的实际的读者虽然常只是这几个人，假想的读者却可以很多"②。所以，他强调，写作教学应主要以假想的读者为对象，这些假想的读者除了父兄、教师、亲近的朋友或同学外，还有全体同学、全体中学生、一般青年人、本地人士、各社团、政府、政府领袖、一般社会人士等。总之，学生作文练习，尽可以假定以任何人为交流对象，而且必须以各类人为读者对象。

---

① 朱自清：《中等学校国文教学的几个问题》，载《教育杂志》，1925 年第 7 期。
② 朱自清：《论教本与写作》，见中央教育科学研究所编：《朱自清论语文教育》，河南教育出版社 1985 年版，第 20～21 页。

朱自清的这一看法的核心内容是："写作练习是为了应用，其实就是为了应用于这种种假想的读者。写作练习可以没有教师，可不能没有假想的读者。"①这应该说是抓住了作文练习的本质要求。既然实际的写作活动有真实的读者，教学情境中的作文练习也就要有假想的读者，只有这样，学生的作文练习才能与未来的应用接轨。

然而，文章是为了读者而存在、而体现出其价值这一简单的道理，在写作教学中往往被师生忽略，因此，增强写作教学中的读者意识，对于教、学双方来说，都是非常必要的。

在作文练习中，缺乏读者意识也必然会削弱教学效果。朱自清认为，学生"不意识到假想的读者，往往不去辨别各种体裁，只马马虎虎写下去。等到实际应用，自然便不合式"②。而且，"只知道一种假想的读者而不知道此外的种种，还是不能有辨别力"③。可见，在训练中明确规定假想的读者，其直接功用又是为了提高学生对各体文章特点的辨别力，即形成文体形式感。而写作主体的文体形式感的优劣，则在相当程度上决定了他们写作质量的优劣。

要提高学生对文章体裁特点的辨别力，培养学生敏锐的文体形式感，朱自清主张以报纸上的文字作为写作学习的范文。"因为报纸上登载着各方面的文件，对象或宽或窄，各有不同，口气和体裁也不一样，学生常常比较着看，便容易见出读者和文字的关系是很大的，他们写作时也便渐渐会留心他们的假想的读者。"④学生文体辨别力的提高确实有赖于比较、鉴别，而报纸恰好提供了这种便利。同时，报纸栏目多，读者对象多，读者面宽，认真地阅读、揣摩，非常有利于提高学生的读者意识。

朱自清还特别提及报纸上所缺少的书信文体，认为应把它补充在教材里。他在《如面谈》一文里，详细地讨论了书信的写法特点，十分完备地阐述了书信的程式及书信的读者对象对表现内容的制约。书信这一文体之所以被许多有见识的语文教育家所重视，大约是因为书信比其他文体有更确切的读者对象，有更明确的传达目的，是有所为而写的。因此，书信的写作，在教学的假定性的情境中，更具逼真性，更易诱使学生进入角色。从这个意义上说，书信当是作文练习的一个

---

① ② ③ ④　朱自清：《论教本与写作》，见中央教育科学研究所编：《朱自清论语文教育》，河南教育出版社 1985 年版，第 22、22、22、23 页。

好体裁。

　　一个作家、学者型的教师，能倾心于教学，潜心研究教学，这在今天的语文教育界实属罕见。朱自清这样做了，我们从中见到他人格的高尚！他以自身丰富的写作经验与学者的敏锐，重视写作教学，这使他对许多问题的认识显得较为深刻。尽管由于他本质上仍是个作家，不是个理论家，因而他的语文教育观在理论阐述上比起纯学者型的朱光潜似显得不够充分，但是，较之于叶圣陶，他毫不逊色，在他远不如叶圣陶丰富的语文教育论著中，不乏新鲜机敏的感觉和严谨得体的论述，这从他上述中肯的观点中便可见一斑。

　　综观朱自清的语文教育论著，我们认为，朱自清的见解基本上是符合语文学习规律与教学的实际情况的，与写作教学中存在的一些具体问题贴得很近，因此，他的设想很实在，很实用，既有参考价值，又有实践价值。热心于作文教学改革的教师何不一试呢？

2008 年 7 月在北京杏林山庄小住，游览植物园

八、朱光潜：养成纯正的趣味，克服心理的懒怠

——注重主体人格、趣味建构的语文教育观

我国现代著名学者朱光潜(1897—1986 年)，半个多世纪来，在美学、文学等方面著作甚丰，堪称文艺论坛巨子。在语文教育研究上，如果说朱自清主要体现的是作家加教师的特质，朱光潜体现的则主要是学者加教师的特质，尤其是体现了一个大学者的非凡气度和深厚学养。他对写作的见解，不拘于文本的字句篇章，既能入乎其内，又能出乎其外，对写作现象做高屋建瓴的把握和淋漓尽致的阐释，真可谓得心应手，挥洒自如。他特别注重习作者的内在修养，注重写作主体健全的人格心理品质的建构，注重纯正的写作审美趣味和良好的写作行为习惯的养成。其见解具有很高的文化品位和内涵，读其论著，能使人真正领略到何谓"学问文章"。朱光潜的语文教育观的显著特点是对写作的"人"本身的关注，对人的全面写作素养的关注，在这一点上，他的有关论述超过这一时代的其他论者，因而，他的语文教育观堪称人本主义语文教育观。

早在 20 世纪二三十年代，朱光潜就以一个平辈人的身份与青年人谈文论艺，其精辟的说理，朴实的文风，如春风甘霖，使读者为之倾倒。在文学、写作研究方面，他深知文学之奥秘及为文之甘苦，力避"高头讲章"式的指导，"努力做到'切实'二字"，既给读者以理论上的熏陶，又使他们在"印证经验"的思考中受益，这就是他的论著所独具的魅力。

(一)"四境"与"四体"渐进的发展观

由于写作学习，"从初学到成家，中间须经过若干步骤，学者必须循序渐进，不可一蹴而就"，因此，写作发展的程序问题，始终是写作学界普遍关注的一个问题。朱光潜把写作发展的程序划分为四种境界：疵境、稳境、醇境、化境。①

---

① 朱光潜：《谈文学·精进的程序》，见《朱光潜美学文集》第二卷，上海文艺出版社 1982 年版，第 364 页。

　　朱光潜认为，习作者最初便处于"疵境"，其特点是"驳杂不稳"。虽偶有好处，但就总体看去，毛病很多。通过学习，便能达到"稳境"，写出来的文章平正工稳，合乎规模法度，只是不精彩，没有什么独创。再经过"荟萃各家各体的长处，造成自家所特有的风格"，就进入"醇境"，特色是凝练典雅，极人工之能事。任何人只要肯下功夫，都可以达到这种境界。写作的最高境界是"化境"，其标志是成熟的艺术修养与成熟的胸襟修养融成一片，不但可以见出纯熟的功力，还可以表现出高超的人格。而这就不是一般人所能企及的了。

　　朱光潜把这四境区别为可借规模法度作导引的"疵境""稳境"（进而亦可扩展至"醇境"），以及有时失其约束作用的"化境"这两种情况。他说："一个人到了艺术较高的境界，关于艺术的原理法则无用说也无可说；有可说而且需要说的是在'疵境'与'稳境'。从前古文家有奉'义法'为金科玉律的，也有攻击'义法'论调的。在我个人看，拿'义法'来绳'化境'的文字，固近于痴人说梦；如果以为学文艺始终可以不讲'义法'，就未免更误事。"①这实际上指出了一般人写作学习的最高目标是"醇境"，而要达到"醇境"往往是毕生的事，所以，写作教学的目标，大约只能放在"有可说而且需要说"的"稳境"上，不论是要达到"稳境"还是"醇境"，均需经过规模法度（"义法"）的学习。

　　朱光潜说："由'疵境'到'稳境'那一个阶段最需要下功夫学规模法度，小心谨慎地把字用得恰当，把句造得通顺，把层次安排得妥贴……"②他把规模法度分为"抽象"的和"具体"的两种。抽象的规模法度是文法、逻辑、"义法"等，具体的规模法度即模范作品的命意、用字、造句和布局等。他认为抽象的原则和理论本身并没有多大功用，而对具体实例的揣摩则尤为重要。这基本上是一个揣摩模仿、修疵救失的过程，目的在于养成纯正的写作手法。

　　"稳境"还只是平庸的境界。进入"稳境"后，不应被定型束缚住，不求变化，而应力求去打破定型，"由稳境重新尝试另一风格。如果太熟，无妨学生硬；如果太平易，无妨学艰深；如果太偏于阴柔，无妨学阳刚。在这样变化已成风格时，我们很可能地回到另一种'疵境'，再由这种'疵境'进到'熟境'，如此辗转下去，境界才能

---

　　①②　朱光潜：《谈文学·精进的程序》，见《朱光潜美学文集》第二卷，上海文艺出版社 1982年版，第 364～365、365 页。

逐渐扩大，技巧才能逐渐成熟，所谓'醇境'大半都须经过这种'精钢百炼'的功夫才能达到"①。

至于"化境"，则还要在人品学问方面另下一番更重要的功夫。虽然"醇境"和"化境"的修养均难以通过教学手段得以实现，但我们认为，无论教师还是学生，显然都有了解写作发展全程的必要。因为这对教师的教学内容、方法的总体把握，或是对学生学习进程的自我规划都不无裨益。

以上四个境界的划分只是针对写作水平的一般发展而言的。对具体文章类别的学习，也还有其特殊的程序。朱光潜认为，宇宙间一切现象都可以纳入情、理、事、态这四大范畴里。情指喜怒哀乐之类主观的感动，理是思想在事物中所推求出来的条理秩序，事包含一切人物的动作，态指人物的形状。写作的材料也不外这四种，所以文章通常可分为言情、说理、叙事、绘态（亦称状物或描写）这四类。这四类文章的写作有难易之分，于是就有了学习安排上的先后顺序。

首先，朱光潜认为，初学者不宜说理，因为说理文需要丰富的学识和严谨的思考，这恰是青年人通常所缺乏的。青年人没有说理文所必具的条件而勉强作说理文，势必袭陈腐的滥调，发空洞的议论，窒息想象力的发展。

其次，朱光潜认为，入手就写言情诗文也是不妥当的。其一是因为情感迷离恍惚，不易捉摸。言情必借叙事绘态，如果没有这种准备，言情便只会变成抽象地说悲说喜。其二是因为情感自身也需陶冶熔炼。人生经验越丰富，事理观察得越深刻，情感才越深沉，越易融化于具体的情境中。

这样，"剩下来的只有叙事绘态两种。事与态都是摆在眼前的，极具体而有客观性，比较容易捉摸，好比习画写生，模特儿摆在面前，看着它一笔一笔地模拟，如有一笔不象，还可以随看随改。紧抓住实事实物，决不至堕入空洞肤泛的恶习"②。而叙事与绘态之中还是叙事最要紧。叙事就是绘动态，能绘动态就能绘静态，叙事与绘态这二者也往往密不可分。这两种文写好了，其他各体文自可迎刃而解。"因为

---

① 朱光潜：《谈文学·精进的程序》，见《朱光潜美学文集》第二卷，上海文艺出版社 1982 年版，第 367 页。

② 朱光潜：《谈文学·写作练习》，见《朱光潜美学文集》第二卷，上海文艺出版社 1982 年版，第 282 页。

严格地说，情与理还是心理方面的动作，还是可以认成'事'，还是有它们的'态'，所不同者它们比较偏于主观的，不如一般外在事态那样容易着笔。在对外在事态下过一番功夫，然后再以所得的娴熟的手腕去应付内在的事态（即情理），那就没有多大困难了。"①

由此来看，我们的作文教学，虽然在各体文的训练上也有先后难易的安排，但似乎仍感操之过急。从小学开始接触抒情文、议论文，这就使学生容易走到空疏俗滥的路上去。到头来，学生在表现"外在事态"上没能打下坚实的基础，在表现"内在事态"上又养成了言不由衷、剽袭造作的不良习惯。

（二）养成高尚纯正的趣味的人格观

写作学习既是主体全面写作素养的循序渐进的蓄积，那么，对于主体发展的根本性的要求又是什么呢？朱光潜说："文学的修养可以说就是趣味的修养。""文学教育第一件要事是养成高尚纯正的趣味。"②

朱光潜认为，一个人在创作和阅读中所表现的趣味，大半由"资禀性情、身世经历和传统习尚"这三个因素所决定。这三个因素的影响有好有坏，也不必完全摆脱。我们应该做的功夫是根据固有的资禀性情而加以磨砺陶冶，扩充身世经历而加以细心的体验，接收多方面的传统习尚而求截长取短，融会贯通。纯恃天赋的趣味不足为凭，纯恃环境影响造成的趣味也不足为凭，纯正的可凭的趣味必定是学问修养的结果。而这种学问修养的高尚纯正与否，又主要表现在阅读鉴赏力与写作主体人格品质这两个方面。阅读鉴赏力的高尚纯正，主要指对作品能做优秀的评判，具有辨别作品好坏妍媸的敏感。

写作主体人格品质的高尚纯正，其核心内容是"真诚"。这也可以从两个方面来看。一是从表现方面看，作者必须有不得已要宣泄的思想感情，如无绝对的必要，最好守缄默；勉强找话说，动机就不纯正，源头就不充实，态度就不诚恳，作品也

① 朱光潜：《谈文学·写作练习》，见《朱光潜美学文集》第二卷，上海文艺出版社 1982 年版，第 282 页。

② 朱光潜：《谈文学·文学上的低级趣味（下）：关于作者态度》，见《朱光潜美学文集》第二卷，上海文艺出版社 1982 年版，第 275 页。

就不会有大的价值。二是从传达方面看，作者肯以深心的秘蕴交付给读者，就显得他对读者有极深的同情。如果作者内心上并无这种同情，只是要博取一点版税或是虚名，不惜择很不光明的手段，逢迎读者，欺骗读者，那也就说不上文艺了。

这种人格品质的真诚，也表现在朱光潜对写作练习的要求上，他对写作练习提出的一条"最重要的原则"便是"有话必说，无话不说，说须心口如一，不能说谎。……如果是存心说谎，那是入手就走错了路，他愈写就愈入迷，离文学愈远。许多人在文学上不能有成就，大半都误在入手就养成说谎的习惯"①。

对写作学习来说，重要的还不只是说明什么是高尚纯正的趣味，而是如何养成这种趣味。从阅读着眼，朱光潜认为，"唯一的办法是多多玩味第一流文艺杰作，在这些作品中把第一眼看去是平淡无奇的东西玩味出隐藏的妙蕴来，然后拿'通俗'的作品来比较，自然会见出优劣"②。除了要读好作品外，还要读得广。因为读书的功用在于储知蓄理，扩大眼界，改变气质。读的范围越广，知识越丰富，审辨越精当，胸襟也就越开阔。

从写着眼，所要做的就更多了。首先是要多观察体验。朱光潜认为实地的观察体验，对于文艺创作或比读书还更重要。观察体验一则可以增长阅历，二则可得自然界、社会人生的瑰奇壮丽之气与幽深云渺之趣，这必使习作者在养成纯正趣味上受益。

其次是对写作应取严肃认真的态度。"每个作者必须是自己的严正的批评者，他在命意布局遣词造句上都须辨析锱铢，审慎抉择，不肯有一丝一毫含糊敷衍。他的风格就是他的人格，而造成他的特殊风格的就是他的特殊趣味。一个作家的趣味在他的修改锻炼的功夫上最容易见出。"③

最后，自然还要落在写作练习上。对此，朱光潜主张遇见新鲜有趣的事物时，随时记录摹写，并反复修改，务求其像而后已，以养成爱好精确的习惯和艺术家看

---

① 朱光潜：《谈文学·写作练习》，见《朱光潜美学文集》第二卷，上海文艺出版社 1982 年版，第 277～278 页。

② 朱光潜：《谈文学·文学上的低级趣味（下）：关于作者态度》，见《朱光潜美学文集》第二卷，上海文艺出版社 1982 年版，第 275 页。

③ 朱光潜：《谈文学·文学的趣味》，见《朱光潜美学文集》第二卷，上海文艺出版社 1982 年版，第 254～255 页。

事物的眼光。更具体地说，"在初写时，我们必须谨守着知道清楚的，和易于着笔的这两种材料的范围。我这两层分开来说，其实最重要的条件还是知得清楚，知得不清楚就不易于着笔"①。由于一般人对于自己的日常生活知道得比较清楚，所以记日记是初学写作最好的方法。一番家常的谈话，一个新来的客人，街头一阵喧嚷，花木风云的一种新变化，读书看报得到的一阵感想，听来的一个故事，总之，一切动静所生的印象，都可以供你细心描绘，成为好文章。以"知道清楚的"和"易于着笔的"作为写作练习的范围，就是为了使学生养成不肯说谎的习惯，为奠定写作上高尚纯正的趣味打下坚实的基础。

当然，要养成高尚纯正的趣味不是单靠写作教学就能做到的，而须习作者付出终身不懈的努力。但是，对初学者从一开始就提出这种要求，以培养健康的写作趣味和良好的写作心理、习惯，却又是极为重要的。因为一旦趣味不正，习惯不良，要改变就很困难了。诚如朱光潜所说：作文如写字，养成纯正的手法不易，丢开恶劣的手法更难。到发现自己所走的路不对时，已悔之太晚。由此反省，深感我们的教学在学生趣味的养成上颇多疏忽，学生在写作方面"说真话进来（入学），说假话出去（毕业）"的现象已成通病。教师如果真正是为学生"计长远"，就不能对此熟视无睹。在倡导实行素质教育的今天，朱光潜的写作人格观有着重要的现实意义。因为良好的写作人格，是所有写作素质中最基本的素质。没有意识到这一点，我们必将重蹈八股文教育之覆辙。

(三)克服心理的懒怠的"苦思"观

写作趣味不正，推究习作者心理方面的原因，主要是疏于思考，苟且敷衍。

朱光潜认为，写作的问题主要是思想（思维）而不是技巧。因为，一件作品如果有毛病，无论是命意布局或是造句用字，仔细穷究，病源都在思想。思想不清楚的人做出来的文章绝不会清楚。而思想的毛病除了精神失常以外，都起于懒惰，即遇着应该斟酌的事情时不仔细斟酌，只图模糊敷衍，囫囵吞枣混将过去。所以，他指出："练习写作第一件要事就是克服这种心理的懒怠，随时彻底认真，一字不苟，肯

---

① 朱光潜：《谈文学·写作练习》，见《朱光潜美学文集》第二卷，上海文艺出版社 1982 年版，第 279 页。

朝深处想，肯向难处做。如果他养成了这种谨严的思想习惯，始终不懈，他决不会做不出好的文章。"①为此，他提倡"苦思"，反对一味地模仿，流于俗滥。

朱光潜认为，写作时人们常常会思路闭塞，这时，不应轻易放弃，而要知难而进，"苦思也有苦思的收获"。思路太畅时，我们信笔直书，少控制，常易流于浮滑，而经过苦思，则可得三种好处。一是能剥茧抽丝，鞭辟入里，处处从深一层着想，才能沉着委婉。二是尽管当时也许无所得，但是在潜意识中它的工作仍在酝酿，到成熟时，可"一旦豁然贯通"。三是难关可以打通，且经过这种训练，手腕便逐渐娴熟，思路便不易落平凡，纵遇极难驾驭的情境也可以手挥目送，行所无事。而这种经过艰苦经营所写出的平易畅适的文章，往往要比人手便平易畅适的文章更耐人寻味，更能达到写作的胜境。可见，苦思便意味着创造。

苦思的反面，是模仿因袭。朱光潜说有些原来很新鲜的东西，经许多人一模仿，就成了一种滥调。他相信一个人应有一个人的独到之处，专去模仿别人的一种独到的风格，这在学童时代做练习，固无不可，如果把它当作一种正经事业来做，则大可不必。然而，这种因袭模仿在中国写作界是有传统的，扬雄生在汉朝，偏要学周朝，韩愈生在唐朝，偏要学汉朝人说话，这就必为后世诟病。写作是人的至性的流露，效仿他人只会变成无个性的浮腔滥调，这就跟东施效颦一样："西施有心病捧心而颦，自是一种美风姿；东施无心病而捧心效颦，适足见其丑拙。"②

当然，写作心理的懒惰不仅表现在寻思上，还表现在寻言上。在朱光潜看来，寻思与寻言不是两回事，而是一回事。寻思习惯于模仿因袭，其言也就势必俗滥不堪。"美人都是'柳腰桃面'，'王嫱、西施'；才子都是'学富五车，才高八斗'；谈风景必是'春花秋月'，叙离别不离'柳岸灞桥'。"③这种情况要完全避免也很难做到，因为人皆有惰性，习惯于走熟路，"熟路抵抗力最低，引诱性最大，一人走过，人人

① 朱光潜：《谈文学·作文与运思》，见《朱光潜美学文集》第二卷，上海文艺出版社 1982 年版，第 288 页。

② 朱光潜：《孟实文钞》，良友复兴图书印刷公司 1940 年版，第 203～204 页。

③ 朱光潜：《谈文学·咬文嚼字》，见《朱光潜美学文集》第二卷，上海文艺出版社 1982 年版，第 299～300 页。

就都跟着走，愈走就愈平滑俗滥，没有一点新奇的意味"①。针对这种情况，朱光潜赞赏韩愈所说的"惟陈言之务去"，把这看作最紧要的教训。因为你不肯用俗滥的语言，自然也就不肯用俗滥的思想感情，你遇事就会朝深一层去想，你的文章也就真正是"作"出来的，而不至落于下乘。

朱光潜认为思想与语言流于俗滥，这就是近代文艺心理学家们所说的"套板反应"（stock response）。"一个人的心理习惯如果老是倾向'套板反应'，他就根本与文艺无缘，因为就作者说，'套板反应'和创造的动机是仇敌；就读者说，它引不起新鲜而真切的情趣。"②这种"套板反应"危害极大，且难以抗拒，以致古今中外的作家能从这个陷阱中爬出来的并不多见。但是，这并不意味着习作者可以不做任何摆脱的努力，相反，写作既然是创造，就不能不去克服心理的怠惰，走出"套板反应"的陷阱。

朱光潜把克服心理的懒怠看作练习写作的第一件要事，把"套板反应"称为创造的动机的仇敌，这就对写作教学从另一个侧面提出了问题。写作教学一方面须模仿，须讲求规模法度。而另一方面，也是更为重要的方面，则要求创造，突破，推陈出新。由此看来，我们的作文教学亦步亦趋于阅读教学，把阅读看作吸收，把写作看作倾吐，无形中往往会强化学生的"套板反应"的，似有重新检讨的必要。

（四）注重本行之外下功夫的修养观

古人有"功夫在诗外"之说，意思就是写作所需的修养应是多方面的，不应局限于"写"的狭小范围内。这当是极有见地的。习作者在写作上的种种弊病，显然都跟写作修养的偏颇欠缺有关。朱光潜的写作学习观把这种见解发挥得淋漓尽致。

朱光潜认为，写作的修养应包括人品的、学识经验的和文学本身的三个方面。关于人品的修养，朱光潜既看到了人品与文品二者似无必然的关系的一面，又看到了二者相关的一面，对文品表现人品给予充分的肯定。要想文艺上取得真正伟大的成就，作者就必须有道德的修养，有不同于他人的真挚的性情和高远的胸襟。

学识经验的修养就是指对一般人生世相丰富而又正确的蓄积。其有两个途径：

---

①②　朱光潜：《谈文学·咬文嚼字》，见《朱光潜美学文集》第二卷，上海文艺出版社1982年版，第299、300页。

读书和实地观察体验。对于文艺创作来说，后者比前者更为重要。

文学本身的修养首先是认识语言文字，其次是须有运用语言文字的技巧。这事看似很容易，因为一般人日常都在运用语言文字，而实际上却是极难的事。①

从朱光潜对这三个方面修养的具体阐述来看，我们认为有两点值得注意。其一是无论哪一方面的修养，他都要求打下极宽极厚的基础，强调在写作之外下功夫；其二是他把阅读的修养只看成写作诸修养中较次要的一种。

朱光潜对第一点的论述是十分充分的。他说："文艺象历史、哲学两种学问一样，有如金字塔，要铺下一个很宽广笨重的基础，才可以逐渐砌成一个尖顶出来。如果入手就想造成一个尖顶，结果只有倒塌。"②在近代，一个文人不但要博习本国古典，还要涉猎近代各科学问，否则见解难免偏蔽。朱光潜以自己研究文学的实例来说明写作主体建构的广阔性。他说文学并不是一条直路通天边，由你埋头一直向前走就可以走到极境的。研究文学也要绕许多弯路，也要做许多枯燥辛苦的工作。学了英文还要学法文，学了法文还要学德文、希腊文、意大利文、印度文等；时代的背景常把你拉到历史、哲学和宗教的范围里去；文艺原理又逼你去问津于图画、音乐、美学、心理学等学问。他从许多哲人和诗人方面借得一双眼睛看世界。有时能学屈原、杜甫的执着，有时能学庄周、列御寇的徜徉凌卢。莎士比亚教会他在悲痛中见出庄严，莫里哀教会他在乖讹丑陋中见出隽妙，陶潜和华兹华斯引他到自然的胜境，近代小说家引他到人心的曲径幽室。因此，他能感伤也能冷静，能认真也能超脱，能应俗随时也能潜藏非尘世的丘壑。他就是这样通过广泛地涉猎众多的领域，来再造一个文学的自我的。

朱光潜把"本行之外下功夫"，看作一切艺术家主体建构的一条通则。他说："艺术家往往在他的艺术范围之外下功夫，在别种艺术之中玩索得一种意象，让它沉在潜意识里去酝酿一番，然后再用他的本行艺术的媒介把它翻译出来。……各门艺术的意象都可触类旁通。书画家可以从剑的飞舞或鹅掌的拨动之中得到一种特殊的筋肉感觉来助笔力，可以得到一种特殊的胸襟来增进书画的神韵和气势。推广一点说，

---

① 朱光潜：《谈文学·资禀与修养》，见《朱光潜美学文集》第二卷，上海文艺出版社 1982 年版，第 251 页。

② 朱光潜：《我与文学》，见《艺文杂谈》，安徽人民出版社 1981 年版，第 277～278 页。

凡是艺术家都不宜只在本行小范围之内用功夫，须处处留心玩索，才有深厚的修养。"①

即便是"本行之内的功夫"，也远比我们所理解的要宽泛得多。朱光潜认为，就文学本身的修养来看，也不只是一般的懂得运用语言文字，而是必须懂得字的形声义、字的组织以及音义与组织对于读者所产生的影响。这主要包含语文学、逻辑学、文法、美学和心理学各科知识。

再看第二点，朱光潜多次谈到写作学习并非只靠阅读、模仿。他说："作诗是否要多读书？'学'的范围甚广，我们可以从人情世故物理中学，可以从自己写作的辛苦中学，也可以从书本中学，读书只是学的一个节目，一个不可少的而却也不是最重要的节目。许多新诗人的毛病在不求玩味生活经验，不肯耐辛苦去自己摸索路径，而只看报章杂志上一些新诗，揣摩它们，模仿它们。……学来学去，始终没有学到一个自己的本色行当。"②这种看法可谓切中现今作文教学的要害。在语文教育界，"阅读是写作的基础"（实际上是唯一的基础）这种指导思想根深蒂固，一旦写作教学独立于阅读教学之外，许多教师便被视为"大逆不道"。这种"基础"观科学与否我们将另作讨论，单就其对写作修养的狭隘化理解这一方面看，显然就值得怀疑。当然，写作教学跟一般的写作学习还是有区别的，学生的年龄、精力等条件与教学情境的限制，使我们不可能"面面俱到"，但是，问题的关键是如何认识写作的基础，我们如果在对什么是写作的基础的认识上，出现观念性的偏差，那么将把学生引入歧途。

综上所述，我们认为朱光潜的语文教育观的基本点，是立足于言语主体全面写作素养的提高。他不是把写作简单地看作语言的掌握与应用，而是把它看作人自己主宰的，既表现情感思想也滋养思想情感的，思想、情感、语言、文字密不可分的创作活动。这样，他便能置写作学习于一个全方位的开放的系统中加以认识。如果语文教育界能像朱光潜那样，从基本理论研究做起，把语文教育研究放在对写作本体研究的基础之上，放在以"人"的全面发展和综合素养的提高上来认识语文教育的

① 朱光潜：《"读书破万卷，下笔如有神"》，见《艺文杂谈》，安徽人民出版社 1981 年版，第 55～56 页。

② 朱光潜：《给一位写新诗的青年朋友》，见《艺文杂谈》，安徽人民出版社 1981 年版，第 68 页。

问题，也许我们的进展会较为踏实稳健。

2015 年 7 月，与魏书生先生在长沙风景如画的湘麓山庄

九、叶圣陶：阅读本位，以读带写

——重书面语、阅读、方法的语文智能教育观

叶圣陶(1894—1988 年)，是我国现代作家、教育家、文学出版家和社会活动家。叶圣陶语文智能教育观的精髓是揭示了口语与书面语、阅读与写作、讲求方法(知识)与养成习惯这三个基本矛盾。对这三个矛盾，叶圣陶主张重书面语、重阅读、重讲求方法(知识)。他认为听、说、读、写四个智能，是语文课程的基本目的。须尤其注重读、写(书面语)智能的培育。"阅读本位"，是其语文智能教育观的核心理念。"以读带写、读写一体"，是其教育行为范式。讲求方法与养成习惯，是其具体教学目标。"讲读"(含"学生们多思考，多讨论，多练习")，是其基本教学方法。

(一)听、说、读、写联络并进，关注书面语

在构成论层面，首先需要弄清楚语文智能的基本成分及其相互关系，弄清楚口语和书面语的关系，这是科学地设置语文智能教育内容的认知基础。

叶圣陶认为听、说、读、写这四种成分构成了语文智能整体，他提倡听、说、读、写相辅相成、共同发展："学好语文就是学好'听''说''读''写'四项本领。这四项本领有连带的关系：'听'和'读'是一路，都为了了解别人的思想，'说'和'写'是一路，都为了表达思想叫别人了解。了解和表达又是互相影响的：提高了解的能力，表达的本领就能加强；提高表达的能力，了解的本领就能加强。因此，只要认真学习，努力学习，这四项本领必然能齐头并进，项项学好。"[①]这就揭示了听、读与说、写的内在关系：听、读能促进说、写，说、写也能促进听、读，所以这四者是不可分开的。由于不很了解这种相互影响、促进、迁移的关系，因此，长期以来，在语文教材编写和教学中就没能有意识地将其科学合理地联络在一起，或联络得不够充分、自然，致使教育目标、内容、资源得不到合理配置，优化组合。在教学实践中，语文课虽也主张读写结合，但基本上是文选讲读的一统天下。尤其从说、写方面来促进听、读，很少为教材、教师所关注，以致大大削弱了教学的整体效果。

叶圣陶把"四项本领"视为学习语文的任务，视为一个整体，认为这"四项本领"缺一不可。他又将其归为"接受"和"表达"两个方面，认为这两个方面是相互促进的，批评"片面"学习："口头语言和书面语言都有两方面的本领要学习：一方面是接受的本领，听别人说的话，读别人写的东西；另一方面是表达的本领，说给别人听，写给别人看。口头语言的说和听，书面语言的读和写，四种本领都要学好。有人看语文课的成绩光看作文，这不免有点儿片面性；听、说、读、写四种本领同样重要，应该作全面的考查。"[②]"全面"学习，"全面"考查的要求至今还在探索中。

叶圣陶特别注重听、说、读、写四者相互影响的"连带"关系："我们一方面要让

① 叶圣陶：《认真地努力地把语文学好》，见刘国正主编：《叶圣陶教育文集》第 3 卷，人民教育出版社 1994 年版，第 160 页。

② 叶圣陶：《语文是一门怎样的功课——在小学语文教学研究会成立大会上的讲话》，见刘国正主编：《叶圣陶教育文集》第 3 卷，人民教育出版社 1994 年版，第 217～218 页。

学生善于说，一方面要使他善于听。读和写呢？读就是用眼睛来听，写就是用笔来说；反过来，听就是读，用耳朵来读，说就是写，用嘴巴来写。所以现在的语文教学，要把听、说、读、写这四个字连起来。"①在教学中关键是要处理好一个"连"字，即联络教学的效果要优于分别教学。在教学实践中，不宜孤立地进行听、说、读、写教学，要牢固树立联络教学的观念。这种认识是符合系统论的。系统论认为整体大于局部之和。打通四者，使听、说、读、写一体化，便能产生良好的综合效应。因此，教师在教学中要确立智能发展整体观，要研究这四者怎样联络才能自然、和谐、巧妙、高效，才能收到最佳效果。这是对语文教师教育智慧的一个考验，是成熟教师的重要标志。

叶圣陶的这一语文智能教学法类似于"综合教学法"。在 20 世纪二三十年代，"综合教学法"是一种具有较为广泛影响的教法。它是 19 世纪末至 20 世纪初欧美新教育运动的产物，即按照儿童的兴趣与碰到的问题，将各种有关的知识综合起来，组成统一的教学单元，依照一定的程序进行教学。在我国，这种"综合"往往表现为有关知识的"联络"，所以也可以称之为联络教学法。言、文结合，读、写结合，听、说结合等，也算是一种"联络"，但"联络"教学法联系的内容往往要宽泛得多，包括国语(国文)学科内的话法(语言练习、讲演、辩论等)、读法(表演、故事、事实、问题等)及其他各科所学的内容。将语文教学和训练与整个课程结构内的相关方面打成一片，这样，既能充实语文学习的内容，又能使教学活动变得丰富多彩、生动活泼。

听、说、读、写一体，也可以说是口头语言的听、说和书面语言的读、写的交融。叶圣陶说："什么叫语文？平常说的话叫口头语言，写到纸面上叫书面语言。语就是口头语言，文就是书面语言。把口头语言和书面语言连在一起说，就叫语文。"②"接受和发表，表现在口头是听(听人说)和说(自己说)，表现在书面是读和写。在接受方面，听和读同样重要，在发表方面，说和写同样重要。所以，听、说、

① 叶圣陶：《对于中学语文教学研究的意见——在中学语文教学研究会第三届年会开幕式上的讲话》，见刘国正主编：《叶圣陶教育文集》第 3 卷，人民教育出版社 1994 年版，第 225～226 页。
② 叶圣陶：《认真学习语文》，见刘国正主编：《叶圣陶教育文集》第 3 卷，人民教育出版社 1994 年版，第 183 页。

读、写四项缺一不可，学生都得学好。"①这也可以看作口语、书面语并重。当今的语文智能教育内容失落了口语教学，只剩下书面语教学。失去口语教学还算是"语文"科吗？"语文"课程丢失了半壁江山，这究竟是谁之过？

但是，我们也要注意到，在语文课程中，这四种智能虽说是"同样重要"，但还是有所侧重的。叶圣陶的观点是侧重于书面语智能的教育。他说："学习国文，事项只有两种，阅读与写作。"②"国文教学自有它独当其任的任，那就是阅读与写作的训练。"③"在这里，颇有问一问国文科的目的到底是什么的必要。我们的回答是'整个的对于本国文字的阅读与写作的教养'。换一句话说，就是'养成阅读能力'、'养成写作能力'两项。"④可见，他最为注重的是学生阅读与写作能力的培养。这种侧重不是没有道理，如果要对口头语言和书面语言加以区分的话，学校语文教育自然要向书面语倾斜。因为口语，尤其是日常应用的口语，学生可以在生活中（自然情景中）习得，带有一定的先天性。虽然学校语文课中的口语教学主要是指高级语体形态的交流，但是口语的重要性还是与书面语有所不同。书面语的学习主要是后天的。书面语是口语的升华，更需要在教学情境中学习。从人类文化承传的角度来说，书面语的重要性也优于口语。读写活动是人类文化生态链的基本构成形态。因此，有所侧重也是合理的。

（二）读写并重、读写一体，阅读为本

再看本体论层面。前面对语文智能结构中听、说、读、写关系与口语、书面语关系的探讨，对书面语重要性的认知，已经初步涉及本体论层面。进一步正确认识书面语教学中阅读与写作的关系、处理好二者的矛盾，是语文智能教育本体论的核

---

①　叶圣陶：《听、说、读、写都重要》，见刘国正主编：《叶圣陶教育文集》第 3 卷，人民教育出版社 1994 年版，第 219 页。

②　叶圣陶：《国文随谈》，见刘国正主编：《叶圣陶教育文集》第 3 卷，人民教育出版社 1994 年版，第 71 页。

③　叶圣陶：《国文教学的两个基本观念》，见刘国正主编：《叶圣陶教育文集》第 3 卷，人民教育出版社 1994 年版，第 52 页。

④　叶圣陶：《国文科之目的》，见刘国正主编：《叶圣陶教育文集》第 3 卷，人民教育出版社 1994 年版，第 33 页。

心命题。

叶圣陶是主张阅读、写作二者并重的："从前语文教学只有两件事，一个叫读，一个叫写。实际上读还不大注重，只注重写，注重怎么样让学生写出好文章。我常想，读和写到底哪一样重要？我看都重要，要并重。"①"阅读是什么一回事？是吸收。好像每天吃饭吸收营养料一样，阅读就是吸收精神上的营养料。要做一个社会主义时代的公民，吸收精神上的营养料比任何时代都重要。写作是什么一回事？是表达。把脑子里的东西拿出来，让人家知道，或者用嘴说，或者用笔写。阅读和写作，吸收和表达，一个是进，从外到内，一个是出，从内到外。这两件事，无论做什么工作都是经常需要的。这两件事没有学好，不仅影响个人，还会影响社会。说学习语文很重要，原因就在这里。"②叶圣陶认为，阅读与写作之所以重要，是因为他们与个人、社会有直接的关系。他将语文学习的作用上升到"影响个人"与"影响社会"的高度来认识，目的是让人们对阅读、写作的重要性有更加深切的体认。

叶圣陶在"读写并重"中也同样有所倾斜：向阅读倾斜。其阅读目的观可以概括为"三论"。

一是"根"论。叶圣陶在 1940 年发表的《国文教学的两个基本观念》一文中，阐明了阅读与写作的功能与相互关系，指出了写作的"根"在阅读。他说："现在一说到学生国文程度，其意等于说学生写作程度。至于与写作程度同等重要的阅读程度往往是忽视了的。因此，学生阅读程度提高了或是降低了的话也就没听人提起过。这不是没有理由的，写作程度有迹象可寻，而阅读程度比较难捉摸，有迹象可寻的被注意了，比较难捉摸的被忽视了，原是很自然的事情。然而阅读是吸收，写作是倾吐，倾吐能否合于法度，显然与吸收有密切的关系。单说写作程度如何如何是没有根的，要有根，就得追问那比较难捉摸的阅读程度。"③"多方面地讲求阅读方法也就是多方面地养成写作习惯。习惯渐渐养成，技术拙劣与思路不清的毛病自然渐渐减少，一

---

① 叶圣陶：《对于中学语文教学研究的意见——在中学语文教学研究会第三届年会开幕式上的讲话》，见刘国正主编：《叶圣陶教育文集》第 3 卷，人民教育出版社 1994 年版，第 225 页。

② 叶圣陶：《认真学习语文》，见刘国正主编：《叶圣陶教育文集》第 3 卷，人民教育出版社 1994 年版，第 182 页。

③ 叶圣陶：《国文教学的两个基本观念》，见刘国正主编：《叶圣陶教育文集》第 3 卷，人民教育出版社 1994 年版，第 53 页。

直减到没有。所以说阅读与写作是一贯的，阅读得其法，阅读程度提高了，写作程度没有不提高的。"①叶圣陶认为阅读是写作的"根"，这是很有道理的。阅读可以提供写作的学识修养与动力，可以提供写作的"文体感""语感"，可以使学生了解写作方法，养成写作习惯等。多读不一定就能写得好，但不读一定没法写好，要写好必定要多读、读好。

二是"基础"论。1962 年，叶圣陶又写出专文《阅读是写作的基础》，对读、写关系做了进一步的确认："有些人把阅读和写作看做不甚相干的两回事，而且特别着重写作，总是说学生的写作能力不行，好像语文程度就只看写作程度似的。阅读的基本训练不行，写作能力是不会提高的。常常有人要求出版社出版'怎样作文'之类的书，好像有了这类书，依据这类书指导作文，写作教学就好办了。实际上写作基于阅读。老师教得好，学生读得好，才写得好。"②"阅读习惯不良，一定会影响到表达，就是说，写作能力不容易提高。因此，必须好好教阅读课。譬如讲文章须有中心思想。学生听了，知道文章须有中心思想，但是他说：'我作文就是抓不住中心思想。'如果教好阅读课，引导学生逐课逐课地体会，作者怎样用心思，怎样有条有理地表达出中心思想，他们就仿佛跟作者一块儿想过考虑过，到他们自己作文的时候，所谓熟门熟路，也比较容易抓住中心思想了。总而言之，阅读是写作的基础。"③叶圣陶指出，阅读是写作不可或缺的前提条件，阅读教学的水平决定学生的写作程度，由读学写是水到渠成的事。他甚至极端地认为阅读可以解决写作上的一切问题。这就使我们不难理解为什么阅读教学在我国现代语文教育中占有如此重要的地位的问题了。

三是"独立目的"论。叶圣陶还多次谈到，阅读本身就是一种能力、一个目的。他说："培养学生写的能力固然是语文教学的一个目的；培养读的能力，也是一个目的，不能认为读书就是为了做文章。读书，有的时候是为了提高自己某一方面的思想认识，有的时候是为了获得某一方面的知识，有的时候是为欣赏，有的时候甚至

———————————

①　叶圣陶：《国文教学的两个基本观念》，见刘国正主编：《叶圣陶教育文集》第 3 卷，人民教育出版社 1994 年版，第 54~55 页。

②③　叶圣陶：《阅读是写作的基础》，见刘国正主编：《叶圣陶教育文集》第 3 卷，人民教育出版社 1994 年版，第 279、281 页。

是为了消遣。阅读能力强——理解能力强，记忆能力强，而且读得快，就可以博览群书，获得许多思想上的、知识上的启迪，那对一个人的工作、研究以至生活都是非常有好处的。一个人不善于读书，理解能力不强，或者如过眼云烟，读过就忘了，或者读得非常慢，那对他的工作、学习、研究等等，都是极端不利的。所以培养和提高读的能力，本身就是目的，读书并不就是为了写文章。如果读只是为了写，那么，许多人不写文章，岂不就无需读书了吗？当然，读和写是有联系的，可以相互影响，相互促进，所以在教学中应该注意适当配合。"①"有人把阅读看作练习作文的手段，这也不很妥当；阅读固然有助于作文，但是练习阅读还有它本身的目的和要求。"②"……大意谓语文教学之一个目的为使学生练成读书之本领。"③"独立目的"论对"根"论与"基础"论具有消解作用，实际上导致了语文教育中"为读而读"倾向的形成。

在"阅读本位"思想指导下，叶圣陶多次批评社会上重写轻读的倾向，竭力要扭转这一倾向，反复阐明阅读的重要性，提出阅读"三重任务"说，并指出了阅读教学中存在的问题。他说："一般社会把写看得比读重，青年们自己也如此。但是在课程里，在实际教学上，却是读比写重。课程里讲读的时数多于作文的时数，是因为讲读负担着三重的任务。讲读一方面训练了解的能力，一方面传播固有的和现代的文化，另一方面提供写作的范本。学生似乎特别注重写作的范本。从前的教本原偏重示范作用，没有发生读和写的比重问题。'五四'后的教本兼顾三重任务，学生感到范文的缺少，好像讲读费了很多时间，并没有什么实用，因而就不看重它。不过这个问题很复杂，范文其实还只是一个因子，另一个因子是文言。'五四'以后，一般学生愿意写白话，写白话而读文言，这是一个矛盾。再一个因子是教学。教学应该读和写并重，可是讲读的时数既多，而向来教师又没有给予作文课足够的注意，便见得读重了。其实重读也只是个幻象，一般的讲读只是逐句讲解，甚至于说些不相

---

① 张志公：《提高语文教学的效率》，见《张志公自选集》上册，北京大学出版社 1998 年版，第 236～237 页。

② 叶圣陶：《语文是一门怎样的功课——在小学语文教学研究会成立大会上的发言》，见刘国正主编：《叶圣陶教育文集》第 3 卷，人民教育出版社 1994 年版，第 218 页。

③ 叶圣陶：《答孙文才》，见刘国正主编：《叶圣陶教育文集》第 3 卷，人民教育出版社 1994 年版，第 502 页。

干的话敷衍过去，学生毫无参加和练习的机会，怎能够引起他们的趣味，领导他们努力呢?"①

在"阅读本位"教学上，叶圣陶重视课内的"讲读"教学："要在写作上得益处，非慢慢咬嚼不可。一般人的阅读大概都是只观大意，并且往往随读随忘；虽然读得很快，却是毫无用处。随读随忘，不但不能帮助写作，恐怕连增进知识和经验的效果也不会有。所以课外阅读决不能无条件的重视，而讲读还是基本。不过讲读不该逐句讲解，更不该信口开河，得切实计划，细心启发，让学生们多思考，多讨论，多练习，才能有合乎课程标准的效率。"②叶圣陶反对"不求甚解"，主张"求甚解"，因此，他特别看重课内的讲读教学，即"讲读还是基本"。但他所谓的讲读，不是教师"一言堂"，而是主张讲读教学中师生互动，注重学生的参与，即"多思考，多讨论，多练习"，强调将阅读所学到的通过写作练习转化为写作智能，这是语文教师应该特别注意的，否则将会重蹈讲读教学"满堂灌"之覆辙。

(三)培养读、写方法和习惯，侧重方法

在实践论层面，如何处理阅读与写作的关系，要达成怎样的教学目标，二者如何互渗、互动、互惠，是需要进一步研究的问题。这关系到教师的课堂教学的运作。

"讲求方法"与"养成习惯"，是叶圣陶实践论的基本观点，也是一对基本矛盾。二者中，"讲求方法"又是首要的。他说："国文教学自有它独当其任的任，那就是阅读与写作的训练。学生眼前要阅读，要写作，至于将来，一辈子要阅读，要写作。这种技术的训练，他科教学是不负责任的，全在国文教学的肩膀上。所谓训练，当然不只是教学生拿起书来读，提起笔来写，就算了事。第一，必须讲求方法。怎样阅读才可以明白通晓，摄其精英，怎样写作才可以清楚畅达，表其情意，都得让学生们心知其故。第二，必须使种种方法成为学生终身以之的习惯。因为阅读与写作都是习惯方面的事情，仅仅心知其故，而习惯没有养成，还是不济事的。国文教学

---

①② 叶圣陶:《教材、教法和教学效率——〈国文教学〉序》，见刘国正主编:《叶圣陶教育文集》第 3 卷，人民教育出版社 1994 年版，第 113～114、115 页。

的成功与否，就看以上两点。所以我在前面说，方法方面尤其应当注重。"①"多方面地讲求阅读方法也就是多方面地养成写作习惯。习惯渐渐养成，技术拙劣与思路不清的毛病自然渐渐减少，一直减到没有。"②所谓"讲求方法"，就是要让学生知道阅读与写作的学习规律和行为方式，懂得之所以这样做的道理；所谓"养成习惯"，就是使读写的方法变成学生下意识的行为，变成学生终生不懈践履的事情。在"讲求方法"与"养成习惯"这一对基本矛盾中，叶圣陶侧重于"讲求方法"。因为，只有"方法"正确，养成的"习惯"才有效。

叶圣陶认为这两个方面构成了语文教学的目标："从国文科，咱们将得到什么知识，养成什么习惯呢？简括地说，只有两项，一项是阅读，另一项是写作。要从国文科得到阅读和写作的知识，养成阅读和写作的习惯。阅读是'吸收'的事情，从阅读，咱们可以领受人家的经验，接触人家的心情；写作是'发表'的事情，从写作，咱们可以显示自己的经验，吐露自己的心情。在人群中间，经验的授受和心情的交通是最切要的，所以阅读和写作两项也最切要。这两项的知识和习惯，他种学科是不负授与和训练的责任的，这是国文科的专责。每一个学习国文的人应该认清楚：得到阅读和写作的知识，从而养成阅读和写作的习惯，就是学习国文的目标。"③从语文教学现状看，我们离这两个目标还很遥远，对阅读与写作知识（方法）的认知还很不完善，究竟阅读与写作要遵循怎样的方法，教师也还是昏昏然。因而，培养阅读与写作的习惯也就无从谈起。当然，这责任主要不在语文教师，而在语文学者。建构语文知识（方法）体系是当务之急。

在"讲求方法"上，叶圣陶也分别从阅读和写作两个方面提供了十分精辟的意见："阅读和写作两项是生活上必要的知能；知要真知，能要真能，那方法决不是死记硬塞，决不是摹仿迎合。就读的方面说，若不参考，分析，比较，演绎，归纳，涵泳，体味，哪里会'真知'读？哪里会'真能'读？就作的方面说，若不在读的工夫之外再

---

①②　叶圣陶：《国文教学的两个基本观念》，见刘国正主编：《叶圣陶教育文集》第3卷，人民教育出版社1994年版，第52、54～55页。

③　叶圣陶：《略谈学习国文》，见刘国正主编：《叶圣陶教育文集》第3卷，人民教育出版社1994年版，第89页。

2015 年 5 月在杭州"千课万人"教学观摩会做讲座。感谢浙江大学张伯阳先生盛情邀请，我得以 10 多次来这里与成千上万的教师进行交流，传播我的教育理念

加上整饬思想语言和获得表达技能的训练，哪里会'真知'作？哪里会'真能'作？"① 这些可以看作叶圣陶的阅读法和写作法，可供我们建构语文知识体系做参考。我们今天语文新课程对读写的要求基本上就是从这里来的。如果真能如此教学，势必对于"养成习惯"也有莫大的好处。

---

① 叶圣陶：《认识国文教学——〈国文杂志〉发刊辞》，见刘国正主编：《叶圣陶教育文集》第 3 卷，人民教育出版社 1994 年版，第 94 页。

自序与他评
——语文学治学与切磋

2007 年 12 月在湖南株洲讲学

一、承传与超越：整合的原创^①

——治学摭议

不知不觉出的书也有一大摞了，自忖读者要读全很难。也许单是《语文：表现与存在》，就令人望而却步。朋友与出版社也屡屡怂恿我出简编本，考虑再三，还是作罢。觉得将 124 万字简化、压缩成 20 万或 30 万字，实在才力不济，不知如何下手。也由于这部书读者还比较认可，认为读得进去，在理论著作中算是卖得好的，已三次重印了—— 既然这么多读者能接受，也就失去了"简编"的动力。目前已应福建人民出版社要求，修订再版。合同已签，恐怕再版字数还要增加不少。

尽管如此，让读者较方便地了解我的研究的想法，还是不时给我以无形的压力，

---

① 本文是本人《"表现—存在论"语文学视界》（人民出版社 2015 年版）的"代自序"。个别地方有改动。

让读者读得这么辛苦，总觉得亏欠了读者似的。感谢人民出版社与我所供职的福建师范大学文学院给我提供了一个机会，于是，就有了这本涵盖面较广、内容较精要的书问世，读者得以较轻松地探悉我的研究轮廓。

基于提供一把进入我的研究领域之门钥匙的想法，本书更多考虑到面上的代表性，但限于篇幅，还是难以面面俱到。尤其是在语文科研方法论方面，我对这个领域颇有兴致，时有心得，敝帚自珍，却没法涉及，甚是遗憾。虽说本书的内容潜藏着我的研究观，在一定程度上弥补了这一缺憾。然而，要从中仔细体悟毕竟不易，于是想在此谈点治学感想，以省却读者费心劳神之累，并恳请方家指教。

不知是否可以这样认为：学者研究素养当以学养为基础，学养包括两大部分：专业学养与外围学养。专业学养又可以分为两部分：专业表层学养与专业深层学养。

专业表层学养，主要以当下学术共同体公认的专业知识为基础。包括高等学校各层级专业教育教科书、参考书中所提供的知识，研究者自己获取的尽可能多的普通专业基本知识，新近不断产生的学科前沿研究成果。专业表层学养的获取虽有深浅、广狭之分，相对来说，要达到及格线还是不难的；一般而言，它也是比较受重视的，因此无须赘言。如果其中有什么需要提醒的话，那就是要跟踪学科新进展，了解学科科研的制高点。

我最想与读者分享的是获取专业深层学养的心得。因为这是被当今众多学者忽略甚至无视的。深层学养也可以称为内核学养，主要指的是对本专业史料的搜集、掌握与研究。如果表层知识主要是告诉我们"然"，而深层——内核知识则是揭示其"所以然"。内核知识让我们明白学科思想形成、积累的过程、途径与方法，获得良好、深刻的"师承"；它告诉我们这个领域中如何发现问题、生产知识，如何否定与超越，从而了解其发展的进程与规律。从这个意义上说，也许深层学养比表层学养更为重要。要获取深层学养也更难。它简直是个无底洞，学者须倾其毕生之功方能奏效，这也许就是多数学者望而却步的原因。真正的学术研究，最不可或缺的恰恰就是这更为重要、更难获取的内核学养。

内核学养获取须注重其系统性、全面性。内核学养的建构，主要是以学科（或领域、方面）"史"的脉络来呈现的，要有一种整体观。不能随意涉猎，胡乱摄取，而应是有目的、有步骤的目标明确的定向积累与研究。因为，只有通过纵向的系统的梳理、探究，才能发现其内在关系，及其承继、演变、发展的规律，才能从微观到宏观、宏观到微观形成较为正确、严谨的认知。如此建构起来的认知背景，才是有意义的。任何重要的遗漏或缺失，都会影响到认知的逼真性，从而削弱其价值。这也就是获取内核学养困难之所在。

这种打通古今、追根溯源的研究方法不是我的发明。就是司马迁说的："欲以究天人之际，通古今之变，成一家之言。"①是否可以这样理解："究天人之际、通古今之变"，才能"成一家之言"。刘勰说的："原始以表末（追溯起源，阐明流变），释名以章义（解释名称的来由），选文以定篇（举出代表作为例），敷理以举统（陈述写作的法则，提出它基本的特征）。"②是否可以这样理解：其中"原始以表末"是一切之本，没有它，便不可能"释名以章义，选文以定篇，敷理以举统"。源流与因果关系的探究，是研究者最需注重的。

所谓研究的学理性，在很大程度上就是靠内核学养承载的。内核学养构成一个人的学科"史识"，基本的眼界、眼光，学术研究中的思想、思维的纵深。这好比是战争中后方、后勤基地的给养、弹药、医疗等保障，往往决定其胜负。学术研究无异于思想的战争，拼的是学术资源的占有、掌握量，资源、学养保障在相当程度上决定了思想力。生产思想的最充沛、浩瀚的资源、学养，来自于学科史。学科史认知，给予你最基本的宏观性、战略性的视野与眼光，给你的研究以广度与深度。

可以说，我的一切著述成果均直接或间接地得益于语文教育史研究。我深切感受到，如果没有10多年潜心于古今写作、语文教育家著作的梳理与钻研，以及后来仍不间断地在古今语文教育史中反复游弋、耕作，向大师、名家请益，与他们交流、对话，由点及面，再由面及线地反思、归纳，进而抽象出语文——写作、阅读教育的规律，便不可能形成基本的"史识"——最重要的学科认知的基础、前提，不可能有游刃有余的创作。缺乏"史识"的研究，势必浅陋，是没有前途的。想做成真学问，绝无可能。读者从本书第二章和第三章语文教育史论中，可一窥我"史识"形成的些许足迹。

由史入手，述而不作，这是任何一个研究者的必由之路。这就是古人说的"治学先治史"，冯友兰先生说的，先"照着说"，再"接着说"。"照着说"是"承传"，"接着

---

①　司马迁：《史记·太史公自序》。

②　刘勰：《文心雕龙·序志》。

说"是"超越"。我以为，不先"照着说"，便要"接着说"，或想要两步合成一步走，一步登天，那是痴心妄想。当今学者研究中的诸多问题，都与"走捷径"有关。"照着说"，是进入学科之门绕不过去的铁门槛。不入门，如何登堂入室？最大的可能性是摸错门、走错路。学术研究离不开学科史中的兴灭继绝、救亡拯失，没有回望、发掘、扬弃，谈何创新、发展、进步？没有"承前"，如何"启后"？"照着说"是"接着说"的保障，是白手起家的创业，研究起步的"第一桶金"。要获得"第一桶金"，自然要付出巨大的辛劳与智慧，但从长远看，不论付出多大代价都是值得的，是一本万利的买卖。

所谓的"照着说"，不是随便读点儿他人写的学科"史"就行，他人写的"史"是他人"照着说"的成果，只能了解一个大概，充其量作为"敲门砖"（它可以给你提供一个研究"索引"，"路线图"），或作为你"照着说"的参照系。其负面影响也是不可忽视的——你可能让作者给"蒙"了，一不小心就会陷到泥沼里去。你看到的只是他人反映事物的"镜像"，而未必是本体的"真相"，它会剥夺你自己的初感、发现，造成实体性对象的虚无。因此，这种"先入之见"是要不得的。

"照着说"，必须靠自己对史料做第一手梳理。而且，必须形诸文字。不能走马观花、浅尝辄止。应是读、思（悟）、写一体。就是古人说的：不动笔墨不看书。胡适先生说得好，"手"不到，"心"是不会到的。是否"手"到，读书效果大相径庭。也许不一定每个人都要写"史"，但务必对史料有较为全面、系统、深入的了解，深思熟虑过。提要钩玄、积铢累寸的札录之功，不可或缺。窃以为写不写"史"，还是有质的区别。因为，不写"史"，尽管可能你"手"到，"心"也到了，可史料与思考还是散乱的。如一堆散钱，缺乏钱串子穿起来。写"史"，迫使你一定要将"散钱"穿在"钱串子"里。将史料穿起来，才可望形成完整、深刻的"史识"，"史识"就是这根"钱串子"。不写"史"，就很难形成对史料的整体、宏观的认知。

写"史"最好的方法是：从微观入手，写出系列论文，然后由微观而拓展到中观、宏观，形成初步的"史识"，再反过来，由宏观的视角审视中观、微观……这是一个反复琢磨、探究的过程。最后，在诸多单篇论文的基础上，修改、融汇、整合、构造成体系性的学科史专著。这与由资料直接组织成学科史专著，或随便找点儿零散的资料作为自己观点的论据，在认知方法、水平上是大相径庭的。由搜集来的资料直接写成学科史书稿，固然省事，但由于它难以形成高水平的"史识"，便不可能产生好的学科史专著。

时下不乏速成的学科史专著，这类"急就章"一般由主编牵头，找一大班人，每人写一节，甚至几人合写一节，几个月、半年就成书了。这样的写作是不可能具有"史识"的，支离破碎、七拼八凑的学科"史"，只是资料的杂乱堆砌，缺少宏观性"史识"这个"钱串子"，是没价值的散"史"、乱"史"，这类"大拼盘""大杂烩"学科史著作实在不足观，不能算是真正意义上的"照着说"。"照着说"须在"史识"的观照下，反过来说，"照着说"也促成了良好"史识"的形成。

良好"史识"的形成不可能一步到位。它是一个漫长的思考、反思，自我否定、逐渐升华的过程。什么也代替不了亲力亲为的资料搜集与深入钻研。就跟不能让别人代替你吃饭一样。即便自己吃，也要一口一口吃，要细嚼慢咽。唯此，才能消化、吸收好，形成真正的"史识"。高境界的"史识"，靠的是水滴石穿、集腋成裘的反刍性、反思性的累积。它是渐进性的，要不断拓展、纠错、深化，由渐悟而顿悟，往往须付出终身的努力。只有经历了漫长的过程，吃的"桑叶"才能变成"丝"。"史识"的深浅，拼的不单是史料的占有量，还有旷日持久的苦思冥想。没有经历这一长期、艰苦的思想孕育过程，一切便是肤浅，都是徒劳。

"史识"还不是学科"见识"——"眼光"的全部。学科"见识"包含对专业知识的掌握、理解、消化。获取专业表层学养之重要自不待言，只要想做学问，都不会对眼前的学科前沿不关注，因此，这无须特别强调。尤值得注重的是"外围学养"，即所谓"诗外功夫"，这是较容易被忽略的。有了"诗内功夫"与相应的"诗外功夫"，才算具备了较为均衡、全面的学养，才有较为开阔的视野与敏锐的眼光。

理想的学养状态当是"三通"：古今贯通、中外贯通、文史哲贯通。以有涯之短暂人生，泛舟于无涯之学海，确实有望洋兴叹之感慨与悲戚，虽然明知这是可望而不可即的境界，但也要穷一己之心智，勉力而为。

在今天的许多人看来，"外围学养"可有可无，是锦上添花的事。有点儿专业学养就不错了。其实不然，具备了基本的专业学养之后，对于研究质量、境界来说，"外围学养"便成为决定性因素，决定了一个人学术发展空间、前途、后劲。"外围学养"可谓多多益善。专业外的知识是无底洞，就我个人经验来说，其中最不可或缺的是哲学、认识论、方法论。尤其是"科学学"——科学研究哲学。对于语文教育研究来说，还要加上教育史、教育学、心理学、教育心理学等学养。外围学养欠缺，"眼界"便拘执于一隅，难以高屋建瓴、鞭辟入里，便无望超越前贤。

　　具备基本的专业学养是研究起步所必须，它表明研究者初步拥有了该学科的发言权，仅此而已。要想将学问做大做强，外围学养十分重要。不少人不乏本学科、专业的基本学养，就是因为外围学养的欠缺，知识结构单一或偏狭，功亏一篑，难有大格局、大境界。在勉强"照着说"之后，便难以为继、无所作为，或没有大作为。在具备了本学科的基本专业学养之后，"外围学养"就成了决定性因素。外围学养决定了是否可以高水平地"接着说"，能否真正卓有建树。

　　须注意的是，有些人兴趣十分广泛，属于"杂家"，似乎外围学养不错，见异思迁，杂学旁搜，但专业学养、主要是内核学养不足，懂而不精，浅尝辄止，那也是做不成正经学问的。形成的"见识"，新则新矣，即所谓"野狐禅"，不足观也。随心所欲、信口开河，说得头头是道、天花乱坠，但不得要领，误入歧途——"聪明人"往往患这类浮躁病，也是跨学科学者普遍存在的危险与误区。

　　当今不少外学科的学者介入语文课改，十分可喜，但也堪忧。我也曾经是其中的一员，我是从写作学跨入语文学研究的，因此，对如何摆正心态，进行艰难的转行、入行颇有感喟。语文课改需要重量级的学者的参与，"当局者迷，旁观者清"，非语文学科的大学者加盟语文教育研究，无疑是语文教育之幸。但不论是多大的学者，都有一个学术身份转换的问题。要在某一个专业领域发言，就必须成为该专业的专家，需要必备的专业学养，尤其是专业内核学养。否则，很可能是帮倒忙。在学科分际日益精密化的今天，仍有在社会生活诸多领域发声的知识分子，但永远不会有精通诸多专业的公共学者。文艺复兴时代"通才"式的大师已不复存在。而今，触类旁通、无师自通，只能在极其有限意义上说。超出一定的界限，高估自己的才智，以为有了本学科的学术声望，便有了在他学科信口开河的资本，夜郎自大，颐指气使，到头来不但自取其辱，败坏了自己的名声，也会对该学科造成严重误导与伤害。"知之为知之，不知为不知，是知也"，跨学科学者应该自律、自重、自警。在学术界这应是常识，相信绝大多数学者是不会犯这类低级错误的，绝不敢在陌生的或一知半解的领域轻率妄言。

　　磨刀不误砍柴工，一般来说，在"照着说"上有多大的投入，内外学养有多大的积累，往往就会有多大的产出。综合学养积累到一定的时候，"接着说"就是水到渠成的事了。如果说我的有些著作还有一点儿可读性的话，我以为就是得益于长期的基础性研究工作。我的"表现—存在本体论"的提出，就是基于专业学养与外围学养的交互作用。我在《语文：表现与存在》一书的"自序"中讲到我的"方法论"：

> 多年来，我与语文界的朋友们一道致力于破解我国现代语文教育成效不彰之谜，如果说我的做法有什么不同，这主要是在四点上：一是我较为注重对语文教育历史资源的掌握，注重从搜集来的第一手的资料中形成认识，从语文教育史背景上来探讨语文教育现象，既不人云亦云也不孤立地就事论事，希望对语文现象的研究有一份历史感；二是尽量扩展认知结构，力求在当代学术视野下观察语文教育现象，尤其注重提高哲学和科学学素养，将自己的思考置于一个多元化的认知网络中比较参照，以求有新的发现；三是以探究和批判现代语文教育的主流范式，即它的核心纲领为突破口，因为这与一切语文教育现象之间存在着直接的最本质的关联，是牵一发动全身的要害，抓住要害一切就迎刃而解了；四是在新的认知背景和时代背景下，进行语文教育理论范式的重构，和理论话语的更新，试图建构言语生命动力学语文教育概念系统，以带动整个语文教育实践的深刻变革。这四条可以视为本书的方法论。

这是对我的研究方法的最简括的说明。这里的第一点和第二点，说的就是专业学养与外围学养的相辅相成。所谓的"历史感"，强调的就是内核学养。此前，我写了《中国现代写作教育史》《中国写作教育思想论纲》这两部史论性著作，发表了数十篇语文教育史论文，初步完成了由写作学研究向语文学研究的蜕变，为"接着说"奠定了基础。

我也谈到了《语文：表现与存在》所借助的具体的"外围学养"：

> 马克思主义的创始人，精神分析学家，存在主义、生命意志论、语言论哲学家，生命美学家，人本主义和建构主义心理学家，教育人类学家等，不约而同地对人的生命意识和行为"动机"表现出了强烈的兴趣和关注，他们的理论成果，为建构指向言语表现和存在的生命动力学语文教育学，提供了丰厚的思想资源。使我得以集众说之长，不拘一格地融会贯通。

> 在这一寻觅中较多的留住我的目光的是人类学（语言人类学、文化人类学、

教育人类学)，人本主义心理学(动机心理学、人格心理学、精神分析学)，存在主义哲学(语言论哲学、生命哲学、生命美学、现象学美学、哲学阐释学)等——这可以看作是我的言语生命动力学语文教育理论的三大来源。

可以这样认为，没有这些外围学养的协同作用，基本上没有"接着说"的可能，就不会有《语文：表现与存在》的写作。因为，没有来自多学科的交叉视角，没有各种理论的相互碰撞，就看不出现有认知上的问题，没法产生新思维，难以超越以往的研究。这种在内外综合学养基础上的创新，叫作"整合的原创"。创新，从某种意义上说，就是一种集思广益，是一种"集"他人之思想以成就自我的超越。子曰："述而不作，信而好古，窃比于我老彭。"①"述而不作"，是真实之论，也是自谦之词。朱熹："孔子删诗书、定礼乐，赞周易，修春秋，皆传先王之旧，而未尝有所'作'也。……夫子盖集群圣之大成而折中之，其事虽'述'，而功则备于'作'矣。"②孔子创立的儒家学说，就是"集群圣之大成"的"整合的原创"。靠狭隘的理论视野，或靠对某种单一理论进行演绎，要想获得高质量的创新性成果，是不可能的。要想超越"巨人"，就要站在"巨人"的肩膀上，但不是站在某个或某些"巨人"的肩膀上，而是要站在该领域诸多"巨人"的肩膀上。这是"借力"，也是思想的"接力"。学者须以前贤为垫脚石，也将成为后学的垫脚石。

在理论创新的过程中，毫无疑问，不能一味地从理论到理论，长期的实践经验与对其揣摩思考也至关重要。"纸上得来终觉浅，绝知此事要躬行。"具备了厚实的内外学养，有了相关的理论积累，还是离不开实践这块"试金石"，因为任何理论都要与实践相结合，接受实践的检验。实践经验是绕不过去的"现实因"。就我的研究领域来说，除了得益于本专业理论知识，尤其是对语文教育史的不断反思，还得益于我教过小学、中学语文，最重要的是，我有30年的写作与写作教学实践，以及对其长期的思考与研究，它使我明白何谓写作与写作教学——这恰恰是当今语文界严重缺乏的，也可以说是我的另一优质资源。我是从一个写作教师、学者，有意识地往语文学靠拢、扩张，扬长补短，经过多年的专业学养的重新集聚与整合，逐渐自

---

① 《论语·述而》。
② 宋元人注：《四书五经》(上)，中国书店 1985 年版，第 27 页。

塑成语文学者的。

我的写作学优势恰是语文界的劣势。多年的写作教育实践，使我对写作对于人的意义与价值，对写作的重要性与写作教学规律的认识，比一般的语文教师、学者也许会更加深刻些。我更加明白写作与人的素养及发展的关系，如何处理好听、说、读、写的矛盾，写作在语文教育中应占有什么位置。我十分清楚写作是语文的终极能力，写作能力是语文素养、人的综合素养的集中呈现。然而，不论是在语文教育本体上，还是在教材、教法上，都表明了语文界对写作的研究与认知极其欠缺。教材中，写作处于阅读的附庸地位，在教学中是可有可无的，绝大部分教师不知道怎么教写作。语文课等于阅读课，教语文等于教课文。阅读教学基本上等于语文教育的全部。在这种现实环境下，教师的主要精力都放在教阅读，即便教写作，也是为了应试。因此，语文老师大多视写作教学为畏途，能不教就不教，也教不了。绝大多数公开课、观摩课都是阅读课，绝大多数"名师"都是教阅读教出来的。写作教学成了语文教育的死角、盲区，教师又如何对写作与写作教学有深刻的体认？

语文学者也一样，一讲到写作，基本上是水中月、雾中花，存在严重的隔膜，说的大多是"外行话"。这一点从"语文课程标准"与语文教材中就可以看出。缺乏长期的写作教学经验与相关学养，对其没有深入、系统的研究，如何能编制出科学的课程标准与教材呢？课标（2011年版）"总目标"中的"写作"部分居然这么表述："能具体明确、文从字顺地表达自己的见闻、体验和想法。能根据需要，运用常见的表达方式写作，发展书面语言运用能力。"这岂不是见"技"不见"道"，见"文"不见"人"？最新的2013年人教修订版七上《语文》教材，将"写作"作为与"阅读"并列的一部分，以为如此便表明对"写作"的重视。殊不知，要由"阅读本位"向"写作（表现与存在）本位"转向，才是治本之举。其六个单元：从生活中学习写作；说真话，抒真情；文从字顺；突出中心；条理清楚；发挥联想和想象。这些对写作的认知极其陈旧、随意，且不成系统。缺乏对写作教育及其实践长期、深入的思考，要想研究语文教育，变革其实践，必定不得其门而入。因为语文教育的核心与龙头是写作。不懂得写作，便不懂得语文。

正是得益于长期的语文、写作教育实践经验，内外学养的积累，与不断地反思、探究，才有了"言语生命动力学表现—存在论语文学"假说的提出。这一理论假说，其核心概念是"言语生命"，即"言语"是人的生命特性，言说欲、言语表现欲是人的原欲、本能，言语上的自我实现，是人的生命存在价值的生物学基础，是人的最原始、本真的言语创造动力源。它决定了人是什么，人会成就什么，决定了人的生命、生存、精神的质量。一个人明白了这一人之为人的根本，有了对言语意义、价值的了悟，语文学习上的一切问题将迎刃而解，人生也将随之发生重大改变。这便是在哲学、人类学、社会学、语言学、心理学、语文学……研究基础上"整合的原创"。

对语文、写作教育长期、深入的思考，并"整合"了内外多学科的优质思想资源，因此，"言语生命"这一核心概念，就有了较为丰富的内涵，将涵盖、辐射、渗透到人的言语素养智力与非智力因素、写作上发展与自我实现的方方面面。以"言语生命"动力培育为"纲"，唤醒、激发、培育恒定性的言语表现、创造的内驱力，指向、彰显人的生命存在的意义与价值，整个语文教育教学系统便"纲举目张"。为学生"存在"的"言语生命"奠基，为言语人生、诗意人生奠基，这就是语文教育的人文性、人文关怀。学生一旦有了对言语与生命、人生、社会、世界的关系较为深入的领悟，懂得言语是人的本性、原欲；人本质上应当是言语人、精神人、创造人；语文教育目的是使人之为人，使人更像人；写作是人的自我确证、自我实现……语文教学、写作素养培育、言语创造，就不再是外在、被动的要求，而是他们内在、自觉的需要与追求，语文学习与写作实践便有了不竭的动力与活力。

学问、思想需要长期的蕴蓄、涵养。因此，大多数学者应是大器晚成——如果他不是天才的话。学问、思想与人格修炼均无法速成，是慢慢"熬"出来、"酿"出来的。"熬"得越久越精透，"酿"得越久越醇厚。时间，是学问、思想的计量器。未必绝对精确、对等，但必不可少。长期的治学阅历、思想历练、人格陶冶太重要了。数十年如一日地流连、徘徊于学科内部与外部、历史与现实、理论与实践之中，不断地自我否定、否定之否定……由此形成内外同致、知行合一的"整合的原创"，认知才有深刻性与概括力；从具体到抽象再还原到具体，从实践上升到理论再返回到实践，经过反复的验证、检讨、打磨与升华，形成的认知，才有普适性与生命力。

学术人生往往是一个利弊互现的两难选择。有的人在"成名要趁早"的动机蛊惑下，或在现今科研体制的利益驱动的动因裹挟下，以百米冲刺的速度往前冲，确实早出成果、多出成果，但难免逼仄、浅陋，违背了学问、思想积累的自然进程，破坏了言语生命成才的节律。过犹不及，早成的往往是"小器"，催熟的果实难免青涩、畸变。"杀敌一千，自损八百"，过度付出，急功近利，焦虑抑郁，也会使生命早衰、早逝。自然，过于弛惰、懒散，以为来日方长，坐待厚积薄发、瓜熟蒂落，恐也无望修成正果。

唯明了治学之道，不偏不倚，顺应人的本心、本性，勤勉而不焦躁，逍遥而不放纵，养气立本，悠游渐积，不求立竿见影，速见成效，却宁静致远，根深叶茂。

归根结底，学者不论活多长，学问做得多大、多好，其人生总是带着悲剧色彩的。或者说，学问越大越悲剧：满腹经纶，终归一抔黄土。学者学术才智的巅峰，恰是生命衰老、消亡之时。"冉冉年华吾自老，水满汀洲，何处寻芳草?"学者总是在学识最丰厚、思想最醇美的时候，留下未能尽兴挥洒的遗憾谢世的——有追求，才有遗憾，也许人生正因遗憾而美丽吧。

一点儿治学感悟，值此本书出版之际，一并奉献给读者。浅薄之论，不足为训。

与儒雅、博学的谢庆先生一起散步

二、颠覆·超越·互通

——潘新和教授访谈录

张心科

张心科(张)：潘教授好！业内人士都知道您首创了"言语生命动力学表现—存在论语文学"，但我更关心的是这个理论的形成过程以及您的著作《语文：表现与存在》的写作过程您能否就此谈谈，说得越详细越好，尤其是如果有一些关键细节的呈现则更好。

潘新和(潘)：这是一个很好的问题，因为它不但是关于研究方法的，而且深入到理论创造过程的探讨。这几年我对研究方法说得比较多了，但具体到我自己理论是怎么形成的，甚至还要说出理论形成的"关键的细节"，真还没仔细想过，也没人向我提出过类似问题。您促成我去想从没想过的问题，这本身就很有价值。确实，思想创造过程也许比结果更重要。这些年我接受了不少访谈，大家普遍关心的是我的理论是什么，几乎没人关心理论是怎么产生的。

不过这也是一个很难回答的问题。说实话，理论的形成过程就是认真想也未必说得明白。就跟问一朵花是怎么开出来的一样，花本身未必知道该怎么开，到了一定的时间就开了；花开得很美，至于怎么才能开得这么美，恐怕连科学家也很难提供精确的答案，因为其原因太复杂了。因此，我恐怕也难以说清我的理论是如何产生的。如果一定要回答的话，笼统地说，那就是自然而然、水到渠成。

自然而然，就是知其所以然而然，就是顺应其本然，按照自以为正确的方法进行研究，恰巧就撞上了正确的方法。这一点我很幸运，方法要是错了，也许就劳而无功。水到渠成，就是在正确的方法制导下，努力去达成：朝思暮想，水滴石穿，瓜熟蒂落。

这回答有点儿"玄乎"，您一定不满意，您要的是"过程"与"细节"。我对还原曾经的思维过程没有确定的把握，我的记忆力不好，况且，记忆力再好也是靠不住的；人的思维活动仍属黑箱状态，人脑不像飞机上的黑匣子，可以清晰、客观地记录事件的经过。因此，我以下说的也许只是为了回答您的问题不得不"编造"出的思维"假象"，仅供参考，不必当真。

我最初的思维启动是鉴于对语文教育现状的不满。经验告诉我，绝大多数会写作的人不是这么学的。更重要的是，我研究过我国语文教育史，比较了解我国传统语文教育也不是这么教的。我还知道这一个世纪现代语文教育，不是从20世纪90年代末至今这一个时期不好，而是始终不好，而且无可救药地每况愈下。这种全局性、长时间的一蹶不振只有一种可能，那就是指导思想——动力定型出问题了。因为在宏观上决定语文教育成败的首要因素只能是本体论（基本范式）偏差。这就是我当初做出的直觉判断。

做出这一判断，有几本书对我起了关键作用。一本是美国科学哲学家库恩的《科学革命的结构》，另一本是美国犹太哲学家弗洛姆的《在幻想锁链的彼岸》。前者使我认识到"范式"的形成过程与科学进步的规律、规则，后者使我懂得人类一切行为（包括社会、自然等的发展）皆取决于动力定型，它决定行为走向与方式，动力定型不改变，行为方式是不可能有实质性改变的。这两本书是我许多年前读过的，对我影响深远。此外，还有一些书，如美国心理学家马斯洛《动机与人格》（与此相关的戈布尔《第三思潮：马斯洛心理学》），英国科学哲学家拉卡托斯《科学研究纲领方法论》《证明与反驳》、英国科学哲学家波普尔《猜想与反驳》《科学知识进化论》等，也对我论题的提出与论点的形成产生了重要影响。

鉴于以上科学哲学、动力学背景，我对语文界忙于头痛医头、脚痛医脚的"教法"改革，或病急乱投医，从国外照搬一些教育理念、方法之类的治标不治本或标、本两不治的观念、做法，感到惊讶与不屑。我清醒地意识到，本体论、范式不改变，一切都是徒劳。关键是"治本"：教育本体论——动力性范式偏差，造成实践的方向性错误，只能从对本体论、动力论——范式的纠错、纠偏入手。一旦南辕北辙，想靠小修小补使之改观是痴心妄想。指挥棒的指向错了一切便都错了，怎么改都无济于事，只会越改越坏。语文教育只有改弦易辙、脱胎换骨才有活路。颠覆我国现代语文教育本体论——悠悠万事，唯此为大。

要颠覆，先要弄清这本体论是什么，这是摆在我面前的首要任务。毫无疑问，答案只能从叶圣陶先生著作当中找。叶老是我国现代语文教育的主导者，影响力无人可相提并论。这是由其学术地位、政治地位所决定的，也与其长达半个多世纪的教育生涯有关。叶老的思想代表了语文界的主流观念，其他语文界执牛耳者，如张志公、吕叔湘先生等的认知大体上与其别无二致。虽然叶老的思想不是一成不变的，但还是可以找到其贯穿性的本体论定位。

20世纪80年代以后，语文界有些人也在破解现代语文教育衰败之谜，他们找到了"工具论"，以为这就是病因，为了补其不足，开出的药方是"工具性与人文性的统一"，一时间人文主义、人文教育、文学教育甚嚣尘上。2001年之后的语文课程标准、课程改革，便是作如是观。可是"统一"了十几年，疗效不佳，语文教育不但没有起死回生，反而雪上加霜，原因就在于"工具论"并非本体论，误将"功能论"作为"本体论"，没找准靶子。叶老明明白白说过："工具是用来达到某个目的的。工具不是目的。"就是说，"工具论"不是本体论。诊断错了，药方自然也是错的。

那么，究竟"工具"这一"手段"的目的——本体论是什么？通过反复阅读、研究叶老的著作，我发现他的本体论当是"生活本位""应付生活"（后来也称为"应需"）："教育不以生活为本位而以知识为本位，是一大毛病。由于不以生活为本位，所以不讲当前受用……这种精神是承袭传统的教育精神而来的。""旧式教育可以养成记诵很广博的'活书橱'，可以养成学舌很巧妙的'人型鹦鹉'，可以养成或大或小的官吏以及靠教读为生的'儒学生员'；可是不能养成善于运用国文这一种工具来应付生活的普通公民。"这就是给新语文教育定性的，贯彻于叶老一生的基本思想。生活本位、应付生活（由此延伸出工具性、应用性），是他的目的论、本体论。

找准病根就好办了，进一步需要做的是弄清楚"生活本位论""应付生活论"究竟错在哪里——我断定这一定位必定有问题，至少存在严重缺陷；否则，就没法解释语文教育的世纪困窘。

在长期"应付生活论"的实用主义指挥棒下，语文界"生活"崇拜可谓深入骨髓。"生活"二字，已然是语文学科的图腾。举目皆是生活语文，生活写作，生活是写作的源泉，写作是生活的一项内容，观察生活、贴近生活、体验生活，语文学习的外延与生活的外延相等，学习写作是因为日常生活要用……若以此为非，仿佛便大逆不道，这严重禁锢了研究者的思维，以致从没人对此质疑过。人们奉其为圭臬，作茧自缚，我却不以为然，我确信能找到"生活本位论""应付生活论"的根本性缺陷——这不是为批判而批判，而是对现代语文教育失败归因分析后做出的判断。

对叶老等人"应付生活论"内涵的深入研究证实了我的猜测。他们所谓的"生活本位""应付生活""应需"等，"应付"的只是日常、物质的生活，满足的是工作、学习、社会性人际交往的应用、实用之需，这是基于人的生存、实利动机。进一步追溯其认知来源，其哲学背景是美国哲学家、教育家杜威的"教育即生活"的实利主义、实用主义。叶老将"应试"看作"应需"的对立面，其实不然，二者并不矛盾，"应试教育"是"应付生活论"题内之义，应试的实质也是物质、功利，始作俑者应是"应付生活论"——实利主义本体论，这就可以很好地解释应试教育何以顺理成章、理直气壮地愈演愈烈。显然，"应付生活论"认知是片面、肤浅的，与封建、科举时代"求功名干利禄"的动机并无本质的不同，与人的原发性的言语动机、与绝大多数人类精英的言语动机是错位的。

　　简单地否定是无效的。我必须弄清楚：如果人类言语活动基本动力不是为了"应付生活"之需，那又是为了什么？这吸引我去考察"人为什么言说"，人类写作基本动机是什么？我从大量的哲学、人类学、文化学、社会学、语言学、教育学、心理学、文学等经典文本的研究中发现，人类精英无不思考过这一问题，虽然他们的认知与表述千差万别，但是大同小异，从根本上说，人的最强大的言语动机不是基于生存、物质需求，而是发自人之言语、精神创造本性，是基于人的言语生命、自我实现欲求，是基于人的类主体性、存在性意识——对人的言语生命本性、特性的漠视，对言语创造的主流动机——存在性言语动机的无视，当是造成百年语文教育衰颓、溃败的主因，这便是语文教育本体论、价值观的偏颇、失误。这一发现使我感到拨云见日般的振奋，我确信找到了"应付生活论"的病根：实利、实用教育哲学缺的是人类学、文化学、语言学、人本主义心理学、文化哲学、存在主义哲学等"集大成"的视野，缺的是超功利、超现世的眼光与襟怀，缺的是人类情怀、终极思考。

　　诚如我在《语文：表现与存在》初版"自序"中所言，我要求索现代语文教育失败的根本性原因是什么，人的言语创造的第一推动力是什么，要回答究竟什么才是语文课程赖以生存的本原性、恒定性动力，即人为什么能言语、要言语。人的言语动机、动力无穷多，是多层次的，纷繁纠缠、菁芜并存的，我要寻求的是"道生一，一生二，二生三，三生万物"的那个"道"、"吾道一以贯之"的那个"一"，即本初状态、绝对精神。

　　显然，"应付生活"不是人的言语创造行为发生的本原性动力，要证伪很容易：其他动物也要"应付生活"，为什么就没有言语创造行为？人类许多一流的言语创造成果，并不是为了"应付生活"。我以为，这本原性动力只能从人的物种特性中去找。

这一寻找似乎并不十分费力，大约因为我对人之为人的特性已有所理解、思考，先有了亚里士多德、卡西尔、海德格尔、怀特海、海然热等所断言的人的生命的唯一特性是"言语""符号""语言"之类的观念（还有关于人的特性的种种表达，如人是"求知""分类""思想""理性""自由理性""文化"……的动物，但是，我以为这些都是从"言语"本性中衍生出来的）。于是，我以这一公认的人区别于动物的种差——"言语"特性，将人的生命命名为"言语生命"。在人类众多属性中，没有哪一种属性可以替代"言语"给人的生命定性，堪称人区别于其他生命体的唯一特性。诚如洪堡特所言："唯有言说使人成为人的生命存在。作为言说者的人是人。"——将"言语"与"生命"这两个现成、习见的词，合成为一个新的词组："言语生命"，大约是我的首创。

以"言语生命"作为我的《语文：表现与存在》的核心概念，我为自己找到具有自然化育力、创生力的"言语生命"这个本然之"道"、可以"一以贯之"的"一"，为找到言语行为、言语学习最强大、恒久的元动力感到高兴。人类的一切言语学习与言语创造行为的发生，其根本皆因人的生命是"言语生命"，"言语生命"是人言语创造的本原，是终极性的最高层面上的动力，这就是"言语生命动力学"这一概念之来源与理论基础。

我进而从"人是言语动物"推演出"人是文字——写作动物"的假说，因为"言语"包含语言（口头）与文字（书面）的表达，文字是语言的高级形态，人类的文化主要是由文字——写作创构的，是写作，真正使人之为人。这就在本体论、动力学层面，找到了语文教育、写作教育与"人"的本性、特性的内在、本质的联系，也为"表现—存在论""写作本位论"奠定了基础。

我国古代有"三不朽"说，历代文人追求"立言"而不朽，以此作为治学、写作的动力，在实践层面支持了我的假说。后来有一天偶然看到《春秋谷梁传·僖公二十二年》："人之所以为人者，言也。人而不能言，何以为人？"我如获至宝、激动不已。原来我们的老祖宗早已发现言语是人之特性，将言语视为"人"与"非人"的根本区别，真是太了不起了！

我终于从人的生命内部、生命特性中找到了走出语文教育动力困境的钥匙。不论是生存需求还是存在需求，都是建立在"言语生命"这一本源动力之上。既然人的生命是"言语生命"，顺理成章，这就是语文教育得以存在的最具本质性的理由，可视为语文学的"元概念"。这将彻底改变以往"应付生活论""应需论"，以及"培养语文素养""工具性与人文性统一"之类的认知，改变基于生存性需要与外部强制性动因导致的动力指向偏颇与动能不足问题。

随着对"言语生命"思考的深化，我在琢磨与人的"言语生命"本性自然对接的究竟是什么？是"肉体生命"，还是"精神生命"？——既然言说是人的本性、特性，是"天命"；不论是否要"应付生活"，只要是人，便需要言说，需要精神创造。言语生命主要承载的不是肉体生命，肉体生命不依赖言语也可以生存，言语于肉体生命是可有可无的，没有言语机能的其他动物照样繁衍就是证明。人因为有了言语，有了言语生命，才可望乃至渴望获得精神生命。精神生命必须依存于言语，言语于精神生命是不可或缺的。是言语生命，使人成为地球上唯一拥有精神生命的动物。从终极意义上说，言语生命承载的主要是人的精神创造，成全的是精神生命：使人的智慧、思想得以世代承传、永垂不朽，使人类得以薪火永续、生生不灭。人是言语、写作的动物，意味着人是拥有精神生命，以建构精神家园为使命的动物。有了这一认知，我就将"言语生命"与"精神生命"对接绑定，二者合称为"言语、精神生命"，意思是"言语生命"的目的，是成就可以超越功利、现世的"精神生命"；言语生命与精神生命是一体的。言语生命与言语、诗意人生对接，其极境可称为"诗意的言语人生"。这是一般人可望而不可即的，却是语文教育应有的理想与信仰。

至此，大约可以算是初步完成对"应付生活"动机的否定与超越，初步完成了语文教育本体论的正本清源、拨乱反正。有了"言语生命动力学"的认知基础，剩下的便是在教育实践层面如何贯彻、呈现的问题了。似乎这一思考并也不太费劲：顺应人之言语本性，培育学生的"言语生命"的意识，即"人之为人"——"我写故我在"的意识，以存在性言语需求涵盖、超越生存性言语需求，重建存在性言语生命意识。在"言语、精神生命"的元认知下，语文是人的确证、自证，语文教育是使人之为人、使人更像人的事业，语义课程目的是为成就"立言者"奠基，言语动机是第一生产力，培育言语生命意识是教学的主线，语文教学以唤醒、激发学生的言说欲、表现欲、言语上的自我实现欲为首务，以及牧养言语生命的野性，引领言语、诗意人生等观点，便源源不断、纷至沓来。

我不确定上面对我的思想形成过程的描述是否准确、真实，但有一点可以确定：这些想法不是直线推进、一步到位的，而是慢慢地孕育、酝酿、发酵，在不断地自我否定、超越中，认知从朦胧到明晰，逐渐丰富、具体起来的。进入了"言语生命"

概念思维范畴之后，10 多年来，便一直处于理论的自然创生、衍育状态中，许多观念、观点、话语不劳而获、不期而至，在吃饭、睡觉、散步……不时会突然悟到一点儿什么，冒出一个新的意念。这大约也可以算是对人之"言语生命"本性的一个印证吧。

这么说也许还不能让您满意，不过已经说得有点儿多了，暂且打住吧。

张：这个理论无疑是原创性的理论，那么原创性的理论的标准是什么？在我眼里，1949 年之后语文界原创性理论顶多有三五家。

潘：谢谢您对我的研究的肯定与鼓励。我喜欢对研究方法做深入讨论，因为方法不对，往往劳而无功。语文界许多人就是这样，很勤奋，文章、著作不少，写作量惊人，可惜做的基本上是无用之功。许多人"研究"了一辈子，还不知道该怎么做学问。确实，如果不知道什么是原创性理论，究竟能研究出什么是值得怀疑的。

您说"1949 年之后语文界原创性理论顶多有三五家"，这就是说您已经有了原创性理论的"标准"，您能告诉我您的标准是什么，符合您的标准到底是哪几家理论，对此我也很好奇。关于这个问题，等以后我来访谈您吧——我不知道我们的"标准"是否一致，如说得不对请批评、指教。

我理解的原创性理论可以分为两个部分来讲：原创性；理论。

先说"原创性"。原创，指具有本质上的创新性、超越性；创新，不等于"新"，关键是本质上的"超越"。"新"，自然是第一要件。但这个"新"，前提必须是"集大成"的，是在深厚的本学科、专业、领域的古今、内外学养基础上进行融会贯通的出"新"。不是基于个人狭隘经验与浅陋学识的想当然。我赞赏朱熹评说孔子"述而不作"所说的："夫子盖集群圣之大成而折衷之，其事虽述，而功则倍于作矣……""集群圣之大成"，就是集纳先贤的思想成果，加以综合，站在先贤的肩膀上，"折衷之"，加以扬弃整合，形成自己超越前人的独特的思想成果。具有承先启后、继往开来的意义。

美国人本主义心理学家马斯洛说："我将把那种出自原初过程、并且应用原初过程多于应用二级过程的创造力，称之为'原初创造力'。而把那种多半以二级思维过程为基础的创造力，称之为'二级创造力'。……那种能以良好融合或良好交替的方式、自如而完美地运用两种过程的创造力，我将称之为'整合的创造力'。伟大的艺术、哲学、科学产品的出现，正是来自这种整合的创造力。"①我以为，他所说的"整合的创造力"，与"集群圣之大成而折衷之"不无相似之处。

纯粹的原创性（第一言说）即便有，也十分罕见。一般所谓的"原创"，实际上主要指的就是马斯洛的将"原初过程"与"二级过程"融合、交替运用的"整合的创造力"。对此，我以为称之为"整合的原创"可能更为妥帖。因为这不是指局部上的"原初创造"，也不是局部"原初创造"累积量多于局部"二级创造"，而是指具有整体、本质上的"原创性"。即对他人原创性成果加以综合、改造、创新，以形成自己的超越性认知或发现。其关键是具有整体、本质上的超越性（不是局部上、非本质的超越性）。

再说"理论"。这个"理论"，指的是新的原创性"理论"，它包含两个含义：其一，拥有原创性的基本论点、核心概念及其演绎系统；其二，具有较为严密、充分的说理、论证，比以往他人的观点、论述更有解释力、说服力。

一般来说，原创性理论的基本论点、核心概念应是归纳或综合的产物。归纳，就是"集大成而折衷之"，是从诸多经验或理论中概括、提取出来"公约数"。对相关理论进行归纳、综合，一般也离不开对相关经验的归纳（含以经验检验理论）、综合，理论与实践相结合的综合是上乘之策。如果直接对某一上位理论进行"演绎"，就一定不是"原创"，而是"二级创造"。这是一种思想消费行为，虽有作用，但作用不大，与"原创性"思想不可相提并论。语文界绝大多数人不具备可资"集大成"的理论素养，也不具备"集大成"的经验素养，更不具备对理论与经验归纳、综合的能力。所做的大多是对单一理论的"演绎"，甚至是对他人演绎的再演绎，是第三、四手的演绎。等而下之的是对一己教学经验介绍、总结，或拍脑袋拍出来的想当然、不知其所以然的"臆测"，这些基本上没有理论意义。

基于经验、现象的归纳、综合，难度一点儿不亚于基于理论的归纳、综合，从某种意义上说，直接从大量经验、现象中进行原始归纳、综合更具原创性，难度更高。但是，这不等于说可以不具备必要的理论素养。缺乏良好的理论素养，是很难从对经验、现象的思考中产生具有本质超越性的认知的。语文界一些人即便是对经验（经验不限于个人的，应是普遍、典型的经验，包括古今中外精英的经验；语文界

---

① ［美］马斯洛等著，林方主编：《人的潜能和价值》，华夏出版社1987年版，第252页。

归纳的经验主要是指听、说、读、写实践经验，特别是阅读与写作，尤其是写作的实践经验）的了解、思考也很贫乏，更遑论理论素养的丰厚了。缺乏开阔的理论背景，未能在广泛的经验基础上归纳、综合，便无法形成具有本质超越性的基本论点、核心概念。

从理论或经验"集大成"归纳出来的"原创"的观点或核心概念极其重要。只有是"集大成"的，由广博的具体（芜杂、特殊、现象的具体）上升到高度的抽象，才可望再由高度的抽象还原到丰富的具体（纯粹、普遍、本质的具体），形成多层次的具有逻辑自洽性的相互说明、补充的概念演绎系统。这是一个思想、思维网络的庞大、严密而精微的"体系化"过程。体系建构是一种大智慧、大才能：既能高屋建瓴地提纲挈领，又能将基本论点、核心概念贯彻到底，将由基本论点、核心概念分化、延展出来的概念演绎系统，结构成相互链接、具体而微、天衣无缝的理论框架。

所谓"理论"，简单地说，就是说理、论证。认知不能只在抽象概念层面运行，需要进行充分的说理，作必要的分析、论证。解释力、说服力，需要学养、学理的支撑。从这个角度说，所掌握的学术资源的质与量，往往决定了研究的理论水平。概念演绎系统的建构，是由学养、学理来撑持的，因此，累积学问、淬炼思维是根本。

支撑理论的核心学养来源于特定学科、专业、领域的史料搜集、研究，这是理论的学术性、学理性基础，是从事研究工作入门的功夫，是任何研究不可或缺的原始积累，可视为从事原创性理论生产的"第一桶金"。这一工作不单要搜集、阅读史料，重要的是对史料作第一手梳理、思考，从微观、中观到宏观融会贯通，逐渐形成正确的史识、良好的学术感觉与判断力。这是每个学者必经的研究过程，是最耗力气、时间，最考验人的意志力的。如果绕道而行，必然见拒于学术之门。具备基本的核心学养还不够，还需要有一些相关的外部学养，如哲学、科研方法论、历史学、心理学……有开阔的学识视野，多学科综合、交叉的视角，才能形成高水平、超越性的见识、眼光，可望产生独到的发现，这将决定思想、思维的深刻、深邃性，提升理论高度、境界。外部学养不容小觑，不是可有可无，而是必须有，它往往决定理论是否具有超越性。核心学养为"照着说"所必备，外部学养为"接着说"所必须。当具备了基本的核心学养之后，外部学养就成为获得学术成就的充分必要条件。一个学者的学术人生必须兼具"照着说"与"接着说"这两部分才堪称完整——至于是否完美，能否做到"其身既没，其言尚存"，仍在不可知之天。

不少"聪明人"思维活跃，提出新观点、新概念也许并非难事，也确实能在瞬间赚足读者眼球，但是，如果缺乏内外学养，学术资源贫瘠，所提出的观点、概念不是归纳、综合，严密、深邃判断的产物，分析、论证也不到位，视野局促，说理简陋，论证空疏，解释力、说服力不足，观点、概念内涵便干瘪、空洞，观点"立"不起来，这便是理论水平低下的表现。其病在"思而不学"："思而不学则殆"，聪明反被聪明误。

一般而言，理论性与说理性、解释力、说服力是对应的。学养丰厚，往往便意味着理论性强，即说理性、解释力、说服力强。反之，学养欠缺，理论性就弱，便没有说理性、解释力、说服力可言。

总之，原创性理论，是整合的原创力与强大的说理力的统一。我不敢说我已经达到了这个高度，只能说我追求这样的目标；我的理论在汇聚思想资源、论点原创性、概念体系化建构，以及说理性、解释力、说服力上，一定还有进一步完善的空间，否则，我的《语文：表现与存在》也就不需要修订了。理论性的提升是无止境的。

不知我对原创性理论的理解对不对，管窥蠡测罢了。

张：语文教育研究大致可以分成教育哲学、课程与教学论和教学实践三个层面的研究，每个层面研究的对象不完全相同，研究的结果也不能完全互用，也就是说当我们高校的研究者自上而下地由理论往实践推演时，在课程与教学论研究者，尤其是一线教师看来总觉得有点儿"隔"，那么我们如何去解决这种"好听但无用"的难题？

潘：您的提问确实说出了广大研究者的心结。这里是两个问题，一是三个层面的研究成果是否可以"完全互用"；一是如何解决高校教师的理论研究与一线教师教学实践"隔"的问题。

关于第一个问题，我以为可以"完全互用"，但需要进行消化性、创造性"转换"，需要搭建一些"中介""支架"。这三个层面的研究，既有独立的研究范畴、内容，可以有所侧重，但必然是相关、相通的；不同层面的高水平研究中，理论与实践成果之所以可以相互为用，是因为它们本来就是建立在融会贯通思考的基础上的。不论对哪一个层面的研究，都要有自上而下或自下而上，宏观、整体的眼光与视野。

毋庸讳言，由于受限于时间、学养等，多数教师眼睛只能盯住自己的"一亩三分地"，主要考虑的是"怎么教"，即看重解决教学层面的问题，思考教法的设置。这样的研究定位颇受质疑，一些学者曾批评说先要考虑"教什么"，再考虑"怎么教"，因为是"教什么"决定"怎么教"，这观点看来不无道理。但他们忘了，在"教什么"之上还有个"是什么"，是"是什么"，决定了"教什么"与"怎么教"，而不是"教什么"决定"怎么教"。"是什么"，就是您所说"教育哲学"，就是学科、课程本体论认知。具体说就是教育目的、性质、任务等的宏观性认知。"教什么"，是指由课程目的、内容分化出来的教学目标、内容等，主要与课程论、教学论相关。"怎么教"，是指教学实践运作，涉及教学方法、环节、过程等的设定，侧重于教法。"是什么"，属于"顶层设计"。有什么样的学科、课程的"顶层设计"，就有什么样的教学内容、目标、方法、环节等。这道理很简单，不是常说"屁股决定脑袋"吗？在"应试"目的下，教学内容、方法便由考试的要求所决定；在"工具性"课程定性下，教学内容、方法便是为着"学习语言文字的运用"，重在"技能"训练；在"应付生活"本体论下，教学内容、方法便是立足于培养生存性言语动机与"当下受用"的言语能力；在"表现与存在"本体论下，教学内容、方法便要服从于培育存在性言语价值观与"立言者"素养。因此，固然研究目的不同的研究者思考的对象、范围可以有所侧重，但不能相互隔绝、各自为阵，都应有宏观的视野。要是眼睛只看着脚尖，迟早会栽到沟里去的。

在这一点上，不少高校学者，包括我本人，也做得不够。对教学实践关注不够，存在视野盲区，视野盲区就会造成理论或经验归纳、综合的盲区。在学者中这样的观点普遍存在：理论研究可以是纯学术的，哲学层面的研究不一定都要和实践挂钩，也未必挂得上钩。这说法有一点儿道理，并非所有的理论研究都要和实践直接挂钩，它有自己的研究对象、目的，能达到目的就可以了。但是，不论是哪一层面上的理论研究，都要与实践遭遇，与实践相关联：一是在理论形成过程中，理论往往源于对实践的抽象，而且，要经受预期性的实践证伪；在理论形成后，势必要经受实践的检验，以决定弃取，或是使理论得以修正、增益、完善。二是理论最终都要与实践相结合，要应用于实践；它可能不是直接应用，没法一步到位，但要逐步过渡、转换到应用层面，使之产生实践效能。所谓纯理论研究，不是意味着可以逃避经验的证伪，或逃避对实践的责任。

这就涉及第二个问题，如何解决"好听但无用"的难题。

首先要弄清楚什么是"有用"。这一方面往往被误解为在教学中可以直接应用，就是有可操作性、可复制性。确实有这样的理论，但这不是教育哲学理论，而是教学法理论。另一方面是有些教师对理论存在隔膜与排斥心理，觉得哲学层次理论高不可攀，读起来费劲，又不能解决自己教学中的实际问题，是隔靴搔痒。二者都是源于教师的思维局限、惰性，希望有现成的拿来立马就能用的理论，无须自己费心去转化、去再创造。其实这些教师认为"无用"的，可能恰是最有用、最有价值的理论。即所谓"无用而有用""无用而有大用"。如上所述，起决定性、笼罩性作用的是哲学层面的理论。这是驾驭全局、引领方向、指导实践的。因此，做教师切不可自外于教育哲学理论之外，否则，就会迷失方向，做无用而有害之功。

在高校学者一方，也要力求使理论研究成果"落地"，以产生实践效能。这也可以从两个方面看。一是将教育哲学或课程论、教学论层面的理论向教学实践层面延伸，尽可能与教学实践对接，让教师的教学有所凭依。二是要关注教学实践中的问题状况，以自己理论成果解决实践中不断产生的新问题。也许还有第三方面，就是要追求理论的亲和力，表达尽量深入浅出、通俗易懂，让教师没有阅读障碍，喜欢阅读。这方面，朱光潜先生是我们的榜样。

我的《语文：表现与存在》下卷，就是与教学实践对接的。修订版对下卷作了进一步充实，增加了两章，即"第六章言语生命：在读、写中激活与重塑""第十章阅读：为言语生命的化育与创造奠基（下）"，这都是出于提高教学实践效能的考虑。第六章着眼于培育"立言者"这一总目标，对"写作五大素养"进行阐释，具体讲语文"教什么"；第十章围绕着阅读教学如何培育"写作五大素养"，从具体教学、操作方法上展开，表明阅读如何指向"表现与存在"，即探讨该"怎么教"。增加这两章的目的就是使教师能得到更多实践层面的领悟与借鉴。同时，我在《海峡导报》的专栏"潘老师语文轩"，针对语文教育、教学现实中的问题及时阐明看法，尽可能做到文字浅显、活泼，便是为普及与应用做出的努力。我在全国各地大学、中学、小学及教研机构等做的几百场讲座，参与评课，与教师现场交流等，也是为了使理论"落地"，发挥实践效能。

将不同层面的研究贯通，使理论与实践相结合，需要高校的学者、教研员、教师通力合作，共同努力。既需要教师关注理论，消化理论，进行"二度创造"，也需要学者将理论往实践宣导、推演，加强相互间的对话、沟通。这样，也许可以破解理论与实践疏离、隔膜的困局。

2008 年 7 月在北京海淀曹雪芹故居

三、我国现代语文教育罕见的力著

——《语文：表现与存在》序

孙绍振

　　摆在我眼前的，是一部高水平的原创性著作，作者继《中国现代写作教育史》《中国写作教育思想论纲》以后，登上了又一学术高度。我以为，这是我国现代语文教育发轫以来的一部罕见的力著。

　　我国的学术传统，向来都是注重实践理性的，几乎没有欧洲那样在基本概念和范畴中追本穷源的传统。在超越现实的抽象世界中遨游，和我们的民族性格格不入。这当然有好处，至少避免了欧洲中世纪那种烦琐哲学的自我迷惑，把简单的问题复杂化的弊端在我国学苑里是很罕见的，占据主流的学术潮流都集中在实践理性方面。

语文教育学也不例外，一直是把经世致用的实用性放在第一位的，从孔夫子到叶圣陶都强调写作为了应对社会需求，为了争取生存条件改善。经世致用，修齐治平，国脉所系，文脉所存，香烟不绝，源远流长。直至 21 世纪，这种语文、写作教育思想从未有人质疑，向来被当作不言而喻的大前提。这并不奇怪，不用太高深的学问，就能感觉到它的某种合理性。语言学习和写作难道不是为了社会的进步和生活境界的提升？一切学问，难道不都是为了人生，为了人生的竞争？但是，从学术研究上来说，没有一种学说是绝对正确的。一切的学说，不论有多么深刻的内涵，都在两个方面难以逃脱其局限性。第一，从理论上来说，由于话语符号所揭示的经验和事实之间差距，能指和所指之间的不确定关系，没有任何理论能够穷尽客观存在和主体生命的全部属性，没有任何一种理论不存在"漏洞"，而漏洞几乎是思维的必要代价。第二，这种"漏洞"永远是填不满的，一切"漏洞"都具有强烈的历史性，历史的发展变化又是无限的。正是因为这样，每到一个新的历史阶段，学术的基石，就会发生巨大的震荡，权威的乃至神圣的理论的巨大裂痕、破绽，就会暴露出来。当然，这种暴露，是一个历史的过程，它不能不经历一个从潜在状态到显在状态的曲折的搏斗。由于一切权威理论都伴随着独霸的话语权力，而霸权则是以无须论证、结论的现成化为特点，这就造成了大多数人习惯于接受现成的结论，而不是重新思考。因而，权威话语中的裂痕，不管多么荒谬，往往被掩盖，甚至被神圣化，对于权威的质疑和挑战，往往被视为大逆不道。要冲击权威，不但必须要有学术水准，还必须要有道德勇气。学术历史之所以总是艰难曲折，就是因为对于权威的历史局限性的科学剖析需要过人的智慧和勇气。

潘新和现在所做的工作正是听从了历史的召唤，以多年的学术积累，在系统地研究了中国写作和语文教育史以后，又从语文教育的理论和实践两个方面，向传统的语文学和写作学发起了无畏的冲击。

在基础理论方面，他提出：以叶圣陶为代表的现代语文教育以应付社会和生活需要为宗旨，在今天看来是偏颇的。当然他并没有绝对否定叶氏的这种思想，他在指出这种思想的局限在于它是非终极性的，忽视了人内在的生命、精神需要。即使是这样的非终极性的理论，他也承认了它的历史合理性，但是，他指出，正是这种历史合理性，又给它带来了历史的局限性。潘新和以极大的理论魄力和道德勇气提出：如果把语文和写作教育仅仅当作应付生活的实用需要，则是贬低了语文和写作教育的真正意义和价值，也为应试教育大开了方便之门。他认为，言语活动乃是人的一种精神建构，是人生价值的自我实现，是人的确证，这些往往是超越世俗的实用需求的。

他明确提出，要给语文教育洗去百年之铅华，吸纳近世学术的成果，革故鼎新，发动传统的语文学理的当代转换，由"外部"的语文教育学，转向"内部"的语文教育学，或称"内外同致"的语文教育学，以"言语生命"作为语文教育的核心概念，建立"言语生命动力学"语文教育理论和实践体系：

> 人本主义在语文教育中体现为言语与人的生命的血脉相连。人的言语需求，既外在于生命，又内在于生命。归根结底是内在于生命的。因此，应内（生命、天性、存在）外（生活、社会、生存）同致，以内为本，以言语生命意识的培育为本。
>
> 我以为在语文教育中，"以人为本"的"本"就是"言语生命"。除此之外没有第二个"本"。
>
> 在"表现存在论""言语生命动力学"背景下，教学实践层面的认知也将发生重大转向：从当代重言语技能训练转向重言语动机和人格的养育，从重语文素养的培养转向重言语生命本性的养护，从重阅读转向重表现、重写作，发现并关注每一个个体的言语生命潜能、才情和天性、个性，顺应言语智慧的自生长，扶助言语生命的成长，引领言语上的自我实现，促成每一个言语生命的最大发展。

的确，这是一个根本性的、历史性的转向，不论从学理来说，还是从教学实践来说，这无异于一场地震。他对此有充分的预期，哪怕是传统语文教育的概念体系像庞贝古城一样遭受灭顶之灾，他也面不改色。

学术的价值，并不仅仅取决于命题的提出，而且更重要的是取决于论证的严密。值得庆幸的是，潘先生不但善于破，而且善于立；不但有批判，而且有创造。在"言语生命动力学"的总体概念之下，他从容地推出了自己原创的范畴系列，衍生出多个系列的亚范畴，力求让各个亚范畴之间相互联系，相互支持，相互说明，构成相当严密的内在的链接，层层深入地展现了一种森严的体系。其思考领域之广，思想密度之高，逻辑覆盖之大，学术视界之开阔，如果不是绝后的话，至少也可谓空前。

他的理论建构不仅提供了一个新的高度，而且开辟了语文教学的新途径，研究涉及了阅读、写作和口语交际等领域。尤其是写作教学论，以其可操作的实践性使人大开眼界。

当代语文学、写作学从 20 世纪 80 年代复兴以来，一直缺乏一种全面的、学理意义上的突破，这是因为，上一代的语文教育工作者，在知识结构上有历史的局限，在观念和方法上多多少少受到机械唯物主义和形而上学的严重影响，难以从客观反映主观能动的线性思维模式中突破，在方法和观念上画地为牢的现象比比皆是。而潘新和之所以能够横空出世，关键在于，他突破性的命题的理论阐释，接触到当代学术的前沿。在心理学方面，当代语文学和写作学，从 20 世纪 80 年代以来，就一直在弗洛伊德的圈子里徘徊，连荣格都难以涉及，而潘新和则更多地借助更加现代的马斯洛的人本主义心理学观照写作过程，故每每给人以见地不凡、豁然开朗之感。

在此基础上，他把当代语文教育学带进了西方最为前卫的话语学说的境界之中。可以说，活学活用了这种学说的很大一部分，为语文教育理论带来了一股新风，破天荒地提出了发展学生言语生命意识的命题。虽然，他的一些论述，由于某些术语和日常用语的内涵不尽相同，可能给一些缺乏准备的读者带来理解的障碍，但是，对于任何一个比较用心的读者来说，他的主要观念是不难把握的：每一个学生都有自己的个性，但是，并不能自发地拥有自身的言语。启发学生主体的觉醒，让学生获得自己的话语自觉和能力，这是共同的愿望，但是，要完成这项任务，关键在于，从现成话语中挣脱出来，否则，语文教育和写作教育，就不能不是无效劳动。从言语生命意识来说，每一个学生都有天才。然而，这种天才，如果不加开发，就可能遭到窒息，乃至夭亡。语文教育和写作教育，从某种意义上来说，就是一种言语生命意识和能力的开发学。这是一个极其艰巨的任务，光是从理论上来阐释，就意味着对于一系列当代文化哲学的前沿学术成果的综合。难能可贵的是，潘新和具有自觉的历史使命感，将语言的人文性和当代哲学、语言学、文学、文艺学研究的最新成果融会贯通，承担起根治当代语文学理论严重落伍和实践上脱离实际的顽症的重任。

语文和写作学术界的前辈，他们对学科建设做出了自己的贡献，但是没有能够完成改变学科滞后状态的历史使命，到了潘新和这一代，应该是当仁不让了。然而，并不是每一个同龄人都有这样的自觉和足够的修养。熔西方语言学、文化哲学理论，中国古代和现代的语文教学史料于一炉，高屋建瓴，建构宏大的语文学、写作学体系的历史任务已经摆在了新一代学人的面前。从这个意义上，他的这部一百多万字的著作，对于立志跨越新的学术历史台阶的学人来说，是一个鼓舞。

2014 年 6 月在广州给中学生上课

四、为重构语文教育理论体系而奋然前行

——喜读潘新和教授新著《语文：表现与存在》

方智范

放在我们面前的这本潘新和教授的新著《语文：表现与存在》（福建人民出版社 2004 年版），是一部一百数十万言的皇皇大作。当语文课程改革正如火如荼地在全国推进，当在语文课程改革中出现一些矛盾和困惑的时候，我们读到了这本书。潘新和教授以一人之力，穷数年之功，大胆突破语文教育理论既有观念、方法以及思维模式的局限，铸就了此一追求语文教育学现代品格的扛鼎之作。作者的魄力和才气，想象力和洞察力，势如破竹的逻辑力量和冷峻、深刻的批判，不畏权威、唯真理是从的学术良知，固然给人以震撼；而充溢全书的高远的教育理想、宏大的学术

抱负，以及热爱语文教育、挚爱下一代、为民族的未来深忧远虑的社会责任心，更令人肃然起敬。

潘新和是福建师大文学院教授，我们本无交往，我们的专业都不是语文教学论，是21世纪初开始的课程改革使我们走到了一起。由于工作的需要，近年来我比较关注我国的语文教育现状，对一些问题也有自己的思考，但总体说来认识还是肤浅的、零星的。我之所以推崇这部书，是出于我们有共同的思考起点，不少认识是如此接近，可谓志同道合、心有灵犀：

——我们都痛感语文课程的自然科学化倾向，也就是他在书中一针见血地指出的，"将语文学科教育和其他学科教育'一视同仁'，一律视为知识技能教育"，担忧母语、汉语的特点，与人文资源流失带来的各种严重后果。

——我们都认识到语文唯工具性观点和机械训练的明显偏颇，"从根本上说，言语人才不是'训练'得出来的"，都为"重功利轻人文，重实用轻文学，重训练轻积累，重占有轻体验，重技能轻素养，重知识应用轻生命感悟，重语言轻言语，重机械记忆轻语用能力，重读轻写，重解释轻创造，重吸收轻表现……"的语文教育现状忧心，潘教授所抨击的"让一代一代孩子的心灵丧失温存和柔软""人异化为非人"的状况，绝非危言耸听。

——我们都对语文界在现实体制面前被逼就范的急功近利和技术主义倾向，对"标准化考试"、以分数为本的应试教育深恶痛绝，在这种体制下，师生失去了对语文、生命、教育之敬畏，沦为考试机器、假面人。

——我们都认为在语文教学过程中关注学生的个性，促进他们的精神发育，珍视他们的内在精神动力，满足他们的精神需求是何等的重要："人的言语上的发展，是最具生命性、个性化的，是最不能强求一律的。"我们都认识到语文学科在"立人"方面具有得天独厚的优势和魅力，因为"语文教育的目标和人的特性、本性、天性是一致的，语文学科是为'人'立'本'的学科"。这个"本"，就是"引领每一个言语生命，走上言语人生、诗意人生之途"。

当然，初读之时，我还来不及慢慢品嚼、细细消化全书的内容。对书中的具体观点，我们尽可以不必全部赞同；但粗粗浏览过，以下两点感受是十分深切的：

第一，重构语文教育理论体系，必须要占有现代教育理念的制高点，而不能仅仅站在语文学科的立场上。不管是哪一门课程的教师，你都不能忘记你是在培养人，培养全面发展的人，培养精神充实的人，培养具有民族之根的人，而不能培养"空心人"，不能培养片面的人、单向度的人。语文课应该帮助学生精神成人，给学生提供丰富的精神营养，因此，语文教育理论的重构，必须"以人为本"。我最为赞同潘教授的如下观点："不能忘了教育主体是'人'，要以人为本，以人自身的发展为本；不能忘了语言是思维，是文化，是存在的家。语文是人文科学，重在文化教育、人文教育、言语人格教育。"潘教授认为，"'以人为本'的'本'，就是'言语生命'"。他以此为基点，演绎、构建起了宏大的语文教育言语生命动力学理论体系，力求使历来的"外部"(工具、应试、应需)语文学向"内部"(言语生命、欲求、潜能、表现、存在)语文学转向。这一基点和转向在我看来无疑是十分正确的。

事实上，对语言与人的精神发展之间的密切关系，人们早就在探索了。19 世纪最重要的语言学家之一威廉·冯·洪堡特认为，语言产生自人类本性的深底，是人的精神不由自主地流射，"要是我们不以民族精神力量为出发点，就根本无法彻底解答那些跟最富有内在生命力的语言构造有关的问题"(《论人类语言结构的差异及其对人类精神发展的影响》)。到了 21 世纪初，法国当代杰出的哲学家埃德加·莫兰似乎与之遥相呼应，他在应联合国教科文组织之邀而写作的《复杂性理论与教育问题》一书中，表达了对人文语言教育的看法："技术的和科学的世界只把人文文化看作装饰物或审美的奢侈品"，"语言在它最完美的形式亦即文学和诗歌的形式下，把我们直接引向人类地位的最独特的特点"，亦即人的精神发展。我们必须将前贤时俊的一切理论、观点、提法，放在"以人为本"这一基点面前来衡量、检验。潘教授是这一教育理念的真正实践者，他的新著就贯穿着这种独立思考和学术反思精神，将"以人为本"转换为语文教育"表现与存在"的"言语生命"本位。这是他的独创。

第二，我们一定要有面向未来的眼光。教育是未来的事业，所以我们不能迁就现实体制而不思进取。联合国教科文组织总干事费德里科·马约尔先生说："教育是'未来的力量'，因为它是实现变革的强有力的工具之一。……我们应该重新思考组织知识的方式。为了实现这一点，我们应该推倒学科之间的传统的壁垒和设想怎样把迄今被分离的东西连接起来。我们应该重新制订我们的教育政策和教学大纲。在进行这些改革的过程中我们应该始终瞄准长远的目标，考虑到我们对之负有重大责任的未来世代的世界。"(为莫兰《复杂性理论与教育问题》所写的序言)课程改革是迫切的要求，因为国际竞争十分激烈，而国际竞争，归根到底是人才的竞争，所以我们只能义无反顾，奋然前行。从面向未来的眼光衡量，现在不少课程的知识是"箱格化"的，既有的学科知识体系与人的全面发展的需要，两者之间是远不能适应的。面对科学技术的发展，英国诗人艾略特曾提出两个问题："我们在信息中失去的知识在哪里？我们在知识中失去的智慧在哪里？"我们不妨借用法国人文主义作家蒙田的名言来回答："一个构造得宜的头脑胜过一个充满知识的头脑。"理想追求与现实体制是一对深刻的矛盾，有人说"现实抵抗观念"，这句话确实深刻地道出了我们面对的无奈处境。潘教授也清醒地估计到："使人们认识到一种新思想的价值，那一定是很遥远的事。……我只是希望今天的和未来的语文教师能有所触动，语文教学的每一天，都从学会尊重、珍爱每一个言语生命开始。珍爱言语生命，是语文教师之'爱'的题内之义。"我想，只有具有未来的眼光，我们才能站得高，看得远，我们孜孜以求的教育理想的彼岸，才能够达到。

2013 年 4 月 21 日，为迎接"世界图书日"（23 日），在泉州市图书馆给市民、中学生做关于阅读的公益讲座

统观全书，潘新和教授对语文现象的研究，有一份厚重的历史感和深邃的前瞻性；注重多学科最新成果的融会贯通，具有多元的理论视野；在 21 世纪现实需要和理论创新的双重召唤下，致力于语文教育理论范式的重构，以图带动整个语文教育实践的深刻变革。我愿意向所有在语文课程改革中行进、不懈地追求教育理想的人

们，郑重推荐这部语文教育理论新著。

2016 年 7 月 19 日，与我的博士生汲安庆、黄云姬参加东北师大学术
会议后同游长白山天池

五、勇气与功力：语文研究的新高度

——潘新和《语文：表现与存在》评介

王荣生

潘新和教授的《语文：表现与存在》，致力于破解我国现代语文教育成效不彰之谜，从表现与存在的本体论高度，系统地构建起"言语生命动力学语文教育"学说。这本书洋洋百余万言，是语文教育研究罕见的皇皇巨著，将我国的语文教育研究提升到了一个新的高度。

正如作者所概括的，构建"言语生命动力学语文教育"，其方法论主要体现在以下四点：第一，注重对语文教育历史资源的掌握，注重从收集来的第一手资料中形成认识，从语文教育史背景上来探讨语文教育现象，既不人云亦云也不孤立地就事论事，希望对语文现象的研究有一份历史感。第二，尽量扩展认知结构，力求在当代学术视野下观察语文教育现象，尤其注重提高哲学和科学素养，将自己的思考置于一个多元化的认知网络中比较参照，以求有新的发现。第三，以探究和批判现代语文教育的主流范式，即它的核心纲领为突破口，因为这与一切语文教育现象之间存在着直接的最本质的关联，是牵一发动全身的要害，抓住要害一切就迎刃而解了。第四，在新的认知背景和时代背景下，进行语文教育理论范式的重构，和理论话语的更新，试图建构言语生命动力学语文教育概念系统，以带动整个语文教育实践的深刻变革。《语文：表现与存在》分上下两卷，上卷为"语文教育原理论"，下卷为"语文教学实践论"。

为使读者对著作有一个概貌的了解，将各章目录介绍如下：

上卷：绪论语文：人的确证//第一章　语文教育：走向表现和存在//第二章　语文之蔽：工具论和人文论//第三章　陈旧的新陷阱：语感中心说//第四章　归化和异化：寻找"语文"之途//　第五章　言语生命动力学：我写故我存//　第六章　言语人格：超越生存性与功利性//　第七章　教学主体论：主体间的生命互动//第八章　师生关系：言语生命的存续与默契//　第九章　表现论阅读视界：解释学之吸纳与反思//　第十章　读、写新观念：写作高于阅读//　第十一章　说、写新观念：书面语重于口语//　第十二章　言语创造力：依存于存在的生命//　第十三章　言语想象力：诗意生命的馈赠//　第十四章　教育科研：教师诗意人生的呈现

下卷：绪论：牧养言语生命的"野性"//　第一章　语文教师：言语生命意识的传递者//　第二章　教学目的：存养言语生命和言说素养//　第三章　动力指向：言语生命的鼓荡和激扬//　第四章　言语教学法：贵"无"，抑或尚"有"//　第五章　表现论教学：触摸言语生命的体温//　第六章　写作：养护言语个性和精神创造力（上）//　第七章　写作：养护言语个性和精神创造力（下）//　第八章　口语交际：释扬言语生命能和应对机智//　第九章　阅读：为言语生命的化育和创造奠基//　第十章　评改与测试：对言语生命的赞美和激励//第十一章　教案和反教案：教学行为的辩证法

有幸先睹潘新和教授的巨著，深为语文教育研究这一丰硕成果而激奋、而鼓舞。

尤其使我感到震撼的，是作者基于学术道德的理论勇气和履行学术责任的扎实功力。语文教育是个相当复杂的领域，语文教育研究所面对的是一系列极为错综的艰难问题。叶圣陶、吕叔湘、张志公等老一辈语文教育家，为我国现代语文教育的开拓和发展做出了巨大的努力；王尚文、李海林等语文教育研究者，为新时期语文课程与教学的转型进行了多维度的探索；近百年来一代又一代语文教师，在教学第一线投身于创造性的劳动，为提高语文教育的效益兢兢业业。然而，现实却不容乐观。语文教学实践，近百年来没有得到根本的改善，在应试教育的阴影下，其弊端反而越演越烈；语文教育理论，无论所持的立场、研究的方法，还是所得的结论、对语文课程与教学改革实践的效力，都存在着这样那样的问题；老一辈语文教育家在当时语境中对语文课程、教材、教法以及评价等方面的认识，也十分有必要放置在当代学术和实践语境中予以反思和审议。构建语文教育新理论，必定要与以往的认识或理论"遭遇"，必定是对语文教学现实的"激浊"。这需要勇气，更需要在表现勇气时恪守学术道德，遵循学术规范。而要做到这一点，扎实的功力无疑是必备的基础。只有在尊重并正确把握"理论"的前提下，只有在面对并真实观照"现实"的前提下，才能在学理的辨析中与以往理论、与当下现实展开有价值的、建设性的"对话"。我以为，潘新和教授所著的《语文：表现与存在》，在理论勇气、在分析功力、在勇气和功力的相互映照、相互支撑上，堪称语文教育研究的楷模。

以对"语感中心说"的辩驳为例。潘新和教授在上卷第四章论述道："王尚文先生的《语感论》对语感问题的重新梳理，导致了语文教学从重知识向重能力转变，使语文教学从语文知识和语言教学的泥足深陷中抽出身来，重新关注语言的运用能力，并聚焦于言语感受力，功不可没。李海林先生的《言语教学论》，更是语文教育诸多论著中的一部不可多得的力著。该书进一步拓展、深化了王尚文先生开创的语感论视界，对言语教学在理论上作了较为具体、深刻、精致的界定和阐述，标志着语文教学在理论上基本实现了从知识到能力，从语言到言语的转向。该书建构的'言语教学论'的概念演绎系统，既有面上的展开，又有点上的深入，相互勾连、得体有序，具有内在的生命性、生成性和自洽性。作者学术视野较为开阔、析理绵密、逻辑谨严，体现了良好的语文学科教育素养，其理论思辨能力尤值得嘉许。这些成绩，可以视为语文教学研究的重大进步和突破。"然而，在尊重成绩的前提下，作者将笔锋一转："我们也不能不看到语文教学论学者的研究局限"。

在上卷第四章，作者细致地考察了"语感中心说"的兴起，辨析了"语感论""言语论"与"实用论""工具论"的关系，指出："语感中心说"的最大的认知局限在于认为"语文能力是语文教学的终极目的"，"语文教学的最高目的就在于培养学生的语文能力"，一叶障目，见"技"不见"道"，见"器"不见"理"，见"言"不见"人"。作者认为："与其把语感看作是一种能力，我更倾向于将其视为一种言语灵性和悟性，因为，这更接近于人的言语生命的自然属性，更贴近语感形成的真相。——将生命化的语感和言语都纳入'能力'范畴，这实质上就是一种实用化、工具化思维。"

接着，作者具体地分析了将语感列为"中心"在学理上的疏漏，进一步指出其"抽象语感论""语感图式目的论"和"阅读语感论"这三大误区。比如对"抽象语感论"，作者指出：将语感看作一种具有普遍适用性的言语感受力、直觉力和同化力，即认为语感是一种抽象的言语能力，而非具体的具有特殊指向性的言语能力，这是一个极大的误区。实际上，在言语认知与表现中，真正的应用的书面语语感，一刻也不能离开特定的文体，离不开具体的语境。语感只有在特定的文体感中才有意义，才有可能形成"良好的语感"，才能进入具体的言语感知与运用实践。因此，在言语教学中，不应脱离文体感讲语感。讲语感，应是在文体感统摄下的具体的语感。

对于"语感中心说"在我国语文教学实践的影响，潘新和教授论述道：当今语文界对语文课程的性质、任务，语文学习的规律，听、说、读、写关系，语感的功能等的认识，仍然是较为肤浅、简陋的，在对语文教育的一系列基本问题，对语感的内涵和作用还不甚清楚的情况下，便断定语感就是"中心""目的"。由于这一提法，一方面是对语文界前辈的重语感的语文教学观的继承，另一方面又迎合了教师的语文教学的经验，致使不少正在寻求变革的老师很快地接受了"语感中心说"和"言语教学论"，误以为语文教学的任务就是培养语感或语用能力，或认为培养语感、语用能力是最重要的，这对语文教育应注重人文积淀，注重学生言语素养的全面发展，注重对学生言语潜能、才情的开发，以及在动力学层面的引领等，极为不利。《全日制义务教育语文课程标准（实验稿）》接受了语文界"语感派"的意见，多处提及"语感"："培养语感"（见第一部分　前言"二、课程的基本理念"）；"形成良好的语感"（见第二部分　课程目标"一、总目标"）；"……以利于积累、体验、培养语感"（见第三部分　实施建议"三、教学建议"）；"在诵读实践中增加积累，发展语感，加深体验与领悟"（见第三部分　实施建议"四、评价建议"）。可见《全日制义务教育语文课程标准

（实验稿）》对语感培养的重视。其对语感的强调，反映了语文界的某种"共识"。在近年的语文报刊论文中，几乎言必称"语感"，大有"语感至上""语感万能"的趋势。"语感"成为语文教学"新观念"的标志性概念，培养"语感"成为新鲜、时髦的话题，语感被认为是语文教学的中心和目的，这是需要认真审视的。

　　尽管潘教授对"语感"问题的具体论证也许还可以斟酌，也许我们还应该听听语文课程标准研制组专家和一线语文教师的见解以及王尚文先生、李海林先生对"语感"问题的新认识，但我对潘教授的上述分析，是深表认同的。自"语感"作为语文教育研究的理论问题被提出后，"语感"成为我们思考语文课程与教学的一个触发点，乃至很大程度上成为语文教育理论研究和实践改革的一个归结点，然而这一学说在学理上确如潘教授所言，有诸多疏漏乃至误区，在实践中也出现了需要我们严加正视的种种问题。

　　潘新和教授的分析功力和理论勇气，使我们不仅对"语感"问题，和受这一学说影响的实践的反思，而且对语文教育的一系列基本问题的认识，都向前迈进了一大步。

2001 年 5 月 23 日与老友李白坚在上海

六、语文教育：基于人，为了人……

——读潘新和教授《语文：表现与存在》

林茶居

如同文学语境中的诗歌，当代教育语境中的语文在其所在领域是最具精神活力、最容易出争端因而最经常被诟病的部分。这正意味着，语文、语文教育与人们的精神生活有着密切的关联。不管以怎样的面目出现在大众的讨论中，语文和语文教育都是这个社会、这个时代最值得关注也最需要关注的话题之一。

我之所以提到语文、语文教育在社会文化层面上的"面目"问题，是因为我感觉到，在各种各样的讨论中，语文和语文教育常常成为"他者"，常常失去其本源上的意义。或者说，人们对于其本体性的认识常常是模糊的。究其缘由，主要问题就出在把"人文性"或者"工具性"作为讨论的基点和做出判断的根据上。从一定意义上说，基于"人文性"和"工具性"二元论的讨论最终只能导致实质上的失语。

启发我把这个在心头郁积多年的思虑比较清楚地阐述出来的，是被著名学者孙绍振誉为"我国现代语文教育发轫以来的一部罕见的力著"——潘新和教授的《语文：表现与存在》。对于语文教育的价值内涵及其产生意义的途径和方式，我也终于有了新的体认：基于人，为了人——不管是从理论建构来说，还是就策略推演和具体实践来讲，这部著作对当下以及未来语文学科的深刻变革所产生的作用，都是不容置疑的。

"应试""应世""应需""应生活"的历史欲求，使"人"在语文教育中被层层蒙蔽——语文教育的目标及实现目标的方式外在于"人"的生命，作为"人"的教师和学生的生命存在、主体精神被去除在外，"人"成为追求目标的工具和载体。所以，潘新和教授指出，语文教育改革的当务之急就是实现本体论转向："从'生活'转向'人'"，从"外部语文学"转向"内部语文学"，呼唤"'人'的回归"，完成"人的确证"。

那么，"人"在语文、语文教育中又意味着什么呢？这也正是这部皇皇逾百万言的语文巨著的一个令人振奋的地方。在潘新和教授看来，"言语活动是人的基本的生命活动和存在方式"，每一个人都是一个言语生命，具有言语潜能和言语欲求，能够在发展言语能力和言语品质的过程中展现越来越强大的言语人生，彰显言语创造性，在言语上达成精神的塑造、灵魂的提升、人格的完善和生命的成全。秉持着"言语生命"的存在，人成为有尊严、有责任感、有自主人格的言说者，成为"存在"的人。正是在这个意义上，潘新和教授提出："'言语性'才是语文学科的种差。""言语生命意识教育，是语文教育贯穿全程的核心内容。"从而超越了"人文性"和"工具性"的二元论思想局限，同时完成了对语文和语文教育的"去蔽"，使之在生命的维度上，在"人"的精神意义上，获得存在的尊严和独立性。因此，语文教育的意义，就体现在对人的言语禀赋的唤醒和召唤、对人的言语权利的尊重和保护、对人的言语个性的激荡和发展、对人的言语精神的激励和张扬、对人的言语创造的激发和引动、对人的言语生命的养护和培植、对人的言语人生和诗意人生的引领和提升上。潘新和教授说："语文教育，……是使人更像人的教育，是'语言人'和'言语人'的教育，是'元素养'的教育。"

在强大的同时正越来越板结、僵硬的语文教育传统下，探讨语文教育的本体论转向，自然是十分艰难的。多年来，潘新和教授以一个中国基础教育的观察者、批判者、建设者的身份，在一个宏阔的精神空间里，致力于语文教育思想、理念、方法的历史梳理和精神驳辩。而近些年的新课程改革实验，使他进一步看到了语文教育实践的错位、语文教育研究的机械和语文教育话语的贫乏，更激发其对语文教育进行病灶探源、价值追问、生命重建的热情和意志。在《语文：表现与存在》中，潘新和教授以整个中国语文教育史为背景，有效吸纳西方文化哲学的多元化的精神元素，审视、探究和批判现当代语文教育的主流范式，"在新的认知背景和时代背景下，进行语文教育理论范式的重构，和理论话语的更新"，创生以"言语生命"为精神依据和价值内涵的概念系统，建构指向言语表现和存在的言语生命动力学语文教育学，为引动整个语文教育实践的深刻变革，开辟出一条充满强健、丰美的生命意味的新路，达成了语文教育本体论人本位、生命本位的历史性转向。

对语文、语文教育的思考和追问，就是对人、人的生命、人的存在、人的意义……的思考和追问。基于人，为了人。把语文教育的立足点和归宿，归结、落实到"言语表现和存在"意义上的"人"之上，使语文教育从工具论、知识论、能力论、语感论转向言语生命论，让"人"的生命因为言语的表现与存在而变得充实、丰盈、高贵。这可以看作潘新和教授所要达到的语文教育的"化境"，而其自身的言语生命也在对这一"化境"的追寻中得以气势恢宏的表达和彰显——从对语文教育本体的重新确认，到对语文教育话语的重新塑造，再到对语文教育实践（阅读教学、写作教学、口语交际活动、教师的教育科研等）的重新构架……只有生命深度参与，才可能有生命的自由绽放。这既是潘新和教授的语文教育理论的内在意趣，也是其在语文教育思想研究和描述过程中的切实践履。

　　尤为值得一提的是，在当前语文教育理论严重落伍，似乎与世界人文科学发展无关的情势下，潘新和教授却显示出对生命哲学、语言哲学、存在主义哲学、人类学、现象学、阐释学等西方文化精髓的旺盛的消化力，《语文：表现与存在》因此而具备了中国文化语境下的语文哲学、语文美学、语文言语学、语文文化学的种种旨趣。

　　无疑的，这部语文教育新著的问世，不仅仅意味着潘新和教授完成了一部"言语生命动力学语文教育学"的奠基之作，更预示着中国语文教育界出现了一种新的思想、新的理论范式和新的话语方式。我们也从中看到了语文教育研究新崛起的丰富可能性。

2006 年 4 月 16 日，长沙"中国高等教育学会语文教育专业委员会学术年会"，与曾祥芹先生（中）、曹明海先生（右一）

七、语文教育：表现之诗与存在之思

——读潘新和先生《语文：表现与存在》有感

张　华

在始终难以找到一个可以为"语文"合理定位的措辞之时，在一直以来对"语文教育"百思不得其解之际，一本《语文：表现与存在》的皇皇巨著横空出世，给予当代语文教育领域一记醍醐灌顶般的"当头棒喝"！该书作者——福建师范大学潘新和先生，高擎一支光明而智慧的火炬——"言语生命动力学"，围绕"语文教育原理"和"语文教学实践"的层面，书洋洋百万之言，成累累千层之页，其言之凿，思之锐，情之切，意之深，无不让人一唱三叹，拍案叫绝。该书对语文教育历史的钩沉与检视，对西方教育话语的剖析与反思，对语文教育理论的积淀与创构，犹如开启了一个潘多拉魔盒，将研究者和实践者长期以来对语文教育的思考——击碎的同时又深深唤醒。潘新和先生穷数年之功，举一人之力，大无畏地对语文教育在"表现与存在"层面的思考，不仅为语文教育的本体性研究作了一次开天辟地的推进，而且为语文教育的学理性建树作了一次振聋发聩的开掘。

正如著名文艺理论家孙绍振先生在该书《序》中的评价所说："的确，这是一个根本性的、历史性的转向，不论从学理来说，还是从教学实践来说，都无异于一场地震。""其思考领域之广，思想密度之高，逻辑覆盖之大，学识视界之开阔，如果不是绝后的话，至少也可谓空前。"缺乏对语文的深切体认势必难以成就语文教育的力度和深度，语文教学的琐碎和乏力自然也是不言而喻。毫无疑问，在当下俯拾皆是的诸多关于语文教育研究的理论著作之中，该书对语文教育的扬弃、超越和重构，足可谓出类拔萃，独树一帜。该书唤醒和张扬的不仅是对语文和语文教育的思考，更是对人、生命、人生和世界的思考。潘新和先生"言语生命动力学语文学"理论的构建，对言语天性展布生命智慧的觉悟，对语文教育引领诗意人生的憧憬，既是对语文教育破釜沉舟的"祛蔽"，又是对语文教育艰苦卓绝的"还原"，更是对语文教育前所未有的"敞亮"。

(一)语文教育理论的祛蔽

反观 20 世纪 70 年代末前赴后继的语文教学改革，直至当今如火如荼的语文课程改革，语文的浮躁已足以让人倾其忧虑，而语文的尴尬则更令人为之扼腕。尤其是来自四面八方对语文的种种非难与声声诘责，这似乎也注定成为语文教育研究者和一线教师的切肤之痛。倘若仔细考察语文教育的理论语境，从普遍意义上说，笔者尝试着做出如下判断：经验主义、观念主义让语文教育丧失了科学之真，技术主义、工具主义让语文教育抛弃了艺术之诗，功利主义、实用主义让语文教育疏离了哲学之思。仅仅把语文视为应付社会和生活需要，这是传统语文教育理论一个无法回避的弱点；而缺乏对语文教育的理性认识和深度思考，同样也是现代语文教育理论一个不容忽视的盲点。惯于温柔敦厚地继承，鲜于锐意进取地变革，尤其是"语文学科(包括语文学和语文教育学)基础理论的贫困和非理性的致思方法，及由此造成的语文界普遍的基本教育与研究素养的欠缺"，或许正是语文教育诸多问题和困难出现的根源。因此，无论从哪个角度说，语文教育理论的苍白引发语文教育实践的贫瘠都是在所难免、难辞其咎的。

恩格斯指出："一个民族要想登上科学的高峰，究竟是不能离开理论思维的。"波普尔也指出："如果我们得不到反驳，科学就会停滞，就会丧失其经验特点。"语文教育实践要扛鼎科学的旗帜，同样不能停止理论思维；语文教育理论要夯筑实践的基石，同样需要证明或证伪。因循语文教育理论积淀的轨迹，潘新和先生在卷帙浩繁的历史文献中孜孜不倦地寻找着语文之途。该书字里行间充满了对叶圣陶、吕叔湘、张志公等老一辈语文教育家的尊敬，三位先生的理论建树几乎奠定了现代语文教育的基础，形成了整个语文教育理论体系、话语和范式的主流，尤其是叶圣陶先生更是树立起语文教育的里程碑。然而，试图依靠某一种理论或思想的垄断奠基某一门学科的领域和思路是匪夷所思的，其结果难免陷入画地为牢、裹足不前、人云亦云的泥淖。潘新和先生看到了现代语文教育的局限，他指出，那种注重"应用""实用"的"应付生活""应需"的语文教育观，其背后是经世致用的功利性、工具性和社会性的需求。由此根基所生发出的语文教育理论，不仅剥离了语文的精髓和底气，而且消弭了语文的情怀与风度。

潘新和先生忧心忡忡地指出："科学和理性精神的淡薄，学养和人文素养的欠缺，使我国现代语文教育缺乏'现代'的品格。"尽管伴随"工具"与"人文"的性质之争，语文教育领域显示出理论自觉的冰山一角，但是工具性认识的根深蒂固和人文性解读的曲高和寡，无不让语文教育手足无措，甚至《语文课程标准》的出台，依然以折中式的措辞握手言欢。诚然，工具主义的盛放曾为语文教育指挥航向，人文主义的复兴也为语文教育涂抹亮色，但"工具"与"人文"的交锋与耦合似乎总是带有不伦不类的味道，也许这种莫可名状的暧昧关系同时引发了不少学者的某种隐忧甚至焦虑。语文教育似乎并没有在理论的繁荣和学术的跌宕中得以改善，从"少慢差费"的批评到"误尽苍生"的责难似乎就是明证。对此，潘新和先生指出，工具性是"以语言的一种性质来界定语文的特性"，人文性是"以人文学科的共性来界定语文的个性"，二者"都是把语文视为人的'身外之物'""都没有揭示出语文和语文教育的言语生命特性"，由此，积弊深重的语文教育就不能不长期陷于理论的困窘和实践的迷失之中了。

忘记历史就意味着背叛。一个卓越的思想家和实践者总是善于不断检视历史，省察现实。他不仅揭示现象，反思经验，而且勇于在合理性与局限性之间祛除表象，寻求真相。如果说对语文教育的历史反思是一次身先士卒的冲击，那么对语文教育的时代追问则是一次勇往直前的挑战。针对近年来呼声甚高的语感主义，潘新和先生在肯定其积极意义的基础上，也条分缕析了其语感认识的偏颇。换言之，如果把语文仅仅视为语感的培养，而且只是注重阅读中的语感，一叶障目，以偏概全，有"语"无"人"，那么不仅会弱化语文的真正意义，还会窄化语文的学术视野。这仍然是"陈旧的新陷阱"。语感主义虽然发挥了言语能力的合理性，却没有超越历史认知的局限性。潘新和先生不但从实践层面和行为层面关注"言语"及言语活动的现实价值，而且从素养层面和动机层面开掘"言语"及言语生命的终极意义。他以前瞻的理论魄力和庄严的学术良知提出："言语是人的基本的生命属性，是生命的自发自由自觉的表达。""我们不但要追求言语价值、言语生命的今生性，而且，就人类而言，势必还要追求其永生性。"

不仅如此，潘新和先生还仔细清理了语文教育的理性认识过程：一是为修己、为功名、为生活到为人生的目的性转换，一是知识本位、能力本位、素养本位到存在本位的本体性转换。与现代语文教育的传统认知范式不同，潘新和先生对语文现象的思考，"以具有言语生命特性的人作为基本的观察点，将对人的符号生命意识的确证、人的言语生命欲求、言语生命意识的觉醒与自由自觉的精神创造力的培植，作为人的言语活动基本的动力定型"，从立足于言语客体——语言工具和生活，转向言语主体——人及其言语生命。这不仅是对长期以来语文教育理论与实践的反拨与矫正，也是对"吾爱吾师，吾更爱真理"的重温与浇铸。事实上，早在世纪之初，潘新和先生就率先提出语文的性质是"言语性"，将语文教育放在全面提高综合学养，培养良好的言语人格、言语创新意识、言语实践能力，促进人的本体发展和自我实现这一层面给予反思。无疑，潘新和先生思维的触角更为本质地显现和实现了语文教育的思路和取向，其"言语生命动力学"的构建，不仅是对工具主义、实用主义的扬弃，而且是对人文主义和语感主义的超越。

(二)语文教育实践的还原

如果说对语文教育轨迹的反思与追问，只是筚路蓝缕的奠基性工作，那么对语文教育本体的唤醒与捍卫，则是正本清源的划时代努力。马克思·范梅南指出："只有当我们真正感受到教育作为一种召唤而激起活力和深受鼓舞时，我们与孩子的生活才会有教育学的意义。"长期以来，我们关注的往往是教什么，如何教，技术性的、工具性的意识和思维轻而易举地消弭了语文原初的动力和教育本真的吁求。幸运的是，潘新和先生从人的内在需求、从言语和人的存在关系——人的言语生命意识的层面来观照与反拨语文，不仅是语文教育的功能性解读，更是对语文教育的终极性吁求。在潘新和先生的视野中，"言语生命的承传是超言语的，是生命本真的言说，是不言之教。一切的言语表现，无论真、伪、善、恶，都是言语生命的标识，是人的生存和存在状态的隐喻和象征"。"言语生命"构筑起语文教育的本体和逻辑，语文不仅是引领言语生命之智性和理性的砥砺，而且是丰富言语生命之情性和灵性的施洗。"激发学生固有的生命潜能和言语冲动，培植他们的生命符号意识和言语表现欲、创造欲"成为语文教育的根底与元气。

不可否认，人的位置、言语的意义及其二者的关系，是语文教育的天然视域和根本问题。在某种意义上说，对人、言语及其二者关系理解的深刻性与丰富性，都从根源和动力上决定了语文教育及其实践的方向、品格和境界。如何将"人"置放于语文教育的地平线上，如何认识"言语"之于生命及其人生的意义，是语文教育本体认识的分水岭。传统语文教育认识和实践的误区在于：一方面，对人的忽视，把人视为"非人"，或是"单向度""半截子"的人，眼中有书，目中无人，学生的内在需要被轻而易举地取消了；另一方面，对语文的遮蔽，从外部注入，只看到语文之于生活、生存的需要，而忽视语文之于生命、存在的价值。这种误区所引发的现象就是：教师往往试图通过按部就班的烦冗分析和乏善可陈的机械训练来实现学生对语文的记忆和巩固，学生常常习惯借助中规中矩和死记硬背来完成自己对语文的理解和接受。这种牺牲师生内心感悟而换取的惨痛代价就是：之于教师，语文成了冰冷而抽象的符号、知识的琐屑和语法的碎片；之于学生，他们对语文普遍缺乏一种情感的倾注和心灵的关切。

相较于以往语文教育的实践理念，言语生命动力学视野中的语文教育无疑是一种革故鼎新，其对生命的强调和张扬是前所未有的，这种生命在"言语"上获得终极性的意义。生命的"存在"是源于言语的"表现"，言语的张力显示了生命的精神空间，言语的苏醒是生命腾涌的标识。正如海德格尔所言："无论如何，语言是最切近于人的本质的。"在潘新和先生看来，人首先是作为符号世界的"语言人"加以体认的。人不仅是作为自然人、社会人、物质人"生存着"和"活着"，还是"积极能动地'表达自我、实现自我、完善自我'，作为心灵丰盈、思想自由的言语人、精神人，诗意地创造着，自由地有意识地'存在着'"。因而，语文学习不仅是应外部世界的需要，而且更多的是因为"人的内部即本体存在与发展的需要，是人的生理、心理、精神、情感和思想的需要，是人的自我表现、自我实现的需要，是人对言语—符号具有的'本能'的需要，是对自身的本质力量的一种确认方式，使人之成为人"。因此，潘新和先生才振臂高呼："在语文教育中，'以人为本'的'本'，就是言语生命。除此之外没有第二个'本'。"

作为文化的精神构架和符号表征，语文为生命的凸显和达成提供了强大的内在动力和精神支撑。语文不仅可以哺育和灌溉人的知性和理性，而且能够涵养人的智慧，滋养人的精神，牧养人的灵魂。不能不承认，潘新和先生更为敏锐而犀利地捕捉到语文教育的核心，同时也更为深刻而丰富地觉悟到语文教育的命脉。毕竟，"国语教学不只是简单的文字或字母用法和段落句读的问题，除此之外，更重要的是内容问题。国语不是训诂之学，而是活思想问题，是川流不息的生命"。潘新和先生以"言语"穿越语文的脉络，把对语文的阐释和生命的存现状态联系在一起："语文教育，不应只指向人的生理需要和社会需要，而应指向人的生命本体的人性、人心、人格的养育，顺应人的言语本性，张扬人的言语天性，指向表现、创造、发展的言语人生、诗意人生。"在这个意义上说，语文之教与学，不仅是幸福的体验，而且是使命的召唤，学生和教师能够在语文诗意的栖居之中，一同感受生命腾涌的激荡与绽放。因此，语文教育"应内(生命)外(生活、社会)同致，以内为本，以言语生命意识的培育为本"。

钱理群先生指出："教育的本质就是'立人'，……语文教育的任务，是要通过'立言'来'立人'。"语言——人类诗意的栖居，舒展了人的内心，唤醒和敞亮的是人及其人性的想象和情感。语言因为人而富有生命力，人也从语言的张力中感受一种回味无穷的韵致和亲切。因此可以说：生命因言语而亮丽，人生因语文而精彩，"语文教育，实即人的生命意识的教育，是唤醒人的言语创造意识的教育，是使言语创造成为人的生命自觉的教育，是激发人的生命中言语潜能的教育"。语文教育需要学生生命的融入，需要学生心灵的感悟，侧重于唤醒学生生命中一种对语言的悟性和灵性，唤醒他们对语言的敏感和情感。在这个意义上说，语文教育不仅需要一种情感的倾注和体悟，还需要心灵的敏锐和丰盈。言语性与言语的需要性、生长性，其根源全都维系于人自身。一旦学生信心百倍地将语文与自己的命运、人生联系在一起，其言语生命的欲求和渴望便会立刻显现于学生心灵的深处和深度，我们完全有理由相信，语文教育和学习将是对学生的一次刻骨铭心的体验和涅槃。

(三)语文教育思想的敞亮

寻找到"言语"和"言语生命"的坐标，只是为语文教育掀起了理性认知的逻辑起点，至于如何展现语文之魅，就需要在进一步地理解中铺展和挥洒语文教育的动力之源。是用机械的教学让师生习惯肤浅，还是用思维的历险使语文走向博大？对此，潘新和先生用洋溢激情和热诚的文字做出了独辟蹊径的诠释和回答："语文教育，不只是听、说、读、写技能的培养，语言文字的练习，也不只是为了求得文从字顺，言能达意；而是文化精神、言语智慧和言语生命的传承，是言语上的自我体认、自我实现，是对言语人生、诗意人生的理想、信念、抱负和言语动机的陶冶和引领。"在潘新和先生看来，言语人生、诗意人生分别体现了语文教育之醇境和化境，彰显为语文教育的血脉和精魂："如果说言语人生使我们从动物中分离了出来，成为有言语智慧的人，诗意人生则使我们从物欲和现实功利中抽身而出，成为精神富有的人。"因而，语文教育应"以养护'表现与存在'的言语生命意识为目的——牧养言语天性，开发言语潜能，培育言语素养，发展言语个性，陶铸言语人格，为言语人生、诗意人生奠基"。

言语是人性的深刻体现，也是生命的充沛确证。正如曹明海先生所言："语文教育并非只是'知识获得的过程'，也是一个文化的过程，是生命成长、精神建构的过程。"言语表达、言语表现的学习只是语文教育的表象，言语人生、诗意人生的奠基才是语文教育的内质。从言语的源源不断实现生命的生生不息，从言语的情、意与诗体现生命的真、善与美。因而，培养人自由的创造力和丰富的思维力，实现人格的完善和个性的发展，铺展言语个性和诗意人生的教育语脉，是语文之于生命的本然和必然。基于此，"语文教育的目的不仅使人'活'着——所谓的活着，而且是使人成为言语人、精神人，使人更像人：变得充实、美丽而崇高，感受到言语创造的永恒幸福"，其终极意义在于"培植、养护言语生命意识，引导学生走上言语人生、诗意人生之路，在符号世界里求索、创造中找到作为人的尊严和归宿，诗意地活着，为人类、为千秋万代建造精神的殿堂"。"语文"抑或也正是人之智慧萌生与力量舒展的那一方生命子宫和生命脐带，在言语的觉醒和生命的喧哗之中，所有的个体都找到了属于自己存在的家。

教育人类学家博尔诺夫指出："在任何情况下，人的整个品行发展绝对地取决于语言所包含的对人生的认识……人受其言语限定的这种过程对于造就道德品格、造就自我具有决定性的意义。"由此出发，与其说语文教育是对学生听说读写基本能力的培养，倒不如说"更要注重参与他们精神上的内省和人性的完善、人格的发展，从生命心灵的深处召唤起他们与生俱来的自我意识，将人的生命感、创造力、价值观以一种崇高的理想和圣洁的伦理去关怀他们生命的意义和生活的觉悟"。"言语生命动力学"观照下的语文教育实践是"言语生命间的良性互动与互助"，其教学活动过程必然发生如下转型："语文教育将从'工具论''知识论''能力论'回归到言语表现存在论，从语文技能'训练'回归到言语潜能、才情的'养护'，从生活、阅读本位回归到表现、存在本位，从实用、应试为主导的外部动力学回归到精神、素养和言语生命需要为主导的内部动力学。"无疑，这种对语文教育认知和体认的刷新，对于正在生长中的人——学生和教师而言，必将对他们人生和世界的认识方式和实践方式催生独一无二的启蒙意义。

毫无疑问，当代教育领域的研究应该遵循如下一条学术思路："教育研究并不只在于达成有关'何为教育'的学理，而且还应达成'如何教育'以及'为何教育'的智慧与觉悟。教育研究应当暗通哲学、艺术、科学、宗教的前沿问题，而传达人类的真知、道德与情操。"徜徉该书，细心的读者都可以源源不断地在书中触摸到振奋人心的真知灼见。潘新和先生指出："语文教育，就是要把造物主赋予每一个人的至高无上的言说权，交付给他们自己来掌管。语文教育的意义就是使学生成为言说者，成为自己的生活、命运和世界的主宰。""在语文教育中，唯有以唤起和激发人的内在的生命、精神动能为根本，因人制宜，为人的言语行为找到正确的目标和理想，引领学生走向言语人生和诗意人生之路，使人的言语上的发展成为一种生命自觉，才有真正意义上的人的发展，言语活动才能实现'存在'的人生价值和人类价值。"语文提供人以确认自己的坐标，并通过言语证明自己的价值，无疑，潘新和先生对人之符号生命的存在性思考、对语文教育之表现性探寻的确是一次切中肯綮、掷地有声的施洗。

2008 年 7 月参加全国自学考试命题，在北京杏林山庄，与陈亚丽（左一）、金振邦（左二）、沈国芳（右一）

思想的引领势必引发革命性的行动。潘新和先生的"言语生命动力学"犹如数学王国里的哥德巴赫猜想，其引领我们的旅途可能是跋山涉水的，但终归是需要脚踏实地的，毕竟"语文教学，从行为特征上看，是教人如何学习言语，使学生具备从事言语表现的基本素养；从动机特征上看，更重要的则是教人如何要从事言语活动，教人热爱言语，倾情言语创造，追求通过言语展示以实现自我，引领人走上言语人生、诗意人生之路"。可以说，潘新和先生所致力于语文教育之"表现与存在"层面思考的划时代意义在于：对于那些语文教育理论支撑的可能性及其视域内所积聚起来的一切觉悟、敞亮和超越，并促使作为一种行动、目的或者手段、途径的语文教育得到一次前所未有的革新、升华与开掘。诚如波普尔所言："应当把每一个反驳都看成巨大的成功，不仅是驳倒这一理论的科学家的成功，而且也是创造这一被驳倒的理论的科学家、从而也是首先提示（也许只是间接地）这一反驳实验的科学家的成功。"笔者相信，任何一个有志读书的人，都可能会从书中觉悟；我坚信，任何一个读了该书的人，都势必会从书中惊醒！

八、语文教学的"一声惊雷"

——读潘新和《语文：表现与存在》

何 捷

在众多教学理论专著中，福建师范大学潘新和教授的《语文：表现与存在》显得那样熠熠生辉。这是语文教学研究历史上的一次重要突破，犹如平地一声惊雷炸响，发出振聋发聩的声音，在中国语文教坛上久久回荡。这是潘先生以智慧前瞻的视野，独立创新的学术勇气，建立在大量文献资料整理与实践调研基础上的恢宏论述，也就此奠定了先生在当代中国语文教学研究领域内无可撼动的学术地位。先生攻读博士学位时的导师孙绍振教授欣然为此书写下推荐语：我以为，这部精心结撰的百余万言的鸿篇巨制，是我国现代语文教育发轫以来罕见的力著。学术的价值，并不仅仅取决于命题的提出，更重要的是取决于论证的严密。值得庆幸的是，潘先生不但善于破，而且善于立；不但有批判，而且有创造。其思考领域之广，逻辑覆盖之大，思想密度之高，学术视野之开阔，如果不是绝后的话，至少也可谓空前。

这部书在出版之初意外遇冷，但先生却笑谈这"早在预料之中，也在情理之内"，毕竟书中的观点与当时同步面世的几部专著交集甚少，这是一部具有空前开创性的理论研究专著，接受起来需要时间。更何况全书分上下册共计 120 余万字，厚实得用以作枕入眠未尝不可。一线教师看见这样的套书，第一感觉想必是敬而远之。后来，随着部分读者撰写的阅读感受在网间火速流传，民间自主推广的力量一下子使得这部书在全国售罄，再版程序尚未启动时，全国就掀起了搜寻阅读《语文：表现与存在》的热潮。各地许多名师工作室将其作为必读书目，进行普及式阅读与推广，先生也在多场全国教学研讨会上受邀做同题演讲，其语文教学思想在全国燎原。先生和我谈及感受时说出一个意外的发现：原意此书希望在中学教师读者中推广，未料却先在小学教师读者中更先被接纳。可见，中国当代小学教师的理论学习愿望何等强烈。

全书从哲学界域切入，绪论中就意外地从"语文是一个人之所以为人的确证"的哲学观点展开阐述。随即抛出语文教学即人的"表现与存在"的哲思。孙绍振先生盛赞潘新和教授在学术建构上能"破"能"立"，先生的论述就发端于向语文教学"工具论"和"人文论"之弊开炮，进而拨转炮口，对准当时盛行的"语感中心说"，一路杀将下来，好似一员虎将带领千军在迷茫中选中归途，我们的目的是一同回家，回归语文教学的正道。猛然间峰回路转，柳暗花明，就在我们迷失在语文争论丛林之时，先生率先望见通途，发出了迷途中清脆的笛音。他凭借着深厚的写作学研究沉淀，依靠着数十年阅读写作教学研究的厚积，提出了"言语生命动力学"。先生说："人的言语欲求、言语意识、言语才情、言语智慧、言语能力、言语抱负和言语信仰，是从每一个人的鲜活自由的内在生命中生长、绽放出来的花朵。"这便是与实用主义、行为主义的"应付生活"动力学相反对的人本主义、人文主义的动力学——符号（言语）生命动力学。"言语生命动力学"就是先生在学术界"立"起来的全新观点，是一种超越"生存性"与"功利性"，突破"写作为了应试，为了应需"的短视主张，真正关注言语本质，指向言语生命本体，弘扬言语生命色彩的全新语文视界。先生未曾就此止步，他提出了让学界眼前一亮的"读写教学新观念"，诸如书面语重于口语；写优于读，高于读；阅读教学，应指向写作，写作，是一个人生命的表现，是证明其存在的指征。在潘先生看来，语文教育不能把学生塑造成符合成人社会的教育观念的统一的"人"，不能专断地干预、窒息学生的言语禀赋，以求得毫无灵性的工具化的言语操作能力。语文教育要"顺其自然"。这个"自然"就是内存于人的生命本能中的言语欲求和言语天赋。要唤醒学生固有的言语生命意识和言语潜能，使之得以良好的养护和培植，使他们的言语才能得到积极主动的发挥和张扬，使他们从中感受成功与失败、满足与自尊，并最终成为言语上自我实现的人。

潘新和教授对语文教育寄予的希望是：语文教育能与人的言语生命特性统一，

语文教育的目标能与人的言语生命欲求契合，使言语学习和言语活动成为人的自发的需要和自觉的追求，使语文教育成为真正的以"人"为本的教育。诸君同为教师，看到这样的观点怎能不为之动容，动心，怎能不化为追求教育真谛的实际行动呢？

此书给我带来的最大获益是潘先生的全新读写理论——"写作本位"阅读教学观。结合小学语文教学的实际情况，在先生的帮助指导下，我确立了"指向写作的阅读教学"为实践方向，以先生的理论为导航，研发了数十个"读写融合，指向写作"特色的阅读教学课例，出版了我的阅读教学专著《一课都不能少》。在实践研究以及书籍出版的全过程中，潘先生给了我极大的关心与扶持。记忆深刻的是在执教丰子恺先生名篇《白鹅》时，我整理好案例后斗胆发送给先生。其实，我知道先生手头还有十余篇排着队等候的文稿，师母在接到我的电话时也显露出心疼与为难。但不过数日，我就接到先生的回信，他为我的案例撰写了近四千字的评点，文字中毫无保留地表示了他对青年殷切的期望和无私的关爱。

我相信，只要你阅读过这部《语文：表现与存在》，你的语文教学观就会发生巨变，你的阅读教学、写作教学，在方法、目标、意识上就会有让自己都倍感惊讶的华丽转身。我的感受是非常深刻的，我的阅读教学发生了翻天覆地的变化。首先，我认识到在教学目标的确定上，阅读本位与写作本位的认知取向是很不一样的。一般来说，阅读本位的教学目标往往是放在选文的读懂、理解、欣赏上，而写作本位阅读教学则主要考虑的是选文中哪一点对学生的写作最有助益，如何将文本的秘妙转化为他们对写作奥秘的领悟、对写作技能的掌握。在之前的阅读本位下，读、写教学的主要目标往往是不对应的，要求写作迁就、依附于阅读；而在写作本位下，读、写教学的主要目标是交织重合在一起的，寻求二者的耦合点。由于教学目标选择的不同，阅读本位与写作本位范式下的阅读教学，在"教什么""怎么教"上，在教学重点、难点的确定上，也往往是错位的。在阅读本位下，为了读懂文本，其重点、难点主要是放在对某些重要文字的诠释上，而在写作本位下的阅读，为了提高学生的写作认知，其重点、难点是放在学生某些写作缺陷的纠正与写作素养的培育上，以写作素养培育的系统性作为教学设计的出发点。

阅读《语文：表现与存在》后，我追随先生，成为写作本位阅读教学观的实践者。在写作本位范式下的阅读，自始至终贯彻着"阅读指向写作"的目标。我的阅读教学不以理解文本为主要目的、终极目的，纯粹的文本理解上的问题不作为教学的主要内容，阅读只能是通往写作的手段、途径、准备，写作是阅读的目的、指向、归宿，阅读须服务于写作。与写作目标关系不大的阅读理解上的问题，不应作为教学重点，甚至可以置之不顾。它所考虑的学情主要是学生对写作观念的培育与他们在写作实践中的问题状况。其中的写作教学是刻意的、基本的、主要的、全局的。在整个教学系统中，写作始终是主旋律。这种教学范式，写作居于主导地位，可具体描述为：为写而读、为写择读、由读悟写、以写促读、读以致写。阅读本位与写作本位范式，体现了两种根本不同的教育本体观、价值观。

我相信，当你接受了先生的语文教学主张，在教学实践层面对"写作本位"进行诠释和验证时，你的课堂就会呈现出与众不同的精彩。首先，你的教学目标可以实现在阅读和写作上双重聚焦。你可以做到为写而读、为写择读。读作为写的参考、参照，可以联系课内选文，还可以联系课外作品，将其共同作为学写的背景知识，极大地丰富学生的感性认知，使他们的写作有较大的借鉴与创新的自由度。这种扣紧"写作"目的的明确的阅读，比以往无目的的泛泛而读，一定更有成效。其次，你的教学可以成为对作者写作运思的还原。阅读，读的是写作的成品，从成品中是很难看到作者的写作运思过程的，这就需要教师从写作的角度进行推测、还原，将成品还原到写作运思过程中。写作本位的阅读教学，可以让你在执教时引导学生观照作者的写作运思，注意对作者当时的写作情境进行还原，由读悟写，让学生不但知其然，而且知其所以然。再次，你的教学有利于调动学生已有的写作经验参与互动。在"写作本位"的阅读教学过程中，师生始终做到心中有写作，教师时时针对学生写作中存在的问题释疑解惑，以学生的写作现象、写作经验为参照系，引导学生进入写作情境中进行思考。在欣赏作品的技法时，不失时机地吁请学生也来尝试运用该技法，这些都能有效地达成读以致写的目标，唤起学生的言说欲、表现欲。最后，你的教学还有利于对言语主体的动力建构。在语文教育中，"道"比"技"还重要。如果作者没有对"原来一切众生，本是同根，凡属血气，皆有共感"的领悟，就不可能写出另一种生命的可爱，也不可能有写作的冲动与激情。这就使其教学目标有了一定的厚重感，从而达成对学生价值观、动力学层面素养的培育。"写作本位"范式凸显对学生的言语生命、精神生命的关怀，与对言语主体内在的情意素养的关注。其价值观的重心不是技能训练，而是动力的养护与培育。通俗地说，就是要让学生明白人为什么要写作，为写作寻找理由。言语之道是"本"，言语之技是"末"。

2015 年 8 月 11 日，与北师大版初中《语文》教材团队同仁在台北"故宫博物院"。孙绍振先生（右三）、赖瑞云（左三）、林富明（左二）、汤化（左一）、冯直康（右一）

试想，学生有了不能不写的理由，有了言语表现的强烈欲求与冲动，由"要我写"变为"我要写"，能主动、积极、愉快地写，还愁学不会技能、写不好作文吗？语文教育还会有挥之不去的成效不彰的尴尬吗？不希望你的语文教学成为鸡肋，学习是味如嚼蜡般的荼毒性灵，阅读《语文：表现与存在》是不二选择。

九、语文：在言语活动中安身立命

——潘新和《语文：表现与存在》导读

张全民

（一）推荐理由

如果你对语文教学的现状依然有着很大的困惑和苦恼，那么，当你看到潘新和先生的这本书时，一定会感到相见恨晚。

　　这么多年来，我们的语文教科书一改再改，语文教学研讨会一开再开，语文考试题型一变再变，却发现我们对于语文教育的诗意理想依然是一片云烟。美丽的阅读在繁杂的教学手段和琐碎的习题训练中被弄得支离破碎，而深刻的写作更是被遥遥地放逐，教师无从下手，学生唯恐避之不及。

　　在诗意语文的寻找之路上，尽管我们左冲右突，苦苦寻求，却始终没有透彻地完成课程本体的追问。在厚厚上下两卷的《语文：表现与存在》中，潘新和先生以他博大的教育情怀、深远的学术抱负以及丰厚的理论素养和实践经验，通过深刻的追问和呈现，让我们不断抵近真实而美丽的语文家园。

　　在这本书中，我们重又听到了思想史上最深情的呼唤：人是他自己的最终目的；回归到人本身。很多时候，我们在教学之路上的迷失就是人的迷失，我们看不到生命存在的意义和价值，看不到言语对于生命的滋养，以致原本充满生命活力的教学丧失了自身的意义，美丽的语言异化为压迫的工具。

　　同时，潘新和先生凭借他宏阔的视野和睿智的哲思帮我们在内心中重建了失去已久的语文历史感。现在，那条绵长的语文历史之路又是那么清晰地呈现在我们面前，尤其是百年现代语文的演进之路。有了历史的宏大观照，所有的争论才不会最终依然各执一端而陷入偏执。

　　譬如，面对语文界曾经争论不休的"工具论""人文论"以及"语感论"等观点，潘新和先生从理论上逐一进行了细致的辨析和批判，并最终提出了自己独到的见解。他认为，"言语性"才是语文课程的特性；以言语性定位，学生自然会在言语活动中汲取积淀于言语中的丰厚的文化内涵以增进自身的人文素养，良好的言语性内隐着丰富的人文性；以言语性定位，使得语文课程有了真正符合其本体特征的价值取向，将使日后的语文教学回归到本体上来。他还认为，言语活动是人区分于万物的重要特征，人在言语活动中体现的表现欲和创造欲以及最终的自我价值实现，是人之所以为人的本质体现，是人的确证；言语是存在的家，是人基本的生命属性，是生命自发的自由自觉的表达；言语是人类生命意识的表征，生命是言语创造的不竭的动力；真正的言说，是生命的歌吟。

　　多么精彩而深刻的论述！我们曾经迷茫和徘徊的语文之路仿佛一下子因之敞亮和敞开，我们仿佛看到语文和生命终于在"言语"这个重要的思想节点上蓦然相逢。在这里，不仅生命自身得到了确证，语文自身也最终确认了它的终极意义。这时，

"往哪里去"也已不再是一个问题。语文教育的目的就是让学生和老师在听说读写的言语活动中，通过真诚的言说，走向表现与存在，并最终成为自己生活、命运和世界的主宰。语文，就是以其丰富的言说内涵和本体的言说性质，成为人之为人的证明，也成为我们一辈子的家园。

更可贵的是，该书在理论上完成批判和创建的任务后，依托丰富的教学案例，在形而下的操作实践层面为我们提供了很多具体的路径和方法。比如在写作教学方面，不仅通过国际视野的观照和比较，对德国、美国、法国和日本的写作活动和命题设计进行了评介，而且还在微观上细致地剖析了国内写作教学与考试的种种经验和现象。以当年轰动一时的高考优秀作文《赤兔之死》为例，书中尖锐地指出教师要学会辨识学生作文中言语学养的含量，不能简单地被表面的"文采"蒙住眼睛；以《十六岁，我想要个男朋友》为例，书中提出教师要以欣赏、宽容和理解的心态，走进学生的言语内心世界，与学生展开平等的对话，呵护言语生命的真正成长。

因此，阅读这本书，我们不会像阅读一般纯粹的理论著作一样，在哲学的云端飞舞一阵子之后依然两手空空，四顾茫茫。

而且，我们始终会被字里行间洋溢着的一种学术真性情、一种对于言语生命的热爱和祈盼而深深感动。例如，"所有的孩子都是言语天才""我为考生哭，哭他们不得不屈从于命题者的话语权力""语文测试要使学生不再战战兢兢，如履薄冰，能让他们跃跃欲试，以求一逞；能使每一个学生的言语才情都得到最大限度的发挥，从内心深处萌动起'吾心向往之'的欢欣感、归属感，真正感受到母语教育给予的安适、温情和尊严——这难道不是语文老师和学生们共同的教育理想"。

这种感动，会把我们内心笼罩已久的教学倦怠的阴霾一扫而尽，让我们重又燃起言语生命创造的爱和激情。

只有爱和激情，才不会让我们的教学丢掉自己的灵魂。

(二)原著导读

《语文：表现与存在》分上下两卷，上卷为语文教育原理论，共十四章；下卷为语文教学实践论，共十一章。

如果我们要一下子读完这本熔中西方语言学、文化哲学以及教育教学史料于一炉的皇皇大作，可能会有点儿难。如果我们在理论的思辨上还没做好充分的准备，或者说，我们的阅读时间暂时也不够充足，那么我们就不妨在读完作者的自序后，先从下卷读起。下卷侧重于实践经验的展示和判断，有许多来自语文教学一线的真实生动的教学案例。这些教学案例是那么有机地融汇在精辟的论述中，让我们在更贴近的阅读中产生共鸣，在不知不觉中抵达深刻。

读完了下卷，再在教学之余那宁静的时光中，捧起上卷慢慢地读，你会在思想的酣畅中一并忘了时光。

在全书的阅读中，私下以为尤其不可浅尝辄止的是上卷的第一章和第二章，作者运用他厚重的历史感、广阔的理论视野和深远的前瞻性，在祛除"工具论""人文论"等论争之蔽后，确立了语文革命性的言语生命论转向。在此，如果读懂了"言语性"的全部哲学内涵和课程内涵，全书的所有论述环节便可豁然贯通。

我们还需要深知的是作者关于语文教学言语活动的立场。他对长期以来形成的以阅读为中心的教学垄断局面非常反感。他认为，读和听不是一种完成性、终极性的能力，读和听的能力，是包含在写和说之中的；而且，写又是说的深化和提高，是人类符号生命高层次的创化，它对于存在具有终极性的意义，我写故我存，因此，在言语活动中，应确立写作的中心地位。当你读完上卷的第五章"言语生命动力学：我写故我存"、第十章"读、写新观念：写人高于阅读"、第十一章"说、写新观念：书面语重于口语"和下卷的第六第七两章"写作：养护言语个性和精神创造力"，你一定会在关于写作的浓彩重墨之后，感知作者的良苦用心，并真正明白为何我们当下的写作教学一片荒芜，为何我们的言语生命一片萎靡。

在全书中，作者还尤其关注教师自身的精神生命状态。他希望每一个教师都是一个有自己的骄傲与理想，同时又对存在的言语生命有着深刻体认和丰富创造的人；他希望教师不仅是言语生命意识的传递者，还能够创造自己的生命之作，将其奉献给新的言语生命。只有教师言语生命在场，学生的言语生命才不会像如今一样普遍地缺席。上卷的最后一章以教师论作为结束，下卷的第一章又以教师论作为开始，不知是否只是巧合？

全书一千四百多页的论述，难免会有疏漏之处；部分观点也未必要迷信，而是可以商榷。如果书中那种强烈的批判精神同时勾起了你强烈的学术批判欲望，那么，作者写作的另一种目的也就达到了。

对于书中构建的"言语生命动力学语文教育学"宏大的理论体系以及许多新的概

与 2007 级研究生在一起，现在他们都已成家，常带儿女来看我

念，不必望而生畏。作者似乎也已料到了这一点，特意在下卷的最后附录了基本概念解释。而我则以为，倒不必对所谓的理论体系和概念太在意，除了对几个必要的概念，如"言语性""主体间性"等，要辨析清楚之外，我们应该早早地从体系和概念中突围出来，领会论述的真正精神，并将其化为自己言语生命实践和探寻的永恒动力。

十、解百年语文积弊　开言语生命新说

——读潘新和教授的《语文：表现与存在》

刘中黎

长期以来，我国语文界客观存在着一个令人忧思的悖论，即语文学科本应该是最有魅力、最有情趣、最能开发学生才智和潜力的一门课程，在教学实践中却成为学生痛恨、不愿意学的学科之一。怀着对此问题深深的痛感,福建师范大学潘新和教授上溯先秦,下探当代,对我国数千年来的语文教育传统进行梳理和分析。他发现根源在于诞生于"五四"新文化运动的现代语文教育,在其百年发展史上,没能从学理的高度完成对传统语文的反思与突破,所建构的是"外部语文学"理论框架,形成了"以应付生活为目的、以阅读为本位的吸收实用型"教育范式,虽有其历史功绩,但也引发了语文教育领域的种种矛盾与问题,给 20 世纪 80 年代以来复兴的当代语文学带来了沉重的历史负担。

正是以此为基点,潘新和教授撰写出他的语文教育新著《语文:表现与存在》,创造性地提出了以人本主义为核心的"言语生命动力学"语文教育观,意图突破传统樊篱,建立"以人的言语上的自我实现为目的、以表现为本位的创造存在型"教育范式,构建起具有当代学术色彩的"内部语文学"理论。究其贡献,主要有三个方面:

第一,从言语是人的生命属性的高度,指出"言语性"("表现存在论"的言语论)是语文学科的本质属性。

"语文"究竟"姓"什么,"语文"是什么?这是语文学科本体论问题,也是语文教育的基本理论问题。但我国数千年的语文教育传统因为耽于功利、实用或经验,从来就没有进行过深入的理论思考。百年现代语文界的主流意识则囿于应用层次的"教法"研究,认为关注语文学科本体论研究是缺乏科学态度、不实事求是、形式主义……①影响所及,以致当代许多语文教师干脆不作概念鉴别,只作如下常识性认定,即语文教育,就是培养理解与运用语言的能力。具体说就是听、说、读、写的能力。只要教会学生听、说、读、写,管它"姓"什么。教育部颁行的《全日制义务教育语文课程标准(实验稿)》对这个问题也未加深究,只简单地将"工具性"与"人文性"的统一作为语文科的本质属性。

潘新和教授回顾历史,反思现状,以极大的理论勇气直面语文界的权威意识,发起了对语文本体论的认识革命;他借鉴西方哲学中关于人是超越一般动物性的"符号动物""语言动物"的观点,指出了"言语性"是人的生命属性,并极富创造性地提出语文的本质属性是"言语性"。他认为:

---

① 张志公:《科学态度与科学研究》,见《张志公自选集》上册,北京大学出版社 1998 年版,第 223~224 页。

> 语言不是"工具"，而是本体；人文性是人文学科的共性，不是语文的种差。
> 语言沦为工具，语文教学就成了工场；人文君临一切，也会遮蔽语文。语文就
> 是言语，是表现与存在的言说。

> 所谓语文课程性质，……指语文课程的特殊属性，即语文课程区别于其他
> 课程的种差。作为一门学科的本质属性，毫无疑问应具有排他性，是该学科独
> 有的，而非其他学科共有的。语文课程的种差就是言语性。

潘新和教授关于"言语性"是语文学科本质属性的论断具有重大的学科理论意义。

首先，否定了将"工具性"和"人文性"作为语文课程本质属性的定性。指出语文
在思维和交际过程中虽然具有工具的特点，但毕竟不是工具；语文教育虽然含有丰
富的人文内容，但并不等于人文教育。语文就是言语，是学习个人的口头语言与书
面语言的实际运用和表现，而在深层次上则指向了人的言语生命的存在。这就打通
了人与言语（语言）之间的内在联系。

其次，揭示了"言语性"内部"听、说、读、写"四种能力的内在联系。在批判继
承"能力本位""阅读本位"等传统语文观的基础上，提出了"表现—存在本位"的语文
教育观。认为语文教育的主要内容应是学习口语交际和书面写作，即"说"与"写"；
"听、读"应该指向"说、写"。

最后，指出了言语学习的潜能性、自发性、独特性。提出了"牧养言语生命的野
性""养护学生的言说欲、表现欲"等观点，启发教师遵循人的言语教育的基本规律，
即努力激发学生的言语潜能，顺应学生的言语天性，发展学生的言语个性。

第二，从人生、生命教育的维度，阐明了"言语生命的存养、鼓荡和激扬"，"引
领言语人生、诗意人生"是语文教育的终极目的。

潘新和教授认为，在中国语文教育史上，人们对语文教育目的的认识有一个逐
步深化的过程。在先秦时代，早期语文教育的主导特征是以教化、修己为目的，把
提高人的内在修养视为语文教育的根本。汉代以后，由于选举制、科举制等选才思
想与考试规范的诱导，主流的教育思想从为"修己"转向为"事功"，再到为"功名"，
即语文教育的目的转向为"应试"。这就形成了我国科举制度下功利性极强的语文教
育传统，这种传统注重应试技能的训练，忽视精神生命的养育，其本质是戕杀言语

主体自由的有意识的言说。"五四"后，以叶圣陶为代表的现代语文界提出了语文教育的目的是"应需""应付生活"，从为"事功"、为"功名"的语文教育思想蜕变为为"实用"（实利），这是一种工具主义的语文教育思想。进入当代，语文教学"三主说"（以教师为主导、学生为主体、训练为主线）成为教学思想的主流，与之相适应的是"知识本位"（"知识中心说"）与"能力本位"（"语感中心说"）。究其实质，这都是把自由、自为的生命当成了记忆的机器与被动规训的对象，本质上仍然是反生命的。

潘新和教授站在人本主义、人文主义的立场，深刻批判了上述教育目的指导下的语文教育只是出于人的动物性的生存需要，不是出于"人"的"内在的"生命存在性需要。这种语文教育是被动和"异化"的，最终只能导致师生自身的丧失和自由的言语生命的泯灭。

在潘新和教授看来：

> 言语活动，不仅仅是为了生存，而是为了存在，为了言语生命的传承和张扬，为了实现人的个体生命和人的类主体的存在价值。
>
> 语文教育，不应只指向人的生理需要和社会需要，而应指向人的生命本体的人性、人心、人格养育，顺应人的言语本性、张扬人的言语天性、扶助人的言语生命的自在成长，指向表现、创造、发展的言语人生、诗意人生。

我认为，潘新和教授的语文教育目的论具有如下深刻的时代内涵：

其一，语文活动的核心是体悟、发现和表达生命的存在价值。

其二，生命的存在价值在于其内在美，即思想、情感、欲望、信念、信仰等层面富有个性、审美和价值之处，譬如崇高的理想、智慧的思想、自由轻盈的心灵、独立思考的精神、高贵的人格、善良的人性、敏感而细腻的感情、无羁的想象、丰富多彩的渴望……

其三，语文教育的目的是引导学生体悟、尊重、养护和发展生命的内在美，扶助生命自由自在地成长，创造生命的存在价值，以及真诚、诗意地表达生命，促进生命（人）在言语上的自我实现。

概括而言，该语文教育目的论注重从生存性价值向存在性价值倾斜、从外在智能建构向内在精神建构倾斜、从"有"的规训向"无"的涵养倾斜。这就是潘新和教授倡导的以"言语生命"为中心，以"内部语文学"理论为指导，试图建立的"以人的言语上的自我实现为目的、以表现为本位的创造存在型"教育范式。这种教育目的的意义在于：它认为人不是为生存而存在，而是为存在而生存，为存在的价值而生存，这是人为高贵生命的意义所在；语文教育的真谛在语文之外，即不在于语文成绩，而在于言语生命的成长和觉悟。这才是语文学科的价值回归，是对我国长期以来将语文课视为工具课或思想政治课的反动。

第三，从言语发生学、创造学的视角，指出"关注和寻求语文学习的原动力""培育言语生命动力"是语文教育的基本方法和必然途径。

从人类社会实践的历史来看，言语发生和创造的萌芽更多源自于生命个体内在的言语动能，潘新和教授的言语生命动力学理论就基于这一认知之上。他说：

> 人本主义在语文教育中体现为言语与人的生命的血脉相连。人的言语需求，既外在于生命，又内在于生命。归根结底是内在于生命的。因此，应内（生命）外（生活、社会）同致，以内为本，以言语生命意识的培育为本。

> 我以为在语文教育中，"以人为本"的"本"就是"言语生命"。除此之外没有第二个"本"。

> 在"表现存在论""言语生命动力学"背景下，教学实践层面的认知也将发生重大转向：从当代重言语技能训练转向重言语动机和人格的养育，从重语文素养的培养转向重言语生命本性的养护，从重阅读转向重表现、重写作，发现并关注每一个个体的言语生命潜能、才情和天性、个性，顺应言语智慧的自生长，扶助言语生命的成长，引领言语上的自我实现，促成每一个言语生命的最大发展。

以潘新和教授的观点看，在关注和寻找语文学习的原动力方面，我国各个历史阶段的语文教育思想都没有跳出一个窠臼，即都是以外在的规范需要或生存性需要作为语文学习的主动力。这是学生痛恨而不愿意学习语文课的根源所在。

潘新和教授认为，学生是一个个鲜活的生命个体，生命的快乐在于拥有崇高的理想、无羁的想象、自由轻盈的心灵和丰富多彩的渴望。这是源自生命内在世界的喜悦和快乐，关注和寻求语文学习的原动力应该着眼于这种内在动力。对语文学习而言，获得这种内在动力的关键在于一个"放"字。具体说，每一个学生都是言语天才，我们一定要尊重每一位学生的言语动机，顺应每一位学生的言语个性，放飞每一位学生无羁的想象，张扬每一位学生自由的心灵，欣赏每一位学生的言语心智，激发每一位学生的言语欲望……做言语生命的养护者和守望者。在以"放"为主、为前提、为基础的条件下，另做到一个"收"字，即引导学生吸收知识，为学生的言语生命、精神生命培元立本，以及陶铸学生的言语人格，引导他们敞开自我，告别虚伪，走向真表现。如此，则内（生命）外（生活、社会）同致，以内为主，辩证地建构起语文学习的动力系统，切实做到以言语生命意识的培育为本，变"要我学语文"为"我要学语文"。

　　我认为这一语文教育动力观，在中国语文教育史上第一次真正把解放与发展学生内在的生命活力和言语创造力摆到了首要地位。数千年来，我国的语文教育传统出于社会群体外在的规范需要或生存性需要，常有意无意地扼杀学生的生命活力和言语创造力。潘新和教授"以内为主、内外同致"的语文学习动力观，是语文教育回归到"人"的教育，为解放和发展人的生命活力和言语创造力，为当代语文课程改革和语文学科建设提供了新的思路，谓之为里程碑式的理论创新，不为过矣。

2009 年 10 月，与福建省写作学会的老朋友邵良棋（左一）、刘新华（左二）、沈世豪（中）、张帆（右一）在莆田年会相聚；2015 年 12 月仍在莆田开年会，相识 20 多年的"老哥们"同进退，将学会领导班子的接力棒交给晚辈

另外，潘新和教授还针对教学主体论、师生关系、读写关系、说写关系、解读学理论、言语想象、言语创造等诸多语文学领域中的矛盾与问题进行了深入的剖析，对当代主流观点做了深刻的批判，从理论与实践两大方面，提出了自己许多精妙、独到的观点，让人耳目一新。

十一、"表现—存在论语文学"儿童教育观的启示与践行

诺贝尔摇篮教育集团教育科学研究院语文教育研究所

孙彩红　阳玉涓　隋晓娜　胡庆永　刘晓燕　贺云香

熟悉潘新和先生学术历程的人大概会有一种印象，他几乎倾其全力在研究我国现代语文教育范式。他精心梳理百年中国语文教育史，发现在"废除读经科"之后的语文教育认知基础竟然是"实用论"，洞察到"生活本位""谋生应世""应付生活"的语文教育为国人的新母语——白话文学习植下了一个致命的隐患，那就是"无魂"。在批判以实利、应用为旨趣的语文教育的基础上，潘新和先生以极大的学术勇气反思、

在诺贝尔摇篮教育集团教育科学研究院语文教育研究所学术交流，与
该所阳玉涓、孙彩红、隋晓娜、胡庆永、刘晓燕、贺云香合影

批判中国现代语文教育思想，首创"言语生命动力学表现—存在论语文学"，重构以"立言"为精神高标的语文课程，为国人找到了一条成全、成就"言语生命"之路。语文教育完成了一个根本性转变——"从为了生存，到为了存在，为了实现人的个体生命和人的类主体的存在价值"。由此，语文课程目的从培育"应付生活"的语用人，变成了造就"有独立的思想、丰富的情感、富有物质创造力和精神创造力的人，成为灵和肉高度统一的言语人、精神人、创造人"，达成言语上的自我实现，使之"生命留痕、精神不灭"，最大限度的实现"人生价值"。

潘新和先生批判让学生大伤脑筋、让母语教育大伤元气的"旧语文"，其实是要以"新语文"新一国之民，重振国人的精神世界，打好国人的精神底色。

所以，潘新和先生的语文学，不是简单的教育研究层面的语文学，他所倡导的"表现—存在论"语文课程，也不是简单地写在每所学校课程表上的语文课。他要通过表现—存在论语文学，牧养、扶持国民言语生命的"野性"，在语文课堂上培养出一代新国民。这样的国民，所进行的各种言语活动，不是为了应付生活、应付工作，而是要为"立言"奠基，成为对人类现实与未来有功、有德的"立言者"。

潘新和先生的语文学，不厌其烦地分析现代语文教育的各种"病症"，甚至说语文教师的职业病是"言语心肌梗塞症"。隐含在他的语文学背后的是新的国民观。而欲成一国之民，必先育一国之儿童。理解潘新和先生的语文学，不能不先理解他的儿童教育观。

(一)以经典呵护儿童言语心智的成长

立言者是从儿童期开始成长的。潘新和先生曾研究了一些名人的儿童时代，比如，麦考莱6岁时开始写他所说的一本《世界史纲要》，"写了一迭纸，才对这件事失去兴趣"。莱布尼兹14岁时写逻辑学和哲学著作，创作他所谓的《人类思想入门》。

当然，并不是每个儿童都像这些著名的"儿童"一样，但是我们不应该错过每一个"儿童期"。因为儿童充满了言语创造力，儿童期的所作所为，特别是儿童期植下的言语生命意识，将为以后的言语人生、诗意人生奠定丰厚的基础。

怎么让儿童期的言语生命茁壮、健美呢？

潘新和先生主张儿童必读经典。他研究了儿童阅读的现状，发现存在浅易化、感性化、儿童文学化等特点。他并不否认童书、绘本等贴近儿童心理、兴趣，也不否认儿童的阅读应与他们的"生活经验、心理发展水平相适应"。但他认为："如果一味追求童稚化、乐读性，势必培养的是永远长不大的老'儿童'。这不符合教育的本质——促成人的'发展'。"就是说，儿童观应是发展的，要指向"立言"，使之最终成长为"立言者"，一味童稚化、感性化、儿童文学化的阅读，会使儿童"营养"不良。

由此，潘新和先生提出，"如果从儿童长远发展看，读什么书只有一个标准，读人类最具代表性的作品与著作——经典。读公认的最好的精神食粮。"并且认为经典阅读并不特别受到儿童年龄、心理、经验所限，也不受狭义"文学"所限。他说，"一个孩子读了四书五经，诸子散文，《左》《国》《史》《汉》，唐、宋诗文……就有了基本的国学功底，终身受益无穷。是否读懂不太重要，他们不必要完全读懂、理解文本，只须记诵便好。即便不能完全记诵，能熟读，哪怕留下一点印象也好"。"儿童期是人的一生中最珍贵的读书季，读经典，背经典，想经典，其效益一定胜过读时文、童书、绘本。背一部《道德经》，胜过读万千垃圾时文，万千童书、绘本"。他甚至认为，"儿童读经典，可以狼吞虎咽、囫囵吞枣、不求甚解。可以求量不求质。错过了一时就错过了一世。儿童不多记诵将懊悔终生"。

潘新和先生说，孔子所说的"不学《诗》，无以言"，意思是不读经典连与人说话的资格都没有，这是有道理的。他在一次讲座中曾提到，古人反对辞章之文，而提倡道之文、学问之文，道与学问，都是从读经典中来的。朱熹说，"道是根本，文是枝叶"，"文是从道中流出来的"。朱熹有一次在堂上看书，一个孩子从他前面跑过去，朱熹问：小子，干嘛去？孩子说：我写作文呢。他以为朱熹会夸他，没想到朱熹呵斥了他：写什么狗屁文章，读书便好！读书明理，才会写出好文章。不读经典，言之无物，即便文从字顺、妙笔生花，也是徒劳。

潘新和先生对百年前"废止读经科""反对古典主义"痛心疾首，认为此一认知造成了语文教育的没落，是语文滑坡的拐点。潘新和先生说："废止读经，只是现代语文教育噩梦的开始，是其走向衰亡的主因之一。在一个世纪前'为生活'的实用主义、实利主义转型中，还有诸多当时认为是符合时代潮流的变革，在今天看来，却走向其反面，成为语文教育'误尽苍生'的共同推手。""什么时候中国的父母都能对儿女说'不读经，无以言'，那就离中国复兴之梦不远了。"他对中国文化经典异常重视，并对废除读经、排斥古典主义教育的做法不以为然。

《文心雕龙》有言，经为"群言之祖"。潘新和先生说，经是民族文化之魂，废止读经，等于文化断流。

读至此处，我们不觉拍案叫绝，大呼同道。

对于是否读经，国人一直存有争议。在当时，对这一决定各界反应不一，是否废止读经，在地方也多有反复。近代放眼世界第一人严复到了晚年是积极提倡读经的。他说："夫读经固非为人之事，其于孔子，更无加损，乃因吾人教育国民不如是，将无人格；转而他求，则亡国性。无人格谓之非人，无国性谓之非中国人，故曰经书不可不读也。"中华民族的文化认同，是建立在这些经典之上的。若是断然抛弃之，"转而他求"，就会丧失国性，不成其为中国人。

读经与国性联系如此之紧密，在我们的群体之中早已是共识。诺贝尔摇篮认为，"爱国是最大的德"，对于年幼的孩子来说，国家的概念可能很难被理解，爱国的道理也很难讲清楚，但这些并不能成为我们播种爱国之心的障碍。我们采取很多办法熏陶和培养孩子爱祖国的情感。自 2000 年创办之初，诺贝尔摇篮就将自己视为中华文化托命之人，就将自己视为中国文化的布道者、传道者。经典诵读就是播种民族自尊心、培养爱国精神的最好方法之一。中华文化流传几千年，从未间断，足以证明它是经得起历史考验的优秀文化，一批历代流传的经典如《大学》《中庸》《论语》《孟子》《诗经》《老子》……以及唐宋诗词、古典小说等，这些宝贵的文化遗产就是我们民族精神的象征。所以，17 年来，诺贝尔摇篮让孩子们从幼稚园开始，就诵读经典文化作品，在他们记忆力最好、吸收力最强的年纪，把大量的文化养料储备起来，这些养料在他们成长的过程中被进一步转化吸收，成为生命中不可磨灭的一部分。同时，我们的经典文化作品中，有一些优秀的古文、古诗词，本身就是饱含爱国深情的，即使是再小的孩子，当他们听到声情并茂的诵读并进行模仿、记诵，心灵也同样会被感染。

(二)以诗歌培育儿童的生命自觉

在潘新和先生的语文学体系中，诗歌占了很重要的位置。他认为，儿童的世界是诗化的世界，在儿童期的语文、文学教育中，为人文精神奠基的最佳方式是诗歌和童话，诗歌、童话经典作品，是经典阅读的重要内容之一。

在中国传统文化中，最早的诗歌总集《诗经》以"经"为名，足见诗的重要性。《诗纬》有言："诗者，天地之心也。"以诗为天地之心，足见诗之玄妙、伟大。借诗可以观天地之心，借诗可以与天地亲近，去探寻深奥的天地运化之奥秘。孔子说："不学《诗》，无以言。"如果从潘新和先生语文教育立言说的角度来看，是否可以说，无诗则无法立言？无法立言，人的言语生命就是不完整的，人也就不能成为完整的人了。

在西方文化中，诗也具有崇高地位。在德国浪漫派哲人眼里，诗具有本体意义。德国哲学家谢林说："不管是在人类的开端还是在人类的目的地，诗都是人的女教师。"诗是与人类相伴生的，并且是人类的精神之源。德国哲学家海德格尔说："诗应是人的本性。诗人才是人类的榜样，做人的楷模。"

无论是古典诗词还是现代诗歌，都是儿童教育绝佳的载体。我们的小学和幼稚园是从古诗词入手的，我们提倡"背古诗，从娃娃抓起"。古典诗歌富有想象力，有发散性思维，对孩子的思维能力发展及性格的形成影响巨大。我们在实践中发现，家长们普遍反映学背古诗词的孩子明显比其他孩子大方主动，特别活泼而且非常懂事。这些孩子往往妙语惊人，成语、古诗脱口而出。这大概也印证了夫子教诲的"不学《诗》，无以言"了。

诗歌指引儿童走上审美之路，走上诗意人生之路。潘新和先生认为，语文教育以唤起和激发人的内在的生命、精神动能为根本，"引领学生走上言语人生和诗意人生之路，使人的言语上的发展成为一种生命自觉"。他认为这样的生长才是真正意义上的人的发展，人的言语活动才能实现"存在"的人生价值和人类价值。

为什么这么说呢？在《诗歌与童话：儿童最佳的精神食粮》中，潘新和先生提出，审美是诗意人生的基础，没有美感的民族，是没有希望的民族。从这个意义上说，诗歌哺育了一个民族的未来，诗歌培育了一个人的审美情趣和审美世界。朱光潜先生说，读诗有利于形成纯正的文学趣味，"能欣赏诗，就能欣赏小说、戏剧及其他种类文学。"其他体裁的文学作品，都可以说是诗性的。

儿童天生是诗人，具有诗化世界的力量。诗也可以说是人的言语生命的动力。学者刘小枫说："你与我通过一个绝对的中介（第三者），以各自所禀有的爱的情感，共同步入一种两颗心灵在其中一起颤动的心境，这就是人的关系的诗化、审美化。"在人的身上，有一种把世界诗化的动机，这种动机源自生命对美好生活的向往和渴求。诗化的生命是生机勃勃的、昂扬向上的，对现实充满温情，对未来充满渴望。它能化解灰色的情绪，能拨开遮蔽生命的阴霾，能让人充满激情，富有想象力和创造力。

"兴于《诗》，立于《礼》，成于《乐》"，夫子之言，犹在耳畔。诗教传统式微，是民族莫大的不幸。

诺贝尔摇篮一直在传承和践行着诗教传统。2017 年 2 月 12 日，诺贝尔摇篮小学成立了全国首家小学旧体诗诗社——"生猛"诗社。"生猛之义，'生'源自于《易经》系辞'生生之谓易，天地之大德曰生'，'猛'取自《警世钟》的作者、以死警醒国人、为辛亥革命蹈海自杀的湖南义士陈天华之名作《猛回头》。寓意诺贝尔摇篮对中国的语文教育特别是诗词歌赋的教学要来一个'猛回头'。"

(三)以童话在儿童心里种下美好的信念

说起童话，我们往往会想到童话故事中经常在结尾处出现的一句话："从此以后，我们过着幸福的生活。"

有些人用它来说明童话的贫乏，因为童话往往是大欢喜结局，比如，小蝌蚪找到了妈妈，睡美人遇到了王子。其实，真正的生活是从睡美人遇到王子开始的，而童话似乎是刚开始就结束了，不过瘾。

这只是成人世界的偏见，却不是儿童世界的真理。

潘新和先生强调童话在语文教育中的重要性，他说："除了诗歌，在适合小学生读的故事中，中低年级学生最大量的应是童话和一些儿童小说、戏剧、寓言等，高年级以童话、儿童小说和其他的短篇小说为主。"他还在文中提到《海的女儿》等童话对钱理群先生成长的影响。

童话体现的是一种对儿童的尊重。儿童身上有超越于成人的创造力、想象力，童心是美好的。英国诗人华兹华斯以夸张的诗句赞美儿童："儿童是成人之父"。在基督教中，只有孩子模样的人才可以进天堂。

童话满溢着一种浪漫主义的情调，具有非功利性特点，它对于一个人的影响是非常重要的。童话对美好世界的那种深情的向往、亘古不变的追求，那些弱小人物身上所蕴含着的善良、坚强、忠诚，比如小美人鱼的故事，让人一次又一次流泪。童话里这些美好的情愫，都是儿童美好品格的养料，也是成人"上路"时行囊里必备的东西。难怪马克思高度赞扬希腊神话，认为希腊神话是人类童年时代的作品，再现了人类童年的天真，是希腊艺术的武库和土壤。

　　童话并不是儿童专有的，有些童话适合任何年龄段，老少皆宜。因为童话里的事，有些荒诞，有些离奇，可那是童年，是每个成人都曾经历过的人生最初的阶段。童年是美好的，童年是易逝的。

　　就是这样一些童话，是形成人的言语生命的精神食粮，是表现—存在论语文学的重要组成部分。

（四）在童年时期牧养言语生命的野性与灵性

　　潘新和先生对现代语文教育造成学生言语生命的异化作了深刻的批评，在《语文：表现与存在》下册开篇即言："每一个学生都是语文天才。要善于发现、顺应、养护他们的言语天性与个性、潜能与才情，让言语生命得到最大发展，从而找到归属感和尊严感。"

　　写到这里，我们冒昧"插播"一则"小话"，与诸君"奇文共赏"。

　　　　诺贝尔摇篮小学二年级年仅 6 岁的王子萌，在挑战三年级数学考试题时，考了 85 分，子萌同学对自己的成绩很不满意，妈妈分析说是因为粗心，子萌嚎啕大哭起来，边哭边诉说："呜呜，错的那几道题，并不是因为我粗心，是因为我的视力不好，我现在两只眼睛的视力都只有 1.5 了（事实上 1.5 是二年级学生的正常视力——作者），看东西模糊，要用沙普艾斯滴眼液……"

　　这是王子萌的妈妈记录下来的。这段话里面，孩子的语言虽然是哭诉，却满溢"才情"，充满天然的灵性——幽默与机智。这也是我们在教育中小心翼翼地保护着的东西。应该像捧着水一样，捧着孩子的心。

　　潘新和先生调侃地说："在一些没有什么文化的人那儿，却常常能听到行云流水般的妙语连珠。不少未经专门训练的民间口头'语言艺术家'（不限于演员），是大量经过正规语文训练的人不能望其项背的。大多数的作家，也是无师自通的，没有受过正规、系统的学校教育。说句'不敬'的、冒天下之大不韪的话，一些语言学家的语言，恰是最了无生气、毫无语言魅力的。"话语犀利，几不近人情，可谁能否认话中的真理呢？

　　再来看诺贝尔摇篮小学二年级 7 岁的邹霖颖与老师的对话：

　　老　师："邹霖颖，你的眼睫毛为什么那么长？"
　　邹霖颖："那是因为我从来没有剪过！"

　　邹霖颖："老师，你跟天说过话吗？"
　　老　师："没有啊。"
　　邹霖颖："我爸爸说过。我爸爸说，天啊，你快别下雨啦！别把邹霖颖淋感冒啦！"

　　每一个孩子，都是诗人，都是哲学家，天生具有一种语言天赋，都是天生的"言语学家"，他们的言语生命光亮而饱满。他们是小小"立言者"。谁能否定，孩子的话里没有真理呢？

　　所以，潘新和先生特别珍惜孩子的这种语言天赋，"本真的言语生命，是不需要太多的阳光就能灿烂的，阳光太烈，暴晒炙烤，反而使它枯槁萎蔫、黯然失色。"如果语文教育走错了路，老师越卖力教，就离目的地越远。而在这条歧途上，孩子的言语生命可能会不慎枯萎。他说："人不要和自然作对，教育不要和人的生命成长的规律作对。在教育中，'生命'的与'反生命'的，是两个截然不同的本体论价值取向，也是衡量教育品质、教学方法的一个基本尺度。一切助成生命成长的教育，都是进步、昌明、人化的教育；一切压抑生命成长的教育，都是反动、没落、异化的教育。"

　　潘新和先生对于异化的教育充满了警惕，对于那种貌似真理实则偏失的语文教育充满了警惕，生怕这样的教育把天才调教成庸才、蠢才。他提醒大家，在写作教学中，千万不要把"文从字顺"作为应试训练的口实。没有一个人可以做到语文十八般武艺样样精通，也无须样样精通。"全面写作"、培养"全面语文素养"，意味着言语天性、个性的泯灭，灵性、智性的全面枯竭。

　　基于此，潘新和先生提出了一个迷人的命题——牧养言语生命的"野性"。

　　他说："凡是优秀的语言艺术家、文字工作者，可以说都是'野生'的或'半野生'的。'野生'的标志便是保有'野性'——在经过长期的言语实践后，仍保有自己的言语天性和个性。"

　　如此说来，孩子的话语几乎是纯"野生"的。野生，是说它没有经过成人世界语法规则、修辞规律的侵染，没有矫揉造作、忸怩作态，一派天然，让人听后有返璞归真之感，又满溢柔情和怅惘，因为那个美好的童年，是再也回不去了，那些孩子气的话，是再也难说出口了。

言语生命的野性，是言语的天性，也是人的天性。文如其人，言如其人。至真至纯之人的一个标志是至诚至性之言。潘新和先生反对"圈养"，亦反对"驯养"，他认为："恰当的培养方式，就是要打破'统一'和'规范'，顺应并养护每一个孩子言语生命的'野性'，为'野性'的生长创造最佳的环境和条件，摹拟'野生'生态环境的特点来'放养''牧养'，使语文教育成为最佳野生生态环境的复制和改良。"

期待着，表现—存在论语文学这片沃土，牧养出民族话语的"野性"，新一国之民，新一代之人。

最后，填一阕《踏莎行》，以作结：

踏莎行

几叶扁舟，一山残雪，凭栏满目皆萧瑟。

九州生气起风雷，萌蛰惊处寒冰裂。

雀舞莺啼，山清水澈，神州万木争春切。

待得春绿柳梢头，百花齐放千山悦。

智者拨云见日。潘新和先生"言语生命动力学"的一声惊雷，唤醒了语文的春天，将迎来言语生命百花齐放的明天！

十二、面对大师：理性对话

——评潘新和《语文：回望与沉思——走近大师》

黄朝猛

(一)绪论：一部填补语文教育研究学术空白的力作

中国现代语文教育的百年历程，被概括为是从成效不彰到"贻误苍生"的历程，这与语文研究长期处于缺乏学术累进与突破的低迷状态密切相关。而语文教育研究难以呈累进状态的原因之一就是缺乏在多元视野下对前人、对他人的学术成果的深度研究、阐释与借鉴，更不用说超越了。在语文研究中，许多人要么无视前人的存在，自说自话，要么匍匐在前人脚下，做一些蹩脚甚至歪曲的阐释与发挥，又何谈学术的发展与应用？"学科史学，是学科从业者的思想资源库。""离开'历史感'的所谓'现实感'，只能是一种外在的、浅薄的、时髦的赝品。"语文研究中这类"赝品"之多，可以说是触目惊心。因此，潘新和教授新出的《语文：回望与沉思》一书，不仅有着厚重的学术价值，还是一部以自觉的方法论意识在语文研究领域开启一种新的研究范式、从而填补学术空白的力作。

衡量一部学术著作含金量大小的标准，除了一般所说的创新性之外，针对语文教育研究领域的现状而言，还需要有三个标准。

1. 合宜的理论意识

这是当前语文教育研究最缺失的方面，而必要的理论假设和建构是现代科学思维必不可少的前提与要素。理论作为人的一种主观建构，其作用在于为人们提供一种理解、反思、超越、引领和矫正现实的参照与框架。缺乏合宜理论观照的、停留在经验层面就事论事的肤廓之论，不可能具有什么真正的学理价值。当然理论意识的有无及高低，与是否使用理论术语没有必然联系，也许满纸都是理论术语而实则毫无理论品质。真正的理论意识是融化为研究者思维血肉的学养和眼光，体现在研究者提出问题、分析问题时所独具的角度、高度与深度上。

2. 开放的探究意识

科学探究、科学思维最根本的特征就在于开放性，结论是有待去发现的，而且永远是暂时性的，永远处于被审视、被证伪、被修正、被发展甚至被推翻、被抛弃的状态中。因此，只有永远以开放的态度来对待他人的成果与自己的研究，才可能有真正的学术进展。如果像时下不少人做的那样，抱定某种先入之见不放，再去寻找所谓"证据"，合我者留，不合我者去，无视各种反面证据和矛盾辩难，拼命通过割裂、捡拾、拼凑各种似理论又似经验的只言片语来进行"论证"，以图守住自己的那杆"大旗"——追求这种比比皆是的伪理论，那实在是一种智力的浪费。

3. 自觉的边界意识

在科学研究领域里，任何一种理论或学说，都有它时间、空间与对象的适用边界，如果跨越了属于它自身的边界，即使只是向前迈进了一小步，真理也会成为谬误。因此，如果认为提出某一种理论或主张就可以包治百病，包打天下，那只能显出自身的幼稚与天真。但此类悖谬之论时下却为数不少。

用以上标准来衡量，我认为，就新时期的语文教育研究成果而言，目前，只有两部著作称得上兼具时代性、学理性与开创性的经典之作，那就是王荣生教授的《语文科课程论基础》和潘新和教授的这部《语文：回望与沉思——走近大师》。我相信，尽管潘新和教授在撰写这部书时要比撰写《中国现代写作教育史》等著作时轻松，但前者是建基于后者之上的，正因为作者有前期丰富的学术积累的支撑，才有了本书对历史学术资源的挖掘与审视、对话与阐发。该书通过对叶圣陶、黎锦熙、张志公和朱光潜四位学术大师语文教育研究成果的系统梳理和阐发，第一次以理性的姿态与其展开真正的对话，特别是第一次系统地挖掘和评价了黎锦熙与朱光潜在语文教育研究史上无与伦比的地位、无可取代的价值，令人耳目一新；同时，又站在学术史的高度，客观地指出由于对象自身和历史条件等的限制而出现的某些不足或缺憾，从而给后来人以借鉴。我们非常期待有更多的这种优秀著作问世。

(二)本论：作为内在支撑的学术智慧

在我看来，作为该书主要价值的学术智慧体现在如下几个方面。

1. 自觉的方法论意识

黑格尔认为，"方法并不是外在的形式，而是内容的灵魂和概念"。也就是说，特定的内容只有通过特定的视角与方法才能得到观察和呈现，没有合宜的方法论意识而想取得有价值的研究成果几乎是难以想象的。语文教育研究长期以来成果有限，重要原因之一就是学界自觉而科学的方法论意识的缺失。对于这一点，作者是有着明确而深刻的认识的。他说："如果没有学问的基础，缺乏基本的学养和正确的理念与方法，不论正思还是反思，都思不出什么有价值的成果来。"因此，他强调，要想研究取得应有的成果，"一个学者除了先天的概念、逻辑思维的优势外，还需要具备三个方面的素养：一是对该领域基本学术资源的掌握；二是相关学术领域的学养与视野；三是基本的学术思维的能力和长期的学术写作的经验的积累"。这既是作者用以解析、比较和评价前人学术思想的"脚手架"，也是对作者自己学术路径与学术追求的夫子自道。作者认为，如果没有对现代语文教育的条分缕析的检讨和认真透彻的思考，那么"不论怎么提倡素质教育、课改理念，怎么轰轰烈烈、革故鼎新，也只能是竹篮打水一场空"，因为"学者要是没有学科史的背景，他的研究便是无'根'的研究"。作者是这么说，也是这么做的。这只要浏览一下作者的学术历程和成果就很显然：《中国写作教育思想论纲》《中国现代写作教育史》《写作：指向自我实现的人生》《语文：表现与存在》以及《语文：回望与沉思》等。此外，他还主编了《高等师范写作三能教程》与《新课程语文教学论》等。作者对大师的解读是建立在对学科历史与现状的洞悉之上的，并且以自己精研写作教学的专业背景和对语文教育进行的深度理性思考为参照，而非人云亦云，鹦鹉学舌。这就使得本书具备了其他著作所缺失的，以作者独具的历史资源、学识资源与理论资源作内在支撑的厚重感和学术高度。

对于作者的这种方法论意识，或许如下两点值得特别关注：

一是支援意识。李泽厚认为，要避免研究中的低水平过度竞争，就必须通过对大师的经典著作的研读，在范式中受到潜移默化的思维锻炼，获得"支援意识"，这样才有可能提出正确的、有意义的新问题，从而推动学术的发展。换句话说，所谓"支援意识"就是通过对经典的学习、研究以获取学术底蕴与学术眼光的制高点。在本书中，作者对自己学术的"支援意识"有着明确的交代，即对《朱光潜美学文集》的研读。该书不仅引领了作者教学和科研之路，而且成了他汲取学术智慧的资源库、学术风格追求的标杆和深层对话的偶像。所以，作者多次用了散文诗般的语言来表达自己对朱光潜先生的崇敬之情，例如，"朱光潜太博大了，博大得使人炫惑、惊惧。犹如立于千仞之巅，观无涯之沧海：日月之行若出其中，星汉灿烂若出其里。对叶圣陶、黎锦熙、张志公诸大师的领略，虽属管窥蠡测，尚可勉力为之；对朱光潜，唯有望洋兴叹"。不仅如此，就全书的宏观角度而言，通过与大师级的学者的对话，来挖掘学术资源和学术智慧，来提升学术理论与学术方法修养，来获取学术研究的制高点，也正是作者撰写本书时自觉的方法论意识的最重要体现。这一点对于当今的学人尤其具有方法论的示范性意义。

二是比较意识。"唯有比较，才有学术和教育的生命。仅知其一者，一无所知也。"作者与大师的对话，就是通过如下几个方面的比较、参照而不断地碰撞出智慧火花的：第一，在叶圣陶、黎锦熙、张志公、朱光潜四位大师之间从学术资源、能力优长、成果贡献、学术地位以及局限性等方面所做的比较和阐发；

第二，将当今学界情形与四位前辈大师在学识、胸襟、精神及成果等方面所进行的比较；第三，将四位大师放置在整个现代语文教育研究历程的宏观框架中来进行定位。正是有了这种多层面、多角度的比较和聚光，四位大师的学术思想才得到了立体化的投影和学理化的阐发与评说。这正是成熟而自觉的学术眼光的体现。

2. 强烈的现实关注与问题意识

意大利历史学家克罗齐认为，一切历史都具有当代性。对历史的探究，总是渗透着研究主体的现实关注。作为长期关注新时期语文课程改革并参与其中的一员，作者对语文教育现状有着深刻的了解并具有强烈的责任感，他的研究，就是为了寻求和挖掘解决现实问题的历史资源与历史智慧。例如，作者沉重地指出，"现代语文教育开创以来，一个重要的弊病是很少有人在语文教育的整体上进行思考和规划"，"极少看到对汉语教育的整体性、发展性研究"，而且"这种状况至今没有改变"。可以说，在本书的论述中，无论是在宏观还是在微观的层面上，都渗透着这种强烈的现实意识和问题意识。具体说来，主要体现在如下三个方面。

第一，对现实问题的病根进行历史溯源。

例如，对自有其一定历史合理性的"阅读基础论""阅读独立目的论"的"精读""讲透"，如何演化到照本宣科、疯读、死读、滥读风气的历史逻辑的梳理，以及对语文教学技能化、语文知识研究与争论的浅薄化等问题的根源的挖掘，都无不发人深省，使人获得一种开阔的历史眼光，从而尽可能避免就事论事的狭隘思路，以真正推进对问题的探究。

以口语教学为例做一具体探讨。关于口语教学的缺失，作者认为，"将口语教学相当程度上等同于普通话教学，这是张志公的一个误区，也是今天语文界的一个误区"，而"没有基础研究的跟进"，"是不可能有教育实践的进步的"。事实上，直到今天，学界对口语教学的研究仍然非常有限，而且就具有自觉的课程论意识的研究而言，更是少得可怜，如王荣生教授关于"反思性""形成性"和"技巧性"课程内容的划分，这种兼具一定学理性与操作性的成果还属凤毛麟角。试想，在连为什么要进行口语教学、口语教学应该教什么、该怎么来教这样一些问题都还没有获得应有的关注、研究和取得共识，并且缺乏足够的学术成果来支撑教育实践的展开的情况下，能指望口语教学成什么样子和气候？以对"倾听"这一重要口语教学内容的研究为例，国内许多相关著作要么阙如，要么列举一些似态度、似技巧而事实上却内涵空泛的条条框框，诸如"要表现出听的兴趣""明确聆听的意图""保持对信息出现区域的敏感性""利用辅助手段帮助记忆""寻找话语中的主题句"以及"通过语言内外的一切信息推测一段话语可能包含或暗示的所有内容"等，缺乏起码的目的性、学理性与操作性。只要将国外在如下方面的研究成果做一对比，就能清楚地感受到我们的差距所在：倾听在个人生活与社会生活中的重要性，倾听的目的性、主动性与建构性，倾听与批判性思维的关系，倾听的类型（欣赏性倾听、移情性倾听、理解性倾听、批判性倾听），倾听能力不强的原因，合宜的态度和方法，等等。他山之石，可以攻玉。如何在借鉴、吸收的基础上进行创造性的研究，仍然是摆在学界面前的一个严峻的考验。

对于造成当前口语教学困境的原因，除了历史渊源之外，作者还指出了行政决策的冷漠、低效等因素的影响。在我看来，社会相应需要的缺失、研究者理论兴趣与能力的不足，以及学术心态的褊狭等方面恐怕是更为重要的原因。就拿社会需要来说，恩格斯有一句名言："社会一旦有技术上的需要，则这种需要就会比十所大学更能把科学推向前进。"这一点，可以从对演讲这一高级口语形式的研究在西方所获得的高度重视与所取得的辉煌成果，及其与自古希腊时代起就产生的民主政治的需要之间的互动关系中，得到一个有力的证明。而在中国这样一个有着数千年中庸传统、不鼓励个性张扬、高度一统化的社会环境中，人们危言危行，担心祸从口出，又何来对口语的重视和对口语教学的研究以及相应学术成果的积累？当相应的社会需要被意识到时，却又拿不出能够满足和支撑教育实践需要的学术成果来，于是一切对口语教学的呼吁就只能停留在口头上、纸面上了。这是一个让人无法轻松的话题。

第二，寻找反思和审视现状的参照尺度。

例如，以叶圣陶倡导的立足学生本位、在阅读与写作教学中引领其"自悟"和"求诚"的主张，对借鉴、创新与模仿的区别，以及如何求"通"求"好"的理念，来审视当今语文教育在应试压力下较之八股教育有过之而无不及的异化状态；以叶圣陶从语文教育的特殊性出发对一般性的"做人"教育与以"求诚"为核心的文德教育的有意识的区别，来审视在语文教育实践中出现的误区，亦即将思想道德教育视为写作教育任务，因片面强调思想性而趋迎时势和任意拔高的"伪圣化"，以及片面强调真人真事而放逐想象与虚构等；以叶圣陶关于文学作品正确读法的深刻见解来审视当今文学教育和高考命题中的缺失；以夏丏尊与叶圣陶编辑教材特别是《国文百八课》的学养、达到的高度以及敬业精神，来反观当今教材与编辑队伍现状的矮化。这些确实让人震撼，使人深思。

又如，作者借助叶圣陶于 50 年前提出的"语文素养"这一概念与黎锦熙对语文教育目的全面、深刻阐发，来反思和审视语文课程标准中"语文素养"及三维目标的空泛与褊狭；借助朱光潜关于文学审美距离的观点来映照出"语文的外延与生活的外延相等"这一所谓的"格言"的荒谬性；借助朱光潜关于发展人的天性中的真善美，因而内在于人的，具有生命化、人性化、情感化、精神化特征的"全人"教育理论，来反观当今处于异化状态的、压抑人的天性的、抹杀人的个性的"全面发展"的种种表现。只有在对现存信条的不断质疑、碰撞甚至颠覆中，才可能有学术的发展。当然，这种质疑、碰撞与颠覆，是建立在坚实的学理探究之上的，而不是像时下不少人做的那样，他们凭的是一时的心血来潮或无根的胡思乱想。

第三，挖掘有助于解决问题的智慧资源。

比如，文学鉴赏教学，无论是从研究还是从教学来说，一直都是一个薄弱环节。本书借助对叶圣陶与朱光潜相关思想的梳理、阐释，无疑具有很强的研究启示和教学操作意义。叶圣陶先生凭借作为一个优秀作家、学者的深厚学养，主要以"作者理论""文本理论"为背景，较注重知人论世和文字揣摩中的感性体验等，从而在鉴赏的意义、态度、本体、预备、途径、凭借和参考等方面提供了较为系统的鉴赏理论和方法；朱光潜先生则以一个学贯中西的美学大家的眼光，主要以"读者理论"为背景，关注对作品"佳妙"的颖悟和对趣味的把握，注重读者在欣赏中的再创造，从趣味的养成、以读诗为重点和突破点、关注想象与情感的培育和作用、以情感选择和统摄意象、通过整体以观照局部等方面，提供了培育和增进学生文学素养的丰富的教学思想。当然，作者也并非照单全收，而是根据学界研究的进展做了相应的补充和生发。再如，如何克服课程改革与应试的矛盾？这是广大一线教师关注的问题。"一讲起课改、素质教育，总把中考、高考当挡箭牌。"其实，叶圣陶先生早就说过，"只要平时学得扎实，作得认真，临到考试总不会差到哪里"，应需写作与应试写作并不矛盾。此外，在教育理论研究、教学课程设计、读与写的关系、如何进行写作训练等方面，都不乏有益的启示。

3. 鲜明的历史意识与对话意识

著名历史学大师陈寅恪先生在《冯友兰中国哲学史上册审查报告》中，曾说过一段有名的话："凡著中国古代哲学史者，其对于古人之学说，应具了解之同情，方可下笔。盖古人著书立说，皆有所为而发。故其所处之环境，所受之背景，非完全明了，则其学说不易评论。"还说："所谓真了解者，必神游冥想，与立说之古人，处于同一境界，而对于其持论所以不得不如是之苦心孤诣，表一种之同情，始能批评其学说之是非得失，而无隔阂肤廓之论。"

哲学研究如此，语文教育研究同样如此。如何评价前人，特别是那些卓有贡献的大师级的人物，这是一个关乎学术公正和学术发展、考验当代学人的学术胸襟与学术智慧的重大课题。无视大师的存在是愚蠢的，匍匐在大师脚下则是可悲的；真正需要的是对前人的"了解之同情"，而且要的是"真了解"，才能谈得上与之对话。在这方面，本书具有典范性——既从历史发展、个人才智和学术成就上充分肯定了四位大师不可取代的历史贡献，对他们表示了应有的尊敬(除了直接评价和肯定的话语之外，还可以从作者散文化的行文中感受到其强烈的情感性)，又从历史限制、个人局限和社会条件等方面指出了他们的不足，或者非他们个人所能控制的负面的历史影响——这才是真正的学术对话。这在真正的对话精神缺失的当今语文教育研究界，无疑是难能可贵的。

以作者对叶圣陶的评述为例。作者认为，"不论现代语文教育有多少可以检讨之处，叶圣陶们依然功不可没"，他们实现了由古典的、科举的语文教育范式向现代教育范式的转变，即实现了从面向少数贵族或文化精英的精英教育向面向多数人的、造就现代公民的普及教育的转变，实现了从为"功名"的教育向为"生活"、为"实用"的教育的转变，实现了用白话文教育取代文言文教育的转型，实现了以阅读本位范式对科举教育"为写择读"教学范式的取代。作者既充分肯定了叶圣陶在平民化教育的转型、教材编撰及教育思想等方面的贡献，对政治等外界干扰的抵抗，以及在一切工作中所表现出的崇高的人格精神，也客观地指出，由于他偏重经验思维及其特殊地位的影响，"可能导致语文和语文教育宏观研究被忽视，造成了语文教育理论、学科知识的贫瘠，最终造成语文教育实践的困窘，使语文教学在某种程度上仍重蹈'神而明之''听天由命'的老路"。

又如，对于张志公先生，作者既充分肯定了他在传统语文教育研究上的开创之功，在文学教育、口语教学上的深刻洞见，以及在倡导语文学科科学化、建构教学语法体系、创立汉语辞章学学科等方面所做的探索和努力，也客观地指出了语言学学科背景的制约、文学素养与理论素养的欠缺，以及思想方法上偏于教法主义、技术主义、实用主义等方面的限制，造成了他的研究缺乏应有的高度和深度，而且影响至今。

总之，不虚美，不隐"恶"（缺憾），这才是对大师真正的尊重，才是与大师真正的对话。

（三）余论：以对话的精神进行对话

当然，人无完人，本书也不可能十全十美。比如，作者的"表现论"自有其合理性，但在阐述与使用中是否有"越界"之嫌？用之来作为评判大师学术成果是非对错的尺度是否合宜？都值得检讨。但我认为，这丝毫无损于本书的价值。黑格尔曾站在人类文明发展史的高度深刻地指出：

> "因为目的是有限的，所以它就具有某种有限的内容；这样一来它就不是某种绝对的东西或某种自身绝对合理的东西。可是手段是推理的外在的中词，而推理是目的的实现；因此在手段中出现合理性本身。这个合理性把自己保存在这个外在的他物中，并且正是通过这个外在性而保存自己。因此，手段是比外在的合目的性的有限目的更高的东西；——锄头比由锄头所造成的、作为目的的、直接的享受更尊贵些。工具保存下来，而直接的享受却是暂时的，并会被遗忘的。"

也就是说，一部著述的价值，主要不在于它提供了什么结论以及提供了多少有价值的结论（当然这也是重要的），因为结论是有限的、暂时的，即使是现在看来正确的结论，随着时间的流逝和研究的进展，也必将或多或少地被超越、改写甚至抛弃；从学术史运动的宏观角度来看，如果一部著述开启了一个新的领域（如张志公对传统语文教育的研究）或提供了新的学术视野、理论、方法，那么蕴含于其中的学术精神与学术胸襟、学术眼光与学术智慧，才是更具有长远价值的东西。我相信，《语文：回望与沉思》是经得起这一检验的。本文的探讨也正是着眼于挖掘其中所蕴含的

左图：2009 年 5 月，与研究生王正升(后中)、张路路(右一)、杨婷(左一)答辩后合影

右图：2015 年 4 月，在深圳讲学，与在深圳南山实验学校任教的他们欢聚

学术思想、方法与智慧，以此作为对语文教育及相关研究成果进行反思、研讨的衡量尺度和支撑平台，即获得一种"支援意识"。当然，其中的是非对错、知我罪我，也只有在对话中才能展开。

十三、回望语文教育百年沧桑

——读潘新和新著《语文：回望与沉思》

谢慧英

近日，我怀着欣喜捧读了潘新和先生的新著《语文：回望与沉思——走近大师》（福建人民出版社 2008 年版），感到久已失落的某些东西在心里慢慢地复活了。这是一本亲切的书，它让我觉得温暖。

一年前，当我翻开潘先生的《语文：表现与存在》时，这本厚厚的大书中涌动的热情和理性的力量立时席卷了我——我这个徘徊于语文界之外的门外汉，完全折服于书中对语文教育现实痼疾的深透勘察和对未来的热切展望。"表现与存在"一词，从理论术语的僵硬外壳中解放出来，它们承载着作者的理想和召唤，带着扑面而来的生命气息在我眼前打开了一扇门，一个全新的世界随之出现。实在说，"存在与表现"的语文观带给我的强烈震撼，直到阅读了《语文：回望与沉思——走近大师》（下文简称《回望》）之后似乎才得以缓冲。在这本书中，作者以开阔的视界游走于语文教育的历史与现实之间，他的娓娓叙谈领我们走进了叶圣陶、黎锦熙、张志公、朱光潜的心灵世界，历史的迷雾渐渐消散，几位大师的面影逐渐清晰起来，我也约略窥见了一个世纪以来语文教育史的沧桑变幻。也许，对我这样的无知之人，本应该先拜读这本更切近实际的"小"书，以获得一个基本的历史视野，才有力量领受潘先生所构筑的气度恢宏的语文教育理念。

（一）理性之"思"：历史与现实、"他者"与自我的对话与跨越

《回望》一书并非鸿篇巨制，而是一本简易平实的"小"书。但是，这本"小"书却每每能够从细微隐约的历史隙缝中掘探出精警不凡的见地。例如，就半个多世纪以来语文教育史的"主笔"——叶圣陶先生的语文教育思想及其地位、意义，要在尺幅之间概其大要，看似不难，然要不落俗套，发前人所未发，实非易事。作者不屑于泛泛的空论，而是如数家珍，先从叶老的气质形貌、人生历程娓娓道来，继而将叶老教育生涯的推移及教育观念的转承融进了史的脉络之中。微观的细节呈现与宏观的大笔勾勒交错融汇，让我们从历史的纵深处看清了作为一个平凡的"人"、作为一个"眼睛向下的平民教育家"的丰富、立体的多个侧面，而伴随着对他数十年执迷于语文教育的人生历程的观照，我们也从一部个人的"历史"中摸清了近一个世纪语文教育的线索和枝蔓。这种从"小"处着眼而"大"处立论的功夫，应得力于潘先生敏锐深刻的思考力、开阔宏大的学术视野和语文教育研究中的深厚积累。正如作者所言，他曾经穷十数年之功，"由系统地研究我国写作教育史，拓展到语文教育史，对其中数十位最有影响的语文教育家的教育实践和思想资料做过第一手的梳理与思考"。潘先生显然不满足于多年来语文教育界对史实只鳞片爪的拣择和浮光掠影的泛览，所以不惮繁难，全力投入浩如烟海的史料中，从历史的纵深处细细勘察现代语文教育发展变迁中的成功与失败、苦涩与甘甜。在当今学术界普遍性的功利主义趋向中，潘先生却甘守书斋的清寂，在那些尘封已久的"故纸堆"中探寻着中国语文教育的历史踪迹，从斑驳庞杂的历史纷纭中探寻清理着语文教育发展变迁的总体脉络。

　　不仅如此，作者对语文界长期以来"耽于经验、没学问"的现实颇为不满，他深感现代语文教育传统中科学态度和理性精神的匮乏。半个多世纪以来，语文界的研究几乎尚未曾对传统的资源做出有效的整理、分析和评判，更遑论对本学科的系统的理论构建的自觉意识。于是，当代几十年漫长的语文教育史所留下的，大多是对以叶圣陶先生为代表的"工具"论语文观的机械沿用和随感式、印象式的教法罗列、总结。因此，潘先生当仁不让地对现代语文教育研究的滞后与隔绝做出了深透的学术反思，并从学理的层面在"破"的同时积极寻找"立"的根基。在纵向的历史探索中，潘先生广泛吸纳当代各个门类的学术资源、思想资源，力求从开阔高超的学术视域中对语文教育的历史与现状做出"学理"的深度解析。需要指出的是，这种吸纳并不只是为着学术视界的扩充，而是着眼于从各家各派的思想精华中寻找解救语文教育病症的有效资源，以此为"利器"，为建构新的现代语文观提供启示和支持。在历史与现实的对照甄探中，在自我与"他者"的离合交互中，在体悟与反思的辗转往复中，一个全新的"现代"语文观呼之欲出，并终于在作者的皇皇巨著《语文：表现与存在》一书中历史性地登场了。"表现与存在"——在纷乱嘈杂而焦虑失措的语文界引起一场"学术地震"，作者以其不凡的见识、溢涌的热情和极具前瞻性的视野向人们证明了他的卓越才华和学术魄力。对此，孙绍振先生充满欣喜地高度肯定了作者的努力与成果："其思考领域之广，逻辑覆盖面之大，思想密度之高，学术视野之开阔，如果不是绝后的话，至少也可谓空前。"无疑，作者所构建的"表现－存在"的语文观，不仅体大思精，恢宏开阔，而且充满了强烈的现代感和哲理意味，它使得多年来狭窄局促的语文教育界一下子敞亮起来，将语文教育的视野从"工具"性的物化窘境中引向对人类精神家园的终极探寻。不管人们对这一新的理念还怀着多少惊讶、怀疑和不活，它都让人们看清了笼罩在语文界上空的"实用主义"的迷雾。一个世纪以来令众多"大师"和同仁苦思不得其解的现代语文教育之"谜"终于破解了。

　　随手翻阅《回望》一书，会发觉作者总能于从容散淡的叙谈中拈出令人会心会意的洞见，带给你"不虚此行"的欣慰。对几乎被今天的语文界遗忘的现代语文教育的另一位奠基者——黎锦熙先生的探访，充分显示了作者敏锐的学术眼光，为人们开启了一方新的风景，亦大大拓宽了学界对语文教育史的认知视野。而他通过令人信服的分析，就朱光潜先生对现代语文教育的贡献所做的评价——"他对语文教育理论的贡献，比起同时代语文教育家的总和还要多"，同样使人耳目一新，能启人深思。

在本书中，诸如此类平常道出的不俗之见，正有赖于作者对史料的谙熟，对多元开放的学术思想资源的广采博收以及敏锐的才思和深厚的学术功力，所谓"功夫在诗外"是也。更重要的是，历经多年积累，作者已然酝酿成熟的新的语文观给他提供了一个无限广阔也别具一格的视野，百年现代语文教育的浩浩历史在其眼中不再错综难解，正如他自己所说，他是站在"大师"们的肩上，因而无论是历史的迷误，还是现实的困顿，甚至未来的航标，都能够水落石出，茅塞顿开。或者可以说，这本"小"书之所以能在平常中蕴含"奇崛"，能启人余思，就是因为作者涵养丰厚的学术内蕴。历史语境的"还原"，使得作者能以超越性的宏大视野探破长期以来笼罩着语文教育界的"集体无意识"，在历史脉络的延伸中愈益清晰地认识到现代语文教育在漫长的一个世纪以来所经历的错位和迷误；而纵横开阔的认知结构和博雅深广的理论素养，真正使作者做到了他所执着追求的"融会贯通"，并使他能够占据众所不及的制高点，对现代语文教育的百年沧桑和这些大师的足迹洞若观火，引我们最终"走近"弥散在历史尘埃中大师隐约依稀的语文教育思考。

(二)情感之流：同心同感的体验与沟通

大师通常都在学问或艺术上有很深的造诣，并且以其高卓的人格力量赢得大众的普遍尊崇和景仰。"大师"的称谓往往无形中已给普通人设置了一道屏障。面对他们的辉煌成就，面对他们高山仰止的广博深邃，后人们大多只能抱之以钦佩和歆羡。在大众俯伏式的崇拜中，"大师"成为不可逾越的神话，而其真实的生命和曾经有过的悲喜哀乐却也往往在历史的尘埃中被风干了。然而，《回望》一书却让我感到作者与这些仰之弥高的大师在精神和情感上的息息相通、心心相印——那拦阻于"大师"和常人之间的隔阂，因为作者发自肺腑的真情实感而涣然冰释。虽然《回望》的意图是通过对四位大师语文教育思想的细致梳理，"为读者提供一个参照系，搭建起窥视、洞悉语文教育传统的阶梯"，但作者显然并不追求所谓的"纯客观"的评判、分析，反而着意从个人的微末感受和体验出发，从看似芜杂零碎的感性印象中把"大师"从高高的"神"位逐渐拉"近"到眼前，作者情感的触须则不断地碰触着他们被遮蔽的心灵的渊薮，在逐渐展开的析解掘探中，我们处处能感觉到作者和大师之间心灵与情性的起伏应和。

作者对叶圣陶先生的定位是"一个始终眼睛向下的平民教育家"。这一评判可谓切当稳妥，既能宏观地立足于学术史的整体审度，又洞幽烛微地切近了叶圣陶风雨沧桑的人生历程和情性气度。而作者对其他大师的评点，也同样得古人崇尚的"知人论世"之神髓。以愚浅见，在学术研究中，论人断文，不惮其繁的细节描述较为容易，而简明扼要、一语中的的整体概括颇不易得。虽则整体概括皆来自于细节的累积，然而缺乏统摄的视野则难免挂一漏万，甚至令人陷入琐屑的材料中不能自拔。特别是面对这些或名高位重而无人望其项背或博学多才而能旁涉多个领域或才华绝伦却遽然而逝的大师，要做出恰切的定位和妥帖的评判，卓越的识见和洞察力以及宏阔的视野固不待言，置身其历史语境的"同心同感"，或谓"理解之同情"，则尤为难得。唯有经过灵犀相通的"物我交融"，论其人才能于世态流转中见其超拔，亦察其"盲踵"，判其文才能在隐约幽微处见其精当，亦察其阙漏。这本"小"书中许多见地看似平常道来，然识者自知其中的精警超拔。我认为，由于潘先生曾穷数十年之功，执着于对写作教育史和语文教育史的学术资源的整理耙梳和穷究细索，因而他能够以深邃的目光洞彻四位大师对语文教育的基本立场和核心理念。同时，也正是基于这样的投入和执着，作者对他的对象烂熟于心，以至于能够达到水乳共融。于是，"大师"不再是（作为研究对象的）冰冷的客体，而是作为"活"的人，作为一个在特定时期、有着特定身份并禀有独特个性和生命的个人，以其无可替代的性情、意志、思想、灵魂强烈地感染、召唤着作者的心灵和激情。

在"走近"张志公先生的历程中，一方面，作者就张老对语文教育史研究的贡献进行了条分缕析，同时也对其以语言学、语法学为重心的语文教育观和教育实践的得失错漏进行了深细的检讨；另一方面，作为"学术饥荒年代的学者楷模"，作者既点拨出张老在其所处时代中的超拔，同时也让我们看到了时代、身份、声名和学养、趣味对其学术研究和语文教育观的掣肘与拘囿。作者在细致的剖解中抽丝剥茧，从容不迫，逻辑井然，不由人不叹服。然而，即使面对张老某些拘谨板滞有余、而才情个性不足的论著，作者也能从中感到张老在现实与理想不断错位的窘境中挥之不去的局促和焦虑，深切体会其"左右为难，进退维谷"的无奈与尴尬，并时时一吐"同情"之感："他陷得太深，无法自拔。他背着由马建忠、黎锦熙、朱德熙、吕叔湘……传下来的精神十字架，自己既是语文教育界的权威，又是语文教育界中的语言学家，而且在语言学界也享有盛名，这就注定了他只能默默承受着愈来愈沉重的压迫，外部的，自我的，无可逃遁，没法挣脱。"面对张老的困境和徒劳的辛苦，作者又不禁发出遗憾的喟叹："读张志公的著作，我始终处于这么一种连绵不断的惋惜之中：为什么说那么多没有深度思考的话？为什么刚刚说到一点就停住，不再往前走呢？……"正是这种情感的通融、灵性的交感给予作者一种特殊的力量，它突破了惯常的研究模式中理性洞察的局限而直接抵达对象的内在生命。在我看来，作者和他的研究对象甚至达到了中国哲学所崇尚的"齐物我"的妙境，作者始终设身处地，以自己的寸心情感探叩大师在历史的河流中日益和我们疏离并日渐模糊的心脉。

如果说这本书比之于同类著作更为体贴入微的话，我想这应该是因为作者在理性的审度钻研中始终融贯着情感之流。作为中介，它一方面跨越了历史的沟堑，接通了作者和大师的体验与思悟；另一方面作者涌动的情感如春风化雨浸润着读者的心灵，同时也让读者逐渐敞开了心扉而毫无隔阂地接纳这些似乎遥不可及的大师。情与理的融和流动，使得本书具有了一种特别的力量。黄宗羲曾经这样论述过文章中情与理的关系："文以理为主。然而情不至则亦理之郛廓耳。"（黄宗羲《论文管见》，《黄梨洲文集》）在他看来，即使论理的文章，情感的缺席也必然导致义理的虚浮空廓。因此，就着重于理性阐释的学术理论文章而言，论理透辟，固然为着服人；然而若能于析理之外，更载之以情性，情理兼备，则更具动人力量，令人不能释怀。我想，本书正是这一真见的最好范例。诚然，正是借助情感的沟通与共融，本书作者能够以真切的体验、情感的激流去触摸大师丰富而深沉的心灵，并抵达常人所不及的深处细处。

（三）未来之路：回望与前瞻中的"回应"与坚守

可以毫不迟疑地说，《回望》一书的作者始终带着强烈的"问题意识"，密切关注着语文教育界乃至中国人文精神状况的现状与现实，因而他对历史的翻检审视绝不仅仅满足于对"史"的原样"复现"，而是在"对话"情境中的潜在"回应"。因此，"走近"大师的过程既是在当代视野中对历史的深长"回望"，同时也是在对历史的清理耙梳中不断生发的当下之"思"。潘先生多年来由写作教育史而至语文教育史的不懈钻研，都是对语文教育当下困境的坚决"回应"。

巴赫金说："生活就其本质来说是对话的。生活意味着参与对话：提问、聆听、应答、赞同等。人是整个地以其全部生活参与到这一对话之中……"就此而言，几经周折而初显成效的语文课程改革本身也是语文界对现实的一次"回应"。在众声喧哗的热闹景象中，潘新和先生绝不趋骛一时之新，而是始终保持理性和深邃的目光。

虽然多年来孜孜于史料的钩沉剔耙，但他的所有探索都着眼于萦绕语文界半个多世纪的难解之"谜"，始终关注着与这个"谜"相勾连的当下语文教育的种种弊端。作者不满足于对当下语文教育病象做浮泛的指摘，而是抱持着深重的使命感，立意挖掘出大师渊博庞杂的思想库存中被后人忽视的精见卓识，以之为"疗救"当下语文教育失误的良方。正是基于对当下语文教育实利主义趋向的深重忧虑，作者在朱光潜的思想中倏然探到了希望的曙光，缠绕于语文界的一团"乱麻"终于有望理出一些头绪。作者从朱老的美育思想、美学思想中获得了丰富的启示，这一被"闲置"已久的宝库，一经作者"慧眼"一瞥，当会给未来的语文教育界提供无穷丰富的资源。美学家、文学理论家朱光潜因此毫不逊色地跻身于语文教育大师的行列。针对当下语文教育的"工具主义""实用主义"的偏误，朱先生的美育思想无论是从宏观的总体方向，还是从具体的实践诸方面（"言说""写作""阅读"），都能给我们提供有益的启示。在本书中，作者已然将朱先生的许多观点大胆"拿来"，灵活化用，或者作为参照的坐标，一者"诊"出时弊所在，二者"小试牛刀"，以做"对症下药"之尝试。

　　从语文教育研究的角度重新整理朱光潜的学术资源，本身就体现了作者强烈的现实感，它使得语文教育的探索颇有"柳暗花明"之感。在学术研究中，"新"与"旧"从来就不是绝对的。正如我们在《回望》中看到的，作者对历史资源的掌握，始终与现实的"问题情境"相互"回应"，相互生发，相互转化，不可二分。当下语文教育的种种病症及"疗救"的欲望时时驱动着作者在苍茫的历史之流中不懈探寻真正的"病因"而对历史游踪的寻觅则又激发并开启了作者的体悟和灵思，使他越过表象的浅泛而逐渐抽绎出错结缠绕的万千头绪。一个世纪以来语文教育所经历的起承转合，对当代语文教育影响甚巨的几位大师所付出的辛苦和难以体味的辛酸，终于在作者对现实的"问诘"与"回应"中变得清晰明了起来，大半个世纪以来笼罩着现代语文教育的巨大魅影也似乎渐渐消散，一扇崭新的未来之门姗姗开启。换言之，潘先生对于历史的执着探寻，正是起源于对现代语文教育历史症结和现实积弊的痛切反思，而他对语文教育现状的审视和"诊疗"，则又是将其置放于浩瀚悠远的历史关联中，几经辨识终于厘清它的来龙去脉。

　　在潘先生的学术探寻历程中，历史与现实就是这样在"提问""聆听"与"回应"中往复沟通，在碰撞和汇融中激活了创造者的灵性与思悟，并最终昭示出通往语文教育未来蓝图的新的坐标。在这个意义上，历史、现实与未来在潘先生深宏阔达的理论视域中联结为不可分离的有机体。也同样是居于如此深广的学术制高点上，潘先生从史料的条分缕析和现实的透彻考察中，引领我们从一段段尘封的历史记忆中将这些大师——作为活生生的"人"唤醒，让我们领略他们作为"大师"的超凡与卓越，同时也不无犀利地对其难免的局限与缺失做出了精切的揭示。无疑，对本书的阅读，也同样成为一次广义的"对话"行为，成为"作者"—"对象"—"读者"之间不断展开的"提问""聆听"和"回应"。

置身于当今日益浮躁空虚的学术环境中，潘先生以淡定之心静守书斋，信守"板凳要坐十年冷"的古训，孜孜于探求学术真知漫漫长途。但是，让我更加钦佩的是，潘先生心境的淡泊和对学术追求的笃定绝非传统文人"归隐"式的"穷则独善其身"，而是始终指向语文教育令人忧虑的现状及其所应承担的终极关怀价值。从潘先生的文字特别是其呕心沥血之作《语文：表现与存在》中，我们时时感受到，对人类精神家园的守望几乎构成了他作为一个现代学者的坚定信仰，"诗意地栖居"成为潘先生对语文教育未来的热切展望，同时也成为其生命追求的美妙梦想。在一个似乎无所谓"深度"和"意义"的后现代语境中，我们当能从这种"知不可而为之"的坚守中体会到潘先生对现实义无反顾的承受与担当。

2007年8月6日在新疆参加第九届现代应用文国际研讨会，与马正平（左一）、张华（右一）

十四、先"照着说"，再"接着说"

——读潘新和老师《语文：沉思与回望——走近大师》

胡亨康

与其他书相比，《语文：回望与沉思——走近大师》（以下简称《回望与沉思》），我读得很慢，几近蠕动。在今天林林总总、拉拉杂杂的语文专著中，很难找到像它一样科学、通俗又具思想制高点的书。该书对四位大师——叶圣陶、黎锦熙、张志公、朱光潜的语文思想和实践探索做了第一手的资料梳理，勾勒出现代语文发展的"史识"，是语文从业者必备的基本眼界、眼光和学术资源。我认为，它是语文教师的一本"功德"读物，无论你读了多少本语文专著，它都应该是你的"案头书"。

我曾想，如果你教语文十几年、二十几年甚至一辈子，你说的话，依然不是语文的"行话"，干的活，依然不是语文的"业内活"，说你不是一个语文的"圈内人"，你一定不信，甚至还会"跟你急"。

是的，不管是经意还是不经意，当初你一脚踏进语文教师的行列，至今，却从没有进入过语文学科历史（其实也难怪，至今似乎就没有一本完整的语文学科历史，供师范类大学作为教材使用），对中国语文历史进行了解、扫描，没有和这个领域里的往圣前贤交流过，对话过，请益过，碰撞过，无形中，就相当于褫夺了自己在这一学科领域的发言权、话语权，因为，你不知道前人已经思考过什么？实践过什么？说过什么？没说过什么？还可以说什么，怎么说？虽然，你教了一辈子的语文，经验丰富，成绩斐然，论文不少，是特级或是小中高，恐怕你依然是语文的局外人，颠沛流离的"门外汉"。这么说，或许你很难接受，其实，我无意苛责谁，这种学科身份的认同感——是不是这个领域的"自己人"，是我读这本书的当下心境。

作者坦言，自己是先对中国写作学历史进行第一手的梳理和研究，然后迁移到语文学历史上来的（其实，语文学与写作学本身就是难解难分的一家人，写作与阅读既是语文的两大基本内容，又是两大基本矛盾）。"在这基础上，我先是写了《中国现代写作教育史》，继而又出版了《中国写作思想论纲》。""初步打通了我国现代与古代语文教育历史，完成了在写作领域的原始积累。"而"这些研究，花了我十年左右的时间……""我很清楚，在语文教育这个行当我还是个新手，我的'述学'的功夫还下得不够，于是，我又开始新一轮的'述学'，我先是把目光聚焦在叶圣陶、黎锦熙、张志公、朱光潜身上，虽然我已经研究过了叶圣陶、黎锦熙、张志公、朱光潜，可依然觉得还有必要做进一步的研究……因为这四个学者的语文思想基本上可以折射出我国语文教育的概貌。""于是，我写了《语文，沉思与回望，走近大师》一书，对四位重要学者的语文思想作深度发掘，并指出其得失利弊。"我特别留意的是作者"用十年的时间"做"第一手"的资料梳理。因为"第一手"，意味着作者呕心沥血，筚路蓝缕，"白手起家"，才有可能不受他人之"蔽"，深入浅出，成"一家之言"。这种治学精神，套用作者对叶圣陶编写教材（十二册课本，每一篇课文，都是他一个字一个字写的）写的一句评语——"先是长江不尽的感动，继而是无边落木的悲凉"，来表达我的同感。试想，今天有几个学者肯用十年左右的时间进入学科历史，做起"述学"的功夫？这也使得本书读来引人入胜，耳目一新。

如果我们把中国语文教育历史分为两个方向：一个是三千多年的古代语文教育史，一个是从清末民初至今的现代语文教育史（含当代），那么，《沉思与回望》，即是一本现代语文史的科普读物。作者"站在当代语文课改和学科学术研究的制高点上"进行概括、评述、互文审视。概括中，"清晰地展现了四位百年来最著名的语文教育家的精神特质和对语文教育实践的思考进程""较为完整地勾勒出我国现代语文教育理论和实践的轮廓，覆盖了现代语文教育探索的百年历程"；评述中，将四位大师的语文思想、见解，置放在当代语文课程改革的语境中，既有"正面的肯定和褒扬，又有中肯的批判和检讨，努力探求语文教育成效不彰的原因"；在"互文"审视中，又"让人可以看到叶圣陶、黎锦熙、张志公、朱光潜等前辈语文观是如何的碰撞、补充、修正以至相辅相成，借此，使读者得窥现代语文教育家的思想精髓和成败得失，从中获得基本的学术资源"。

虽然说，今天的语文课程改革，轰轰烈烈，如战国时期，烽烟四起，流派林立。但我认为，无论哪家哪派，是前辈高手，还是中生代、新生代名师，其语文教育主张和实践探索，皆无人出其右。作者在《回望与沉思》的跋中说："……即便在教学层面，也很难找到他们没有想过的问题……无论你在什么问题上发表意见，只要读过他们的著作，就会发现，原来这个问题他们早就想过了，你不能不先和叶圣陶、黎锦熙、朱光潜、张志公……对话，待小心翼翼地站在了他们肩上之后，再掂量看是否有话值得说……"尤其是叶圣陶，以他为代表的语文教育思想，代表着一个世纪的语文主流观念。可以说，叶圣陶，是"一个世纪语文的荣耀与困厄"，是百年现代语文绕不过去的精神存在。

恕我孤陋，在我有限的阅读视野内，至今，只有本书作者潘新和先生的言语"存在"表现论，才第一次指出了以叶圣陶为代表的"阅读本位"语文本体论的历史局限性。他首倡阅读教学"指向写作"，即以"表达为本位"的语文教学范式。作者认为："从教学论看，'阅读本位'的教学框架，是建立在'吸收'功能之上的（叶圣陶说'阅读是吸收'），就是通过阅读吸收他人的知识和思想。然而，'吸收'功能，绝不是语文教育的基本功能……'吸收'的目的应是将他人的创造作为自己生命发展的营养，使自己变得充实和美好，也能进行有价值的言语表现和创造。并将自己的言语创造回馈于他人和社会，把生命托付给言语，用言语展开、延续生命，这才是"存在"意义上的言语行为。从这个意义上说叶圣陶、吕叔湘先生'阅读是一种能力，是教学目的'的命题的正确性是很可疑的……"阅读，虽然或迟或早，终究会"表现"出来，但"这种不自觉的表现和自觉的指向表现，教学实践的运作是截然不同的，效果也是不可同日而语的"。所以，"语文教育的天平，应由'吸收'倾向'表现'"。他在叶氏语文"应需论""工具论""阅读独立论"的基础上，向前再走一步。其理论依据之一，就是受到本书中论及的朱光潜先生"欣赏也是在创造"的观念启发："阅读的意义在于读者的再创造，是读者的自我表现——朱光潜的这一发现，成了我的'表现论'阅读（阅读指向表现）和反对'阅读有其独立目的'（叶圣陶、张志公等人的观点）的理论依据之一。"

正如作者所说："本书分别对叶圣陶、黎锦熙、张志公、朱光潜等四位现代最著名的语文教育大师作了系统、深入的研究"，目的是"——在这一基础上，寻求疗救现代语义教育痼疾的良方，为今天和未来语文教育实践提供借鉴"。同时，"本书试图为读者提供一个参照系，搭建起窥视、洞悉现代语文教育传统的阶梯，使语文教师可以借助这个阶梯，逐渐登堂入室，进入到语文学科之内"。这也是我为什么称它为一线语文教师"功德"读物的理由之所在。

有人说，今天的语文教师不缺理念，缺素养。素养从哪里来？作者将学科素养分为"外围素养"和"内核素养"两种。"汝果欲学诗，功夫在诗外。""外围素养"可以理解为"诗外功夫"，"诗外功夫"固然重要，但"诗内功夫"即"内核素养"更不可缺少。

"治学先治史"古来已久。由史入手，"述而不作"，这是任何一个研究者、从业者的必由之路，也是学问、素养累积的必由之路，即所谓"读书练识，以自进于道"。潘新和先生说："我以为专业阅读的重心不是读学科的现在，而是读学科的历史。读现在容易，读历史难。"所谓离开"历史感"的"现实感"，只能是一种"外在的、浅薄的、时髦的赝品"。"忘记历史就意味着背叛"这句话，虽为政治术语，其实也适合于学术。他还说："一般人不缺时尚阅读，他们眼睛只看见当下的一些著作……他们没有意识到构成学科的是历史积淀。对学科史做第一手的梳理，构成了专业思维不可或缺的背景，构成了学科话语的思想景深。"（自然，读《回望与沉思》，已是做作者"第一手"之后的"第二手"资料梳理了，只求"史识了了"，成为学科"圈内人"）

2011 年 12 月 17 日，在深圳"名思教研""全国小语课改十周年研讨会"上与小语"黑马"管建刚相聚

孔子说："述而不作，信而好古，窃比于我老彭。"朱熹注："'述'，传旧而已；作，则创始也。""述"是"传旧"、承传，"作"是"创始"、创作。他老人家一辈子做的主要工作就是整理古籍，并称这一方法为"述而不作"，开创了"向后看"的学术传统。著名哲学家冯友兰先生在完成了自己的《中国哲学史》一书之后，根据所做的不同工作将哲学研究者分为两类：一类叫作哲学史家，一类叫作纯哲学家。他认为，必须先做哲学史家，才能做哲学家。先做哲学史家，进入学科之内，先"照着说"，即孔子说的"述学"；后做纯哲学家，才能在前人的基础上，再"接着说"，即"创始也"。

由此推广到所有专业领域的研究者、从业者，都是如此。前人留下的学问，是我们今天研究的背景，说话的"底气"和"依据"，是研究者、从业者绕不过去的铁门槛。

今天的语文教师、语文教育工作者，无论上课、讲课、评课、辩课，还是写作、撰文，无一不在以不同的方式进行"言说"。但说什么？怎么说？凭什么说？说话的底气又在哪里？如果"头头是道"，滔滔不绝的背后，净是些无根无据或是经验型（经验虽无不好，但缺乏论证）、感兴式的凌虚蹈空之说，那只能是信口开河，自说自话。如同书法，没有楷书功底的草书只能是鬼画符一样，没有先"照着说"的"接着说"，只能凭着"无知者无畏"的勇气，如此，正说得满头大汗时，别人却替他汗颜。类似的尴尬，也发生在学术期刊上——"一本学术杂志，拧一下都是水，没有多少学术'含金量'"（潘新和语）。究其原因，也盖出于缺少"根"的学问。所以，对语文教育史的补课，是语文教育的"寻根"之旅，是语文教师的身份认证，不但必需，而且迫切。

十五、回望以利于行

——读《语文：回望与沉思》

管建刚

白话文以来，语文教育的争论与问题此起彼伏。以古诗文为例，有一段时间，大家是很反对将它们编入教材的，认为古诗文只要有专门的人去研究就行，一般的人是不需要怎么去读的。说这一观点的还是非常权威的专家。现在看来这个观点是多么幼稚，人教版教材都已经将文言文编进小学高年级语文教材了。各地的经典诵读也开展得如火如荼，课程标准更是明确颁布了小学生必须熟背的古诗。大家越来越清晰地认识到，我们的语文是离不开古诗文的，中国人是不能割掉前人的文化血脉的。对于这个现象，我常想入非非：我们的语文教育究竟还有多少类似于这样的弯路和错误呢？怎样去清晰地认识可能存在的语文教育的误区呢？我认为，最重要的是对百年语文有一个不说细致、周密，至少也是全面、扼要的了解。于我，一个奔波于一线的语文教师，要能够对百年语文有这样一个"了解"，显然是有些困难的，一方面我是很清楚哪些大师的书必须要读的，另一方面我也不是很能轻易地判断哪些大师的观点可能是受那个时代的影响，需要我谨慎扬弃的。

《语文：回望与沉思》就是这个时候来到我手边的。我和潘新和先生的认识，完全是书信的缘故。我在读了潘教授的《语文：表现与存在》后，被先生书中的观点迷倒，于是想办法找到了先生的电话，继而有了信的来往。两年前，得知先生到杭州讲学，我赶到杭州，与先生见了面。先生比我想象里更朴素，也更合得来。那时先生就讲起他正在写的书，他要将百年语文教育中最重要的十位大师梳理出来，让读者了解大师的思想形成过程，让读者看到大师的观点在那个时代是怎样的相辅相成，怎样的相互碰撞、补充和修正的。我对这本书很感兴趣。我很清楚，我们一线语文教师是缺少这样一个系统的语文学术背景的，由于这一学术背景的缺少，我们的发言往往缺少大气，缺少整体，缺少回望中的前进，而只剩下黑胡同里摸着脚底的鹅卵石走路，走得对不对，自己不明确，只是跟风；走得快不快，当然是慢的。由于篇幅关系，这本书中所录的只有四位大师：叶圣陶、黎锦熙、张志公、朱光潜。除了黎锦熙先生，其他三位的文章多多少少读过一点，这次是放在由潘教授梳理的大背景和思想行进的整体之中，读来味道更好。潘教授说："黎锦熙是语文教育领域中最不该遗忘而被遗忘的学者之一。"

"今天从事语文教改的老师们，不知道梁启超、胡适、鲁迅等人的贡献也许情有可原……而不知道曾为现代语文教育冲锋陷阵的黎锦熙，就不能不说是一桩莫大的憾事。"我很惭愧，如果不是这之前我读了潘教授的书，我真不知道黎锦熙。读后，我或许还是觉得潘教授的言语多少激烈了一点，但是黎锦熙先生确是每一位有志于语文教育的教师都应该了解甚至研究的。他的《新著国语教学法》所呈现的教学设计，今天读来依然是一个需要我辈努力再努力才能达到的教学境界：率性、好玩、幼稚、尽兴、生机勃勃。

而我最感兴趣的则是黎锦熙对作文教学的重视。黎先生与叶圣陶先生是同时代的。叶圣陶先生这个时候倡导的是"阅读本位论"。他说："学习国文，事项只有两种，阅读和写作。"而在阅读与写作这两种中，他以阅读为重（这本是极深刻、稳重的认识，这个认识的提出是有深刻的历史背景的，这在后文再说）。叶老认为，阅读教学教得好，便不必有什么作文指导；阅读是作文的基础。也就是说，只要阅读教学搞好了，语文教学的一切问题便迎刃而解。就是在这个时候，黎锦熙提出了他的"教学上的三原则"：第一，写作重于讲读；第二，改错先于求美；第三，日札优于作文。关于"写作重于阅读"，黎锦熙如此指出："这本来是一般人都承认的，只因各级学校的国文教员，大多数因为负担太重，时间不够，学生作文的批改和指导，实在太轻忽了，所以特提出来，作为第一原则。"很感谢潘新和教授在这里写了注解：黎锦熙将此归因于"教员负担过重"，说得比较婉转，其实，最主要的原因，从观念看，是"阅读独立目的论"。读到这里，我似乎看到两派争论，一是叶圣陶的"阅读本位论"，一是"写作重于阅读"论。这样的现实场景的联想和想象，让我觉得两位老人家的可爱，让我觉得语文教育在那个时代的百家争鸣。这两家的争鸣结果如何？从现状来看，是叶圣陶赢得了最后的胜利，君不见，讲读教学一统天下吗？要问的是，叶老先生赢得的胜利是不是真理性胜利呢？我不能不想到潘新和教授谈到的，一个学者获得学术地位，扩大学术影响的三个因素：学术水平；政治地位；寿命。我们至少可以保守地认为，叶圣陶先生的政治地位（先生做过教育部的部长）和寿命，都远胜于黎锦熙。这就不能不使人做进一步的追问和思考。

　　感谢《语文：回望与沉思》所呈现的诸多真实材料。从中我们能轻而易举地发现，叶圣陶先生提出"阅读本位论"的由来，及其成效。白话文之前，中国教育一直是以作文教学为主的，写作的目的是参加科举，也就是说，那个时候语文教育的所有目的是作文，科举，做官。在这一状况下，叶圣陶先生提出阅读自有其独立的目的，提出"阅读独立目的论"，提出阅读本身就能为生活服务、为生活所用，是有着稳妥的、积极的、现实的意义的。如果不是叶圣陶先生大力倡行"阅读独立目的论"，那么我们对阅读本身的价值认识至少要推迟多年。然而，也不能不遗憾地看到，"阅读本位论"下的语文教育，并没有出现喜人的局面。20世纪30年代，有人撰文说"现在的中学国文教育糟，是糟透了"，为此叶圣陶先生于1934年11月到1935年6月，在《中学生》杂志发起一场历时8个月的"中学生国文程度的讨论"，讨论中，他是持乐观态度的。到1942年，外界对语文的批判声依然没什么改变，于是叶圣陶先生又在《国文杂志》上进行了一场关于国文程度的争论，这次他悲观地接受了这个残酷的现实：国文教学尤其成问题；国文教学不在成绩是优良还是平常，却在成绩到底有没有。中国语文教育经历"文化大革命"之后，吕叔湘在《人民教育》指出："十年的时间，两千七百多课时，用来学本国语文，却是大多数不过文，岂非咄咄怪事！""少数语文水平较好的学生，你要问他的经验，异口同声说得益于课外看书。"到20世纪90年代，一场"语文误尽苍生"的大讨论，再次将语文教育批判得鲜血淋淋。从这一路梳理下来的语文轨迹中，我们不难看出，"阅读本位论"下的语文教育恐怕是行而不远的。而"阅读本位论"之所以会在不同时期受到教师的追捧，有一个重要的现实因素：大多数语文教师不会写作文，不会教作文。阅读教学至少有课文，有教参，能教，教得好不好，再说。而作文，是不能教、不知道怎么教的问题，不是好不好的问题。

　　边读边想到这里，即便潘新和教授不再提"语文表现论"观点，我也会坚持黎锦熙先生的语文教育方向。或许这样的路也不一定是真理性的，但是在"阅读教学"一统天下的时刻，需要有人做这样的尝试。什么时候什么事物一统天下，这个时候就是一个危险的时候，也是一个迫切需要新事物去冲击和碰撞的时候。能让我引起语文思考的书，又能让我坚信自己教学改革方向的书，真的不多。张志公先生是大家都熟知的语文教育家；美学大师朱光潜为什么受到潘新和教授的推崇，进入语文大师之列？自己种的瓜甜，自己煮的菜香，我就抛个疑问的团，等读者自行解决吧。

2010 年 11 月 20 日在昆明翠湖公园与无数海鸥合影

十六、学理澄明　价值重建　目标转向

——读潘新和《语文高考：反思与重构》

苏宁峰

　　潘新和教授的《语文高考：反思与重构》（福建人民出版社 2009 年版），是我国高考"自行命题"改革后出版的第一部语文高考研究专著。作者对这 20 年来形成的"伪语文"高考做了一个总检讨，以期建构起"人本主义"的语文高考观与命题理论。该书的鲜明特色是贯穿着对语文考试基本问题的学理性思考。在新课程的背景下，阐明了语文高考的"十大关系""三利"原则和"四化"理念，对"考什么""怎么考""怎么评"这三大问题做出自己的清晰回应："——考什么：以言语性、话语性题目为主；怎么考：以开放性、交互性题型为主；怎么评：以主观性、综合性评价为主。提出并论证了语文评价以'语篇'为主的观点。"①该书为语文高考改革指明了方向与路径。其在对语文考试的哲学提炼和对实践的理性分析上，都达到了一个前所未有的高度。

　　潘新和教授的矛头直指价值观层面。他在全书开篇就揭示了以往语文高考命题观的局限，揭示了"语文高考命题的十大关系"。他指出，新课程改革本质上是一场以人为价值中心的改革。我们必须在人本主义、人文主义的旗帜下集合，确认人之为人的价值与尊严，确证语言作为精神家园的本体地位，建立人的生命活动和言语表现之间的紧密联系。新课程的语文高考命题观，指导思想应该是"对语文素养的关注和对言语生命的尊崇"；命题的根本出发点则应该是"一切为了学生的发展，为了言语生命的成长、成才""十大关系"。潘新和教授对语文高考所存在的基本矛盾进行了梳理，辩证地阐明了高考命题的思想方法。

　　以此为价值坐标，他提出了语文高考命题的"三利"原则与"四化"理念，以"建构可资依循的基本原理"。他的思想，是要让考试回归到对人的言语素养的养护，而不是异化为精神折磨、个性扭曲，是要让语文高考超越单纯的能力判断而发挥出富有人文情怀的价值判断的功能，是要让命题改革带动应考教育的改革，从而最终达到言语教育上自我实现的"醇境"。

　　进而是在逻辑原点上的清理。他从语文最基本最核心的概念出发。这一对概念便是"语言"与"言语"。他在《语文：表现与存在》里对此有剀切详明的论证："语言和言语是人的本体的属性"，人创造语言又受缚于语言，在话语权的争夺战中，须"用言语创造力来消解语言约束力"，否则便会成为"语言的俘虏"。"缺乏主体性和创造力的人，其自由的言说被语言所规范和压制，言不由衷，所说的主要是语言的言

---

　　① 本文未标注出处的引语皆出于潘新和教授《语文高考：反思与重构》一书。

说"，而"言语对语言的超越，则体现了言语表现者的永恒追求，也是人的言语生命自觉"。他指出语言性题目不是语文命题的目标，言语性、话语性题目才是目标。不会创造言语，要语言何用？要将语言性试题从高考试卷中逐渐剔除出去。

他以此标界真伪能力的分野。他在《语文：表现与存在》中说："为考试而考试的试题，基本上是从语言而非言语的角度来检测的，大多检测的是伪能力。""以言语性定位，就是表明在语文教学中要以言语表现为本位，一切语文训练都要围绕着言语表现这个主轴。"为了加强语文教学的应用性、实用性和社会性，他特别提出语文高考要多出富于交互的"话语性"题目以救偏补弊，为此，他提出了"时文评说"的新题型。

长期以来实行的语文标准化考试主要便是以"语言性"定位的，它的危害是多方面的：它的绝对思维模式将教育与考试拘执在知识与技术的层面，过分强调所谓的"科学性"，导致评价功能与教育导向的偏差，片面追求考试的"客观性"（标准化），有违评价的公平、正义，它背离言语表现的创造性、个性，致使学生主体精神的丧失。这使我们认识到破除"伪语文"考试，重建"真语文"考试的必要。

这一甄别，意味着语文高考真正意义的确立，意味着从此分数与能力有了统一的基础，就如考试专家雷新勇所说："考试测量了考试要测量的能力。"这也就是说，语文高考有了效度的基本保证。还必须解决的另一个关键问题是：题型功能与语文考试方式的适配性问题。

大规模考试测量学用以衡量的质量指标有三个：效度、信度与对学校教育教学的影响。客观题优势在于信度与效率。但它施之于语文高考的问题却首先出在效度上。潘新和教授在书中质问：客观题究竟是"评价的客观"还是"用客观题评价"？客观题是假设有一个绝对判断存在，这是考试陷阱而不是生命关怀。定量测评与语文特质是相冲突的，会造成错误的教学导向；抽剥语文的言语特性，将造成学科迷失、人格扭曲与言语生命的窒息。他的结论是"客观题在语文考试中适用性差"，语文高考当以"开放性、交互性"的主观性题型为主。具体地说，就是考多篇不同类型的语篇写作。他的命题观，或可称为"指向语篇写作的语文命题观"。

他的设计首先是基于效度的考虑，基于学科性质特点与功能定位的考虑。阅读与写作是语文高考的两大内容领域。以往在阅读本位观照下的检测理解能力的命题思路是他所要矫治的。在他的理论世界里，止于阅读的阅读是不完整的，是没有意义的。信息输入是为着输出的达成，心灵化无法外化的阅读是残缺的。孤立的阅读，系统自闭而无序，缺乏与写作在结构与功能上的联动整合，效能低下。因此，优化提升阅读效能的最佳方式便是开放系统，指向写作。阅读最终将在写作中实现言语生命的意义。

潘新和教授称它为"阅读本位"向"表现（写作）本位"的转变。语文教育理论的嬗变引发了系统内相关理念、功能、实践层面上的相应位移。由"知识立意"而"能力立意"，进而"素养立意"，命题观的演进带动了语文高考在内容领域和行为目标上的调整：由"考语基"而"考能力"，进而"考语篇写作"。要达成这一转进，还必须廓清理论上的一个关键概念：语感。

他详细论述了语感之"语"应当是"语言"与"言语"的统一。离开文体、语体和语境规定的语感，是抽象的缺少语用价值的"基础语感"而已。他提出：语文基本能力应当是"三感"——文体感、语境感与语感。处中心地位的是"语境感"，它兼容了"文体感"与"语感"。语文读写教学要完成由"语感中心"向"语境感中心"的转向。"语境"的形式是"语篇"，这就破解了语文命题之所以要考语篇——成篇的文章——的秘密。我国两千多年"公务员"考试、"文化大革命"前的高考，考的都是语篇，都是暗合考"言语题"、考完整的"语境"这一规律。

2006 年 12 月 29 日在瑞雪纷飞的武当山

这就为语文高考过去的种种迷误与将来的发展方向提供了合理的解释。基于"言语""话语"的考核，就必须关注言语主体在言语情境中的创造性表达——评价也应当敞开与之相适应的"开放"的大门，就必须关注言语主体在读写活动中多维多向多样的交互对话——评价必须实现与社会、与生活、与人生、与生命的接轨；而基于语境感中心意识，就必须强调保持语境的完整——那就只能是"语篇"写作。为了保证试卷的信度与效度，他认为一大(一篇大作文)三小(三篇小作文：赏析、评论、时文评说)题型是比较恰当的。

这是一部为语文高考正本清源、革故鼎新之作。

十七、高中语文教学面对语文高考的应然和所以然

——读潘新和《语文高考：反思与重构》

陈寿江

语文高考和语文教学剪不断理还乱的关系，已尽人皆知。潘新和先生的专著《语文高考：反思与重构》提出的不少新观点、新构想，对我们正确认识、处理当下高中语文教学与语文高考的关系，切实提高语文教学质量，做到语文素养教育与应试两不误，极富启发性。

作者认为，语文高考命题应秉持生本化、素养化、表现化、个性化的"四化"理念，即应坚持学生本位思维，检测学生的语文素养而非应试能力，主要考查学生的言语表现能力，尊重和关注学生的言语个性。在语文高考考什么和怎样考上，作者认为"不论是语文教学还是考试，关注的焦点主要是语境——语篇。这自然也就决定了高考所考应该以语篇为主，就是写作成篇的文章"。这里说的写作成篇的文章，并不意味着对以往强调的语文基础置之不顾，因为以往语文高考所考的错别字、病句、成语的运用，概括标题、遣词造句等都能在作文中得到检测，没必要重复设题；也并不意味着要把以往的阅读理解、古文翻译、鉴赏评论题扫地出门，因为阅读、思维、写作是三位一体的，一个人的阅读理解能力、鉴赏评论能力完全可以通过写作得到检测；也不是说单考一篇作文，如此前大家熟知的命题作文、材料作文、话题作文、新材料作文，而是说考核的范围较此前更加广泛，凡是能检测考生语文素养

和真正语文能力的内容，都在写作的考核范围而且都可以通过写作进行检测。在语文高考考什么的问题上，该书根据语文课程改革的新理念提出了"共能"和"异能"概念，主张语文高考题目"共能""异能"兼顾，以检测"异能"为主。"共能"类似体操、跳水比赛中的规定动作，如语境中的语感，叙述、描写、议论、说明、抒情五种基本表达能力；"异能"类似体操、跳水比赛中的自选动作，是有鲜明个性特点的最能体现一个人的言语生命状态和语文综合素养的言语能力。高考大作文"立意自定、文体自选、标题自拟"，其目的就是检测考生的"异能"。如同体育比赛的自选动作最能展示参赛者的才华一样，作为最高的竞争和能力展示的语文高考，毫无疑问应把检测的重点放在"异能"上。在具体操作上，可以通过设置"小作文"考核某种"共能"，设置一道或多道"大作文"题，由考生任选角度或题目，鼓励考生充分展示"异能"。在作文命题设计上，作者反对以观点或疑似观点命题，因为在写作的一切创新中，观点（情意）的创新是首要的，是文章的核心要素。从写作真实过程的展开看，写作运思和表述的常规一般是从感知材料开始，从材料中寻找角度，发现问题，提炼观点，构思行文。不论教学还是考试，都要尽量与自然情景下的写作活动相吻合。只有这样，教的和考的才是"真能力"，否则，就是"伪能力"。作者反对设置审题障碍。因为作文审题也是伪能力，一般人平时写作是无须审题的。将不是写作能力的审题当作写作能力来考，容易产生由审题失误导致的"不公平"，影响相当部分学生的正常发挥。

以此观照进入新世纪后的语文高考，无论是全国卷还是分省自主命题，都有或多或少的问题。每年必考的"社科文"和"自科文"的阅读理解选择题，命题者的出发点是设语言陷阱，引人跳陷阱，为考试而考试。所设置的错误选项，许多单纯是为了设题之需要。所考的问题大多不是在自然阅读情境中的问题，即考的是伪能力而不是真能力。赋分最多的作文题，如2007年湖北卷的"母语"话题，是语言学家的题目，要考生表达对母语的认识，未免强人所难，明显地背离了语文高考命题的生本化理念。有的作文题看似尊重和关注学生的言语表现个性，是在检测考生的异能，如可自选文体，有表达的自由，实则顾此失彼，使许多有写作专长的考生失去展示异能的机会。如《提篮春光看妈妈》《带着感动出发》，只适宜写叙事类、抒情类文章，而擅长议论的考生则失去了表现机会。2007年全国卷看图作文"摔了一跤"、重庆卷谈高考体会等，只适合写议论性文章，这样又使得那些具有审美表现能力的考生失去了展示自我的时机。这都有违语文高考命题的个性化理念。2000 年全国卷的"答案是丰富多彩的",2001 年的"诚信",2002 年的"心灵的选择",都是以观点或疑似以观点命题。2007 年上海卷的"必须跨过这道坎"、重庆卷的"酸甜苦辣说高考"、山东卷的"时间不会使记忆风化",江西卷的"语文,心中的一泓清泉","语文,想说爱你不容易"等,都是以观点或疑似以观点命题,这无形中剥夺了考生立意的权利,也就等于剥夺了考生的话语权。还有不少作文题存在严重的审题障碍。要想在极短的考试时间内对试题迅速做出准确的反应和判断,是十分困难的,即使作家、学者也未必能写好。

在语文课程和语文高考改革正向纵深推进的背景下,在致力于全面提高学生语文素养已成为全社会共识的利好形势下,高中语文教学正确的选择是正视现实,积极应对,面向未来,有所作为。对此,《语文高考:反思与重构》可引发如下思考:

第一,高中语文教学,尤其是阅读和写作教学,必须把关注语篇始终置于重要位置,着力培养学生的文体感、语境感和语感。学生经过九年义务教育后,从理论上说,一般的文章,他们不用老师教,自己都能读;一般简单的记叙文、议论文、说明文,只要老师教学得法,他们应该都会写。进入高中,语文教学的一个重要目标和任务就是学生读写的文体感、语境感、语感的迅速有效的达成。如果不能达成,或者说是通过课外的自发学习、暗中摸索达成的,那就是语文教学的严重失职。文体感,是指对(某一种)文章体式的敏感。不论读、写,不懂得文体的特点,就不得要领,劳而无功。文体感是进入语境感之门的通行证。语境感是指对特定时空具体文本的特定内容、形式和意图的敏感,是对"语篇"的综合整体的感受、理解和判断。语境感上承文体感,下通语感,是文体感的具体化,语感的情境化。文体感制约着语境感,语境感制约着语感。语感是文体感、语境感的外化。文体感、语境感决定语感,文体、语境的规定性,决定了言语感悟或运用得恰当与否,一个人的文体感、语境感水平决定语感质量。文体感、语境感、语感关注的始终是语篇,离开语篇,孤立零碎地考查字、词、句的理解或运用,并不能体现人的真正言语理解力和创造力。其实,稍有语用学常识的人都知道,某个句子能否视为病句,某个词语是否运用得当,只有置于语篇之中才能做出准确的判断。某个词语、某个句子如果离开语篇,给人的感觉可能是用词不当,是病句,但置于语篇之中,很可能是好词妙句。明乎此,如果语文读写教学始终关注语篇,着力培养学生的文体感、语境感、语感,当语文高考试卷提供的是比较完整的语篇，旨在考查阅读理解和鉴赏能力时，具有基本文体感、语境感、语感的考生，就能很快排除错误选项的干扰，迅即做出准确的判断。如果提供的是语句，那么考生就可以把语句置于文体、语境之中，通过补足语篇，做出合宜的选择。

第二，写作能力最能体现人的语文综合素养，必须始终把写作作为语文教学的重中之重，实现由应试写作向真实写作的转型。重阅读轻写作是高中语文教学的普遍现象，仅有的一点儿写作，也是为考试而写，与自然真实的写作基本不搭界。学生在高中阶段获取的那一点儿写作能力，除了在高考考场上有用外，于将来的学习、生活、工作几乎无用处。因此，高中写作教学必须实现由应试写作向真实写作的转型。因为凡是有真实写作能力的人是不惧怕应试写作的。所谓真实写作能力，就是对学生当下有用且终身受益的言语表现能力。譬如现今的公务员考试，要求对大量纷乱的材料进行归纳，概括出主要内容，然后从中自选角度，写一篇申论。而公务员所做的就是这样的工作，其所学的与所考的所用的完全一致，这就是真能力。高中阶段的学生已进入成人期，我们完全可以把学生从以往的练习性写作、应试性写作带入真实写作的境界。如申论、新闻评论、网络帖子等题型，就十分值得高中写作教学借鉴。引入这类题型，在仿真情境下要求学生分析归纳材料、确定立意、选择合宜的体式、自拟标题以自主完成写作任务。倘若学生具备这样的写作能力，也就不惧怕高考的应试写作了。如学生能自拟标题写作，就不怕高考作文的审题了。因为能自拟标题写作的人一定能审题，会审题的人未必能拟题。写作并不局限于专题写作训练，而是贯穿于语文教学的每一个环节，渗透于语文教学的方方面面。阅读教学完全可以和写作教学有机结合起来。因为阅读的一个重要目的是表达，而且是更好的表达。学生在阅读过程中的感受力、理解力、鉴赏力、评论力，只有通过写作才能得到确证。如果学生能通过写作展示自己的感受力、理解力、鉴赏力、评论力，且能完成"只可意会，不可言传"的表达，那么学生还会惧怕语文高考试卷的阅读理解题、鉴赏题吗？

第三，必须切实加强写作思维能力和创造性表达的训练。以观点或疑似观点命题的作文，因为限制了考生的思维空间，所以多数考生不敢否定命题者的观点，按照线性因果思维逻辑简单轻易肯定命题者的观点成了高考作文的普遍现象。其实，这从另一个侧面也反映了高中语文教学对学生写作思维能力训练的缺失。譬如说话题作文"答案是丰富多彩的""诚信"等，多数考生绝不敢冒风险说答案是唯一的、拒绝或反对诚信，他们常常会简单肯定命题者的观点或情意，但这样是缺乏说服力和感染力的。究其原因，就是考生缺乏辩证思维能力。倘若考生能通过深入具体的分析，发现答案是唯一的也应是命题"答案是丰富多彩的"的题中应有之义，否则，命题"答案是丰富多彩的"就不能成立。诚信固然可贵，但不能不看实际情况，不问是非。譬如对重症病人，善意的谎言就比诚信更可取。而对不仁不义之人，就不能傻乎乎地讲诚信。这样的认识就体现了思维的缜密和思想的深度。由此看来，面对以观点或疑似观点命题的作文，高中语文教学也还是有所作为的。假若通过日常的读写训练，学生具备了基本的写作思维能力和创造性表达能力，即使遭遇以观点或疑似观点命题的作文，也不至于捉襟见肘、无话可说或人云亦云。

第四，写作教学不能忽略共能，但应有意识地向发展学生的异能倾斜。我们之所以强调写作教学不能忽略共能，理由有三个。一是具备一般记叙文、议论文、说明文和应用文的写作能力，既是过去历次《中学语文教学大纲》和《语文课程标准》所规定中学毕业生应达到的基本目标，也是现代公民应具备的基本写作能力。二是现在的中学毕业生的基本写作能力已呈普遍下降的趋势，面向全体中学生的语文教育，今后只会加强而不会削弱。据近十年来一直主持湖南省高考作文评卷工作的湖南师范大学中文系陈果安教授说，湖南省 2004 年 38 万考生，2005 年 42 万考生，他在评卷中竟没有发现一篇中规中矩的议论文或记叙文。三是在现今高考作文命题还不能照顾所有学生异能的情况下，加强基本写作能力的训练，有利于保护考生的切身利益。高中写作教学之所以要向发展学生的异能倾斜，是因为学生在具备一般写作能力后，不可能成为擅长所有文体写作的全能写手，更多的是在某一两种文体的写作上表现出浓厚的兴趣和独特的专长，正如曹丕所言"文非一体，鲜能备善""能之者偏也，唯通才能备其体"。语文教学只能顺应和尊重人的言语生命生长规律，呵护人的言语个性，而不是相反。加之，如果学生擅长一两种文体的写作，因为"文本同而末异"，若将来的学习、工作、生活需要，他们是可以触类旁通的。因此，语文教学只能有所为有所不为，没必要强求每个学生都精通多种文体的写作，而只能是激发和发现每个学生的言语个性，促进他们充分显示异能。我们还必须明白，尽管现在高考作文命题在检测学生言语异能方面还不尽如人意，但发展学生言语异能仍将是语文课程改革的大方向、大趋势。体现语文课程改革的标志性成果的《语文课程标准》指出："鼓励学生自由地表达、有个性地表达、有创意地表达，尽可能减少对写作的束缚，为学生提供广阔的写作空间。"这就是针对此前写作教学和测评整齐划一的弊端的反驳，其目的就是要发展学生的言语异能。

语文教学唯有认准方向，把握趋势，才不致失去现在，也才能拥有将来。